CONTENTS

KU-413-298

GETTING INTO

VETERINARY
SCIENCE

SECOND EDITION

John Handley

St. Teresa Hospital

TROTMAN

This second edition published in 1999
First published in 1995 in the UK
by Trotman and Company Ltd
2 The Green, Richmond, Surrey TW9 1PL
© Trotman and Company Limited, 1999

British Library Cataloguing in Publication Data
A catalogue record for this book is available from the British Library

ISBN 0 85660 456 9

Typeset by Type Study, Scarborough
Printed and bound in Great Britain
by Creative Print and Design (Wales) Ltd

TABLES

ABOUT THE AUTHOR

John Handley is married and has two sons. He is an experienced careers adviser working in higher education with students and graduates and feels that this helps him to understand the kind of questions which concern people contemplating career choice. He is a member of the Careers Writers Association and has written extensively on career topics for specialist journals, directories and guides. He is the author of *Getting into Dental School* (Trotman), *Sixth Form Choices* (Northcote House) and he has also written *Careers Manual* for students in higher education.

ACKNOWLEDGEMENTS

Writing *Getting into Veterinary Science* required the advice, cooperation and assistance of many people. In particular I would like to acknowledge the help I have received from the staff and students of the Faculty of Veterinary Science at the University of Liverpool; and especially the Admissions Tutor, Tim Nicholson. I would also like to acknowledge the help and information supplied by all the other schools of veterinary science: Bristol, Cambridge, Edinburgh, Glasgow and London.

I have also received help and information from staff at the Royal College of Veterinary Surgeons and I am grateful to UCAS for the additional statistical information on entry to veterinary schools. Last but not least, I must record my thanks to those vets and farmers on the Wirral and in Cheshire who took time off to talk and to answer my questions.

INTRODUCING THE ISSUES

This book *is* about getting into veterinary school, it is *not* about giving up and trying something else. The tone is a balanced mixture of realism and optimism. Yes, there is cause for hope despite the undeniable fact that getting into veterinary school is one of the hardest tasks that can face any young person (or older person) with the ambition of becoming a vet. No one should minimise the hard road that lies ahead. Getting into one of the six veterinary schools in the UK is just the first stage on the route to becoming a qualified veterinary surgeon with all the inevitable hard work and dedication that follows. The key to success lies within each individual. That is what this book is all about.

The motivational factor

Academic ability is absolutely necessary. Unless there is clear potential for science in the sixth form this book alone cannot help. The young people attracted towards veterinary science should have a natural academic ability in the sciences. If that ability spells out a confident prediction of high grades at A-level that will be a great help but even that will not be enough on its own to get into one of the veterinary schools. Applicants have to show proof of their interest, enthusiasm and commitment. They have to provide evidence that they really do want to become vets.

Those slightly less academically gifted can take heart from this. High A-level performance can be attained if it is coupled with strong motivation. This is not something which derives from pep talks, but the kind of inner motivation and self-belief that spurs you on to greater efforts. This is because deep in your heart you do really want to become a vet, so much so that you are prepared to make the necessary sacrifices in terms of perseverance and effort.

Taking a practical view

This is a practical book concerned to help someone in this situation. The competition for entry to veterinary school is tough, but the

1

evidence in this book will show that the prospect is not so daunting that it should put off someone who is keen, practical and intelligent. So how do you know that this is the career for you and that you are not wasting your own and everyone else's time? These are some of the questions addressed in this book.

A top priority must be to become so well informed and acquainted with the work of a vet that you know that you have made the right choice of career. What are the factors involved in course choice? Have you considered all of them? What do the courses have in common? What are the factors that influence the admissions tutors to come down in favour of one well-qualified candidate against another? What happens at interview? What about the various career choices open to the newly qualified vet? How are the country's 11,000 or so qualified and economically active vets distributed in the different branches of the profession?

Personal qualities

What do customers who use the services of veterinary surgeons look for in a 'good' vet? Does this sound like the kind of profession that would suit you? Putting academic skill on one side for a moment, would you feel comfortable dealing with your customers as well as the animals? The first thing you learn in veterinary practice is that every animal brings an owner with them. How would you handle a sceptical dalesman or a 'townie' anxious and watchful as you come into contact with their beloved pet? Animals play a crucial part in the lives of their owners and whether the vet handles this with tact and understanding will be the deciding factor in both their professional and personal development.

Facing up to controversy

Controversy is no stranger to the veterinary profession. Progress in the shape of new techniques, vaccines and medicines no longer meets the resistance that it once did. Preventive medicine has saved a lot of lives through mass vaccination or treating deficiencies through the feed. However, other time-honoured controversies persist. For example, even among vets, views differ about the virtues of vegetarianism. Riding to hounds also has its devotees as well as its detractors. What do you feel about trying to rear a new type of animal? Do you have a problem with rearing animals for wool or meat? What about rearing animals to supply organs for humans?

2

What are your views? Do you have a view? What would you have to say if you were called for interview and asked these kinds of questions? True to its practical aims this book will draw attention to ways in which you might respond. See page 45

Who will find this book helpful?

This book is intended to help all those attracted to the veterinary profession because of their strong interest in animals and their sympathy and respect for them, which is both caring and scientific. They must have the ability and intention to study science A-levels (or their equivalent). *Furthermore, they must combine practical ability with the scientific interest and an interest in people.*

Those charged with the responsibility of helping young people make these important decisions about their future, careers teachers and careers officers in particular, will find this book helpful as will parents anxious to assist their son or daughter.

This book may also help to put off those who feel drawn towards animals for mainly sentimental reasons. They may come to realise that they would not cope so well with the owners – who willingly pay the full cost of the vet's services out of their own pocket because their pet means so much to them. No matter how good you are you've failed unless you can get your message across to the owner so that the animal gets the right treatment.

Student views

A feature of this book is the presence of the student view. Those who are now undergraduates on veterinary courses said that they would have appreciated knowing the views of people in their position when they were at school. Often student panels returning to their former schools do not include a veterinary student. This book therefore includes several student profiles.

COMMITMENT

Wanting to become a veterinary surgeon is one of life's medium-term aims. It requires perseverance and a lot of determination. If all goes well and you get the kind of sixth form science results demanded by all the veterinary schools, it will still take a further five years to qualify (six years at Cambridge). Most people faced with the need for intensive study in the sixth form will find it hard to look further ahead than the next test or practical. Yet much more than this is needed if you are to stand a chance of getting into vet school. Ideally the pursuit of this interest in animals and their welfare should have started much earlier. There are numerous cases of young people who have begun their enquiries as early as the age of 12, and certainly many have started gaining their practical experience by the age of 14.

Some vets have grown up on a farm and knew that they wanted this kind of life. Others have come from an urban background and have developed an interest despite some not inconsiderable environmental difficulties. This can be started in a variety of ways and can develop through, for instance, pet ownership, the Herriot books, one of the numerous TV programmes like 'Vets in Practice', or the influence of a friend. 'It's a great life, there's so much variety,' was one student's view, 'You realise it when you start going out getting experience. You see that you can be a vet in a town or in the countryside, that some practices are much larger than others and that some are very busy while others appear more relaxed.'

One young vet told me that she had begun her enquiries at about the age of 14 and started working at weekends. Her experience began with work in kennels, a dairy farm and a stables where she began to learn horse riding.

Strong interest

An interest in animals and their welfare is fundamental. *'The veterinary profession has an important role to play in providing advice and treatment for the nation's pets, in maintaining the health and welfare of the nation's herds and flocks and in safeguarding public health'*. This is the view of the Royal College of Veterinary Surgeons.

4

The interest must be wholehearted but not sentimental or just concerned with cuddly animals. 'It's not just a matter of loving animals,' says Norman Henry, an experienced Cheshire veterinary surgeon. 'You must love to *work* with them; that's a big difference.' Most vets enjoy their job because it enables them to seek a treatment that will work and they love it when they see an improvement in the cow, horse, poodle, rabbit, and all the others they treat.

After you qualify as a veterinary surgeon you are admitted as a member of the Royal College of Veterinary Surgeons, status which confers upon you the right to practise in member states of the European Union. The College will admit you to the Register in a short ceremony in the course of which you have to solemnly declare 'that my constant endeavour will be to ensure the welfare of animals committed to my care'. This means that once you are admitted you have the legal right to practise veterinary surgery on all animals under all conditions.

Professional commitment

It follows that your training will have prepared you to deal with all aspects of the work. You will have attended the inspection of animals slaughtered for meat production. Every person training to be a veterinary surgeon has to spend a week in an abattoir; this is a compulsory requirement of the course.

Further, you may not have thought about the use of animals in the teaching programme. It is generally kept to a minimum and it is increasingly video-based, but you must be prepared to take part in practical classes in which animal tissues are handled or used. All veterinary schools show concern and respect for animals and stress the importance of this at all stages in the undergraduate programme. In short, your training will have prepared you in all aspects of veterinary science so that you can undertake to treat all animals whether they are reared for food, used/kept for laboratory research or as pets. This is what is meant by an unsentimental attachment to animal welfare.

Animal welfare comes first at all times; this is a basic professional commitment. However, if you have anti-vivisectionist beliefs and are not prepared to undertake practical work as a professional, you will not get into veterinary school. It would be better for you to consider putting your scientific interest and ability to other uses. This may seem unfair but it is absolutely essential that the prospective candidate realises that no veterinary student can claim exemption on conscientious grounds from any part of the training.

Why practical experience is so important

Confirmation of a period spent at a veterinary establishment is one of the conditions for entry to an undergraduate course leading to the degree of Bachelor of Veterinary Medicine or Science. Some might think that is a conclusive argument for getting practical experience, but there is more to it than that.

Without getting out and finding what it is like to deal with normal, healthy animals as well as sick ones, how will you know that you are suited to a career dedicated to providing a service to animals and their owners? As one student put it, 'knowing what animals look like doesn't necessarily prepare you for what it feels or smells like. There's only one way to find out and that is to get into close contact'. You may think you love animals because of the way you feel about your own pet, but going from the particular to the general may cause you to think quite differently. So check it out, you might even be allergic to some animals. Make certain that you still feel happy about dealing with animals in general and really mean business.

One way to start

Go to a cattery or the local kennels and see healthy animals as an early move. One student told me that she had done kennel work at weekends for four years *before* becoming a veterinary student. Cleaning out kennels is a dirty, often unpleasant job and to do this over such a long period shows dedication. This is the way to demonstrate commitment.

Follow up a visit to the local cattery or kennels with at least a week with your local vet and then see how you feel. The point is that you are not just trying to satisfy the admissions tutors at veterinary school, important though that is, you are testing your own motivation. This is vital, for make no mistake, you are going to need all the focus you can muster. The task you are about to set yourself is going to draw upon all your dedication and determination.

Making the initial contact

Some vets express reluctance to allow young inexperienced people into their practice. This is understandable. They know that many young people are attracted by the idea of becoming a vet; they have, after all, seen many TV programmes! Look at this from the vet's point of view. Some young people are attracted to animals for emotional reasons. They may not be academically strong enough to make the grade. They may be so impractical that they could get their finger nipped through one of the animal cages in the first half hour. 'They do need to have manual skills,' noted one vet. 'They do need to be able to tie their own shoelaces!' So why should the vet end up wasting his or her time?

Don't be surprised if some vets suggest that you should first visit for just a day. The reason for this is that they feel they need to meet you first before committing themselves. As one vet said, 'You can get a fair idea in the first few hours; some are bright and a pleasure to have around.'

Making the initial contact can also be quite difficult for a young person, often because of the nervous inexperience of the caller or because the vet is cautious and reluctant to take on an unknown commitment. This is where parents can help. If a parent knows that their son or daughter is serious and is showing promise at school in the sciences, they can be a real help by speaking to the vet and giving reassurance. Generally vets will react favourably to a parent's call because it means that the contact is serious. Once the initial opening has been made the ensuing development of contacts is best left to the student as part of their growing self-reliance.

Your local vet will know a lot of people through working with animals. A recommendation, or better still an introduction of yourself by your local vet to a large animal practice or a local farmer, may lead to work in a stables or work with sheep. You get to know people yourself and this builds your confidence. Developing contacts in this way is known as 'networking'.

Gaining experience

What will the local vet ask you to do? This will depend upon the vet. 'We cannot afford to waste time so we begin by asking about their capability for science A-levels at grades A and B,' remarked one vet. 'We give them three days of blood and gore to see what it's all about. In our case, they will see a farm. We insist on wellies and a good standard of dress, no jeans or open-necked shirts!' Alternatively, your local vet may be a small practice dealing mainly with companion animals, ie most often cats and dogs, but also rabbits, goldfish, gerbils and budgies. Some youngsters may themselves have gained experience breeding bantams, ferrets, pigeons or fish. This all points to a strong interest.

Some practices are mixed, dealing with farm animals, horses and pets, while in country areas there are practices that deal mainly with farm animals. The type of practice and its size varies widely. The average practice has three or four vets, while at the one extreme about 2% have more than 10 with a degree of specialisation; others, about one in four, are single-handed, requiring practitioners to deal with a wide range of work. This being so, the resources that the vet will be able to draw upon will also vary widely.

Small animals

A young person from school will be fortunate indeed to find themselves in the consulting room with the vet. This is because anxious owners will not always appreciate or understand the need for a young person to be present. It is much more likely that you will be asked to spend time with the veterinary nurses. As one vet commented, 'Let's see if they can handle animals. Are they frightened?' The idea is to see how the young person reacts to aspects of animal husbandry at an early stage. If they cannot abide cleaning up the blood and faeces that goes with animal practice then they should in all probability seek out another career and save themselves and others a lot of wasted time. After an artery has stopped pumping or diarrhoea has ended, there is a clean-up job to be done and that is an early experience for many well-intentioned young people. Can they take it?

A head nurse in a medium-sized mixed practice listed six headings under which they observe how young people helping in the small animal surgery are shaping up. This is what she told me:

- How keen are they to help in every area? For example do they clean up willingly?
- How observant are they? Do they watch how we do the bandaging or how we hold the animal straight ready for an injection? Do they watch carefully how we take a blood sample, administer an anaesthetic or set up an intravenous?
- Do they maintain a neat and tidy appearance and clean themselves up before going in to see a small animal client? This is very important to the owner.
- Are they friendly towards the client, do they make conversation and try to establish a relationship?
- Do they ask questions about what they don't understand? They shouldn't be afraid to ask even while procedures are being carried out.

- Is the young person listening to what is being said and the way it is being said? Do they appreciate the experience that allows the vet to counsel owners on sensitive issues? For example, on reducing their favourite pet's diet. This is not an easy message to get across to an over indulgent owner and it needs a good bedside manner for the vet to be able to tell the owner what must be done without giving offence.

Working on the farm

Some young people have the chance to gain early experience on a nearby farm. Make contact yourself or try asking your local vet for an introduction. What would you do? One farmer's wife commented, 'We would expect a 14-year-old to help feed the livestock, to help with bedding-up, ie putting fresh straw in the pens and sweeping up.' You should be alert to what is happening around you. Before long you may start asking questions, 'Why is that calf coughing? What are you giving it?'

If you are still interested and return for more you will be taken more seriously by the practice. This is the opportunity to get used to handling animals and thereby learning how to control them. You begin to see the normal way in which animals are housed and fed. In doing so you will gain insight into the way animals are treated and their part in the economy. You will appreciate that in many cases the animals are required for food and will ultimately be sent for slaughter, while others like horses are more akin to pets. Eventually the chance will come to go out with the vet on his or her visits to assist. This is when you learn how to hold animals, for example at lambing time.

One student told me how he recalled having to help keep hold of the animals during tuberculin testing in the midst of driving rain while calling out numbers. The way he told it you felt that he regarded that experience as his reward! This is the kind of help that the busy vet remembers when the time comes for a reference.

The importance of self-reliance

Taking the initiative like this can do you more favours than always relying on the careers department at your school. However, it is worth checking to see whether your school careers department can help you. Frankly, some school careers departments are much better organised than others. If the careers programme is well organised and planned on an established contact basis it would be sensible to enlist the department's help. However, do bear in mind that there is concern among some vets that placements organised by schools are not always carefully matched. If you have any doubts on this score you will be well advised to take the initiative in making your own arrangements. Remember that in the end it is your own responsibility to get practical experience. Busy people like vets and farmers are likely to be more impressed with those who exhibit the confidence and self-reliance to make their own approaches.

Checklist of things you can do

Always take up any opportunities that you are offered. It is variety of experience that will not only broaden your understanding of the profession you seek to join, but will also impress the admissions tutors when they come to scrutinise your UCAS form. Here are some suggestions.

- Try to get work experience in catteries and/or boarding kennels.
- Try working in the local pet shop.
- Make contact with a local vet and indicate your interest by helping with some of the menial tasks. If you are keen you will not mind the dirty work.
- Aim to get at least two to three weeks' experience with a large animal veterinary practice or occasional days or weekends over a long period. Without this you will not be taken into veterinary school no matter how well qualified you are academically. You must also gain some experience of working in a companion animal practice. Some candidates are fortunate in having access to mixed practices in which they can gain familiarity with handling large and small animals.
- Visit a local dairy farm and get acquainted with farmwork, which accounts for at least 30% of all veterinary science work. Try also to assist on a sheep farm at lambing time.
- Endeavour to get experience working with horses at a riding stables. (Remember that riding establishments are subject to inspection by an authorised veterinary surgeon.)
- Arrange to visit an abattoir if possible.
- Look into the possibility of making contact with one of the animal charities, such as the People's Dispensary for Sick Animals (PDSA) or the Royal Society for the Prevention of Cruelty to Animals (RSPCA), and find out about their work.
- Do not ignore the chance to spend a day in a pharmaceutical

laboratory concerned with the drugs used by vets as well as medics or a laboratory of the Ministry of Agriculture.

- Try for any additional relevant experience that may be within your reach, eg at a zoo, where you could work as an assistant to a keeper, or in a safari or wildlife park.
- Make a point of visiting local racecourses and greyhound tracks, paying particular attention to how the animals are treated. Maybe your local vet has a part-time appointment to treat the horses or dogs. If the offer comes to visit with the vet you should take it.
- Visit country events like point-to-point races, even if it is only to see what goes on. One day you may get an admissions interview and the more you know about what happens to animals in different situations the better.

Variety of experience

It cannot be emphasised too strongly that it is the *variety* of your experience that is important rather than solely its duration. A visit of just one day to a different veterinary practice where you watched small animal work, followed by another visit to a mixed practice where you were able to see a surgical procedure carried out will be impressive, particularly if you can combine this with stables work, some contact with local farms and at least some experience in, for instance, a set of kennels. If you can demonstrate convincing commitment to one or two of the local professionals there is no doubt that this will count strongly in your favour when the competition for places in vet school is at its fiercest.

What will impress people is the fact that you have willingly returned to your local vet's practice over a period of time and only the vet will know what it has cost you to do this. True, you have seen lots of interesting and varied activities and met many interesting people, but the truth is that many of your friends would have melted away had they been asked and expected to do what you have had to do. Let's face it, not many young people would have returned to the practice after having to clean up and deal with blood and muck time and again.

It's vital to get as much experience as you possibly can for two important reasons.

- It proves that you know that you do really want to become a vet.
- The veterinary school wants you to be certain and will look for the evidence.

Gaining practical experience is crucial in your endeavour to get into veterinary school and, because of its part in getting you focused on your ultimate objective, to become a member of the Royal College of Veterinary Surgeons.

Colin's family lived in London for the first 15 years of his life before moving to Norfolk. Colin, now 21 years, still lives in London and is completing his third year of study.

'I suppose I've known that I wanted to be a vet from about the age of 12–13 years old when I first became aware of the job through the Herriot books, as I had never had a pet and lived in central London. Since then I've seen quite a lot of what the job entails and the challenge, interest and variety of the job appeals strongly.

'I began by calling on a local practice in Norfolk and was told to come back at 15. I did so and soon struck up a friendship with one of the partners with whom I have since seen most of my practice, and who has helped set up additional experiences during weekends and holidays. For example, about a week each at a cattle farm, horse stables, kennels and a cattery.

'I was quite relaxed over my A-levels as quite frankly I didn't really believe I would get AAB first time. As I'd done AS-level Maths in my fifth year and didn't want to do Physics, my choice was to do Biology, Chemistry and Maths. I think avoiding stress and worry is most important, as well as practising questions rather than note-reading. In the event I surprised myself with two A grades and a B in Maths.

'To survive on the veterinary science course you should be good at managing your work, my weakest point! There are a lot of social events organised, and it can be hard to keep "work, rest and play" in the right order. Time management includes organising work experience during the vacations. This can be hard, as I'm quite likely to be retaking some exams.

'The course is hard work. There's a lot to learn that doesn't always seem very relevant, especially in the first two years, but the more practically relevant it gets, the better. And there is the goal at the end – the idea of joining a profession that represents a way of life and a worthwhile career.'

WHAT MAKES A GOOD VET?

This question is at the heart of the matter because it is a career aim that calls for considerable sacrifice in terms of time and effort. Certainly every veterinary practice has to organise itself so that someone is on call 24 hours a day for 365 days a year. As one farmer commented, 'A vet needs to have a darn good sense of humour to be called out at 3am on a cold night to deal with a difficult calving and having to get down in six inches of muck!' It is certainly not a career for someone lacking in confidence, or who holds back and carries an air of uncertainty. A good vet will be able to diagnose most things, 'but if you can't,' says Norman Henry, 'it's your job to know who can. The secret is to know your own limitations.' This is particularly important for the newly qualified veterinary surgeon. 'New vets,' according to experienced Cheshire farmer, David Faulkner, 'must know when to seek help and be mature enough not to be too embarrassed for there are always a lot of new things still to learn.'

The farmer's view

'Farmers know immediately if they are going to get on with you,' an experienced vet revealed. 'They look at the way you handle and approach the animals. If you can't catch 'em the owner will lose confidence and you won't be allowed anywhere near the livestock.' A seasoned farmer confided, 'Give me a vet who doesn't wait to be asked and is out giving you a hand.' He added, 'If they are confident in what they are doing it soon comes across.' Farmers and animal owners generally like to have a vet who communicates well, has a sense of humour, is outgoing rather than shy and reserved, and is able to walk into any situation and have an answer.

Prevention

A recent poll showed that vets are still held in high esteem by the general public. The popular image of a vet is of someone working long hours, who's able and caring, whose charges are not too high and who doesn't worry too much about bills being paid promptly! People also pictured vets driving around at breakneck speed with a briefcase and a big bag of drugs – the traditional image of the fire brigade service.

Today there's a lot of knowledge about preventive health by diet and vaccination. Whole herds can be treated at the right time of year. Farmers expect their vet to look ahead and draw their attention to that which will prevent disease – 'Look, October is approaching, why not vaccinate all the cattle and prevent pneumonia?' Feed additives can be administered in either the feed or drink. This is much better than having to go through the trauma of having to inject a whole farmyard of pigs! A good vet will seek to promote preventive medicine whenever possible. It makes sense bearing in mind that animals can't tell you they're not well. A vet can do a lot of good with vaccinations and treating deficiencies through the feed by replacing what's not there, improving not only productivity but also the welfare of the animals.

Most people will agree that prevention is better than cure but this is not always easy to achieve. Preventive medicine is costly and farmers, in particular, have a reputation of being watchful how much they spend. There's no doubt that preventive medicine is a good investment for the future but in the aftermath of BSE and the collapse of much of their export market, farmers are anxious and unwilling in many cases to make the necessary outlay. Drug usage for cattle has fallen away. Often farmers don't approach the vet until there's an emergency and then you're back to the old fire brigade image of the vet rushing here and there.

In today's busy world with a general shortage of vets it's not easy to respond to this situation. I heard one experienced vet say that you should still try to take time to stop and let your eyes range over the flock or herd. 'You're not looking at all 300 or so animals, you look for the one or two animals who don't fit into the general pattern and are not looking well.'

A lot can still be done by encouraging good husbandry – by advising on the housing of the animals. A sign of a good vet is that he or she will have the latest drug information at their fingertips and will know how to treat certain conditions. Sound diplomatic advice will also be appreciated; 'Instead of my treating the animal's feet why don't you improve that footpath!'

Small animals

With farm animal practice in decline there are fewer opportunities for vets in this area so most practices are intent upon building up their small animal work. There's great variety – one moment it might be a reptile with a nutritional problem; or a cat losing weight is brought in for tests and causes the vet to wonder if there might be a problem with the animal's liver or could it be cancer? A rabbit is brought in, many are now regarded as house pets, your initial diagnosis of constipation is confirmed. Dental problems among the small animal population occur quite frequently but obesity is also much more common than most people imagine. The vet has to counsel the owner on reducing the feed and try to gain acceptance of regular weigh-ins at the surgery.

Most of us live in a busy urban environment and a price has sometimes to be paid. It can take the form of a road accident. A dog has been hit by a vehicle and the 'crash kit' is brought out. The doses of the most commonly used drugs are marked clearly on the crash box lid, the syringes are loaded, everything is sterilised and ready. It's important to act quickly, but the true professional keeps calm, this is no time for the vet to fumble when decisive action can save the dog's life.

A good vet knows that the way the owners are dealt with is crucial because the pets mean so much to them. Unless the vet can get his or her message across the animal is not going to get the right treatment anyway. It's been truly said that the hope and trust of the owners is matched only by the trust and helplessness of the animals. To be a good vet you have to acquire that little bit extra. Imagine the scene as a 4-year-old becomes distraught when he's told that his pet hamster must be put down. How do you show empathy amid the boy's flood of tears? How do you discuss it with him? Perhaps the boy's parent will let you attempt to explain how the hamster feels and that soon the small animal's pain will cease and the end itself will not be felt. Even when you know it's the kindest thing to do, giving a lethal injection is still one of the toughest parts of the job.

So why do you want to be a vet?

A question worth asking because it is not a career that will lead to riches or glamour. So why do so many talented young people find themselves attracted to the idea of becoming a vet?

Perhaps it is about adapting and fitting into a way of life. Is this what keeps everyone focused during the long hours of study? The interest in and sympathy for animals is taken for granted by many commentators, but in reality it can take the form of reacting to an emergency that puts dedication to the test. A cat is hit by a car, you know that life is slipping away, but you do your best for the distraught owner. You battle to save an animal's life in a freezing barn in the middle of the night. It's all in the vet's day or night's work and there is no one to applaud you except the grateful, or not so understanding, owner.

In James Herriot's first book, *If Only They Could Talk*, he reflects that animals are unpredictable things and that a vet's whole life is unpredictable. 'It's a long tale of little triumphs and disasters,' writes Herriot, 'and you've got to really like it to stick it . . . One thing, you never get bored.' Later, on another occasion, he muses, with aching ribs and bruises all over his legs, that being a vet is, in fact, a strange way to earn a living:

> *'But then I might have been in an office with the windows tight shut against the petrol fumes and the traffic noise, the desk light shining on the columns of figures, my bowler hat hanging on the wall. Lazily I opened my eyes again and watched a cloud shadow riding over the face of the green hill across the valley. No, no . . . I wasn't complaining.'*

Some people grumble about the beguiling influence of the Herriot books. There is, however, a lot of cool reality in the pages laden with good humour and philosophy; so much so that one student described the effect of the books as leaving a 'cold afterglow'. Many professions would love to have a PR agent writing on their behalf with the skills of Herriot.

STUDENT PROFILE

Joe comes from Northern Ireland, is 22 years old, and is in his third year of the veterinary science course.

'I grew up on a farm comprising a mixture of sheep and cattle and I've had dogs and cats around me all my life. My interest in working with animals began at an early age and I was soon out with my father with my green wellies on! I have known that I wanted to be a vet since I was about 10 years old. Before I came to the vet school I worked with the local vet and I did extra work on other people's farms. I think that knowing what I wanted has helped me through all the exams and all the disappointments at not being able to go to university when all my friends were going.

'It happened like this. After attaining ten GCSE passes I sat my A-levels and got Biology (A), Chemistry (B), and Physics (D). I then got in contact with the vet schools to see if I would be eligible for entry if I resat and attained higher grades. Bristol, Edinburgh and Glasgow all informed me that I would not be offered a place were I to be successful, but London and Liverpool both said that I would be considered. On the resit I gained two grade As in Physics and Chemistry. I then got in touch with the Liverpool admissions tutor, who gave me an interview. I was offered a place for entry in the following year. During my year out I worked for Du Pont, an American textiles company.

'I'm a third-year student and so I do get to "see practice" and this does entail animal contact. The lack of work with animals in the first two years did surprise me. I do like the closeness and "family" type atmosphere among the students. This isn't a very large faculty and so it is easy to get to know most people. I think I have succeeded in getting the balance right between social life and work. It is very easy to party too much and if the right balance is not struck then resits are inevitable. For everyone this balance is different and has to be worked out.'

WHAT THE ADMISSIONS TUTORS SEEK

Admissions tutors try to get the best students they can for their course. That's putting it at its most basic. They are also acting in the best interests of the veterinary profession. They know that the competition is fierce and that the biggest hurdle faced by aspiring students is entry into a veterinary school. Once this obstacle is overcome there is, given the undoubted ability of those able enough to get the entry grades needed, every chance that with diligence and lots of hard work the student will in due course enter the profession. However, it is important to understand that *motivation* is the key factor in selection. It is in the last analysis more important even than A-levels or their equivalent. Therefore, the admissions tutors are looking at the total impression conveyed by the candidate on the UCAS form. This will include not only academic predictions and headteacher's report but also extracurricular interests as well as the extremely important supporting practical experience and references. In the final analysis the tutors know that they are exercising a big responsibility. Their decisions will largely shape the future veterinary profession.

☐ TAKING A BROAD VIEW

Ideally admissions tutors will seek to have students representing a good cross-section of the community. In recent years more women are applying and being admitted than men. Then there is the question of background. Those with an upbringing in country areas can have an excellent range of experience and general knowledge of animal husbandry. Some of them may be the sons or daughters of farmers or vets. Clearly they have a lot to offer. Yet it would be unfair and divisive to fill a course with people who all had these advantages. What of the young people coming from the cities where gaining practical experience is not so easy? A few places will be kept for graduates taking veterinary science as a second degree. There will also be some places reserved for overseas students who provide valuable income as well as added richness to the mix of students in all the veterinary schools. Nevertheless, the overwhelming majority of places on these courses will be filled by school-leavers or those who have taken a year out since leaving school.

Practical 'hands-on' experience

Each of the veterinary schools' admissions tutors will seek well-rounded evidence of practical experience and interest. For example, the Royal Veterinary College states that course applicants are expected to have at least six weeks of practical experience made up as follows: a minimum of two weeks with one or more veterinary practices; two weeks experience of handling larger animals by working with farm livestock; and two weeks of other experience, eg kennels, etc. Another example is Liverpool where they want to see experience with at least three of the six main animal groups – horses, cattle, sheep, pigs, poultry and small animals. An absolute minimum of three weeks of work shadowing with vets is regarded as essential. Note that the phrases 'at least' and 'minimum' occur frequently. In other words, serious applicants should aim to do more to give themselves a chance.

Academic versus practical

Despite the strong emphasis on practical experience demanded by all the veterinary schools, many people in the veterinary profession are concerned that the high A-level grades required, currently ranging between AAA to AAB, suggests that the profession is being filled with people who, while being academically very bright, are not so hot dealing with the practical side of the work. Apart from the fact that it is often wrong to assume that academically able people are always very impractical, this worry reveals an imperfect understanding of the logistics of the UCAS (Universities and Colleges Admissions Service) operation each year and how the admissions tutors in the veterinary schools deal with it. Crucial to understanding what happens is the completion by the student of the UCAS form and the evidence of the supporting motivation.

Importance of high A-level grades and supporting motivation

Professor Gaskell, Dean of Liverpool's Veterinary School, leaves no room for doubt that the most important thing from the admissions' point of view is the prospective student's motivation and understanding of what he or she is about. This has to come across on the student's UCAS form. This does not mean that academic ability is unimportant. There is an enormous amount that has to be learned, and Professor Gaskell advises, 'It's the same with medicine, we find that A-levels or their equivalent are good indicators of the ability to absorb, hold and recall information.'

The problem with weaker A-levels is that you may start to find the amount of learning required difficult. Fortunately veterinary science is in the position of being able to select the best of the motivated. It must be added that it is not in the interests of the profession, or the animals and their owners whom the vets serve, to relax this strong position.

Hints on getting the A-level grades

Admissions tutors will reject you for veterinary school unless you can achieve high A-level grades. This demands hard work. Most of us delay and will find excuses to put the whole thing off. Yet if you are to achieve the professional status of becoming a veterinary surgeon you just know that you are going to have to study effectively. It takes many long hours of study to get 28 or more A-level points. Some people will get on with their studies because of 'fear motivation' – what will my parents say if I make a mess of it? This can work for some people but how much better it is to have positive motivation. This will spur you on every time. You see a good vet in action, someone you admire.

Challenge yourself to be that person. The grades sought by the veterinary schools suggest to many people that veterinary scientists are on a higher plane. The truth is that in real terms it doesn't take two As and a B to make a vet. Unfortunately the high academic standard required puts off some otherwise excellent prospective applicants. Don't be put off; if you see these grades as a means to an end, *you can do it*. Many of the students on veterinary science courses have told me that they are not specially clever, they just worked hard because they knew they had an objective and went for it. So can you. Here are ten tips to help you to do it.

1. Many sixth-formers leave things until it is too late. When you are in the lower sixth you think you have plenty of time to take time off and go partying, etc. Don't do this. Write out a weekly schedule. Know what you have to do each day.

2. Don't be too proud to ask for help from friends or teachers.
3. Set realistic goals in each subject. Your teachers can supply you with a copy of the syllabus. Where do you want to be by Christmas? By Easter?
4. Try to concentrate while studying. If you lose your focus, stop and have a complete rest and come back to it later.
5. Take your time when studying, don't try to hurry over difficult concepts.
6. Always do your best. You'll find that subjects usually become more interesting the more you know. To coin a phrase, *they grow on you*. Don't get cynical – you are investing yourself in your studies.
7. Don't be too hard on yourself. We all make mistakes. When doing practice papers, remember you'll get better with each set of questions you tackle, and they help you to identify the areas you need to concentrate on.
8. Don't be afraid to experiment with study methods. Some people are better in the early morning, others prefer late at night. Some like studying to background music. Some use memory aids for formulae, etc. What works best for you?
9. Be optimistic, believe in yourself. When the going gets hard (as it inevitably will) remind yourself that it will get better. Don't forget you are going to be a member of the Royal College of Veterinary Surgeons. That is your goal.
10. Look for connections in what you are doing. A-level students gaining working experience on farms and in veterinary practice should remember that everything is related. Ask questions whenever you can, try to see the connections between subjects and whatever you are doing.

The importance of the well-rounded application

Admissions tutors in veterinary schools are faced with large numbers of candidates who are well-qualified academically. To separate these applications, additional criteria have to be brought into play. This is why they attach a great deal of importance to work experience, extracurricular achievements, and the headteacher's report.

The reason for the interest attached by admissions tutors to extracurricular achievement is not hard to find. It is based upon the not unreasonable assumption that to have gained distinction in any kind of worthwhile hobby or activity demands concentration and determination. It is also an indication of the breadth of interests.

There is no reason to assume that admissions tutors in veterinary schools are any different from others in preferring students who are going to bring into college interests that will enliven and enrich student and college life.

The following are examples of the range of activities listed by a selection of veterinary applicants:

- qualifying as a dance instructor
- teaching dyslexic children
- playing jazz trumpet
- sporting success
- getting a sub-aqua certificate
- experience in venture scouts
- Duke of Edinburgh awards
- completing an outdoor pursuits leadership course
- completing a word-processing course
- first-aid certificate
- martial-arts belt
- parachuting for charity
- helping disadvantaged children.

STUDENT PROFILE

Emma comes from the Wirral and is in the second year of the veterinary course. She is 22 years old. Getting into veterinary school needed lots of persistence.

'I was lucky in that living on a farm I had plenty of experience working with cattle and horses. Probably in part due to my farming background, I instinctively knew at a very young age that I would not be happy in a 9–5 office job. I wanted to do something varied in which I could still be outdoors and work with the animals.

'Initially the girls' school I attended was not particularly supportive about my wish to study veterinary science saying things like, "It's harder for a girl", and "You'll never make it". However, as it became obvious that I was not going to change my mind, the teachers' attitude changed to one of quiet support. I sat my A-levels needing AAB, instead I achieved ABC. This meant I could not take my place. Somewhat foolishly I decided to read Biology, but it was obvious within a few weeks that my heart wasn't in it. I dropped out after one term. Gone were my chances of making a UCAS application for the next year. I decided to spend Christmas to September working on a voluntary basis at the local small animal vet's practice.

'I explained to the Liverpool admissions tutor my reluctance to take A-level Physics again knowing that in all probability I would not be able to improve my grade. He was very helpful and allowed me to sit two AS-levels in addition to repeating my Chemistry. I was warned that as a resit applicant I would be unlikely to be given an offer, which meant that when the inevitable rejections came in they were expected, and so less disheartening.

'On receiving my results I learned that I had got three A grades and after a telephone call to the admissions tutor, I found I had a place. My advice therefore to anyone who fails to get their grades first time is to try again straight away. Don't think you'll be satisfied with another course because it's more than likely you won't be.

'The work on my course is not hard, but there is a lot of pure learning which has to be committed to memory. What keeps me going is the thought that I'll be a vet at the end of it.'

ENTRY TO VETERINARY SCHOOL

☐ WHAT ARE MY CHANCES?

Although the competition increases in severity each year, the truth is that for most interested and potential applicants the chances are better than most of them or their advisers imagine. The fact that 8500 applications were made for veterinary science degree courses in 1998 sounds formidable. However, nearly all these applications were made by 1786 *applicants* (see Table 1). This means that, with a total number of 619 accepted on to degree courses at the six schools, there were just under *three applicants per place*. Many potential applicants are deterred by the high academic standard, but you do not have to be extraordinarily clever to become a vet. You do have to be motivated to work extremely hard and be able to absorb a lot of information. Can you not do this if you set yourself the goal of becoming a member of the Royal College of Veterinary Surgeons?

Timing

Applications for admission to veterinary science degree courses have to be made through the Universities and Colleges Admissions Service (UCAS). With the exception of Cambridge (see below), this takes place during the period 1 September to mid-December for entry in the following year (or for deferred admission in the year subsequent to the following October). Late UCAS applications submitted after mid-December will only be considered at the discretion of the courses you have listed on the form. Applications made after the following mid-August deadline go into the Clearing process. The current UCAS application form and handbook with detailed instructions should be available free of charge from your school or college. However, if you have left school, or have any difficulties in obtaining a copy, you should write after 1 July in the year preceding entry, to UCAS, Rosehill, New Barn Lane, Cheltenham, Gloucestershire GL52 3LZ.

If you wish to apply to the University of Cambridge, the application process starts earlier. The blue Preliminary Application Form (PAF) can be received by the college of your choice from June onwards and must be received in Cambridge by mid-October at the latest. Your completed UCAS form must also be sent to the UCAS office in Cheltenham by the earlier closing date of mid-October.

TABLE 1

Applications made for entry to undergraduate courses in Veterinary Science 1996–1998				
	1998	1997	1996	% change 1996–98
Total number of Veterinary Science applications	8500	8088	7289	+16.6
Number of applicants listing Veterinary Science as their preferred subject	1786	1725	1533	+16.5
Average number of course applications per applicant	4.8	4.7	4.8	
Accepted applicants	619	526	565	+9.6
Number of applicants per place	2.9	3.3	2.7	
Analysis of applicants listing Veterinary Science as their preferred subject				
Home applicants				
Men	441	404	393	+12.2
Women	978	934	820	+19.3
	1419	1338	1213	+17.0
EU and Overseas				
Men	114	112	108	+5.5
Women	253	275	212	+19.3
	367	387	320	+14.7

Acknowledgement: Universities and Colleges Admissions Service

Open days

It is desirable to visit the colleges that hold special interest for you on their open day. It is likely that all applicants holding a conditional offer will in any case be invited to attend, but this will vary according to timing and the policy of each university. Such a visit will give you the chance to see some of the work of the veterinary school. There will be special exhibits, possibly a video programme and most probably the chance to hear the views of the admissions tutor. There may also be the opportunity to visit the veterinary school's own field station where most of the clinical work is done in the final stages of the course, and although veterinary students are kept very busy you may get the chance to speak with some of them. Some schools actually arrange for a number of their students to accompany parties of visitors on the open day. The open day will also give you an opportunity to see the general attractions of each university as a place to live and study over the next five (or six) years.

Your school will receive details of open days with forms to be completed by those wishing to attend. If you have not heard by about a month ahead of the college open day you wish to attend (approximate dates are listed under Course Entry Requirements on page 37), please make enquiries in your school's careers department. If you hear nothing you should take the initiative yourself and write to the school's relations office or directly to the address of the institution which interests you listed in the Appendix. You owe it to yourself to find out as much as you can. Your visit and how you felt about it could also be a talking point should you be called for interview. So don't squander the opportunity to fit in one or two visits into your A-level study schedule.

If you are taking time out gaining practical experience and have already met the academic requirements, you may be able to get away to attend more open days. If this is the case you may get more than one unconditional offer and so you should certainly try to visit as many of these events as you can.

It's a good idea to make notes after each visit to an open day of your impressions and what differences you spotted. These notes will be very useful if you are called for interview when they will almost certainly ask you about your visit.

Special academic requirements for veterinary science

Every university student has to meet the general matriculation requirements of each university (consult the prospectuses) but in addition there is the special prescribed subject requirement. Three A-levels (excluding General Studies) or two A-levels and two AS-levels are equally acceptable. Currently no veterinary school makes a conditional offer on *three* A-levels at below AAB grades or *two* A-levels plus *two* AS-levels at AA+BB or AB+AA in one sitting, ie 28 points.

What about a fourth subject?

Some students have been known to query whether they should take a fourth A-level (not including General Studies). Before doing so you should bear in mind that if you offer four A-levels your performance in all four subjects will be taken into account. So if you do feel inclined to add a fourth subject at A-level remember the high grades needed for admission (see Course Entry Requirements on page 37).

DEALING WITH THE UCAS FORM

The UCAS Handbook, in conjunction with the accompanying instructions on the UCAS application form, is intended to give you sufficient information to enable you to complete the form. You should also be able to consult with careers teachers and sixth-form tutors in your school. In many instances you may find that your school has available reference copies of prospectuses for individual colleges and institutions.

What follows are some suggestions on matters that require your judgement.

How many applications should I make?

The average number of applications made by each veterinary science applicant is about five (see Table 1). However, although some people find this hard to believe, there is no prejudice against anyone who applies to fewer than all six and includes non-veterinary courses. If you do list non-veterinary courses please note that, being less heavily oversubscribed, they are likely to make a conditional offer which you could hold as an 'insurance'. If you were holding such an offer this would make you ineligible for Clearing.

Therefore, holding 'insurance' offers will depend on how committed you are to veterinary science. An argument in favour of going all out for the total commitment of applying solely to veterinary schools is that if you fall short of the 28-30 points range, and have just missed out, you will almost certainly have the option of gaining entry into an alternative course through Clearing. This is because other pure and applied science courses are inevitably much less competitive and you will be able to accept an offer if you want to do so.

Which alternative courses should be listed on the UCAS form?

This is a very personal matter but something can be said on what should be avoided. It is probably unwise to put down medicine or dentistry. Although veterinary science admissions tutors would not

automatically exclude anyone because o
certainly look long and hard for overwh
veterinary science was what you really
you could hardly expect to also satisfy t

All things being equal it seems logical f
related subjects like agriculture, equine
biochemistry, microbiology or zoology to
quality of coherence and to fit in with tl
application.

throughout the course. T
graduate applicants.

What about

The UCAS f
upper six
Howev
the
w

Is transfer possible from ano
What happens if I do another

If you really want to become a veterina
work you can attain the necessary academic standard, it is *not* a good
idea to take a different degree. Many people are badly advised to go
off and do another degree and then try and transfer from another
course into veterinary science. This is not feasible because it is
necessary from the beginning to study certain subjects which are
exclusive to veterinary science. Examples are veterinary anatomy and
ruminant physiology. Apart from which the chance of there being
extra places is remote. Transfer, therefore, becomes impossible and
the only way you could proceed would be to go back and start your
veterinary studies at the beginning. Therefore, no one should be
advised to take a different course and then try to transfer. However, it
is worth noting that Cambridge has been known to make some
concessions to students wishing to transfer from mainly medically
related degrees. Such students might, because of the Cambridge
tripos system, be able to complete a veterinary science degree at the
end of six or seven years' study depending upon when the transfer
was made. Note that such students will still need to study veterinary
physiology and anatomy.

Further reasons why it might prove unwise to do a degree in another
subject is that even if you become a graduate in another cognate
subject, with an upper second, your application would be assessed on
the basis of your original A-levels as well as the subsequent
university study. This is done in fairness to the large number of
school-leavers applying. **A decisive argument for most people is
that in nearly all these cases graduates in other subjects
would only be admitted on a 'full cost' basis.** Some colleges
allocate a small number of places to graduates within the Home and
EU intake. Tuition fees for these would be at full cost fees payable

deferment and taking a gap year?

orm permits you to apply at, for example, the start of your
th year for entry a year after completion of your A-levels.
er, you will be expected to meet the conditions of the offer in
year of application. The majority of veterinary schools now
elcome students deciding to postpone their entry on to the course.
(Notable exceptions to this policy are the two Scottish schools.) The
most common reasons given by students are the opportunity to travel,
study or work abroad, or gain additional relevant experience for the
course and profession they seek to enter. The latter reason is the one
most likely to influence veterinary schools because many applicants
do need to strengthen their range of relevant work experience.

You should be able to explain your plans for the year taken out. Does
it involve some animal experience? It may be possible as a working
pupil on a farm to achieve an NVQ. Those coming from urban areas
may find that undertaking a gap year of a relevant nature is more
difficult to achieve. It is a good idea to discuss this matter on an
informal basis with an admissions tutor and get advice.

A-level predictions

As has already been indicated, A-level performance (or its equivalent)
is not a sole determinant in selection because of the importance of
other motivational factors. However, the predicted A-level
performance is an important factor for admissions tutors in sifting
through and finding committed candidates likely to meet the
stipulated academic level of 28 points or more. Final decisions are
made when the A-level results are known.

It is at this point that some rejected applicants will do better than
predicted. When the admissions tutors learn that the rejected
candidate has achieved top grades and is excellent in other respects,
they have been known to change the original rejection to an
unconditional acceptance for the *following year*. Over 100 places are
settled each year in this way. Indeed, it is known that the majority of
entrants to veterinary science courses will have taken a year out,
whether they intended this or not.

Those whose grades slip slightly below their conditional offer will
usually be considered in August and could be offered entry if places

are available. The importance, therefore, of A-levels is that once the results are known, the tutors can announce decisions finally taken from within the group of well-motivated and committed pre-selected candidates.

The importance of the personal statement on the UCAS form

The personal statement is section 10, the last part of the form but certainly the most important and influential. Most of the UCAS form is a factual summary of what you have achieved but here you have your first chance to give expression, clarity and style to your application and hence bid for a place at veterinary school. Begin by photocopying this page and practising your answer. There is no objection to getting the personal statement typed; indeed it may be wise to do so if your writing is hard to read. There is also the point that you can usually get more words in the space by typing your answer, but be careful, brevity can often produce a better, more directed, answer!

Research shows that it is a good idea to structure your response. Consider using subheadings to give clarity for the busy admissions tutor.

Make sure that the following points are covered in your personal statement:

- Why do you want to be a veterinary surgeon? There are many *really think* possible reasons and this is where your individuality will show. *thru*
- Outline your practical experience. Give prominence to the diverse nature of it, the clinics, farms and stables, etc. Mention any *get more* interesting cases.
- You like animals, but how do you respond to people? How did you get on with vets, nurses and the customers? Any teamwork *OK* experience?
- Give an indication of your career direction, even if it is tentative at *horse* this stage. Show that you have thought about the possibilities. *(or exotic)*
- Any special achievements or responsibilities either connected with animals or with an outside interest? HORSES pets. *training & competing*
- List other activities and interests of a social, cultural or sporting kind. Here is your chance to reveal more about yourself as an individual. *travelling → highlight animal & health go to the* *HORSE RIDING HOLIDAY* *lizards, water buff.* *beagling*

Finally, remember to take a copy of section 10 before you pass the completed form to your referee. The copy will serve to refresh your memory before you are called for interviews.

mention health problems

TABLE 2
The following example is illustrative only. It shows the way in which an applicant might structure the personal statement in section 10 of the UCAS form.

---

10 PERSONAL STATEMENT (do **NOT** attach additional pages or stick on additional sheets)

Reason for subject choice
I have been fascinated by the work of veterinary surgeons for as long as I can remember. My ambition is to develop a career in veterinary medicine based on my wish to combine my interest in the sciences with a desire to work closely with animals. I want to qualify as a vet so that I can treat animals and look after their welfare.

Experience gained
I believe I have a realistic view of what is involved in a vet's life. During the last two years my weekly work with a veterinary surgeon has enabled me to attend and assist in farm calls and become familiar with the various items of clinical equipment. Prior to that I have also gained work experience over a seven-year period at a riding stables and I've helped during vacations at a dairy farm and at a kennels/cattery. As a result I feel I have developed an awareness of the duties and responsibilities that are expected of a veterinary surgeon and the personal qualities needed not only when handling the animals but also dealing with the owners.

Other interests
I keep myself fit, strong and healthy. I am currently working towards my Duke of Edinburgh Gold Award – having recently completed a 50-mile walking expedition across the Berwyn Mountains. Another interest is that I thoroughly enjoy taking part in the school's drama productions which recently included the 'Winslow Boy' and 'Trial by Jury'.

Science studies
I'm enjoying my A-level studies and particularly Biology which is my favourite subject. I regularly read New Scientist and Biological Sciences Review in our Central Library. At school I am an active member of the Darwin Society which meets on a regular basis to hear lectures by visiting scientists. I feel that these interests are providing a good preparation for the personal reading and research which will be needed on a university course.

Career aspirations
Currently my aim is to perform well and to achieve the highest grades at A-level of which I am capable. After I qualify my immediate thoughts would be to move to a mixed practice but I would also like at some point to spend a period working overseas – particularly in a third world country.

Referee's report

After completion of pages one, two and three of the UCAS form it is ready to be passed, with the completed acknowledgement card and the prescribed fee, to your referee for page four to be completed. Follow the UCAS instructions, do not write anything on page four yourself. It is the responsibility of the referee to post the form directly to UCAS. This is usually your headteacher who can draw upon the opinions of the staff and information contained in the school records.

However, mature students or graduates for whom school was too long ago for such a reference to be meaningful should approach people who know them well. A good idea is to consider asking someone for whom they have recently worked. *SPENSLEY?*

References are an important factor since they provide insight into your character and personality. They can also provide significant confirmation of career aims, achievements and interests. The referee's view of your abilities in terms of analysis, powers of expression and willingness to question things, are the kinds of independent information about you that will have an influence with selectors. Additional information about family circumstances and health problems, which candidates rarely offer about themselves, will also be taken into account.

Other supporting documentation

Because work experience in veterinary practices and farms is so important in the selection of applicants for veterinary school, you will be expected to list full details of all such experience. Some veterinary schools will send you a questionnaire asking you to expand on the information you have given about work experience on the UCAS form. *more recent?* Applicants can expect interested veterinary schools to follow up and write on a confidential basis to the veterinary practices and farms where you have worked for additional information about you. This is a good sign as it shows that your application has aroused more than a passing interest.

In essence the veterinary school will ask whether the people you have worked with regard you as a suitable entrant into the veterinary profession. The sort of things which concern tutors are:

- general enthusiasm;
- ability to express yourself clearly;
- helpfulness;
- practical ability;
- attitude to the animals, to customers and clerical and nursing staff in the practice. (In other words, were you a pleasure to have around?)

So it is clear that the veterinary school can take steps to get hold of additional information about candidates. It is also possible for you to help yourself by taking the initiative to gain documentary support. For example, wait until after you have received your UCAS acknowledgement with your application number, then ask your local

vet to write in to the veterinary school(s) of your choice (quoting your reference number) giving details of the five weeks' work which you did with extra detail on any interesting cases with which you were involved. This information will go into your file and is bound to help, especially if the vet is able to say that he or she 'would like to see this person in veterinary school'.

There are exceptions to this arrangement. For instance, the Royal Veterinary College would prefer that copies of all supporting statements, references and case books are brought to your interview rather than sent in advance.

What about mature students?

In view of the extreme competition it is unrealistic for mature students, at say age 25–30 years, to expect special treatment. They must usually expect to satisfy the academic entry requirements in the usual way at one recent sitting and must have a good range of practical experience. However, this requirement has been known to be waived in exceptional cases, such as where there might be a mature student displaying strong motivation coupled with academic ability.

Mature applicants should use section 10 of the UCAS form to set out their qualifications and work experience. Your objective is to signal to the admissions tutors why they should see you. Your extra maturity and practical experience should show here. Photocopy the section and practise expressing yourself in the space provided. If you cannot get all the information on the form make sure you summarise what you want to get across under the main subheadings. Remember it is very important to show why you want to work with animals and to give details of any relevant work experience of a paid or voluntary nature. If you feel that the space in section 10 on the form did not permit you to do full justice to yourself, it's a good idea to prepare a curriculum vitae or further documentation and *wait until you get your UCAS acknowledgement*. The acknowledgement will give you your UCAS application number and you can quote this when you send your additional information direct to the veterinary school.

What to do when rejected

With anywhere between three to five applicants for every place there are inevitably going to be many disappointed candidates. Generally one of the main reasons for rejection is insufficient practical experience, particularly a lack of farm work. If this is true in your

own case, the action you could take is to try and remedy the deficiency between the A-level examinations and the publication of the results. All applications are reconsidered after the A-level results are known. If your academic results are satisfactory it may be possible to offer you a place for the subsequent year.

Rejected applicants who have reached the necessary academic standard or have narrowly fallen short should think carefully before turning away from veterinary science, if that is really what they want to do. There are plenty of cases of people who have persisted and gained the extra practical experience that was needed to tip the scales in their favour. Determination to succeed is a quality that is generally recognised and supported. Think carefully before turning away to take another science subject. In most cases such a move will prove to be a decisive career choice. This is because it is not possible to transfer from another science course into veterinary school. Nor is it easy to take veterinary science as a second first degree. This is because graduate applicants have to face stiffer competition and the prospect of having to pay high fees if accepted.

Repeating A-levels

Many unsuccessful candidates decide to do a repeat year and take the examinations again. Before doing this it would be sensible to seek the advice of an admissions tutor. The fact is that not many people doing repeats are made conditional offers unless there are extenuating circumstances. If they are made an offer it will usually be based upon the *second attempt* and the requirement would most likely be raised to achieving grade A in all three subjects. The candidate who may get a repeat offer is one who has narrowly failed to secure a place on the first try and is excellent in all other respects. However, most candidates who reapply have to take their chance in Clearing after a preliminary rejection.

The truth is that the almost overwhelming pressure of demand by highly motivated and well-qualified candidates is taking its toll on the chances of those repeating A-levels. Selection is becoming more stringent resulting in fewer resitters being successful.

26-year-old Nicky is already a graduate. She comes from Liverpool, and is completing her third year of the veterinary science course.

'At a very early age, before I was even nine or ten, I knew that I wanted to be a vet. It's not something I can fully explain. Even as a young girl I wanted a Fisher Price farm rather than any dolls! Looking back it's surprising, especially as I grew up in the city and my family had no farming connections.

'I approached a local vet myself when I was about ten years old. Three years later I was taken on as a kennel maid. Later I gained further contacts from other vets and things just went from there.

'I was a bit of a rebel in the sixth form and didn't do much revision for A-levels and ended up with a B and two Cs, so I couldn't take up my conditional offer from Edinburgh. I then did what seemed a good idea at the time, I took an Animal Physiology and Nutrition degree at Leeds and got a 2.1. I started a PhD but soon realised I was not suited to it. All this time I was asking vet schools if they would accept me. I was shortlisted at London but just missed out and Liverpool declined the first time I asked.

'I knew that I could not give up now and so continued to work with vets whenever I could, especially during holidays. Eventually I think Liverpool took the view that I had proved myself and I was admitted to the course on a self-financing basis since I already had a degree. I am so glad that, at last, I am on the course I've always wanted to do. I enjoy working with animals and I like the lifestyle. This course is leading me towards what I consider to be the best job in the world!'

COURSE ENTRY REQUIREMENTS

The academic entry requirements to the six veterinary schools are very similar but there are slight differences which are summarised below. It is, of course, the responsibility of each applicant to *check the course prospectuses* and if in doubt to *contact the admissions office for guidance*. Your careers teacher should be able to confirm open day dates.

Bristol BVSc: Open day May
A-levels in Chemistry and Biology (or Zoology) and one other academic subject (preferably a science) grades AAB. If Physics and/or Biology are not offered at A-level, good grades are essential at GCSE. Two AS-levels may replace one A-level other than Chemistry. In such cases there are two standard offers AA + BB or AB + AA. *Note* Deferred entry welcomed.

Cambridge BA/VetMB: Open days March and July
A-levels required are chemistry plus one other science, the third may be any academically rigorous subject. Grades AAA are needed. Check with the admissions tutor of the college of your choice. All the colleges normally accept veterinary undergraduates except King's and Peterhouse. The following seven colleges may require STEP (Sixth Term Examination Papers) to be taken by individual applicants shortly after A-levels to aid them in their selection: Christ's, Clare, Emmanuel, Gonville & Caius, Queens', St John's and Trinity.

Edinburgh BVM&S: Open days March and October
A-levels in Chemistry (A grade) and two of Biology, Mathematics, and Physics, grades AAB; or four A-levels at ABBB. Good grades in GCSE are required in Physics and Biology if these subjects are not offered at A-level. Candidates from Scottish schools should gain SCE (Scottish Highers) in the above subjects with three at grade A (including Chemistry) and two at grade B and all applicants are advised to go on into a sixth year and do Certificate of Sixth Year Studies (CSYS) in Chemistry and one other science subject. If three sciences were not covered in the fifth year it must be included in the sixth year. *Note* Edinburgh does not accept deferred entry and will ask you to re-apply. A-level resit candidates are not normally considered unless there are exceptional circumstances.

Glasgow BVMS: Open day September

A-levels in Chemistry and Biology, the third subject must be either Physics or Mathematics. Two passes must be at grade A (including Chemistry) and one at grade B. Applicants from Scottish schools are given similar advice to Edinburgh except that Glasgow advises that applicants should normally take CSYS Chemistry and Biology both at minimum grade B. While Physics is not an entry requirement, the school does require a knowledge of this subject to GCSE, SCE standard grade or SCOTVEC level. *Note* Glasgow does not accept deferred entry or consider candidates who have had to resit their A-level examinations.

Liverpool BVSc: Open day April or May

A-levels in Chemistry, Physics and Biology is the norm, but Chemistry allied to other combinations will be considered. For example, Chemistry with *either* Biology, Mathematics, Physics or Zoology, plus a third subject. Liverpool is willing to consider a third non-science subject, but first check to see that what you have in mind is acceptable. Conditional offers ask for AAB. Two A-levels grades AA combined with two AS levels at BB is equally acceptable. Scottish applicants are advised to extend their studies to include either GCE A-levels or CSYS. Applicants offering CSYS must include Chemistry and either Biology, Physics or Mathematics. If only two CSYS are taken then an extra new Higher must be offered. *Note* Deferred entry is acceptable.

London BVetMed: Open day May (Hawkshead Campus)

A-levels in Chemistry and Biology both at grade A with a grade A pass in one other A-level which does not overlap. For those candidates offering two A-levels and two AS-levels, the Royal Veterinary College requires the A-levels in Chemistry and Biology to be at grade A and the two AS levels to be at grade A. Applicants offering other qualifications eg CSYS and Highers or International Baccalaureate are advised to consult the Registry.

☐ GENERAL ADMISSIONS POLICIES

Whenever you are in doubt, you must consult individual prospectuses, but what follows is an indication of policies that you can expect to be generally followed.

GCSE

A broad range at 'good' grades including Mathematics and English. If Physics and/or Biology are not offered at A-level good passes are

required at GCSE. GCSE Combined (Integrated) Science will be
accepted provided you get good grades in both papers.

General Studies at A-level
Whether or not you decide to take this subject is entirely up to you
and your school. It will not, however, count as part of the entry
requirements.

Two science A-levels and two AS-levels
This is an equally acceptable alternative scheme to the three A-levels
stipulated. One of the A-levels has to be Chemistry. Some vet schools
also specify Biology. The usual policy is for the two A-levels to be at
grade A, and the two AS-levels to be at grade B.

Equivalent entry requirements
Normally the academic entry requirements are expressed in terms of
the General Certificate of Education Advanced Level. *Therefore,
applicants with non-A-level qualifications should consult an
undergraduate admissions tutor before submitting their UCAS
application. The following is for guidance only.*

In this context **Scottish Highers (SCE)** are not accepted as
equivalent to GCE A-levels. Therefore, those coming from Scottish
schools should extend their studies into a sixth year and take *at least*
two CSYS, one of which must be Chemistry and one other science
subject, usually Biology. If the candidate takes only two CSYS
subjects, then an additional new science subject, not taken in the fifth
year, should be taken as a Higher in the sixth year. Some schools
require a new additional Higher in the sixth year in any case if only
two CSYS subjects are being taken in the sixth year.

Most candidates taking Scottish Highers have attained grades
AAABB or better. The subjects include Chemistry at grade A and two
at least of Biology, Mathematics and Physics, one of which should also
be at grade A. Some schools insist that Biology must be taken at SCE
and the choice is only between Mathematics and Physics. Hardly any
candidates are admitted on the basis of Scottish Highers alone; all are
advised to go for a sixth year.

The **Irish Leaving Certificate** is unlikely to be accepted as
equivalent to GCE A-level. This is because studying a wider range of
subjects to a lower or less specific level than the UK's A-levels does
not meet the need of the veterinary science course requirements.
Therefore, this qualification must be offered in combination.

The **International Baccalaureate** is usually acceptable provided that appropriate combinations of subjects are studied. Three subjects are needed at the Higher Level. They must include Chemistry, together with ideally two from Biology, Physics or Mathematics. Grade scores needed in the Highers are likely to be 7, 7 and 6. If the combination is likely to be different advice should be sought. Similar subject combinations are required by those offering the **European Baccalaureate** with average 8.0 score.

Having completed your UCAS form and passed it to your referee, you must await the response from the veterinary schools. The general policy is *not* to offer a place without interviewing the candidate.

STUDENT PROFILE

Alastair, age 21, comes from a market town in North Yorkshire and is completing his second year.

'There's no other job I have ever wanted to do. I grew up with farm animals and in the holidays visited with vets gaining experience of all types of animals regularly seen by veterinary surgeons. My parents helped me make the initial contact with the local veterinary practices. It soon became clear that what appealed to me was the daily diversity of problems, in which you are able to be out in the fresh air, not tied to a routine 9–5 desk job.

'I liked attending the local livestock auction market. I mingled with many local farmers. I wanted to know what their job entailed and the local topics of conversation. It was through the local auction market that the main parts of my farm livestock experience was arranged. Additional experience included working at an abattoir for a week, and also seeing a stud farm.

'My first attempt at A-levels was disappointing. Instead of getting AAB, I achieved AED. My school was poor in guiding sixth-formers as to technique and examination practice. I ended up

teaching myself Biology in which I gained my A grade. Re-taking at a specialist college ensured that my efforts were not wasted on irrelevant information not required by the examiners. I then achieved two A grades in Chemistry and Physics.

'I enjoy the practical aspects of the course, for example, dissections and post-mortems in Pathology. I was not so keen on the Biochemistry lectures in the first year with practicals of seemingly little relevance. To succeed you need plenty of determination and stamina for there is a surprising amount of rote learning. It helps if you know what kind of vet you want to become. Eventually I would like to specialise in maybe sheep or cattle. However, I understand that cattle and sheep vets still have to deal with other cases and are unlikely to be so specialised as, for example, the horse vets.

'I think it's essential to keep up some sport as a form of relaxation and to relieve tension, especially in the build-up to exams. Try to take advantage of the social life, but remember, passing exams comes first, drinking second. Work hard and play hard at the right times.'

THE INTERVIEW

When the veterinary schools have received the UCAS forms, they will sift through them and decide who to call for interview. Approximately one in three applicants will get an interview, but this can vary from year to year and between universities.

Timing

The timing of interviews can be anywhere between November to March, so some candidates have to wait some time before getting their interview, and because of this timescale some candidates will get a late decision. The Cambridge colleges usually conduct their interviews earlier with the majority taking place in December. This follows on from the earlier start to the application procedure for applicants to the universities of Oxford and Cambridge.

The purpose of the interview

The interview is designed to find out more about you. In particular the interviewers (possibly a panel) will want to satisfy themselves about your motivation and the extent of your commitment to becoming a qualified veterinary surgeon. Have you an appropriate attitude towards animal welfare? Are you reasonably well informed about the implications of embarking on a veterinary career? Are you a mature person possessing a balanced outlook on life? Are they going to be satisfied that you have the ability to last the pace in what is generally acknowledged to be a long and demanding course?

To help them they will have your UCAS form, the headteacher's reference and any supporting statements made by veterinary practitioners or people for whom you have worked. They will already have a good idea of your academic ability or you would not be at the interview in the first place.

Preparation

Experience shows that personal qualities are just as important as academic ability, perhaps more so. The way you come across will be influenced by how confident you are. This doesn't mean being over-confident. Many people believe that they can get through interviews by thinking on their feet, taking each question as it comes. This is an unwise attitude. Good preparation holds the key. By being well informed on a variety of issues you will be able to formulate answers to most questions. There will always be the unexpected question for which no amount of preparation can get you ready, but you can minimise the chance of this happening.

Confidence based on good preparation is the best kind. It is not of the puffed-up variety that can soon be punctured by searching questions. While it is true that the interviewers will want to put you at your ease and will try to make the atmosphere informal and friendly, there is no doubt that for you there will be some tension in the situation. Think positively, this may be no bad thing; many of us perform better when we are 'on our toes'.

Things you can do to prepare

Some schools will be able to offer you a mock interview. Sometimes they can arrange for a person from outside the school to give the interview which can help to give a 'real' feel to it. If you are not sure about whether this facility is available, ask your school careers department. They will be keen to help if they can.

Do you know anyone, student or staff, connected with one of the veterinary schools? If you do, ask for their advice. They may be able to give you an idea of what to expect.

Start your preparation from your copy of section 10 on the UCAS form, ie the personal statement. This is the most important part of your UCAS form and it should tell the interviewers a lot about you as a person, your work experience, your interests and skills. Many of the questions they will ask will be prompted by what you have written in section 10. The questions will most likely begin with those designed to put you at your ease. As the interview proceeds you should expect them to become more searching. Try practising your answers to questions like these:

Question: *Did you have any trouble getting here?*

Comment: This is the sort of friendly question meant to get you started. Don't spend too long on it, take the opportunity to be social, try to get relaxed and smile.

Question: *Have you visited here before?*

Comment: Did you go to the open day? If so, this is the moment to mention the fact. The interviewer will almost certainly follow up and ask what you thought of it. The Faculty probably invested a lot of time and work in preparing it so go easy on criticism! However, you should be prepared to say what you found was helpful and informative. It is then easier to make an additional constructive criticism.

Question: *What did you think of our brochure?*

Comment: This is an alternative opening question on which you may have an opinion. Some veterinary schools, like London, have their own brochure; others have their entries in the main prospectus. Be prepared, show that you have at least read it and have an opinion.

Question: *How do you think you are doing with your A-levels?*

Comment: This is not a time for false modesty. You would not be having this interview if your school had not predicted good results. You should be sounding optimistic while at the same time indicating that you are working hard. They may also be interested to learn which are your favourite subjects so be ready for a follow-up question along those lines.

Question: *What do you think of the TV programmes about vets?*

Comment: There are so many of them where do you start? Such programmes could be good or bad for the professional standing of the vet. They make good television, especially when they show the animals and the caring 'honest broker' role of the vet between animals and mankind. On the other hand you could argue that the vet's image is threatened when the programmes degenerate into 'soaps' with a portrayal of young vets which has little to do with their work. In your answer show that you have thought about TV's influence.

Question: *Why do you want to study veterinary science?*

Comment: The direction of the interview can change quite suddenly. Be ready for the switch in questioning, the answer will bring into focus your attitude to animals, the range of your work experience, those important manual skills, and your commitment to all the hard work entailed in studying to become a qualified professional veterinary surgeon admitted to the Register of the Royal College of Veterinary Surgeons. This is an important question and needs a full answer *but keep your reply to under two minutes*. Practise this. Remember that research findings show that if you exceed two minutes you risk boring your listeners.

Question: *Why do you want to come to this veterinary school?*

Comment: This is a natural follow-up question, so be prepared for it. The answer is personal to you, you may want to go to a new area of the country or you may know the area well because of relatives. Your local vet has recommended this particular veterinary school to you. The reputation of the school may have impressed you because of some particular speciality in which you are also interested. There could be several reasons.

Question: *Tell us something about your work experience with animals.*

Comment: This is one of the big questions of the interview. It would be surprising if the interviewers do not already have feedback from where you have been working. They want your reaction to the experience. Did you enjoy it? Were there any interesting or unusual cases that stick in your memory? Does any of your enthusiasm show? Do you indicate any respect and sympathy for the animals? And what about the people – did you get on with them?

Question: *What are the main things you learned from your work experience?*

Comment: This is the typical follow-up question that gives you a chance to summarise and underline your impressions. You could try to indicate the varied nature of your experience, the different types of practice or farm. There is also the business side of working with animals for which you hadn't originally been prepared. Maybe you were astonished at the responsibilities of the veterinary nurses. Be prepared to intrigue your listeners.

Question: *Have you ever felt frightened of animals?*

Comment: Vets don't like you to be frightened of animals, particularly small ones! However, honesty compels most of us to admit that we have at times and in certain situations felt vulnerable to a kick or bite. Explain the situation and what was said at the time – vets are noted for their humour!

Question: *What do you think of rearing animals for meat?*

Comment: This type of question might be asked because it checks on your motivation. Perhaps you should start by looking at it from the animal viewpoint. Animals should be kept well with good standards of husbandry and eventually slaughtered humanely. Of course, the animal doesn't know the reason for its being slaughtered, but you do. Some of your future clients may be farmers who make their living from supplying meat or poultry – what is your reaction?

Question: *How do you feel about cruelty to animals?*

Comment: With the strong interest in and liking for animals that you would expect from all veterinary students, they will be watching your reaction. This is a question that you should expect and your response, which while putting animal welfare first, should be strong and well reasoned rather than too emotional. What would you do if you thought a farmer was acting in a cruel way to some of his livestock? Go to the police straight away? Talk over the difficulty with a colleague? Threaten the farmer by mentioning that you might bring in the RSPCA? The interviewers are not expecting you to come up with a perfect answer but rather to show that you are capable of coming up with a well-balanced and reasoned solution.

☐ CONTROVERSIAL ISSUES

Most interviews last only 15–20 minutes so there may not be time for questions of a more controversial nature, but nevertheless it may be worth you investing a little thought in how you might sketch out an answer.

Question: *How do you feel about animals being used for medical and veterinary research?*

Comment: You cannot become a veterinary scientist without accepting that you have an obligation to undergo training in all aspects of veterinary science. This must include the use of autopsies on animals, the handling of animal tissues for not only teaching but research and also the use of animals in the teaching programme. Furthermore, every drug available from a pharmacist for human use will have been fully tested. Animals play a large part in these research programmes, so what conclusion do you draw from this? This is an important question as a potential veterinary student who has anti-vivisectionist beliefs and objects to this on conscientious grounds will not be accepted into veterinary school.

Question: *What do you feel about blood sports?*

Comment: This is very much a personal matter. The interviewers may be looking to see whether you can come down on one side or the other while at the same time being able to understand the opposing view.

Question: *What do you think about keeping animals alive beyond their normal lifespan?*

Comment: In answering this type of question you ought to consider animal welfare. Be alert for the moral dilemma posed. There are reports of dogs fitted with pacemakers which can keep them alive almost indefinitely. If you believe that keeping animals alive beyond when they can have a useful and enjoyable life is wrong you should say so. In general animals eat, sleep and enjoy their lives in that way. By keeping them alive beyond what is natural you can hardly be said to be acting in the interest of the animal's welfare. Would there be circumstances in which a companion animal was essential to the well-being of its owner? Be prepared to discuss these issues rationally.

Question: *Should a vet agree to implement the provisions of the Dangerous Dogs Act?*

Comment: This is a difficult and therefore unlikely question for you to have to face. Show that you are aware that there have been some vicious attacks by certain breeds of unmuzzled dogs on children and adults which led to the act requiring owners to register this class of dog with the police and keep them muzzled. Controversy arises when the vet might be called upon to destroy, for example, an unmuzzled pit bull terrier *before* it has committed an offence. Is such action contrary to the professional oath of a veterinary surgeon? (Privately many vets are saying that the act is unworkable.) If you take a view on this you will get credit for at least knowing about the law, whether the interviewer agrees with your conclusion or not.

☐ WHY THE INTERVIEW IS IMPORTANT

These are just a few of the possible questions that you might expect at a selection interview for entry to veterinary school. To be called for interview is hopeful as it indicates that your application is being considered and a good interview can lead to an offer. Another reason for trying to do well at the interview stage is that those candidates whose grades fall just below that required in their conditional offers are always reconsidered. If places are available, a good interview performance could tip the balance in your favour.

Body language and your general appearance and demeanour

A lot could be said about this but it applies to interviews generally. Most candidates will do their best to prepare well for the interview by anticipating likely questions. However, very few candidates realise that the visual impression they are creating will count for much more than their verbal answers to questions. It's a bit like the old saying, 'It's not what you say but the way that you say it'!

Admissions tutors are unlikely to admit that they are going to be influenced by appearance and body language, but they are only human. There is bound to be subjectivity involved. What can you do about it? Try to look your best and try to be as relaxed as possible in what will seem to be a fairly tense situation. Here are a few points to watch.

Body language
When you first enter the room smile and give a firm handshake. Veterinary schools are friendly places and like to exude informality.

Sit comfortably and reasonably upright, leaning forward slightly. This position makes you look and feel alert. Try not to be so tense that you are crouching forward giving an impression of a panther about to spring. Don't go to the other extreme of leaning back and looking irritatingly self-assured. Where do you put your hands during the interview? Try resting one on top of the other over your lap. Alternatively let each hand rest by your side. It's not a good idea to have your arms folded – it looks as though you are shutting the interviewer out!

Speak clearly and deliberately. Don't rush things. When people are nervous they tend to speed up which makes it harder for the listener.

Make eye contact by looking at the questioner. If it is a panel interview let your glance take in others at the table, make them feel that they are included.

Your appearance

Look your best. This does not mean that you should appear like a tailor's dummy. Wear clothes which are smart, not showy, and in which you feel comfortable. Pay attention to details like polishing your shoes and washing your hair.

STUDENT PROFILE

Chris is a Yorkshireman, but all his secondary schooling was on the Wirral. He is about to finish his fifth year of study and qualify as a veterinary surgeon. He is 23 years old, having entered the course straight from school.

'I got interested in becoming a vet when I was about 14. The Herriot books were an influence. I'd always wanted to work outdoors and had wanted to be interested in a job that you could grow into. There was a progressive feel to veterinary science.

'As a family we took our holidays in the country and it was a family friend, a vet, who advised that I needed to get experience. I had about four weeks' experience over weekends and holidays with a vet, attending mostly dairy farms. I did unpaid work gathering in sheep when they were still small. I also helped with dipping sheep and milking cows after a while. At the veterinary practice I was allowed to operate the anaesthetic equipment under supervision. At that stage I didn't really grasp all that was going on, but it was good experience.

'With A-levels I am convinced that it pays to try and finish each syllabus early and then you have several weeks to practise answering questions. Looking back I feel that I took a risk in listing only three veterinary schools plus courses in Pharmacology and Physiology. As it happened I received a conditional offer which I was able to confirm after getting straight A grades. In the event there was no need for all the caution recommended by my school. If I had listed only veterinary schools I could still have opted to enter Clearing if my grades had fallen short of the target.

'On the vet course it has surprised me that there is no course work before exams. I expected lots of essays, but the exams form the assessment. I believe it's only possible to get through a veterinary science course with strong motivation. So I think you must keep clearly in focus what you're going to end up doing. My practical rotations helped me to do this. They included working at the PDSA. It was useful to jam a stethoscope into my ears so that I couldn't hear anyone; it gives you time to think!

'The majority of students here want to go into practice, few want to become specialists. I've already got my first salaried appointment in the north of England plus a house and a car. Vets don't earn enormous sums. My advice to those at school is to talk to the local vets, get to know them and what they do.'

THE COURSES

Entry to veterinary school is so competitive that many candidates list all or most of the schools on their UCAS application and hope that at least one of them will make a conditional offer. The idea that there is an element of choice may seem strange. Even when a candidate is fortunate enough to get two or three offers, and has to express a preference, the eventual decision is often based upon things like family connections, the recommendation of the local vet or whether or not the candidate liked the school itself or even the locality on the open day.

Maybe decisions should be made upon more objective data than this, but they seldom are. This may not be a bad thing as decisions made this way often work out quite well. However, although the courses are not vastly different, it is surely sensible for the candidate to be aware of the typical course structure and what is involved. This could be touched upon at interview. Furthermore, a knowledge of some of the differences between courses could play a part in your decision should you get two or more offers.

All the courses leading to a degree in veterinary science have to comply with the requirements of the Royal College of Veterinary Surgeons for recognition under the Veterinary Surgeons Act 1966. This is necessary if the degree is to gain for the holder admission to the Register which confers the legal right to practise veterinary surgery. It follows that the courses are fundamentally similar, most of the slight differences come towards the clinical end of the degree. This is quite a contrast to many other degrees where the differences can be much more marked.

Veterinary courses have a carefully structured and integrated programme with one stage leading logically into the next. This logic is not always apparent to the student who may feel surprised at the amount of theoretical work in the early pre-clinical stage. Later, as you get into the para-clinical and clinical stages, it all begins to make sense. As one final-year student commented, 'It's not until the fourth or fifth year that you suddenly realise "so that's why we did that!"'

☐ THE PRE-CLINICAL STAGE

The first two years are pre-clinical and include not only a lot of lectures, but also practicals and tutorials. The normal healthy animal is studied. A basic knowledge of the structure and function of the animal body is essential to an understanding of both health and disease. The scientific foundations are being laid with an integrated study of anatomy and physiology. This study of veterinary biological science is augmented by biochemistry, genetics and animal breeding, as well as some aspects of animal husbandry.

Veterinary anatomy
Deals with the structure of the bodies of animals. This includes the anatomy of locomotion; cellular structure; the development of the body from egg to newborn animal; the study of body tissues such as muscle and bone; and the study of whole organs and systems such as the respiratory and digestive systems. Studying this subject involves anatomical examination of live animals with due emphasis on functional and clinical anatomy. Students spend a lot of their time examining the macroscopic and microscopic structures of the body and its tissue components. One student said, 'We seemed to look through microscopes for hours at various organs and tissues. At the time it was not easy to see the relevance, but later what we had been doing began to make a lot of sense.' There is not only detailed microscopic study of histological sections but also the study of electron micrographs of the cells which make up the different tissues.

Veterinary physiology and biochemistry
Examines how the organs of an animal's body work and their relationship to each other. This is an integral part of the first two years of the course. It is concerned with how the body's control systems work, eg temperature regulation, body fluids, and the nervous and cardiovascular systems. You can expect that your studies will include respiration, energy metabolism, renal and alimentary physiology, endocrinology and reproduction.

Animal husbandry
Extends throughout most courses and introduces the student to various farm livestock and related aspects of animal industries. The kind of performance expected from the different species and their respective reproductive capacities is investigated. Nutrition and housing of livestock are studied, together with breeding and

management. Students learn about the husbandry of domestic animals and some exotic species. Animal husbandry also involves techniques of animal handling. These are important skills for the future veterinary surgeon since the patients will often be less cooperative than those met by their medical counterparts. They may even be much more aggressive than humans!

☐ THE PARA-CLINICAL STAGE

This is sometimes referred to as the second stage. This follows on from the first two years in which normal healthy animals have been studied. Now it is time to undertake studies of disease, the various hereditary and environmental factors responsible, and its treatment. The third year usually sees the study of veterinary pathology introduced (although it sometimes begins in the second year) with parasitology and pharmacology.

Veterinary pathology
Is the scientific study of the causes and nature of various disease processes. This subject is concerned with understanding the structural and functional changes that occur in cells, tissues and organs when there is disease present.

Veterinary parasitology and microbiology
Deals with the multicellular organisms, small and large, which cause diseases and with bacteria, fungi and viruses. All the basic aspects of parasites of veterinary importance are studied. Students also take courses in applied immunology (the body's natural defences).

Veterinary pharmacology
Is the study of the changes produced in animals by drugs (artificial defences against disease). It comprises several different disciplines including pharmacodynamics (the study of the mechanism of the action of drugs and how they affect the body); pharmacokinetics (absorption, distribution, metabolism and excretion of drugs); and therapeutics (the use of drugs in the prevention and treatment of disease). Some schools introduce this subject in the fourth year.

☐ THE CLINICAL OR FINAL STAGE

The last two years build on the earlier years, with food hygiene being introduced while the study of pharmacology is deepened. The meaning of the phrase 'integrated course' now becomes apparent as all the disciplines come together. Medicine, surgery and the diseases of reproduction are taught by clinical specialists in the final stages of the course which is largely practical. More time is spent at the school's veterinary field station. In some cases you can expect to live in at the field station in your final year. Much of the study will be in small groups. In some cases you will be allowed to pursue particular interests. However, the main focus will be on diagnosis and treatment by medical or surgical means necessary for the prevention, diagnosis and treatment of disease and accidental injury in a wide range of species.

Some of the practical skills used in the clinical stage

There are many important practical skills that students have to learn in the final clinical period. One of these is to be able to examine the contents of the abdomen through the wall of the rectum without harming the animal or infecting themselves.

They can also learn to use an ultrasound probe to examine, for example, the ovaries. Another use of ultrasound is to listen to the foetal heart sounds of a pregnant sow and the blood flow. Ultrasound can also assist in carrying out an examination of a horse's fetlock.

Students, like the vets they hope to become, can be called out in the middle of the night to a difficult calving. If a cow can't give birth naturally, the student can help with a caesarian operation. Using a local anaesthetic allows the operation to take place with the cow standing which makes the process easier to manage. Practical skill is important with foaling. It is best if this takes place quickly because it is less stressful for the foal. Students are taught that all that is needed is a gentle but firm pull. Final-year students can assist with the lambing, even the birth of twin lambs.

There are many examples too numerous to mention. The use of general anaesthetic can extend from a full range of horse treatments to vasectomising a ram. Many other techniques are taught. Students can, for example, look at images of the nasal passages of a horse and see the nasal discharge from a guttural pouch infection. Another example is learning the right way to trim a cow's foot. All animals can suffer problems with their legs or feet.

The experienced veterinary surgeon has to have the skill and the confidence to be able to remove a cyst from a sheep's brain without causing a rupture. No wonder then that it is at this final clinical stage that the student finds that all the earlier preparation comes together and makes sense as clinical problem after problem requires you to think and reason from basic scientific principles.

Examples like these do convey the varied nature of the veterinary surgeon's work, but it is as well to remember that in addition to the physician side of the job there is a lot of routine 'dirty' work. Students have, for example, to help maintain cleanliness in the stables and enclosures of the field station. In due course, when they become working vets, they may at some stage spend time, on a cold wet day, tramping round a muddy farmyard carrying out blood testing of hundreds of cattle.

This brief summary of some of the clinical work encountered on the courses should not lead students to believe that this corresponds to a job description.

☐ EXTRA-MURAL ROTATIONS (EMR)

This is sometimes called 'seeing practice' and the time is divided between farming work and experience in veterinary practice. Students are required during the first two years to complete 10–12 weeks of livestock husbandry, depending on which school they attend. The students usually arrange this experience themselves to take place during their vacations, and on the whole they do not seem to have too much difficulty. Veterinary schools have lists of contacts that can be made in their own area. A modest amount of pay can be arranged between student and farmer. During the third, fourth and final clinical years students must complete approximately 26 weeks of 'seeing' veterinary practice. This will be mainly with veterinary surgeons in 'mixed' general practice, with much shorter periods in, for example, laboratory diagnostic procedures and one or two weeks in an abattoir. Casebooks have to be kept and presented at the final examination.

☐ NOTES ON THE COURSES

Bristol

An interesting feature of the course at the University of Bristol is
that in the pre-clinical departments they teach science, medical and
dental students alongside the vets. It is claimed that this encourages
cross-fertilisation of ideas and access to the latest research findings in
other scientific fields. **Assessment:** This is by examination in
January and June each year. **Resits:** There is a chance to resit all or
part of the examination in September if the required standard is not
reached in June. **Intercalation:** It is possible to interrupt your
studies for a year at the end of the second or third year in order to
gain additional training for a BSc degree in, for example,
Biochemistry, Microbiology, Pathology, Pharmacology and Zoology.
Clinical training: The Clinical Veterinary School is at Langford in
the Mendip Hills, about 13 miles out of Bristol. Extra-mural
experience abroad is not allowed at Bristol. There is a government
veterinary investigation centre nearby.

Cambridge

half & half

This is the smallest of the veterinary schools. The course extends over
six years and is divided equally between the pre-clinical and clinical
parts. The first two years are concerned with the basic medical and
veterinary sciences, between which there is much common ground at
this early stage, and this brings you into contact with students from
other disciplines. For the third year you can elect to study in depth a
subject of your own choice from a wide range of options. This leads to
the award of the BA degree at the end of year three, the additional
year. This flexibility of the tripos system is one of its most attractive
features. **Clinical training:** The clinical course is taught in the
Department of Clinical Veterinary Medicine on the Madingley Road,
about two miles from the city centre. The emphasis is on small group
practical teaching. The final year is largely lecture free with 'hands-
on' experience and a period of elective study. The university farm
dairy is just three miles away. Advantage is also taken of the nearby
RSPCA clinic, specialist equine practices in and around Newmarket
and the Animal Health Trust Centre.

Edinburgh

only one yr clinical

Long established and one of the larger veterinary schools, the Royal
(Dick) can trace its origins back to 1823. Traditional boundaries
between subjects have been reduced. Most of the pre-clinical training
is at Summerhall, close to the city centre. Formal teaching is

completed in four years, with the final devoted to clinical experience. **Assessment**: Half assessment is continuous, the balance is by examination and practicals. **Resits:** There is a chance to resit the examinations in September if this is necessary. **Intercalation:** It is possible for students to interrupt their studies at the end of years two, three or five to take a BSc (VetSc) degree in one of the following honours schools: Biochemistry, Neuroscience, Virology, Pathology or Preclinical Sciences. **Clinical training:** This takes place at the Easter Bush Veterinary Centre, six miles south of the city. Here are situated the college farm which is attached to the University's School of Agriculture, the Large Animal Practice, Equine and Food Animal Hospitals and the new Small Animal Hospital. The Centre for Tropical Veterinary Medicine forms part of the school. The BBSRC's Moredun Research Institute, the Roslin Institute and a veterinary investigation centre are situated nearby.

Glasgow

One of the larger schools founded in 1862. The school has the unique advantage of being situated on a single site at Garscube, four miles to the north west of Glasgow. Some pre-clinical teaching is held at the main university campus near to the city centre, which enables students to benefit from the opportunities at both sites. **Resits:** These can take place in September of each year. A second failure may result in repeating a year; normally this is only possible for one year of the course. **Intercalation:** It is possible at the end of year three to study for a one-year BSc (VetSci) Honours before starting the clinical training. Eight subjects are available. A two-year intercalated BSc Honours degree at the end of either years two or three is another possibility. **Clinical training:** Glasgow was the first school to introduce the lecture-free final year. This was done in order to maximise the opportunities for small group clinical teaching around live animal cases. This takes place at the Faculty's busy referral hospital and through extra-mural study undertaken in practices and other veterinary institutions in the UK and overseas.

Liverpool

This university was not only the first to establish a veterinary degree (1908) it also established the first veterinary field station in England. The field station is situated on the Wirral, an area noted for its high horse-to-people ratio, so it is perhaps no coincidence that the Liverpool School has a strong reputation for equine studies. A notable feature is that Veterinary Parasitology is taught in Liverpool's School of Tropical Medicine. Liverpool now offers a choice of two courses –

the five-year Honours BVSc and a six-year course in which you gain in addition an Honours BSc in a wide range of subjects. **Assessment:** A mixture of intermittent testing and end-of-year examination. **Resits:** There is the chance to resit examinations should this prove necessary. **Intercalation:** It is possible to spend a year in the Faculty of Science gaining an additional honours degree at the end of years two or three. Subjects available include Anatomy, Biochemistry, Genetics, Molecular Biology, Pharmacology, Physiology or Zoology. **Clinical training:** Small animals practice takes place at the Small Animal Hospital in Liverpool where it is possible to do some night duties in addition to your normal work. The main teaching hospital is at Leahurst on the Wirral, about 12 miles from Liverpool, where the large animals are seen. There is an agricultural and an equine general practice conveniently based on Leahurst. Fourth and fifth year students spend almost their entire time at Leahurst.

London

The Royal Veterinary College, based in Camden, is the oldest (founded in 1791) and largest of the six UK veterinary schools. After completing the core course each student at the start of the final year selects one of a group of elective subjects to study in greater depth and receives extra tuition to prepare for an examination and the presentation of a 5000-word report as a part of the final examination. **Resits:** This is possible should it be necessary. **Intercalation:** This is available after completion of the first BVetMed Part 2 at the end of year two or after completion of the second BVetMed at the end of year three. Students are able to attend courses offered by medical and science faculties of other institutions within the University of London leading to the award of a BSc. **Clinical training:** The para-clinical and clinical courses extend over years three to five and are based mainly north of London at Hawkshead, Hertfordshire. The College has its own farm at nearby Boltons Park. In addition to the large animal practice there is the small animal referral centre at the Queen Mother Hospital, another part of the Hawkshead Campus near Potters Bar. Student study groups also have the chance to take part in the work of the Beaumont Animals' Hospital in Camden dealing with referral small animal medicine and surgery. During the course 38 weeks of extra-mural study must be carried out. It is possible for some of this to be undertaken overseas.

All of the courses aim to produce a graduate with sufficient breadth and depth of knowledge that he or she will be able to adapt to the changing demands of the profession over the 40 years or so of working life.

TABLE 3

Annual returns from Veterinary Schools Academic Year 1997–1998 Undergraduates									
Veterinary School	1 Admissions to veterinary courses			2 Those who are already graduates on entry	3 Total numbers attending the veterinary degree course			4 Those taking an intercalated science course
	M	W	T		M	W	T	
Bristol	27	43	70	Nil	114	240	354	8
Cambridge	13	55	68	7	97	225	322	65
Edinburgh	31	68	99	10	172	273	445	1
Glasgow	25	62	87	15	130	280	410	3
Liverpool	26	70	96	14	143	276	419	Nil
London	39	76	115	29	180	347	527	5
TOTALS	161	374	535	75	836	1641	2477	82

Acknowledgement: Extract from *Royal College of Veterinary Surgeons* Annual Report 1998

Once you arrive in veterinary school you will want at least to avoid the worry of getting too deeply into debt. It is, of course, true that money is a problem for all students and not least with vets who have additional expenses connected with their course. These extra costs can be summarised as being mainly travel expenses, clothing, books and equipment. Vet students are also limited regarding the opportunities they have to earn extra money during vacations due to the extra-mural rotations spent gaining prescribed experience in veterinary practice as part of their training. Students believe that sixth-formers and others approaching veterinary school should be forewarned and prepared to cope with the money side of being a vet student.

First year expenditure for vets is particularly high and can easily exceed £5000 for those living away from home.

A significant item is the means-tested contribution to tuition fees. According to government sources less than half the student population will have to pay the maximum permitted fee.

The figures estimated in Table 4 will vary according to the student vet's lifestyle and the costs surrounding each veterinary school. The first year is particularly difficult as there are a lot of start-up costs to be absorbed. So far as finance is concerned, the home-based student is the only one likely to avoid going into debt. The second year is not quite so expensive. By this time students are learning to make economies and the course demands in textbooks may not be so great. However, the apparent saving on moving away from halls into self-catering accommodation could prove deceptive unless your catering and housekeeping ability is good.

Income

To counterbalance these levels of expenditure the main financial support will come from student loans and bank overdrafts. There are no known sources of sponsorship for undergraduate veterinary students. However, the student loans are not means-tested and you can draw up to the maximum allowed. In addition there are hardship

TABLE 4

Expenditure in pre-clinical years			
(Note this is estimated in early 1999 and is intended only as a guide.)			
First year	**London**	*Edinb.* **Away**	**Home**
Course Fee (max)	£1025	£1025	£1025
Overalls	£40	£25	£25
Lab coats	£35	£20	£20
Wellies	£18	£18	£18
Course notes	£60	£60	£60
Textbooks	£200	£200	£200
Travel costs	£330	£300	£300
EMS travel costs	£250	£240	£240
Student Vet sub	£50	£50	£50
Social events	£1000	£1000	£800
Accommodation (Halls)	£3000	£2600	*
Total estimated cost	£6008	£5538	£2738
Second year	**London**	**Away**	**Home**
Course Fee (max)	£1025	£1025	£1025
Course notes	£40	£35	£35
Textbooks	£80	£80	£80
Travel costs	£360	£300	£300
EMS travel costs	£250	£240	£240
Social events	£1000	£1000	£800
Accommodation	£2200	£1300	
Self catering	£900	£820	†
Total estimated cost	£5855	£4800	£2480

* Rent paid by home based students is very variable
† The second year probably does not alter greatly for the home based student

loans and Access Funds for those who find themselves in serious financial difficulties.

No student loan repayments have to be made until after you have finished or left the course. Even then you will not make repayments if your income is below what is called the 'threshold level'. This level is reviewed and set each year by the government.

Hints and tips

- Avoid buying lots of kit or textbooks in advance. When you get to the course you may find some discounts available. Second-hand textbooks may be for sale, although many veterinary students prefer to keep their textbooks for use in their working lives. Try medical students as well for second-hand textbooks.

- Check for student travel concessions, get advice on the best offer on the regular trips that you will have to make.
- It is a good idea to apply for the student loan early on as it takes some time for the loan to be processed. You can also make contact with the bank about that overdraft facility they promoted to you when they sought your custom.
- Vet students work hard and like to play hard as well. Set yourself a limit on how much you are prepared to spend each term. Remember the more partying the worse your bank account will look. Perhaps you will go to the annual vet ball. If you do, why not consider hiring the gear? By all means join the Association of Veterinary Students (AVS), but do you want to attend the congress or go on sports weekends? They all cost money.
- Easter is a time when it is possible for students to augment their income. Once you have gained experience with your first lambing, students say that it is possible, if you are lucky, to make up to £300 per week. This is very hard work involving twelve hours a day, for seven days a week, for a minimum of three weeks. But it will certainly improve the look of your bank account – and give valuable experience.

How to keep running totals

One final thought is that it helps enormously if you know how you are doing week by week. Keep a cash book with your income divided into termly income and split into monthly amounts on one side of the book. On the other side enter your corresponding monthly expenditure, including all items from cash for entertainments to rent and utility bills. At the end of each month you can bring the balance forward and see how you are doing. It is surprising how many students overlook this simple precaution.

much larger. S
may manag

Ne

There may be hidden expenses in training to be a v
can reflect, with some optimism, that a degree in ve
going to result in a professional qualification and a
majority of veterinary surgeons, well over 80 per cent of the total at
work, are in practice in the UK. There is currently a real shortage of
vets. A glance through the pages of the *Veterinary Record* will confirm
the strong demand for the newly qualified vet to go into practice. The
universities' first destination statistics show that very nearly all
students begin their careers in practice but such is the great variety
of opportunity in this profession that career change and divergence
can and does occur. Graduates are also employed in the government
service dealing with investigation, control and eradication of diseases.
There are also opportunities for veterinary scientists to become
engaged in university teaching and research establishments at home
and abroad.

☐ WORKING IN PRACTICE

Should you start in general practice there is the chance to move into
different types of practice.

The trend is towards the small animal practice. There are also more
horses – now seen as not just a companion animal but also an
important part of the growing leisure industry.

It is clear that the mainly farm animal practice is seeing a dramatic
fall in business and is having to diversify. This trend, evident over the
last 20–30 years, is accelerating dramatically for a variety of reasons
– the uneconomic structure of much of the farm economy and the
tendency for farmers to treat simple problems themselves being the
most significant factors. Even mixed practices dealing with farm
animals as well as small companion animals like cats and dogs are
becoming less common.

The size of practices varies a great deal. Some practices are small, the
average size is three or four vets working together, while a few are

...me are incredibly busy, others equally hard-working
...e to convey a less rushed atmosphere.

trend

...lembership of the EU has brought a new source of income into
general practice. This comes about through increased certification
required in the interests of safeguarding public health. Every abattoir
has to have an official veterinary surgeon to see that it operates
hygienically and that slaughtering is humane. Full-time vets are
appointed to the Ministry of Agriculture's (MAFF) Meat Hygiene
Service. Every port and airport has to have a veterinary surgeon
available. No wonder vets are in short supply.

Women in the profession

It's a fact that over twice as many women are admitted to veterinary
science courses as men (see Table 3). They comprise about one-third of
all the vets in the country and are making a major contribution to
animal welfare and the safeguarding of public health. However, in
career terms women form only one in five of the sole principals in
general practice compared with three times as many men. Two
explanations have been suggested. One is that the statistic reflects
past intakes into the profession and this is changing. Another is that
whereas women are in the majority at age 30 or younger, they only
comprise one in ten of those aged 50 or over. This suggests that they
leave the profession early for child rearing and family responsibilities
and do not always return. The figures also hint that they are slightly
more inclined than their male colleagues to work in the public sector.

Specialisation

There is a growing trend towards specialisation within practices.
According to the RCVS 1998 Manpower Survey 80% of vets in general
practice spend over half their time with one type of animal. Nearly half
of those in general practice spend all their time on small animals. This
can take the form of someone dealing with cattle, horses or household
pets or even exotics. It can be more sophisticated than that such as
combining equine care with lameness in all animals. Dermatology, soft
tissues and cardiology are examples of the kinds of specialisation which
are seen as helpful to clients. It is possible for postgraduate specialist
qualifications to be obtained under the Royal College of Veterinary
Surgeons' specialist certificate and diploma examinations.

TABLE 5

Numbers and distribution of the profession who are economically active			
	1998	1996	% change 1996–98
General practice			
Total vets in full-time practice	**9717**	**8906**	**+9.1**
Government service			
Overseas Development Administration	4	4	N/c
Home Office	12	13	−7.6
Ministry of Agriculture			
Veterinary Field Service	303}	351}	
Research Service (inc VMD)	95}	44}	+0.8
Meat Hygiene Service	47	43	+9.3
Ministry of Defence			
Army Veterinary Remount Services (inc RAVC)	32	21	+52.4
Northern Ireland Ministry of Agriculture			
Veterinary Division	106	115	−7.8
Veterinary Research Division	18	19	−5.3
Department of Agriculture for Scotland			
SAC Veterinary Science Division	42	31	+35.5
Other			
Manx Board of Agriculture	6	4	+50.0
Municipal Veterinary Services	4	4	N/c
Total in government service	**669**	**649**	**+3.1**
Universities			
Bristol	70	76	−7.9
Cambridge	55	62	−11.3
Edinburgh	85	79	+7.6
Glasgow	106	95	+11.6
Liverpool	78	71	+9.9
London	81	70	+15.7
Total in universities	**475**	**453**	**+4.9**
Research councils			
UK Research Institutes	**58**	**72**	**−19.4**
Industry & commerce			
Commercial research/appointments	**314**	**307**	**+2.3**
Charities & trusts			
Animal welfare societies–trusts	**327**	**290**	**+12.8**
TOTALS	11560	10677	+8.3

Acknowledgement: *Royal College of Veterinary Surgeons Annual Reports 1996 and 1998*

Dealing with people

Being in veterinary practice means that you are running a business. For example, today's vets have to be familiar with computer records on health and production and know how to interpret them, but there is a more important factor. Vets have to be customer-oriented and students soon pick this up. 'The way we approach people is crucial, it's our bread and butter,' remarked one vet. 'It's the same on the telephone. We make a point of being cheerful and reassuring with a few words of advice until we can get there.' This aspect of practice is now so important that some practices are hiring a manager to run the administrative side and help to train reception staff. Most courses now make some attempt to introduce the student to the economics of running a practice, although as one vet commented wryly, 'Few will think of bookkeeping!'

Professional approach

With increasing professionalism and rising customer expectations goes higher overheads. The young person at school may not realise the significance of all the things they see in a modern surgery. Look around and first note the condition of the waiting area. It should be comfortable and clean. The kennels should be of good quality and there will most likely be a separate preparation room. Notice all the new equipment, a far cry from the more primitive era described in the Herriot books. It is quite likely that there will be anaesthetic and blood pressure monitoring equipment, radiography, ultrasound and doppler ultrasound, endoscopy units, orthopaedic instrumentation, operating microscopes, and laser equipment for cataract surgery. To equip a modern veterinary surgery requires a considerable capital sum and so most newly qualified vets will start their working life by going into practice with other vets. Some will aspire to and attain a partnership after two or three moves, a few will, after gaining experience over three or four years, branch out on their own. Another minority moving in other career directions will have more significance than their numbers suggest.

☐ TEACHING AND RESEARCH

A qualification in veterinary science is more than a licence to practice. It can also open up opportunities for those interested in university teaching and research at home and overseas. In addition to clinical research work, some veterinary surgeons undergo further postgraduate training in the biological sciences. Specialisation is possible in physiology, pathology, microbiology, nutrition, genetics and statistics. Veterinary scientists are not exclusively found to be working in institutions concerned with animal health and disease, they can also be found working in natural science laboratories, medical schools and medical research institutes. The opportunities are there for young veterinary surgeons attracted by a research career.

The veterinary schools provide referral hospitals to which veterinary surgeons can refer cases needing more specialised treatment. For example, recent success in the treatment of equine colic has stemmed from early recognition and referral of appropriate cases allied to developments in anaesthesia and monitoring, improved surgical techniques and suture materials plus better post operative care. Good teamwork between the referring practitioner and the university specialists plays a big part.

Veterinary graduates are employed as research scientists by the Ministry of Agriculture, Fisheries and Food, the Biotechnology and Biological Sciences Research Council, the Animal Health Trust, and in pharmaceutical and other industrial research organisations.

☐ THE GOVERNMENT

Most of the veterinary surgeons employed by the Ministry of Agriculture, Fisheries and Food (MAFF) work in either the Meat Hygiene Service, the Veterinary Field Service or the Veterinary Investigation Service. Field officers have a wide range of responsibilities which include the control of major epidemic diseases of farm animals, matters of consumer protection largely in relation to meat hygiene, the control of import and export of animals and the operation of health schemes.

The Veterinary Investigation Service comprises officers who are based in laboratories known as veterinary investigation centres (VICs). Their job is to operate and support control schemes in the interests of public health, to monitor developments and give early warning of any disease problems or dangers to the safety of the food chain. They also provide practising vets with a chargeable diagnostic service. The Central Veterinary Laboratory (CVL) at Weybridge employs veterinary surgeons who carry out research and support for various field activities. The Veterinary Medicines Directorate (VMD) deals with the licensing of drugs.

☐ OTHER CAREER PATHS

Veterinary scientists are needed by the Army. Their duties arise in the Royal Army Veterinary Corps where they care for service animals, mostly working dogs and horses used for ceremonial purposes. They also have public health responsibilities and opportunities for research or postgraduate study. Those recruited join as Army captains for a four-year Short Service Commission, but this may be altered to a Regular Commission on application.

Some veterinary surgeons prefer to work for animal welfare societies, such as the RSPCA, PDSA and Blue Cross. Others work as inspectors for the Home Office.

☐ SUMMING UP

Many young people are interested in becoming veterinary surgeons. For some it will remain a pipedream either because they lack the ability or skill, or because their ideas are not rooted in reality. However, there are real opportunities for those who are motivated and determined to reach their goal. The competition is severe but not impossible and young people should be encouraged to explore the veterinary option early. They must do this by seeking practical experience. As one vet put it, 'See a farm, get your wellies dirty, experience some blood and gore, and see that the life of a vet is not all about cuddly puppies!' This will test their resolve and suitability.

The demand for veterinary services and research-related activities is strong and is increasing. Market forces do dictate, but funding limitations on the number of places in veterinary schools imposed by the Higher Education Funding Councils is a controlling factor. Nevertheless, the profession of veterinary surgeon retains its popularity among young people. It is not because of the money, the car or accommodation, which is often next to the practice ready for instant call-outs! Nor can long hours be the attraction, the provision of a 24-hour service to the public is mandatory. Rather it is probably the sense that here is a way of life rather than a job.

Is being a veterinary surgeon a unique career?

Consider for a moment that the vet has to be a GP with numerous skills and specialisms. Most practitioners are self-employed with wide variations in income, depending upon the type of practice and location. Yet they must make a big capital investment in the latest equipment as veterinary medicine becomes increasingly technical. In the UK there is no state funding for veterinary practice equivalent to the NHS. All the funding comes from the clients. Yet the vets do not want finance to take over. It is still a caring profession that does not always charge what it should, for example, for compassionate reasons. It is a profession facing immense changes and so it is not surprising that a new career is emerging, that of practice manager. A sensible appointment of a professional manager allows the vets to concentrate on what they do best, dealing with the customers and their animals.

An experienced vet, operating a mixed practice on the Wirral, put the unique qualities of being a vet this way: 'I think people respect what we do. Every Friday a lady brings us a chocolate cake. It's little things like this that make you feel appreciated.' A vet is many things, skilled surgeon, business manager, counsellor and confidant. They know that for their customers the animals are often the most important thing in their lives. They have tremendous responsibility for the animals, whether in sickness or in health, and when all other options have failed they have the authority and power vested in them by law to take the animal's life. They devote their lives to animal welfare but it is not based on sentimentality. Find out if it's the life for you and if it is, *go for it*.

YOUNG VET PROFILE

It is now over eight years since Joanne qualified as a veterinary surgeon. Today she is 32, married and working in a mixed practice, dealing with farm animals, horses and small animals in her native Cheshire. 'Immediately after you qualify you discover that you have a steep learning curve, there is so much still to learn.' Much of the stress of being a young veterinary surgeon is in learning how to communicate clearly and calmly with the owners, as well as learning about the many animals presented to you.

More women are becoming vets and I wondered if she had experienced an acceptance problem? She had met some more traditionally minded clients who might say things like, 'This is no job for a woman! We can't ask you to do this!' But, adds Joanne, 'you gain acceptance when they see you are finding alternative ways of coping with some of the more physical aspects of the job.'

In veterinary work the unexpected often confronts you, emergencies occurring, such as horses with colic, cows needing assistance calving, road accidents etc, so the mixed practitioner needs to be flexible and versatile. For example, small animal emergencies can arise needing blood tests and X-rays, in which case the vet becomes a clinical detective, putting together all the facts before drawing conclusions. In a practice of several vets each may have some specialist area of expertise which colleagues can draw on. To help the vet keep up to date there is training through CPD (Continuing Professional Development) and Joanne takes full advantage of this, attending the British Small Animal Veterinary Association Congress every year. The vets try to avoid duplicating each other's course attendances, this is not difficult because, Joanne says, 'There are plenty of courses and meetings from which to choose.'

Joanne enjoys her work. Asked why, she lists dealing with the animals, the problem solving, the outdoors side to the work and the relationships forged with her clients. The last is very important. In Joanne's experience the ability to communicate clearly with the owner is extremely important.

If she were to offer advice to sixth formers it would be: 'If you don't like people you will not be able to do this job and never even think of this job if you want regular hours.' You have to be willing to take on duty at night and at weekends. Her two dislikes are not surprisingly the unsocial hours and that although she enjoys her contact with clients and gets on well with almost all of them, there are some, as in any job, who can be more difficult to deal with, requiring tact and patience even at the end of a long working day!

Joanne began making enquiries about becoming a vet at the age of 14. It all started with weekend work which included experiencing kennels, a dairy farm, and riding stables. There was a stumble at the A-level fence with two Bs and an A, this resulted in Bristol declining Joanne a university place. At sixth form college she resat and gained two As and was then accepted at Liverpool. Joanne is unsure about her future career direction. She thinks she will continue in general practice which she so much enjoys. At present, in common with all assistant vets, she holds a salaried position in the practice. Eventually it may be possible to buy into a partnership, many assistants do this. (Today about half of the vets in general practice in the UK own a stake in their practice.)

Appendix: CONTACTS AND FURTHER INFORMATION

Veterinary schools in the UK

BRISTOL

The Veterinary Admissions Office
University of Bristol
Senate House
Tyndall Avenue
Bristol BS8 1TH
Tel: 0117 928 7679 (direct)
Email: admissions@bris.ac.uk
Website: www.bris.ac.uk

CAMBRIDGE

Dr R M Connan
Department of Clinical Veterinary Medicine
University of Cambridge
Madingley Road
Cambridge CB3 0ES
Tel: 01223 337600 (direct)
Email: ga207@cam.ac.uk
Website: www.vet.cam.ac.uk

EDINBURGH

The Admissions Officer
Fac   terinary Medicine
         l of Veterinary Studies
              rgh

Admissions Committee
Veterinary School
University of Glasgow
Bearsden Road
Bearsden
Glasgow G61 1QH
Tel: 0141 330 5705 (direct)
Email: J.Wason@vet.gla.ac.uk
Website: www.gla.ac.uk/Admissions

LIVERPOOL
The Admissions Tutor
Faculty of Veterinary Science
The University of Liverpool
PO Box 147
Liverpool L69 3BX
Tel: 0151 794 4281 (direct)
Email: pickeia@liv.ac.uk
Website: www.liv.ac.uk/vets/vethome.html

LONDON
The Admissions Officer
The Royal Veterinary College
University of London
Royal College Street
London NW1 0TU
Tel: 0171 468 5148/9 (direct)
Email: sgiles@rvc.ac.uk
Website: www.rvc.ac.uk

OTHER CONTACTS AND SOURCES OF INFORMATION

The Royal College of Veterinary Surgeons, Belgravia Hou
Horseferry Road, London SW1P 2AF; Tel: 0171 222
admin@RCVS.org.uk Website: RCVS.org.uk/rcvs

CRAC Degree Course Guide – Veterinary Sc
available in most school careers librarie
for £6.50 (inc p&p) from: Hobsons
London EC1 4DR; Tel:

You and Y
the i

Veterinary Association: Animal Welfare Foundation (BVA: AWF), and available exclusively from most veterinary practices. It has many useful addresses and can give you a feel of what concerns pet owners and vets.

University and College Entrance: The Official Guide The latest edition is normally published in June and is usually available in school and public reference libraries.

UCAS Handbook: How to apply for admission to a university Published in June free of charge and normally available in schools. Alternatively write for your copy to UCAS, Rosehill, New Barn Lane, Cheltenham, Gloucestershire, GL52 3LZ; Tel: 01242 223707 Email: app.reg@ucas.ac.uk.

ECCTIS (Educational Counselling and Credit Transfer Information Service) ECCTIS 2000 gives a comprehensive computer-aided listing of courses on CD-ROM. Available in most secondary schools it gives detail on all veterinary courses and related courses, eg animal physiology or equine studies.

VETSIX Two-day conference organised by the Workshop University Conferences for interested sixth-formers and held annually in April at Nottingham. Your school should have details.

Student Loans – A Guide to Applying (Free) Student Loans Co., 100 Bothwell Street, Glasgow G2 7JD; Website: www.slc.co.uk

Student Loans – Guidance on Terms and Conditions (Free) DfEE.

Financial Support for Students (Free) DfEE; Tel 0800 731 9133; Email: info@dfee.gov.uk; Website: www.open.gov.uk/dfee-dfeehome.htm

Votre santé sans risque

Docteur Frédéric Saldmann

Votre santé
sans risque

Albin Michel

© Éditions Albin Michel, 2017
22, rue Huyghens, 75014 Paris
www.albin-michel.fr
ISBN : 978-2-226-32478-8

À Manon

Notice d'utilisation

Avant de mettre en pratique les conseils de ce livre, parlez-en de préférence avec votre médecin traitant ou avec un spécialiste. Si, en particulier, vous ressentez des symptômes qui persistent, consultez votre médecin. Lui seul est apte à vous délivrer un avis médical quel que soit votre état. Pour mémoire, je rappelle le numéro des urgences : 112.

Pour ceux qui désirent en savoir plus, vous trouverez à la fin de ce livre les références des études scientifiques correspondant aux conseils proposés.

Quelques études scientifiques ont été réalisées sur des quantités restreintes de populations et demanderaient à être complétées par des travaux sur un plus grand nombre de sujets.

Dans la mesure où il n'y a aucun risque à utiliser les conseils qui en découlent, vous pouvez les tester par vous-même afin de vous faire votre propre opinion. La personne la plus compétente pour savoir ce que vous ressentez, c'est vous ! Forgez votre conviction pour déterminer ce qui vous fait du bien. C'est la clé de votre bien-être.

Préface

« Je rêve d'un médecin qui invite à l'entraînement de l'esprit, qui transmette des outils concrets pour nous aider à traverser les tourments. »

ALEXANDRE JOLLIEN

Votre montre vous donne l'heure exacte. Vous savez pourtant qu'elle perd une seconde par jour. Cela vous semble sans importance : c'est trop peu pour y prêter attention. En un an, elle aura perdu 6 minutes, en 3 ans 18 minutes, et 5 ans plus tard elle retardera d'une demi-heure. Elle aura alors perdu sa fonction de donner l'heure. Elle sera hors d'usage.

Le corps humain fonctionne de la même façon. Vous pouvez gagner ou perdre des années de vie selon vos habitudes. Les clignotants rouges s'allument quand il est trop tard. La maladie a déjà commis des dommages irréparables. Le corps a été rongé de l'intérieur sans que l'on s'en aperçoive.

Le monde parfait n'existe pas. Nous vivons dans un environnement instable, tant au niveau affectif que matériel. L'objectif

11

n'est pas de changer le monde, mais d'apprendre à vivre en harmonie avec ce qui nous entoure. Il faut trouver son centre de gravité et d'équilibre au milieu du désordre ambiant.

L'excès de poids que l'on n'arrive pas à gérer en est l'exemple type. On se dit qu'en ce moment on n'a pas le moral, que l'on subit trop de stress, mais que, plus tard, on pourra faire attention et reprendre la main. On décale les décisions pour manger « propre » parce que l'on est en week-end ou en vacances et qu'il faut bien se faire plaisir. En réalité, le bon moment n'existe pas. Les conditions idéales et parfaites pour perdre le poids en excès ne seront jamais réunies. L'absence de stress et de tentations ou le repas diététique parfait sont des situations totalement fictives.

Se sentir loin de son poids de forme ruine le moral au quotidien et diminue l'énergie. C'est comme vivre en permanence avec un sentiment d'échec. Reprendre la main, en choisissant les bons aliments et l'exercice quotidien, permet d'être moins anxieux et plus serein. Avoir une bonne maîtrise de l'hygiène – de soi-même et de son environnement – est également l'une des composantes de la santé.

Je souhaite vous expliquer comment détecter ces petits riens apparents qui font des dégâts jour après jour et comment les traiter naturellement pour qu'ils disparaissent.

Dans ce livre, je vous propose un rendez-vous intime avec vous-même. Obtenir votre succès personnel changera tout : une santé de fer toute la vie. J'écris ici comme si je vous parlais, à vous seul. Présent, bienveillant, avec affection. Je vous propose l'accès aux méthodes performantes pour parvenir à vos objectifs. Je me sens avec mes patients comme un père qui prendrait soin de ses enfants. Je veille et je fais tout pour fournir les moyens qui protègent la santé. Ce sont des outils simples, mais inconnus ou méconnus, et qui pour la plupart font appel au bon sens. Je vais vous transmettre les bons gestes santé qui changent tout. Par ce livre, je serai chaque jour à vos côtés. Mon objectif est de vous aider à garder intacts l'idéal et la force qui sont en vous. Vous pouvez agir, et cela quel que soit votre âge, pour acquérir tout simplement le pouvoir d'être bien.

Nous pouvons nous métamorphoser à n'importe quelle période de la vie. La nature montre de merveilleux exemples en ce sens, comme la chenille rampante qui devient un papillon et prend son envol vers le soleil. Nous avons l'aptitude de changer, de vivre plusieurs vies en une, de dépasser nos limites. La possibilité de métamorphose révèle notre part d'inconnu. Il faut aller à sa recherche pour la déceler. C'est décider de prendre sa vie en main, de choisir et non plus de subir. La biologie donne les preuves de notre faculté de transformation. Notre patrimoine génétique se modifie en fonction de notre hygiène de vie. L'étude de vrais jumeaux en a apporté la preuve : la durée de vie est en corrélation avec l'hygiène de vie. Rien n'est joué à la naissance, et nous pouvons changer l'expression de nos gènes par nous-mêmes.

Notre cerveau dispose également de ce talent de plasticité et de métamorphose. Les efforts que nous faisons, les situations nouvelles vont le modifier. C'est la raison pour laquelle, quand nous nous retournons vers des épisodes de notre passé, nous n'arrivons plus à comprendre certains de nos choix de l'époque, qu'ils soient affectifs ou professionnels. Notre cerveau et nos gènes ont évolué et c'est presque en étranger que nous analysons ce que nous avons vécu. Il ne faut pas culpabiliser en pensant que l'on n'a pas effectué les bons choix. Ils correspondaient à ce que nous étions alors et pas à ce que nous sommes devenus aujourd'hui.

La vie, c'est le mouvement. L'immobilité, la sédentarité, la surprotection sont dangereuses. Il faut imaginer les petites agressions extérieures comme des stimuli positifs qui nous renforcent et font du bien. Pour se forger une bonne immunité, il ne faut pas vivre dans une bulle. En se surprotégeant, on devient vulnérable. Les bactéries et les virus qui composent notre environnement naturel vont éduquer notre système immunitaire pour qu'il apprenne à reconnaître ses agresseurs et sache se défendre.

Le corps humain dispose au départ de ressources formidables. Si nous ne les mobilisons pas, elles vont s'amenuiser et disparaître. Nos muscles, notre créativité, notre libido ont besoin d'être stimulés tous les jours pour continuer à exister. Si vous plâtrez vos jambes pendant deux mois, les muscles sont au repos complet, mais quand on cassera le plâtre, vous tomberez à terre, car ils auront fondu.

L'imagination a besoin de carburant pour se mettre en action. C'est elle qui sert de générateur à la créativité et à la libido. La recherche de la nouveauté est vitale pour faire exister l'imagination. Il faut se pousser à aller vers des territoires inconnus, des goûts nouveaux, des voyages, des découvertes, des personnes que nous n'aurions jamais dû rencontrer. La routine et les habitudes sont un poison qui nous détruit chaque jour davantage. C'est notre énergie vitale qui est en jeu. Il faut savoir la préserver et la développer. Notre tendance spontanée nous pousse à ne rien faire alors que notre espérance de vie en bonne santé se situe dans le mouvement. C'est ce mouvement vers lequel je vous entraîne, celui de la vie.

Grâce à cet ouvrage, vous entraînerez votre corps comme votre esprit vers la santé, sur le chemin du bonheur.

CHAPITRE 1

VRAIS KILOS,
FAUSSES CALORIES

« Rentrer son ventre sur la bascule ne rend pas moins lourd. »

JOSÉ ARTUR

• POURQUOI EST-IL IMPORTANT DE CONSERVER SON POIDS DE FORME ?

Toutes les études scientifiques concordent. La surcharge pondérale représente un risque lourd pour la santé. Des kilos en trop, ce sont des années de vie en moins. Nous citerons en particulier la corrélation entre le risque de cancer et l'augmentation du poids. À la longue, l'excès de poids met sournoisement la vie en danger : hypertension artérielle, maladies cardio-vasculaires, diabète… Pourtant, c'est aujourd'hui le domaine dans lequel on constate le plus d'échecs. Le surpoids est une épidémie silencieuse qui tue plus que tous les fléaux que l'humanité a rencontrés depuis sa création. D'après les chiffres de l'OMS, il touche 1,4 milliard de personnes dans le monde et devrait passer à 3,3 milliards d'ici à 2030. Quand la santé est en jeu, il faut tout essayer, surtout si

17

les moyens utilisés sont sans danger. Ce qui va convenir à l'un peut ne pas convenir à l'autre, mais en tentant des voies originales on peut découvrir des solutions pour maintenir un poids « santé » toute l'année. Des recherches récentes ont d'ailleurs montré que l'obésité saine n'existait pas. C'est un mythe.

Le poids en lui-même ne veut pas dire grand-chose. Les muscles pèsent plus lourd que le gras. Il faut se peser sur une balance qui indique le rapport des deux. C'est la « bedaine » qu'il faut surveiller. Il vaut mieux être plus gros sans brioche que mince avec du ventre. Un homme qui passe de 90 à 110 centimètres de tour de taille augmente de 50 % son risque de décès prématuré et une femme qui passe de 70 à 90 centimètres amplifie de 80 % ce risque.

Avoir le poids qui nous correspond est également essentiel pour la bonne image que l'on a de soi. Le regard des autres nous donne une perception de nous-mêmes et peut réussir à nous affaiblir comme à nous grandir.

Je crains souvent les grandes résolutions. Elles ne fonctionnent jamais. La barre est toujours trop haute et impossible à atteindre. Je préfère de très loin les actions modestes qui s'introduisent petit à petit dans notre quotidien et produisent les bons réflexes. Garder son poids de forme à vie, c'est savoir générer une série de changements qui, mis bout à bout, permettent de converger vers l'objectif. Il n'existe aucune pilule ni aucun régime miracle pour maigrir de façon durable. Cela se saurait depuis longtemps. C'est l'association de petits moyens qui fonctionne très bien. Je vais vous donner un exemple : si vous prenez l'habitude de ne plus mettre de sucre dans votre thé ou dans votre café, vous ne supporterez plus à la longue ce goût sucré. Vous trouverez cela écœurant. Même si vous n'êtes plus au régime, vos goûts auront changé. Au fil des semaines, vous aurez ainsi abaissé votre seuil sucré au niveau du cerveau. Il en va de même pour le sel. Si vous décidez de manger sans sel pendant un mois, vous trouverez ensuite toute l'alimentation trop salée. Sans le moindre effort, vous verrez que vous n'apprécierez que les aliments les moins salés. Je dois reconnaître que les débuts sont un peu difficiles. Il faut tenir et s'habituer. Mais passé les quinze premiers jours, cela devient très simple.

Je vous propose une série d'outils pour vous aider à perdre vos kilos en trop. Je vous conseille de les adopter progressivement, avec au maximum une nouvelle technique hebdomadaire. Après, il vous reviendra de juger ce qui a donné les meilleurs résultats. Et dites-vous bien que ne serait-ce que 250 grammes de moins en une semaine, c'est déjà un excellent résultat. Cela fait 12 kilos en un an pour ceux qui veulent maigrir. Perdre vite et beaucoup, c'est s'exposer à une reprise de poids plus importante !

Je ne peux m'empêcher d'envoyer un petit message à ceux qui considèrent qu'ils ne sont pas gros sur la balance, car ils ont des os et un squelette « lourds ». Ce squelette a bon dos. Le poids normal d'un squelette est de 4 kilos pour un homme et de 3,5 kilos pour une femme. Entre un squelette frêle et un squelette « très lourd », il n'y a au maximum que 2 kilos d'écart...

• LES ALIMENTS ANTIPOIDS

L'effet flash du clou de girofle

Le clou de girofle est réputé pour ses capacités naturelles anesthésiques au niveau de la sphère dentaire. C'est un usage connu depuis des siècles, à l'époque où les médicaments pour soulager les rages de dents n'existaient pas et où les cabinets dentaires étaient rudimentaires. Le fait de sucer un clou de girofle provoque une anesthésie au niveau de la bouche. Résultat : les gencives et les dents sont moins sensibles aux douleurs. Les papilles gustatives bénéficient aussi de cet effet. C'est comme si elles s'endormaient, anesthésiant ainsi nos pulsions alimentaires. L'impression ressentie est celle de ne pas avoir faim. Si vous passez tout de même à table, la première bouchée semblera insipide. L'envie de reposer ses couverts sera immédiate. Le coup de frein sur la faim rééduque progressivement l'appétit et permet d'éviter les fringales intempestives. Lorsque l'on décide de commencer à perdre du poids, il est utile de s'appuyer les quinze premiers jours sur des coupe-faim naturels pour aider à prendre de bonnes habitudes alimentaires. Il suffit de sucer pendant trois minutes un clou de girofle pour bénéficier de ses effets. Une fois le temps écoulé, vous pourrez le cracher, comme un simple chewing-gum. D'ailleurs, il existe peut-être un deuxième effet du clou de girofle. L'odeur caractéristique fait penser aux séances chez le dentiste. Le fait d'y penser contribue aussi à couper l'appétit !

Comme un glaçon

S'il existe un aliment à calories négatives, c'est sûrement le glaçon. Il ne fournit aucune calorie et demande d'en dépenser quelques-unes pour réchauffer l'organisme. Mais son pouvoir se situe au-delà. L'expression « être froid comme un glaçon » correspond bien à la réalité. Elle signifie être insensible aux stimuli, rester sans réaction, sans se laisser aller à une quelconque émotion.

Avant de commencer un repas ou lors de fringales qui risquent de déborder, mettez dans votre bouche durant trois minutes un glaçon. Le froid a un effet anesthésiant sur les papilles gustatives, ce qui aboutit à « refroidir » l'appétit, lequel n'est plus au rendez-vous. C'est un coupe-faim naturel, avec 0 calorie et sans danger. Commencez le repas en suçant ce glaçon comme un bonbon, cela vous permettra ensuite de mieux gérer la situation. Essayez aussi en fin de repas car le froid intense peut contribuer à ralentir la vidange gastrique, l'association froid et douleur activant le système nerveux sympathique.

C'est à vous, vous pouvez commencer le régime *on the rocks* !

Glaçon à la demande

À la maison, vous pouvez préparer des glaçons spéciaux qui disposeront d'un double effet coupe-faim. Il suffit de remplir une casserole d'eau froide et de mélanger avec un fouet les ingrédients qui disposent en eux-mêmes d'un effet coupe-faim. Vous analyserez ensuite quel composant a le plus d'effet sur vous. Voici les différents aliments (à ne pas mélanger entre eux) : infusion de clou de girofle, de cannelle, de chocolat noir 100 %, de safran...

Le mystérieux minestrone

La famille Mélis est la plus âgée du monde. Elle est entrée dans le livre *Guinness des records*, car les neuf frères et sœurs totalisent la somme d'années la plus importante de la planète, allant de l'aînée, Consola, 105 ans, à la benjamine, Mafalda, 78 ans, pour un ensemble de 819 ans. Ils ne sont pas les seuls en Sardaigne à vivre très longtemps. Les scientifiques ont noté que leur alimentation était saine, avec en particulier le fameux minestrone au menu quotidien. Il s'agit d'une soupe dont les morceaux de légumes sont entiers. En dehors des bénéfices santé des légumes, cette soupe présente un autre avantage. Elle offre une meilleure satiété et possède un index glycémique plus satisfaisant que la soupe mixée.

Les morceaux de légumes entiers restent beaucoup plus long-temps dans l'estomac, car, pour franchir le pylore – partie basse de l'estomac, connectée au duodénum, qui fait passer les ali-ments de l'estomac aux intestins –, ils doivent être réduits par les enzymes gastriques. L'index glycémique traduit l'élévation du sucre dans le sang après un repas. Plus il est bas, moins le taux de sucre est élevé. Par exemple, la purée a un indice glycémique à 80 alors que les pommes à la vapeur représentent un index glycémique à 70. Ainsi, le fait de broyer les légumes modifie leurs caractéristiques nutritionnelles.

Faites comme cette famille de Sardaigne : pour rester mince et vivre longtemps en bonne santé, pensez à mettre au menu cette soupe magique. Après l'avoir consommée, vous consta-terez que vous n'aurez plus faim.

Le secret des trois noix du Brésil

Voilà une énigme qui pourrait être traitée par Tintin. Com-ment des aliments aussi riches et denses en calories que les noix peuvent-ils aider à l'amincissement ? Pour perdre du poids, on doit normalement opter pour des aliments à basses calories. Là, c'est l'inverse : en moyenne 700 calories pour 100 grammes de noix du Brésil contre 50 pour une pomme. C'est à n'y rien comprendre, et pourtant…

Ce qui est passionnant dans la recherche médicale, c'est que l'on découvre souvent des solutions de façon imprévue. L'exemple du Viagra l'illustre fort bien. À l'origine, il s'agissait d'un médicament pour traiter l'hypertension. Fortuitement, un effet secondaire est apparu : il générait de très belles érections. Il fut alors retiré du marché pour son indication première et ressorti avec la même molécule pour traiter les dysfonctions érectiles. Le cas des noix suit la même idée. Des chercheurs ont étudié le pouvoir des noix sur la prévention cardio-vasculaire. Plusieurs études se sont déroulées sur ce thème, dont l'une a porté sur 86 000 infirmières consommant au long cours 120 grammes de noix par semaine. Force a été de constater que leur risque de décès par maladies cardio-vasculaires était diminué de 35 %. Une autre étude, où les sujets devaient consommer 400 calories de noix par jour a mis en évidence une baisse du mauvais cholestérol (de 7,5 % à 16 %) et une réduction de la pression artérielle systolique.

Les bonnes graisses des noix, dont les fameux oméga 3, possèdent une fonction qui rend les artères plus souples et moins rigides. Un autre bénéfice est apparu : les CPK (marqueurs d'inflammation) diminuaient. La digestion augmentant l'inflammation, les noix apparaissent comme un régulateur.

La découverte, qui n'était pas prévue au démarrage des études, a porté sur la perte de poids. Les sujets qui consommaient 400 calories supplémentaires par rapport à un groupe témoin ne prenaient pas un gramme en plus sur la balance. Dans les autres études réalisées, les consommateurs modérés de noix perdaient en centimètres de tour de taille et maigrissaient plus facilement. L'explication est simple : le fait de consommer des noix augmente de façon significative la satiété. Cela évite de grignoter tout et n'importe quoi et d'avoir le petit creux que l'on ressent lorsque l'on est fatigué. Pour mémoire, les soldats romains absorbaient des noix pour marcher vite et plus longtemps. Digérer des noix demande plus d'énergie, donc plus de calories sont ainsi brûlées du fait de l'augmentation du métabolisme correspondant. De plus, les graisses contenues dans les noix passent moins dans le sang grâce à leur richesse en fibres.

Les noix du Brésil ont un avantage sur les autres noix. Elles sont grosses. Elles font la « bouche bien pleine », ce qui augmente la sensation de satiété. Le fait d'agir sur les récepteurs à la pression qui se situent dans la bouche déclenche une petite stimulation du dixième nerf crânien (couramment appelé nerf X, soit dix en chiffre romain), qui réagit en envoyant des influx au cerveau pour freiner l'appétit tout en provoquant la sécrétion de sérotonine. La sérotonine est une hormone qui donne, entre autres, une sensation de satiété heureuse, comme après un repas complet mais sans les calories. Un autre mécanisme intervient. Au niveau de l'inconscient, la cavité buccale représente l'équivalent de l'estomac. Il existe dans les parois de l'estomac des récepteurs à la pression qui envoient un message de satiété quand celui-ci est trop plein. La bouche bien remplie relaie alors un signal analogue de satiété au niveau du cerveau, qui renforce l'effet de ce nerf numéro X.

Les noix du Brésil mode d'emploi

Achetez des noix du Brésil en vérifiant qu'elles ne sont pas salées. Préparez-vous des petits sachets qui contiennent trois noix du Brésil.

Trois noix représentent environ 70 calories. Vous pourrez en consommer trois sachets par jour. Prenez l'option de les garder dans votre poche pendant la journée. Elles ne risquent pas de couler ou de fondre. Elles seront toujours parfaites pour être croquées. Utilisez-les en coupe-faim. Prenez le temps de bien les mâcher en les gardant le plus longtemps possible en bouche. En même temps, vous protégerez vos artères en augmentant votre énergie tout en maintenant un poids de forme.

Le pignon de pin : un pivot de la perte de poids

Si vous comprimez les feuilles d'une demi-salade entière, vous verrez que l'espace occupé correspond à la taille d'une toute petite mandarine. Pour 100 grammes, vous aurez absorbé seulement 13 calories. Bien sûr, c'est excellent pour la santé : des vitamines, des oligoéléments et des fibres… Seul hic, si vous ne mangez que cette salade, vous allez mourir de faim ! Comme les salades font partie des bonnes résolutions au début des régimes, nous comprenons pourquoi 95 % des personnes qui suivent un régime regrossissent. La salade est une bonne idée et elle peut constituer le plat unique à condition de savoir bien la composer (voir plus loin). Elle dispose d'un atout de taille : elle fait du volume dans l'assiette. Cette notion est très importante, car notre cerveau enregistre le volume de ce qui va composer le repas. S'il s'agit d'une miniportion, par exemple un filet de poisson accompagné de quelques haricots verts, on se programme pour avoir faim toute la journée rien qu'en regardant le plat.

Pour ne pas avoir faim après le repas et ne pas se laisser aller au grignotage, il faut construire une architecture dans cette salade. Une poignée de pignons de pin va changer la donne : ils disposent d'un effet coupe-faim étonnant. Ils permettent à la fois de diminuer l'appétit et d'augmenter l'effet de satiété. Les pignons de pin sont une bonne source de protéines végétales et contiennent des phytostérols qui interviennent pour diminuer le cholestérol de façon modérée.

Une étude scientifique récente a mis en évidence deux mécanismes biologiques possibles pour expliquer l'effet coupe-faim des pignons de pin. Ils déclencheraient la sécrétion de deux hormones digestives (CCK et GLP1) qui agissent sur la satiété. En particulier le CCK, qui provoque une fermeture du pylore.

Comme nous l'avons dit précédemment, le pylore est la petite porte qui s'ouvre ou se ferme pour permettre aux aliments de passer de l'estomac aux intestins. Plus les aliments restent dans l'estomac, plus on ressent une sensation de satiété durable.

Les pignons de pin sont légers. Avec l'équivalent de seulement 20 grammes, ce qui constitue une « bonne dose », vous n'absorberez que 130 calories. On peut également utiliser les pignons de pin en saupoudrage sur des pâtes ou du riz, par exemple.

L'élixir de la sauce pesto

La sauce pesto est faite avec des feuilles de basilic, de l'ail, de l'huile d'olive, du parmesan et des pignons de pin. Elle est très agréable et peut accompagner de nombreux plats. Une cuillerée à soupe d'huile correspond à 90 calories, une cuillerée à soupe de pesto représente environ 60 calories. Si la sauce est faite maison, on peut augmenter la quantité de basilic et de pignons de pin et réduire la quantité d'huile et de parmesan afin de diminuer la valeur calorique.

Avec une seule cuillerée à soupe de pesto, vous sortirez de la dimension « régime triste » d'une salade ou d'un filet de poisson vapeur, en faisant plaisir à vos papilles. L'un des avantages, c'est que la présence des pignons de pin donne un effet coupe-faim (voir plus haut) et que la satiété arrive plus rapidement. Vous observerez qu'en règle générale on ne reprend pas deux fois d'un plat au pesto. C'est délicieux, mais une fois suffit. Le pesto présente un autre point fort : il s'inscrit dans l'alimentation méditerranéenne qui protège les artères (l'ail et l'huile d'olive y participent). Enfin, le basilic contribue à une digestion harmonieuse en diminuant gaz et ballonnements, pour un ventre plus plat.

La salade composée : la nutrition de précision

Pour bénéficier au mieux des vitamines lorsque vous consommez une salade composée, il ne faut pas oublier d'ajouter une source de protéines, comme un œuf dur entier, par exemple. Un œuf représente environ 85 calories, ce qui est peu, mais il apporte des protéines et contribue à maintenir une bonne satiété qui évite les grignotages intempestifs. Les lipides de l'œuf possèdent un autre avantage : ils permettent aux antioxydants et aux vitamines des légumes d'être mieux absorbés par l'organisme. Une étude récente a ainsi montré que les caroténoïdes – nutriments protecteurs et antioxydants – des légumes passaient ensuite mieux dans le sang. Les chercheurs ont établi qu'avec trois œufs dans la salade, le taux de caroténoïdes absorbé était multiplié par 3,8.

Attention toutefois à la quantité de cholestérol dans les jaunes d'œufs. Je ne peux que vous encourager à les consommer avec modération et à préférer les blancs.

Le dessert est un coupe-faim

La « fin » qui arrête la faim

Il suffisait d'y penser. Prendre le dessert en début de repas fait maigrir ! Une équipe de scientifiques britanniques a émis cette hypothèse et réalisé les premiers contrôles chez le rat. Ces chercheurs ont constaté que la consommation d'un dessert en début de repas augmentait la satiété et diminuait la quantité d'aliments ingérés au cours du repas.

Prendre le dessert en début de repas déclenche un signal fort au niveau du corps humain. La glucokinase est une enzyme qui s'active habituellement en fin de repas pour faire face aux afflux de sucre afin de stocker les excédents dans le foie sous forme de glycogène. Or, si le taux est trop bas, la glucokinase ne s'active pas et un message est envoyé au cerveau pour continuer à absorber des aliments comme des pâtes, du riz, des pommes de terre ou des desserts. La glucokinase a un rôle dans la régulation des pulsions alimentaires et des apports en sucre en intervenant sur le cerveau.

Le dessert signale habituellement la fin du repas. Il clôture le déjeuner ou le dîner. On n'aurait pas idée après un dessert de reprendre de la viande, du poisson, des charcuteries, des frites, de la pizza. Rien que l'idée nous écœure. Le message sucré intervient en activant des signaux qui marquent la fin des apports alimentaires.

Prendre le dessert en début de repas va tromper les systèmes de régulation de l'appétit et de la satiété. Le message est efficace. Le cerveau réagit alors en déclenchant les mêmes mécanismes qu'en fin de repas. On va manger sans avoir faim, donc nettement moins en quantités et en calories. En pratique, c'est comme si l'on envoyait un leurre au niveau du cerveau pour lui faire croire que la quantité de sucre ingérée pendant le repas a été atteinte. Dans l'estomac, il existe des barorécepteurs à la pression qui, lorsqu'ils sont stimulés, transmettent un message au centre de satiété dans le cerveau. La sensation d'un estomac plein déclenche un phénomène de rassasiement. Le cerveau émet alors le signal de la fin du repas au moment de le commencer, ce qui constitue l'effet coupe-faim recherché.

L'effet de la tétée

Souvenez-vous du sein maternel, le paradis sur terre. Ce geste à la fois doux, réconfortant et érotique.

Nous sommes tous conditionnés par les premiers goûts que nous rencontrons dans la vie. Comme la célèbre madeleine de Proust, nous cherchons toujours à reproduire les premières sensations qui ont généré du plaisir. Les goûts découverts dans la toute petite enfance programment des réflexes qui iront s'inscrire au plus profond de notre mémoire.

La composition du lait maternel varie au cours d'une même tétée. En début de tétée, le lait est riche en sucres comme le lactose. En milieu de tétée, les protéines et les lipides augmentent, et en fin de tétée les lipides se concentrent. Le fait de prendre le dessert en début de repas reproduit ce réflexe gustatif archaïque. Le sucré pour commencer le repas constitue une sorte d'apaisement. Observez la sérénité du nourrisson dès le début de la tétée. Le dessert en début de repas fait resurgir la plénitude de ce moment disparu et aide à mieux contrôler ensuite ses apports alimentaires.

Le fruit défendu

La banane apparaît à tort dans les régimes comme un fruit défendu. Contrairement aux idées reçues, elle s'avère pourtant une alliée utile, en raison de sa composition. Elle apporte environ 90 calories, ce qui est raisonnable. L'amidon résistant qu'elle contient contribue à un transit harmonieux. Tout se passe comme si la banane tapissait le tube digestif en douceur avant l'arrivée des autres aliments. Elle lutte contre la constipation et aide à avoir un ventre plat. Il faut savoir que plus une banane est mûre, plus elle est riche en sucre. Elle contient des fibres et apporte une bonne satiété, très utile en début de repas. Commencer le repas par une banane donne la sensation que l'estomac est bien rempli.

Un lance-missiles anti-kilos

Pour ceux qui ont lu l'un de mes précédents ouvrages, *Le meilleur médicament, c'est vous*, vous avez gardé en mémoire l'effet coupe-faim puissant du chocolat noir à 100 %, qui diminue l'hormone de l'appétit, la ghréline.

Faites fondre au four à micro-ondes 1 cuillerée à soupe d'eau et 4 carrés de chocolat noir à 100 %, puis étalez le mélange sur une banane. Vous venez de fabriquer un excellent lance-missiles anti-kilos.

Le dessert en début de repas revêt néanmoins une dimension quelque peu désagréable, comme s'il signait la fin de la récréation trop tôt. À titre de comparaison, une étude américaine a montré que terminer ses SMS par un point est perçu par le lecteur comme antipathique. À l'inverse, le point d'exclamation est considéré comme une marque de sincérité. Le dessert du début de repas est comme un point, mais qui peut rapporter gros dans la lutte contre les kilos.

Vue sur l'amer

Les aliments amers sont difficiles à trouver. Les endives amères sont devenues douces, la roquette se cache derrière la laitue, les cafés et les chocolats sont suaves... Il faut les chercher avec ténacité, car l'amertume des aliments détient des pouvoirs surprenants.

Des scientifiques autrichiens ont étudié à la loupe 500 amateurs de goût amer. Leurs comportements et les résultats sont étonnants. Ils ont découvert que les sujets qui aiment les boissons et les aliments amers sont attirés par les « montagnes russes », autrement dit le chaud et le froid. Ils se mettent en danger et montrent des tendances au sadisme, au machiavélisme et au narcissisme. Ils seraient plus égoïstes, avec un déficit d'empathie, mais avec du sang-froid. À l'inverse, les personnes qui détestent le goût amer s'avéreraient sympathiques et très gentilles dans la vie quotidienne.

L'un des chercheurs a essayé de trouver une explication à ces résultats. Consommer des aliments amers, c'est jouer avec la peur. En effet, le goût amer signale au corps un danger. Il faudrait recracher l'aliment, qui risque théoriquement d'être nocif. L'avaler, c'est se montrer fort, un plaisir subtil qui renforce l'image de soi. Symboliquement, il s'agit de braver le danger et de gagner.

Ingérer des boissons ou des aliments amers va dans le sens d'une perte de kilos superflus. L'amertume agit à plusieurs niveaux. Le goût des aliments a un effet immédiat sur l'apparition du réflexe de déglutition. On avale plus lentement ce qui présente de l'amertume. C'est exactement le contraire avec les aliments sucrés ou salés qui, vite avalés, excitent l'appétit et le grignotage.

Le fait de retarder le temps de déglutition intervient comme un véritable régulateur de l'appétit, générant ainsi un effet coupe-faim. Il a été noté que le goût amer réduisait nettement l'envie de sucre, ce qui permettrait de mieux maîtriser ses pulsions. Autre avantage, les aliments amers stimulent les enzymes digestives, en rendant plus performante leur action, avec une diminution des gaz intestinaux, ce qui participe à avoir un ventre plat (voir plus loin). Le même aliment servi froid sera plus amer que servi chaud.

Le lait antireflux

Beaucoup de nourrissons présentent des problèmes de reflux gastriques. Lorsqu'ils sont répétitifs, ils génèrent de nombreux symptômes qui peuvent perturber tant le transit que le sommeil.

Les industriels ont mis au point des laits antireflux qui associent le lait en poudre à des épaississants comme la gomme de caroube, l'amidon de riz, de maïs... Ces techniques sont très efficaces. Le lait va rester longtemps dans l'estomac sans remonter à la bouche, la digestion est ainsi ralentie.

Monter en puissance de l'effet coupe-faim

Faites l'essai d'utiliser ces laits antireflux 2e âge. La préparation est facile : chauffez de l'eau en ajoutant 2 cuillères mesure d'un lait antireflux. Vous serez surpris de l'effet coupe-faim qui dure des heures. Vous allez ressentir la satiété heureuse du nourrisson, comme apaisé et serein, libéré des sensations qui conduisent aux grignotages.

Vous pouvez renforcer le nombre de cuillères de lait selon le résultat souhaité. L'effet épaississant retardera d'autant plus la vidange gastrique. En consommant cette boisson en même temps que certains aliments, le phénomène de « satiétogène » sera encore plus efficace.

Ajouter de la cannelle accentuera l'efficacité de cette préparation, puisque cette épice ralentira la digestion et augmentera la satiété.

L'effet café au lait

Beaucoup ont remarqué l'effet du café au lait sur la digestion après le petit déjeuner. Il reste longtemps sur l'estomac et se digère en plusieurs heures. Pendant ce temps, on ne grignote pas et on ne prend pas un gramme. La sensation de faim est absente et certains arrivent même à se passer de déjeuner. Ce phénomène repose sur des éléments précis. Les tanins du café font coaguler la caséine du lait, ce qui augmente la taille des particules dans l'estomac. Pour sortir de l'estomac et pénétrer dans les intestins, il faut que les aliments franchissent la fameuse petite porte située dans la partie basse de l'estomac, appelée le « pylore ». Tant que les aliments sont trop gros, ils ne passent pas cette « douane ». Les aliments restant ainsi dans l'estomac stimulent les barorécepteurs, qui sont les récepteurs à la pression situés dans les parois gastriques. Ils donnent une impression de satiété, comme après un repas copieux. Il faut attendre ensuite de longues heures pour que les enzymes gastriques réussissent à réduire la taille des grosses particules de façon naturelle.

Le café et le lait sont des aliments qui pris séparément ne créent pas cette réaction, c'est l'union des deux qui fait la force du coupe-faim, un coupe-faim naturel et physiologique.

• LES « DROGUES » QUI FONT MAIGRIR

L'ocytocine

Des publications scientifiques récentes montreraient l'effet d'une pulvérisation nasale d'ocytocine sur la diminution de la prise alimentaire avec un puissant effet coupe-faim.

Pour ma part, je ne suis pas très pro-médicaments. J'en prescris quand je n'ai pas le choix et quand j'ai épuisé toutes les solutions naturelles. Concernant l'ocytocine, il faut savoir que vous pouvez en fabriquer à la demande. Elle est gratuite et faite maison !

Il s'agit d'une hormone élaborée dans le cerveau par stimulation électrique des neurones au niveau d'une zone précise nommée l'« hypothalamus », puis stockée au niveau de l'hypophyse. Sur les 100 milliards de neurones présents dans le cerveau, il n'y en a que 30 chargés d'élaborer l'ocytocine.

L'ocytocine est connue pour agir à différents niveaux. Elle est l'hormone de l'« éjection ». Pendant l'accouchement, elle favorise les contractions utérines pour l'expulsion. Lors des tétées, elle permet la sécrétion du lait. Chez l'homme, elle participe à l'émission du sperme. Au niveau psychologique, elle est réputée être l'« hormone de l'amour ». Sa sécrétion provoque l'attachement et du plaisir, une augmentation de la confiance en soi, une diminution du stress et de l'anxiété et une meilleure connexion aux autres. Elle génère le sentiment d'être plus détendu et plus généreux. Il faut également noter son effet antidouleur.

Je préfère de très loin augmenter la production d'hormones naturelles par le corps que prendre ces hormones sous forme de comprimés. En effet, notre organisme est paresseux. Si on lui livre quotidiennement des hormones « toutes prêtes », il va progressivement perdre l'habitude de les fabriquer. Il va endormir sa production naturelle et avoir besoin de béquilles comme les médicaments pour avoir sa dose quotidienne. Les exemples sont nombreux : parmi eux, je citerai la cortisone, qui, prise durant une longue période entraîne, à l'arrêt du traitement, une production de cortisone naturelle en berne.

Pour sécréter de l'ocytocine, il y a bien entendu les rapports sexuels ou la masturbation. Les caresses donnent également de bons résultats. Ce qui est caractéristique, c'est que lors d'un rapport, l'ocytocine est libérée très vite, comme un déclic, et apporte immédiatement son effet bénéfique.

Le « hug » coupe-faim

Il est néanmoins difficile d'avoir un rapport sexuel ou de se masturber avant chaque repas pour bénéficier de l'effet coupe-faim de l'ocytocine ! Le fameux *hug* des Américains semble être une solution rapide et simple.

Le *hug* est une accolade affectueuse où l'on serre l'autre dans ses bras en le pressant avec bienveillance. Il génère une intimité physique, les bras pouvant se rapprocher autour du cou ou se poser dans le dos. Le *hug* est le signal de la convivialité, de l'amitié et parfois de l'amour. C'est un vecteur de chaleur humaine et de bien-être partagé. C'est une façon de lutter contre l'isolement et un moyen de communiquer avec gentillesse. Des études scientifiques ont montré qu'il contribuait à diminuer le stress, la fréquence cardiaque et la pression artérielle. Ses bienfaits sont si utiles qu'il existe maintenant une journée nationale du *hug* aux États-Unis.

L'effet « hug »

Pour déclencher une sécrétion d'ocytocine naturelle et bénéficier de son effet coupe-faim, je vous propose, avant de commencer un repas, de pratiquer un *hug* de vingt secondes avec la personne qui partage votre déjeuner. Vingt secondes seraient la durée idéale pour obtenir une « dose ». Vous serez étonné de l'effet. L'ocytocine déclenchée par le *hug* baisse l'anxiété et apporte une sérénité essentielle pour mieux maîtriser l'appétit.

Autrefois, dans les familles chrétiennes, les repas commençaient par les bénédicités. Pratiquer un *hug* sera une façon différente de marquer un temps d'arrêt précieux entre le repas servi à table et le moment où l'on commence à manger. Ce temps est important, car il permet de faire l'apprentissage du contrôle des pulsions alimentaires. Observez les animaux. Sitôt la gamelle apportée, ils se jettent sur la pâtée. Vous n'êtes pas des animaux. Ne faites pas comme eux, ne serait-ce que par respect pour la personne qui a préparé le repas et aussi pour votre corps. Marquez un temps d'attente, une minute même, ce qui permet d'installer la première distance entre les aliments et vous, et de reprendre la main. De cette façon, vous ne vivrez plus les bouchées en rafales comme des automatismes où le vrai plaisir est absent.

• DEVENEZ VOTRE GARDE DU CORPS

Vous savez tous ce qu'est un déluge calorique. En un repas, vous avalez quasiment les calories d'une semaine. Vous passez ensuite une mauvaise nuit avec une digestion difficile : vous avez chaud, soif, vous vous réveillez plusieurs fois. Le lendemain matin, vous avez la sensation d'être fatigué et pâteux, et sur la balance vous mesurez l'étendue du désastre. Il va falloir fournir beaucoup d'efforts pour rattraper cet écart.

J'aimerais être à vos côtés pour vous empêcher de déraper, mais nous aurions des difficultés à fixer nos rendez-vous ! J'ai peur aussi de ce qui se passerait quand vous seriez livré à vous-même. Alors ensemble et tout de suite, nous allons faire le diagnostic de ce qui se passe dans ces moments-là afin que vous soyez immunisé en cas de besoin.

Plusieurs facteurs peuvent intervenir pour vous déstabiliser et vous faire entrer dans le cycle des calories infernales, où vous perdez tout contrôle de la situation. Il faut bien identifier les pièges pour pouvoir les déjouer et ne plus retomber dedans.

Vrais kilos, fausses calories

Le bruit des kilos en trop

Pour réussir à perdre du poids, il faut mettre toutes les chances de son côté. Il n'y a pas *une* solution miracle, mais *des* solutions, tout comme la nutrition, laquelle, pour être équilibrée, doit être diversifiée et variée. Les techniques pour faire pencher du bon côté l'aiguille de la balance sont multiples. Chacun trouvera sa solution.

Dans cet esprit, des scientifiques ont constaté un lien fort entre les bruits et la prise de poids. Les bruits de la cuisine (en dehors des odeurs), comme les oignons en train de cuire ou le pop-corn qui éclate donnent l'eau à la bouche. En mettant des casques à des participants avec ces sons enregistrés, les scientifiques ont observé que l'appétit des sujets montait en puissance. En pratique, prendre ses repas à côté des poêles à frire sur le feu est à éviter. Ce stimulant acoustique n'agit pas dans le bon sens.

Deuxième remarque : le fait de déjeuner ou de dîner en écoutant de la musique ou devant la télévision augmente de façon significative la quantité d'aliments ingérés au cours du repas. L'étude réalisée portait sur des sujets qui pouvaient consommer autant de bretzels qu'ils le désiraient. Ceux qui avaient un casque avec de la musique en prenaient 4 quand ceux qui mangeaient en silence n'en prenaient que 2,75.

Les chercheurs ont noté que le fait de s'entendre mâcher et mastiquer constitue un frein naturel à une prise excessive d'aliments. À l'instar du pickpocket qui détourne votre attention en vous bousculant pour prendre votre portefeuille, avec la musique, la radio ou la télévision, vous ne pensez plus à ce que vous mangez. Vous avalez machinalement. Les systèmes pour réguler l'appétit sont désamorcés. Ce sont les récepteurs à la pression de l'estomac qui marqueront trop tard la fin de l'excès calorique qui vient d'être commis dans le bruit.

Le verre du condamné

Tout le monde connaît cette scène de l'apéritif qui n'en finit pas. Celle où l'on sent bien que l'on passera tard à table. Ces minutes interminables durant lesquelles vous n'en pouvez plus. Vous êtes mort de faim. Vous êtes prêt à vous jeter sur n'importe quoi. Tout fera l'affaire, du moment que vous mangiez quelque chose. Les biscuits, les cacahuètes salées ou les rondelles de saucisson ont allumé votre soif et votre faim. Les verres d'alcool font boire mais n'étanchent pas la soif. Vous allez en prendre et en reprendre et ainsi empiler les calories sans contrôle. Vous voilà coincé dans un cercle vicieux. Les boissons alcoolisées font tomber vos barrières intérieures. Vous êtes plus facile à séduire, y compris avec des aliments qui n'en valent vraiment pas la peine. Une sorte d'euphorie se produit, où vous laissez passer n'importe quoi par votre bouche.

Gouverner, c'est prévoir

Quand vous savez que vous allez vous rendre à une invitation, il faut vous donner les moyens de résister. Avant de partir, buvez 2 grands verres d'eau pour éviter de chercher à vous réhydrater ensuite avec des boissons alcoolisées. Surtout, prévoyez un petit en-cas : 1 avocat nature et 3 blancs d'œufs, par exemple. Vous arriverez ainsi serein et décontracté au dîner, avec une force qui ne vous fera choisir que ce dont vous avez réellement envie. Vous découvrirez aussi cette délicieuse sensation de voir les autres se « goinfrer » avec pendant que vous dominerez la situation. Dans ces instants, vous vous sentirez comme invincible et cela vous fera beaucoup de bien. Vous pourrez enfin apprécier le regard de l'autre qui admire votre résistance.

Les cadeaux empoisonnés

Il s'agit de ces petites attentions que vous n'avez pas demandées mais que l'on vous offre quand même. Si une personne insiste pour vous servir une recette que vous détestez, vous vous sentez obligé d'accepter pour éviter de lui faire de la peine.

Il faut savoir dire calmement mais fermement : « Non merci », et oublier dans l'assiette le mauvais cadeau. N'hésitez pas à dire : « Je t'aime aussi fort que je déteste ce plat », vous constaterez que cela passe très bien. Vous serez ainsi libéré avec élégance de cette obligation calorique inutile que, de plus, vous n'aimez pas.

L'invitation « menu tout compris »

C'est le réflexe inconscient de vouloir faire une bonne affaire. Vous optez pour l'offre avantageuse du « menu tout compris ». Le dessert est inclus alors que d'habitude vous finissez vos repas par un simple café. Pour ne pas gâcher et jeter l'argent par les fenêtres, vous allez quand même le prendre.

La parade : calculez le prix du dessert ou du plat que vous n'allez pas prendre parce que, au fond de vous-même, vous n'aimez pas ça. Prenons par exemple le dessert que vous estimez à 8 euros. Posez-vous la question : « Est-ce que ma santé vaut 8 euros ? » Vous représentez beaucoup plus que ça. Vous serez fier non pas d'avoir pris ce dessert sans intérêt, mais de la force que vous avez eue de le laisser. Vous vous situez au-dessus de l'argent, vous devenez libre. Ultime petit conseil : au moment où vous refusez le dessert, demandez un thé, une tisane ou un café. Cela vous permettra de continuer à rester à table sans vous faire du mal pour rien.

Éviter l'effet Yo-Yo

Passer sa vie à vouloir maigrir, c'est s'abîmer. C'est dévaloriser l'image de soi. Chaque coup de Yo-Yo fait monter la déprime. C'est un cercle qui se reproduit sans cesse et qui fait perdre confiance en soi.

Au-delà de l'échec de la perte de poids désirée, c'est indiquer aux autres que l'on est faible et incapable de succès. En dehors des risques pour la santé, cela va plus loin. C'est montrer son incapacité à exister comme on le souhaiterait.

Cela génère des montées de culpabilité et d'angoisse qui seront compensées par des pulsions alimentaires, portes ouvertes aux aliments gras et sucrés avalés sans plaisir qui détruisent à la fois le corps et l'estime de soi.

Pour avoir le poids que l'on souhaite de façon durable, il faut s'y prendre autrement. Plus on se ressent vide à l'intérieur, sans savoir ce que l'on aime, ce que l'on déteste et ce que l'on veut vraiment pour soi, plus on est vulnérable. C'est le sentiment de faire comme les autres et les circonstances qui décident pour vous. Le creux mental et celui qui se trouve dans l'estomac seront alors remplis par n'importe quoi. Pour reprendre la main et réussir, retournons-nous sur le passé. L'histoire de notre poids contient toutes les réponses pour savoir ce qu'il faut faire ou ne pas faire. Elle aide à comprendre ses erreurs, les fausses promesses que l'on s'est faites, les objectifs jamais tenus, les mauvaises excuses.

Petit exercice anticalorique

Il y a un exercice que je vous recommande et qui vous aidera beaucoup. Prenez chaque semaine un crayon et un papier et faites la liste « hit-parade » des aliments qui vous auront procuré un plaisir intense, inoubliable.
Si vous le pouvez, expliquez en quelques lignes la raison de ce choix. Vous allez découvrir que, souvent, la page reste blanche. C'est le début de l'explication des kilos pris pour rien.

Les trois minutes qui font maigrir

C'est un réflexe à prendre chaque fois que vous vous mettez à table : attendez trois minutes avant de commencer à manger. Actuellement, on parle beaucoup des bienfaits de la méditation, de l'isolement dans un endroit coupé du monde extérieur pour se mettre en pleine conscience et vivre intensément le moment présent. Pour ma part, je préfère la méditation qui s'intègre naturellement dans le quotidien comme une évidence pour nous rendre plus présent à notre vie, plus heureux aussi.

Le problème actuel dans les pays développés est la suralimentation. Alors que l'organisme n'a pas besoin de nutriments, se mettre à manger va déclencher des mécanismes produisant une faim artificielle qui fera grossir pour rien. Ces trois minutes d'attente et de liberté permettent à votre cerveau de redevenir maître de la situation. Il faut garder en mémoire que les hormones qui interviennent dans la satiété, le plaisir et la faim sont émises à partir du cerveau. Les trois minutes d'attente permettent à votre puissance cérébrale d'être en mesure de contrôler sainement vos apports alimentaires et de faire les bons choix pour votre corps, votre santé et votre plaisir.

Trois minutes chrono

C'est dans les trois minutes d'attente avant de lever la fourchette que tout va se jouer. Observez ce que contient votre assiette. Grattez éventuellement la sauce pour voir apparaître le produit nu. Sentez le plat. Mettez la distance nécessaire pour redevenir maître de la situation. Demandez-vous si ce que contient l'assiette va vous faire du bien ou non, s'il y a des aliments que vous n'aimez pas trop et qui de plus sont très caloriques et par conséquent que vous pourriez laisser. Demandez-vous si vous avez faim ou non. C'est essentiel. Commencer à manger alors que l'on n'a pas faim est inutile. En agissant de la sorte, vous obtiendrez plus de plaisir et des kilos en moins.

La première bouchée

Il s'agit d'un moment crucial. N'avalez pas la première bouchée comme si vous gobiez un œuf. Il faut prendre le temps d'analyser toutes les nuances du goût, comme le ferait un critique gastronomique. Les différentes saveurs, la température, les textures, l'alliance des aliments. Cette technique permet d'activer son échelle du plaisir alimentaire, qui est le moteur du contrôle du poids. L'autre avantage, c'est qu'il s'agit d'un moyen efficace pour éviter de tomber malade. Si vous sentez qu'un aliment a un goût bizarre et qu'il ne semble pas frais, recrachez-le discrètement sans aucune hésitation. Fiez-vous à votre instinct, c'est une protection efficace.

Survivre à un buffet !

Les buffets font souvent grossir. Tout fait envie. Les autres se servent avec générosité, vous entraînant dans leur sillage. Vous n'avez plus de limite. À table, il est difficile de suivre une conversation, les gens n'arrêtent pas de se lever pour retourner se servir. Donc, pas la peine de parler et de perdre du temps, cela ralentirait le rythme des allées et venues et du ballet incessant des assiettes remplies à ras bord. Aucune attente entre chaque plat. Il faut tout goûter. C'est un marathon qui s'engage. Vous vous obligez à manger vite et beaucoup pour tenir le rythme du groupe. La volonté de conformité collective prend le pas sur votre libre arbitre. Et là, c'est un véritable déluge calorique (voir plus haut). Vous n'avez même pas conscience des quantités astronomiques que vous avez absorbées. En un repas, vous pouvez prendre les calories d'une semaine. L'estomac est une poche qui peut se dilater jusqu'à 50 fois son volume et contenir 4 litres... Il peut donc suivre.

Le lavage de cerveau

Si vous essayez de vous souvenir d'un plat délicieux que vous avez consommé lors de ce repas pantagruélique, vous ne le trouverez pas. Les buffets jouent la quantité mais très rarement le raffinement et la qualité. Comment pouvoir servir à la juste température et à la parfaite cuisson une viande ou un poisson ? Ce n'est pas possible. En fait, vous avez souvent absorbé des quantités impressionnantes sans rien mémoriser.

La nuit passe, et vous pensez que les bêtises de la veille sont oubliées. La nuit apparaît comme une absolution. C'est l'amnistie du sommeil. Le lendemain, vous avez tout oublié et, au prochain buffet, vous vous comporterez de la même façon.

Pour ne pas tomber chaque fois dans le même panneau et vous éviter la douloureuse pesée du lendemain matin, je vous propose de faire autrement... Car non, vous ne pouvez pas porter plainte contre vous-même !

Faites le touriste japonais

Observez les touristes japonais au restaurant. Quand on leur apporte un plat, ils commencent par le photographier. Ils immortalisent la préparation avant de la détruire. Ils fixent ainsi ce moment fugace.

Clic !

Quand vous revenez du buffet, prenez une photo de votre assiette. Avant de prendre le cliché, obligez-vous à regarder les photos prises depuis le début du repas. Vous allez déclencher un frein puissant pour vous protéger de ce type de débordement. Sur le plan physiologique, cet exercice active dans le cerveau le système limbique émotion-mémorisation. En prenant conscience par l'image, vous allez reprendre la main et maîtriser la situation. C'est comme si vous étiez en train de vous regarder manger. Vous devenez votre propre témoin, ce qui change tout. C'est ce que j'appelle le « principe des cabinets ». Une étude scientifique a montré que lorsqu'il y a la présence d'une personne aux toilettes devant les lavabos, les gens se lavent 2 fois plus souvent les mains. Le regard de l'autre redresse la situation. Là, c'est vous-même qui prenez votre santé en main.

À la maison, certains se comportent comme si c'était un *open bar* permanent, un peu comme s'il y avait un buffet tous les jours installé dans le réfrigérateur et le placard. Il n'y a pas d'heure, c'est ouvert vingt-quatre heures sur vingt-quatre. Alors, prenez des photos et admirez le bel album souvenir de vos débordements alimentaires. Vous verrez que vous mettrez vous-même le frein à vos dérapages.

Il est important de pratiquer cette méthode pendant un mois pour développer son efficacité. Ces photos fonctionnent comme une campagne de publicité. Observez les spots publicitaires. Ils sont répétés sans cesse pour être mémorisés et déclencher les réflexes d'achat sur le produit. À force de les regarder, vous finissez par céder. Ils modifient progressivement vos comportements devant les linéaires d'un supermarché. En répétant ces photos à chaque repas, vous allez utiliser le même principe. Une seule différence : au lieu de payer 100 000 euros la minute d'achat d'espace, pour vous ce sera gratuit !

En pratique, chaque matin, avant le premier repas de la journée, revoyez toutes les photos des repas de la veille. Vous n'en reviendrez pas. Vous ressentirez du dégoût en visualisant toutes ces quantités ingérées. Vous activerez votre mémoire et développerez progressivement de nouveaux réflexes, des freins naturels qui seront inscrits pour toujours dans votre cerveau. Vous retrouverez ainsi la liberté de manger, juste pour le plaisir.

• LA MÉTHODE RÉVERSO

À pratiquer seul(e) à la maison (sans aucun témoin).

Attention : cette méthode s'adresse à toutes celles et à tous ceux qui souhaitent se défaire d'une simple addiction. La distinction doit être faite avec la boulimie, qui est une vraie pathologie à traiter avec l'aide d'un médecin spécialiste.

Vous avez sans aucun doute fait l'expérience suivante. Aux toilettes, vous avez des selles malodorantes et des gaz. L'odeur est désagréable, mais petit à petit vous vous habituez. Au bout d'une minute, vous ne sentez plus rien. Une fois sorti des W-C, et si vous y retournez trois minutes plus tard, vous serez écœuré par ces odeurs fétides. Vous aurez l'impression que ce n'est pas vous qui êtes à l'origine de cette infection. Cette odeur nauséabonde a perdu votre signature personnelle. Ce que je vous propose découle de cette logique...

Vous venez de vous mettre à table et vous avez une faim terrible qui peut se transformer en orgie calorique. Imaginez devant vous un plat rempli de frites avec à côté de la mayonnaise pour les tremper. Vous êtes comme une voiture lancée en roue libre, sans système de freinage. Ce plat contient 300 grammes de belles frites bien grasses qui vont vous faire prendre 1 500 calories juste pour commencer.

1, 2, 3... partez !

Mettez à votre bouche cette fourchette bien pleine de frites-mayonnaise. Mâchez un petit peu plus que d'habitude (jusqu'à 8 fois). N'avalez surtout pas, et recrachez le contenu que vous deviez déglutir. Attendez une minute pour laisser refroidir un peu et remettez ce que vous venez de recracher dans votre bouche. Vous allez être écœuré et dégoûté. Avalez à présent. Vous venez de vous vacciner pour ne plus être esclave de ces débordements alimentaires. Vous n'avez plus du tout envie de continuer à manger ces frites, n'est-ce pas ? C'est comme lorsque l'on a été malade à cause d'une intoxication alimentaire. Les jours suivants, on a envie de choses simples. Une petite salade fera votre bonheur pour le déjeuner.

En pratique, la méthode Réverso entraîne plusieurs réflexes cérébraux forts qui expliquent son effet coupe-faim incontestable. Tout d'abord, ce geste crée une émotion qui déclenche une mémorisation en activant le système limbique au niveau du cerveau. Vous ne pourrez plus jamais oublier cet épisode. Deuxième élément, le choc visuel : c'est le même principe que la crème glacée dont vous rêviez, mais qui, une fois fondue et liquide, ne vous tente plus du tout. Le fait de regarder ce que sont devenues ces frites et cette mayonnaise après une minute en bouche provoque un rejet de l'aliment initial. Le troisième point, c'est la petite stimulation du centre de la nausée dans le cerveau. Souvenez-vous comme vous êtes écœuré et vacciné par un plat qui vous a rendu malade. Chaque fois qu'on vous le propose, cela réveille de mauvais souvenirs. La bouchée Réverso active *a minima* ce mécanisme pour vous aider à reprendre votre liberté à table et à ne manger que ce qui vous fait réellement plaisir et qui est bon pour votre organisme. Vous pouvez appliquer cette méthode avec n'importe quel aliment dont vous êtes *addict* et qui ruine chaque jour votre santé.

Il faut reconnaître que cette méthode est dure. Mais dans le cadre de l'obésité, il faut parfois frapper fort. Quand toutes les solutions ont échoué et que la santé est en jeu, on en vient même parfois à la chirurgie pour réduire la taille de l'estomac. Ce sont des techniques chirurgicales qui nécessitent l'intervention d'équipes spécialisées. Le patient ne pourra ensuite se nourrir que de petits repas. L'exemple de la chirurgie comme outil thérapeutique ultime montre qu'il ne faut pas hésiter à utiliser tous les moyens naturels disponibles pour perdre les kilos en excès, quand la vie est en jeu.

En complément, mettez la main

La technique de la bouchée Réverso peut être complétée par la méthode de la main. Il s'agit de prendre un repas assis à table seul. Une fois le plat posé devant soi, il faut mettre sa main gauche sur le front comme si on allait régurgiter. Cette main va rester sur le front pendant tout le repas, la tête juste au-dessus du plat. C'est la position « main sur le front », que l'on adopte habituellement face à la cuvette des toilettes pour vomir. Ici ce sont les mêmes gestes qui sont reproduits mais en système inverse. Manger ainsi réveille au niveau du cerveau une mémoire d'épisodes désagréables de nausées. Ces souvenirs provoquent une légère stimulation du centre du vomissement qui va appuyer sur le frein des prises alimentaires intempestives.

Pour se débarrasser de pulsions incontrôlables sur des aliments dont on devient esclave, ces deux techniques correspondent à des « cures de désintoxication ». Elles reproduisent le réflexe nauséeux au contact d'un aliment. C'est une méthode qui fonctionne dans le cas d'un médicament prescrit aux patients alcooliques. Le sujet qui prend le comprimé ressent un puissant dégoût s'il prend un verre d'alcool. C'est ainsi qu'il devient sobre.

• LES ALIMENTS DÉTOX

Certains aliments ont la capacité de protéger de nombreuses maladies, mais aussi de soigner naturellement. Ils se révèlent ainsi de précieux alliés pour être en bonne santé. Ils n'ont pas forcément la tête de l'emploi, et pourtant ils constituent de véritables boucliers. Dans tous les cas, il faut savoir les consommer à la bonne « posologie » et à la fréquence adaptée pour qu'ils soient efficaces.

La modération est essentielle. Il est préférable de mobiliser son énergie quotidienne pour autre chose que la digestion. N'usez pas prématurément votre organisme en lui demandant de trop en faire. Observez votre fatigue après un repas trop copieux et vous aurez une idée de toute l'énergie que le corps a dû utiliser pour transformer et absorber ces aliments. Mettez-vous à table si vous avez faim, mais pas par obligation ou par routine. Puis célébrez votre corps en prenant le temps de lui offrir ce qu'il y a de meilleur.

Ce que l'on mange façonne notre corps et les aliments ont un réel effet sur notre santé. En un certain sens, nous devenons ce que nous mangeons. Certains aliments nous protègent, d'autres nous agressent et menacent directement notre longévité. En théorie, nous savons globalement ce qui nous fait du bien ou non, mais ces notions sont parfois difficiles à mettre en pratique au quotidien.

Pour limiter la « casse », je propose de lister certains produits qui ont le pouvoir de faire barrage à la toxicité des aliments qui encrassent l'organisme et que l'on ingère trop souvent sans y penser.

Nous savons qu'il n'est pas forcément facile de manger bio tous les jours et de trouver de vrais produits certifiés. Les pesticides et les toxiques sont déjà en nous. Des aliments aux produits d'entretien, on les retrouve partout. Il s'agit de petites quantités mais, ingérées tous les jours, elles finissent par s'accumuler dans notre corps. Elles atteignent des doses « gâchettes » qui déclenchent des pathologies comme des cancers, des maladies neurodégénératives ou encore des problèmes d'infertilité. Utilisons le pouvoir des « aliments jokers » pour faire barrage à ces poisons. Nous éviterons leur bioaccumulation progressive qui, un jour, fait atteindre le seuil de déclenchement de maladies redoutables. Il faut manger pour soi et non pas contre soi. Ce que l'on avale constitue les éléments de notre corps, de nos muscles, de nos vaisseaux, de nos organes. Apportons à notre corps le meilleur pour qu'il soit sain et robuste.

Des prélèvements d'experts

Par des prélèvements de cheveux ou d'ongles, on peut retrouver des doses de toxiques accumulées pendant toute une vie. Par exemple, si vous consommez beaucoup de thon ou de saumon, en faisant l'analyse d'un cheveu, vous saurez la quantité de métaux lourds accumulée au fil des années. Connaître les taux de plomb, de cadmium et de mercure stockés contre votre gré dans votre organisme est une donnée précieuse pour modifier vos habitudes alimentaires.
Dans le cas des poissons gras, vous pourrez retrouver les précieux oméga 3 qui contribuent à la prévention des maladies cardio-vasculaires dans d'autres aliments naturels comme les noix, les amandes ou les noisettes, ou utiliser des huiles comme celles de soja ou de noix. Vous pourrez aussi passer à des poissons riches en oméga 3 mais moins chargés en métaux lourds, comme les maquereaux.

Il est vital d'avoir un « plan de survie » pour diminuer la bioaccumulation de toxiques ou de pesticides au cours de sa vie. Comme nous vivons de plus en plus vieux, les produits nocifs ont le temps de s'accumuler dans le corps pour générer des maladies. Sans changer son mode de vie, et tout en continuant à se faire plaisir à table, il suffit de mettre en place un certain nombre de réflexes pour passer à travers de cette invasion de produits chimiques.

• CADMIUM : ATTENTION, DANGER

Le cadmium est connu pour sa toxicité, en particulier au niveau des risques de cancers. Il s'agit d'un métal qui, comme le plomb ou le mercure, possède des propriétés délétères sur l'environnement et notre santé. On le trouve dans certains engrais, et il peut être capté par des aliments comme les champignons ou les épinards. Des aliments comme le foie ou les rognons des animaux concentrent volontiers les toxiques comme le cadmium. Ce sont les filtres à déchets qui servent à l'animal au cours de sa vie. Ils finissent par s'accumuler dans ce qui symboliquement ressemble à une passoire dont beaucoup de trous seraient bouchés par des toxiques. Quand nous avalons ces aliments, nous avalons en même temps quasiment la dose de toxiques d'une vie « animale ».

Les dattes pour protéger les testicules ?

Ce n'est qu'une première étude réalisée en 2013, mais elle est passionnante. Elle demande bien sûr à être confirmée par des travaux complémentaires. Des scientifiques ont démontré que la consommation régulière de dattes permettait de lutter contre l'effet toxique du cadmium sur les testicules. Le mécanisme qui intervient n'est pas encore connu. Les chercheurs supposent l'activation d'antioxydants ou de réactions endocrines spécifiques. L'autre élément à prendre en compte est la richesse en fibres des dattes. C'est pour cette raison qu'elles sont actives sur la constipation.

• LES ALIMENTS « ANTICANCER »

Le « savon naturel » des intestins pour se purifier intérieurement tous les jours

Les aliments anticancer ont un point commun : la présence de fibres. Plus elles sont de qualité, plus elles sont nombreuses, plus elles sont efficaces. Les fruits et les légumes, dont certains se trouvent dans le peloton de tête, comme les brocolis, possèdent cet atout. Les fibres agissent comme un filet que nous absorbons, qui tapisse les intestins et forme une protection naturelle contre les toxiques. Ce sont des sortes de détoxifiants naturels. Elles aident à faire progresser régulièrement les aliments au fil des ondulations intestinales. Certaines fibres solubles ou insolubles aident à nettoyer le tube digestif, permettant au côlon de fonctionner ensuite au mieux de son efficacité.

D'autres fibres participent à une meilleure régulation naturelle de la flore intestinale, or une flore harmonieuse et équilibrée est essentielle pour une bonne écologie des intestins. Elles limitent la formation des gaz intestinaux qui font gonfler le ventre, elles diminuent la putréfaction de certains aliments dans le côlon qui peut être à l'origine de la formation de produits cancérigènes. Les bonnes fibres sont le nettoyant écologique des intestins, une sorte de « savon naturel » pour se purifier intérieurement tous les jours.

Les aliments sont inégaux en qualité et en quantité de fibres. Il faut faire le bon choix pour bénéficier pleinement de leurs bienfaits qui donneront des années supplémentaires de vie en bonne santé.

L'avocat : le baume des intestins

L'étude la plus surprenante de l'effet de l'avocat sur la santé a porté sur l'association avec le traditionnel burger. L'avocat fait en quelque sorte obstacle au *burger*. L'interleukine 6 est un marqueur de l'inflammation au niveau de l'organisme. Les chercheurs ont comparé le fait de consommer le *burger* seul ou avec un avocat. Ils ont noté, en comparant le groupe « *burger* sans avocat » avec le groupe « *burger* avec avocat », que ce dernier avait une augmentation de ce marqueur de 40 %, contre 70 % dans le groupe sans avocat. Il s'agit d'une observation très importante. Le fait que la consommation d'un avocat réduit le phénomène inflammatoire est significatif en termes de santé. C'est comme si l'avocat intervenait à la fois comme un pompier et un protecteur. Il protégerait ainsi en partie de certaines agressions toxiques. Il faut rappeler que l'inflammation répétée au niveau du corps humain fait à la longue le lit de maladies dont certaines peuvent engager le pronostic vital. L'inflammation est un facteur de risque qu'il ne faut pas négliger. Il a été noté également un effet bénéfique de l'avocat sur les triglycérides sanguins et les sucres dans le sang.

L'avocat peut être utilisé comme base dans un sandwich, en entrée avec des feuilles de salade, ou même constituer le plat principal. Les Mexicains, gros consommateurs de viande rouge, ont la bonne idée de commencer les repas par du guacamole. Certains le prennent également dès le petit déjeuner en remplacement du beurre sur leurs tartines.

L'avocat permet d'offrir une couche protectrice au tube digestif avant la mise en contact avec certains éléments toxiques des aliments.

Votre santé sans risque

Le nouveau steak-pommes de terre

L'Organisation mondiale de la santé a émis récemment une alerte sur le lien entre la consommation de viande et de charcuterie et le cancer colorectal. Après avoir examiné près de 800 études, les scientifiques ont décidé de tirer pour la première fois la sonnette d'alarme. Sont concernées toutes les viandes (sauf les volailles) et toutes les charcuteries. Il y a de quoi faire paniquer de nombreux consommateurs. Je souhaite apporter cependant quelques nuances. Il faut tenir compte des modes de cuisson, pour les viandes en particulier. De nombreux pays ont l'habitude de faire cuire la viande au barbecue en la faisant trop griller, jusqu'à obtenir des parties littéralement carbonisées. Je le répète ici encore, il ne faut jamais manger ce qui est brûlé, donc noir, cela s'avère très cancérigène. Consommer 3 centimètres de croûte carbonisée équivaut à fumer 200 cigarettes. Éliminez systématiquement avec un couteau ces fragments toxiques. Mon deuxième commentaire porte sur la fréquence. Manger de temps en temps de la viande ou de la charcuterie ne comporte pas de risque statistiquement significatif, mais si cela devient une habitude quotidienne, c'est différent.

Je déteste culpabiliser mes lecteurs. Pour ceux qui ne se sentent bien qu'en consommant souvent ces produits, il faut trouver des solutions pour mieux se protéger. Dans notre patrimoine national, il y a l'incontournable steak-frites. Je souhaiterais le voir évoluer en steak-pommes de terre vapeur, à la lueur des découvertes scientifiques sur ce plat traditionnel.

Il est évident que le cancer colorectal est favorisé par les états inflammatoires chroniques de l'intestin, mais aussi par les substances toxiques pour la muqueuse intestinale comme peuvent l'être certains pesticides. La consommation excessive de viande rouge ou de charcuterie entre dans ce cadre. Un régime alimentaire riche en fibres naturelles préviendrait l'apparition de cancers colorectaux en diminuant les risques. Les fibres des fruits et des céréales interviennent, mais également d'autres fibres, qui ont des effets inattendus.

Le cas de l'amidon résistant

Des études suggèrent que, parmi les fibres alimentaires, l'amidon résistant pourrait contribuer à réduire le risque de cancer du côlon. Des études chez l'animal ont prouvé que l'addition d'amidon résistant atténue les effets mutagènes de la viande rouge, réduisant ainsi le risque de développer des tumeurs colorectales. Les études menées sur l'animal et l'homme ont montré que l'amidon résistant baissait la quantité de substances toxiques dans l'intestin et les lésions au niveau de l'ADN dues à la viande rouge.

Les pommes de terre vapeur peuvent constituer, en fonction de leur variété, une importante source d'amidon résistant, et leur consommation pourrait atténuer les effets cancérigènes de la viande rouge sur le côlon.

Si vous choisissez quand même les frites, optez pour les plus grosses qui offrent une surface grasse réduite, moins de chair ayant été au contact de l'huile bouillante. Évitez de consommer celles qui sont trop grillées. Gardons à l'esprit que les pommes de terre entières et les mêmes pommes de terre réduites en purée sans ajouts affichent des valeurs nutritionnelles différentes. Pour les frites, c'est 480 calories pour 100 grammes contre 90 calories pour les 100 grammes de pommes de terre vapeur. Je préfère les pommes de terre entières.

Le cresson aux feuilles protectrices

Le cresson a tout bon ! Sa quantité de calories est infime (11 calories pour 100 grammes) pour l'équivalent d'un petit bol, très riche en vitamines, fibres et oligoéléments. Mais les bonnes nouvelles ne s'arrêtent pas là. Une série de premières études scientifiques montre des effets protecteurs vis-à-vis de certains toxiques. Les scientifiques se sont attaqués au toxique redoutable qu'est le tabac. Le tabac fait des ravages : il génère des cancers, des maladies cardio-vasculaires, il accélère les rides et le vieillissement. C'est un poison qui tue chaque année des millions de personnes dans le monde. Le cresson a servi de preuve pour ce concept, mais je souligne qu'il ne va pas jusqu'à mettre les fumeurs à l'abri des trop nombreux cancérigènes de la cigarette.

Les chercheurs ont ainsi établi que le cresson aurait le pouvoir d'agir pour détoxifier certains cancérigènes du tabac et réduire ainsi les risques de cancers. Les toxiques ciblés sont des substances qui se retrouvent dans les cigarettes (nitrosamine, benzène, acroléine...), mais ce qui est intéressant, c'est d'observer que certains de ces composés nocifs peuvent être aussi présents dans l'alimentation. Pour mémoire, le niveau de détoxification se situe à 95 % pour le benzène, 32 % pour l'acroléine et 29 % pour les crotonaldéhydes.

Les scientifiques de l'université de Gand ont mis en évidence le fait que près de 60 % des denrées alimentaires contenaient des traces de benzène. Bien sûr, les quantités sont faibles et en dessous des normes autorisées, mais, étant donné que l'on vit de plus en plus vieux et que les petits ruisseaux font un jour les grandes rivières, il vaut mieux utiliser dès maintenant tous les moyens disponibles pour se protéger. Dans le cas du benzène, il présente un facteur de risque des leucémies en cas d'exposition chronique.

Une autre équipe de médecins britanniques a découvert une nouvelle propriété pour le cresson : un composé, le phénéthyl isothiocyanate (le PEITC), aurait un effet protecteur contre le cancer du sein.

Une petite salade de cresson avec quelques pulvérisations d'huile d'olive et de gouttes de vinaigre... voilà un repas qui commence bien. Vous pouvez désormais compter le cresson parmi vos alliés.

• OPÉRATION ANTIPESTICIDES

De nombreuses études établissent des liens entre des pathologies comme les cancers, les maladies neurodégénératives et l'absorption de pesticides. Malgré ces données scientifiques, nous ne pouvons les éviter. Ils se trouvent chaque jour dans nos assiettes, y compris dans des aliments « santé » comme les fruits et légumes. En pratique, nous connaissons les seuils limites à ne pas dépasser aliment par aliment, mais nous ignorons l'impact des effets « cocktail ». Plusieurs pesticides réunis dans un même fruit peuvent donner des effets qui n'auront rien à voir avec l'incidence de chaque pesticide pris un par un. Il faudra encore des décennies pour établir les vrais risques. En attendant, nous pouvons agir au quotidien pour préserver notre santé. Il y a bien sûr l'alternative du bio, mais, nous l'avons vu, il n'est pas forcément facile de manger bio tous les jours.

Le lavage en question

Dans certains cas, il est inutile voire dangereux de laver les aliments avant de les ranger ou de les consommer.

Il ne faut pas laver les œufs, car on élimine la cuticule protectrice et on favorise le passage des microbes à l'intérieur de l'œuf. Je conseille de conserver les œufs dans leur emballage en veillant à ce que la pointe se trouve en bas pour une meilleure conservation.

De même, il ne faut jamais passer le poulet sous le robinet avant de le mettre au four. Vous risquez de projeter des bactéries dangereuses comme les Campylobacters sur vos mains, vos vêtements et le plan de travail. Rassurez-vous, après une bonne cuisson, tous ces microbes auront naturellement disparu. Pensez à bien vous laver les mains après manipulation de la volaille.

Pour les pommes de terre, inutile de les laver avant de les stocker. L'humidité risquerait de les faire pourrir plus vite. Ne les mettez pas au réfrigérateur car, en dessous de 7 degrés Celsius, l'amidon de la pomme de terre tend à se transformer en sucre, modifiant le goût mais aussi la couleur, qui devient plus pâle.

Les fruits et les légumes prélavés, s'ils sont en sachet, n'ont pas besoin de lavage supplémentaire. Pour les autres, il est préférable de les laver pour enlever les résidus de terre, par exemple. Chaque fois que c'est possible, pelez-les pour ôter en même temps la majorité des pesticides. Je souligne qu'il ne faut jamais utiliser de détergents, car vous risqueriez d'en consommer ensuite. Pour certains légumes, vous pouvez utiliser une petite brosse pour mieux les nettoyer.

Concernant les légumes, les fruits et les herbes, lavez-les chaque fois que c'est possible. Faites cela en dernière minute et pas en revenant des commissions pour vous avancer pour la semaine. Dans un premier temps, faites-les tremper dans de l'eau avec une cuillerée à soupe de vinaigre blanc. Passez-les ensuite sous le robinet en n'hésitant pas à mettre la pression.

Vous les sécherez ensuite en frottant pour enlever mécaniquement ce qui reste. Vous constaterez souvent la disparition de marques blanches qui correspondent à des produits d'enrobage.

Pelez ensuite les concombres, carottes, pommes, poires… Dans tous les cas, ne consommez pas la peau des fruits. Beaucoup ont peur en enlevant la peau de perdre les vitamines, mais rassurez-vous : il en reste encore largement assez à l'intérieur des fruits et légumes ! Pour les légumes comme les endives, le chou ou la salade, pensez à enlever les feuilles extérieures, qui sont davantage en contact avec les pulvérisations de pesticides.

J'ajoute un conseil particulier pour les fruits exotiques comme les ananas. Enlevez toujours avec soin leurs « yeux », ils représentent de véritables loges pour des microbes qui viennent du bout du monde. Inutile de les avaler.

Le bon choix

Les différents fruits et légumes ne sont pas tous égaux en termes de concentration de pesticides. Une ONG (EWG) basée aux États-Unis est arrivée à la conclusion que manger 12 fruits et légumes les plus contaminés par jour expose à 10 pesticides différents, contre 2 pesticides seulement si vous faites le choix parmi les fruits et légumes moins exposés. Selon EWG, les plus touchés sont les pommes, les fraises et les raisins importés, les tomates cerises, les céleris, les pêches, les épinards, les poivrons, les nectarines, les concombres, les carottes, les poires et laitues. Parmi les moins touchés, on retrouve l'avocat, le maïs, l'ananas, la mangue, l'oignon, l'asperge, le chou, le kiwi, les petits pois, l'aubergine, la pastèque et le brocoli.

Pour comprendre ces différences, il faut savoir que les fruits et les légumes ne sont pas exposés de la même manière aux insectes dévastateurs. N'oubliez pas qu'il est toujours préférable de consommer des fruits et légumes de saison. Imaginez la quantité de produits chimiques qu'il faut pour rapporter intactes vos fraises du bout du monde en plein hiver…

• OBJECTIF VENTRE PLAT

Avoir un ventre plat, c'est une question à la fois d'esthétique et de confort. Il traduit une élégance à l'extérieur et un bien-être intérieur. Il existe des liens étroits entre l'excès de poids et un ventre gonflé. Certains aliments ont la capacité de jouer sur les deux tableaux : réduction des gaz intestinaux et ventre plat.

Les deux règles de base à respecter

Pour avoir un ventre plat, éviter les gaz et les ballonnements, il faut simplement appliquer quelques principes, dont deux principaux. Première règle, ne pas manger en marchant. La rue n'est pas une salle à manger. En faisant ainsi, on avale de l'air qui va gonfler dans l'estomac. Les organes digestifs ne sont pas disposés au mieux quand on marche et la digestion se fera mal. Par ailleurs, une étude réalisée en 2015 a montré que manger en marchant faisait grossir. En effet, les sujets qui se nourrissent ainsi ont tendance à grignoter davantage sans avoir de repères (pas de changement d'assiette, pas de couverts à poser...) et à prendre du poids inutilement. Le second principe est d'éviter de porter des vêtements trop serrés. C'est actuellement à la mode, mais un jean trop près du corps gêne la bonne digestion et va favoriser ainsi la stase – stagnation – des aliments et la formation des gaz intestinaux.

Une histoire de gaz

Les gaz intestinaux peuvent se mesurer dans l'haleine

Les bulles de gaz dans les intestins qui ne sont pas éva-cuées sous forme de pets peuvent en partie être absorbées par la muqueuse intestinale, passer dans le sang et être ensuite libérées par les poumons. La respiration fait partie des modes d'élimination naturelle des éléments toxiques et indésirables de l'organisme. Nous disposons d'autres filtres pour nous détoxifier en permanence. C'est le travail des reins, du foie et des glandes sudoripares de la peau. Les produits d'excrétion se retrouvent dans les selles, l'urine et la transpiration. Pour les poumons, ils peuvent être mesurés dans l'haleine. Le *breath test*, qui mesure les flatulences, est une méthode fiable et reproductible, c'est comme un alcootest, mais pour rechercher les gaz dans l'haleine.

Le méthane en excès dans les intestins pourrait diminuer le péristaltisme intestinal, ces mouvements naturels des intestins qui font progresser le bol alimentaire. Les sujets qui souffrent d'un intestin irritable sont très sensibles à cette rétention volontaire de gaz. Passer ses journées à se retenir favorise ainsi l'absorption des gaz intestinaux et peut provoquer en quelque sorte une « haleine de pets ».

Ne pas évacuer les gaz diminue aussi la motilité intestinale et augmente les risques de constipation chronique. Il ne s'agit pas d'être grossier et malpoli et de gêner son entourage par des bruits et des mauvaises odeurs difficiles à supporter en espace clos. Pour libérer son corps, il suffit de s'isoler aux toilettes en toute discrétion. Au Japon, les femmes, lorsqu'elles se trouvent aux W-C, font toujours couler l'eau du robinet en même temps pour masquer les bruits intempestifs, dans un souci d'élégance. J'ajouterai que retenir ses gaz a tendance à provoquer une contraction globale. Difficile de se détendre quand on passe ses journées à se retenir. La spontanéité n'est pas au rendez-vous. Cela peut être un facteur générateur de stress chronique qu'il est facile de régler. Les gaz sont un facteur normal de la digestion. C'est un élément naturel.

Les 3 mouvements qui libèrent en 3 minutes

Comme nous l'avons vu, l'alimentation quotidienne génère naturellement des gaz intestinaux. Ces derniers ont tendance à stagner dans les intestins. Ils font gonfler le ventre en créant une sensation d'inconfort. Pour faire progresser ces gaz plus rapidement vers l'anus et les évacuer, il faut faire preuve de bon sens. Si vous souhaitez faire sortir un objet d'un récipient quelconque, vous allez le faire avancer par le mouvement. Les bons mouvements feront évacuer plus vite les gaz. Je vous propose de faire ces exercices en prenant soin au préalable de vous isoler pour être au calme.

Squatting
Mettez-vous en position debout, puis accroupie. Essayez de placer vos fesses le plus près possible du sol. Comptez jusqu'à 10, remontez et recommencez 3 fois. Lorsque vous êtes en position accroupie, vous pouvez aider votre stabilisation en mettant vos mains sur les cuisses ou vous tenir à une chaise de chaque côté. Cette position déclenche des mouvements naturels intestinaux qui aident à évacuer plus facilement les gaz. Petit avantage supplémentaire : vous réussirez en même temps à muscler vos cuisses de façon harmonieuse.

Position cocooning
Installez-vous en position allongée sur un côté, puis l'autre. Chaque fois, collez vos 2 genoux serrés contre votre poitrine. Comptez jusqu'à 10 et passez d'un côté à l'autre 3 fois de suite. Cette position est favorable à la progression des gaz du côlon vers la sortie.

Position génupectorale
Il faut se mettre sur le lit à genoux, les épaules sur le lit. Cette position est parfois utilisée pour réaliser des lavements. Comptez jusqu'à 5. Cette fois-ci, ce ne sera pas canule qui entrera pour le lavement mais les gaz qui sortiront.

Les aliments influent sur leur composition, mais aussi certaines circonstances particulières, comme le fait de prendre l'avion, car les différences de pression augmentent ce phénomène.

Une équipe de scientifiques a particulièrement étudié le phénomène de l'avion. Effectivement, le fait de se trouver en nombre dans un espace réduit génère des problèmes de convivialité pour les passagers assis les uns à côté des autres. Les scientifiques ont recherché des solutions pratiques qui pourraient être suggérées aux compagnies aériennes. Ils ont proposé d'intégrer dans les coussins des sièges d'avion et dans les couvertures du charbon actif pour mieux absorber les odeurs de pets, d'agir sur la composition des repas en mettant dans les menus les aliments les moins générateurs de gaz intestinaux, et, à l'extrême, de faire pratiquer un « *breath test* méthane », autrement dit un test d'haleine, afin de proposer avant l'embarcation une prise en charge particulière aux sujets très flatulents pour que le voyage se passe mieux pour les autres. Imaginer cette situation a de quoi faire rire, ce qui est excellent pour la santé !

Appuyez sur le bon bouton pour traiter la constipation

– Se soulager par simple pression des doigts
C'est une équipe d'universitaires californiens qui a trouvé sur « quel bouton appuyer » pour régler les troubles de la constipation et les ballonnements. La constipation est très pénible et se traduit par une difficulté à évacuer les selles. Elle s'accompagne fréquemment d'un ventre gonflé lié au fait que les gaz ont aussi des difficultés à s'éliminer. Le fait de pousser fort pour déféquer amplifie le risque d'hémorroïdes et peut induire des montées inutiles de tension artérielle. L'usage de laxatifs chimiques comporte un risque d'accoutumance avec une augmentation progressive des doses. Dans tous les cas, il est essentiel de boire suffisamment d'eau et de faire de l'exercice. Si une

constipation devient opiniâtre et surtout si elle s'accompagne de saignements, il faut absolument consulter son médecin traitant.

Une équipe de spécialistes américains a mis au point une méthode qui donne d'excellents résultats : 70 % des sujets participant à l'étude se sont trouvés satisfaits de cette nouvelle prise en charge de la constipation, et 82 % ont décidé de continuer cette pratique après l'étude. Précisons que cette méthode est sans aucun danger et dénuée d'effets secondaires. Elle consiste à pratiquer un petit massage c'est-à-dire une autoacupression avec le médius et l'index sur un point situé au milieu du périnée. Pour mémoire, le périnée se situe entre l'anus et le vagin chez la femme, et entre l'anus et la base des bourses chez l'homme. C'est le petit muscle que l'on sent quand on s'arrête de faire pipi au milieu d'une miction. Il est conseillé d'effectuer ces pressions en inclinant les doigts à 45 degrés en direction de l'anus. Le fait d'appuyer sur cette petite zone a pour effet un relâchement musculaire et le déclenchement d'un réflexe qui stimule les nerfs responsables de la motilité intestinale. Au début, vous aurez tendance à tâtonner un peu pour bien identifier ce point. Après quelques essais, il est facile de le repérer, car l'effet d'évacuation des selles est immédiat. Je souligne qu'avec cette méthode les mains ne se trouvent en aucun cas en contact avec les matières fécales.

– *L'automassage efficace*

Le tube digestif est un tuyau qui a parfois tendance à laisser stagner trop longtemps en fin de parcours les gaz et les matières fécales. Cela crée de l'inconfort digestif, des gaz intestinaux, de la constipation et un ventre gonflé.

Prêt ? Évacuez !

Maintenant, imaginez simplement un tuyau d'arrosage où un peu de boue se trouve coincée. Pour aider à l'évacuation, vous avez 2 possibilités. Soit augmenter la pression pour que l'eau pousse vers la sortie cette boule de terre. Soit appuyer doucement pour faire avancer cet amas et vous en débarrasser. Dans le premier cas, il faudra boire beaucoup d'eau, ce qui permet de diminuer la constipation, tout comme la marche, qui aide à faire progresser le bol alimentaire par les mouvements produits par les muscles.

L'autre option est de pratiquer un automassage du ventre. Je vous conseille de le faire seul dans un lieu calme. Dans un premier temps, allongez-vous. Frottez pendant deux minutes vos mains l'une contre l'autre pour bien les réchauffer. Placez une main sur l'autre et effectuez une série de petits cercles en pivotant le poignet sans bouger les mains. Commencez sur le côté droit du nombril, puis au-dessus et ainsi de suite dans le sens des aiguilles d'une montre.

Le « pet odorant » : le lien avec la santé

Une équipe de scientifiques britanniques a fait une découverte déconcertante. Ils ont mis en évidence des propriétés étonnantes du sulfure d'hydrogène. Il s'agit de ce gaz qui dégage une odeur d'œuf pourri. Il donne aux pets cette odeur si particulière. Ce même gaz aurait des effets protecteurs sur de nombreuses maladies comme les cancers. Peut-être existe-t-il un lien avec certains aliments réputés générateurs de gaz intestinaux, comme les choux, les brocolis, l'ail, les oignons, lesquels auraient ainsi un rôle de prévention au niveau des cancers intestinaux ? Les fibres de ces aliments sont connues pour participer à cette protection, mais ces gaz joueraient-ils un rôle complémentaire à leur manière ?

Les chercheurs ont découvert que lorsque les cellules sont stressées par la maladie, elles produisent des enzymes qui génèrent de très petites quantités de sulfure d'hydrogène qui aident à mieux contrôler les phénomènes inflammatoires et leur permettent de rester en vie. Ce gaz agit spécifiquement sur les centrales énergétiques de la cellule (les mitochondries) en les protégeant pour qu'elles maintiennent de façon harmonieuse leur activité. Ce niveau de protection peut s'étendre dans le cadre d'autres pathologies ayant des liens avec l'inflammation, comme les maladies neurodégénératives ou les accidents vasculaires cérébraux. Les gaz intestinaux qui dégagent ces odeurs désagréables ne méritent donc pas leur mauvaise réputation.

Les femmes passent pour des anges. Elles semblent ne jamais émettre de gaz intestinaux. Cela est lié au fait qu'elles agissent avec discrétion pour ne pas être remarquées. C'est un tabou. La réalité est différente. Tout comme les hommes, elles émettent environ 20 gaz par jour. Dans ce domaine, hommes et femmes jouent à égalité. Les variantes proviennent non pas du sexe, mais de l'alimentation. Nous l'avons vu, certains aliments génèrent beaucoup de gaz et d'autres pas. La flore intestinale varie aussi d'une personne à l'autre.

Pour ceux qui souhaitent limiter les quantités émises pour une question de confort et pour avoir un ventre plat, il existe des moyens simples à disposition. Le premier est d'éviter d'avaler de l'air en mangeant. Il faut mâcher le plus possible la bouche fermée. Parler ou manger, il faut choisir ! Bien mâcher facilite la digestion et augmente le nombre d'enzymes qui diminueront la production de gaz. Il vaut mieux éviter également les boissons gazeuses et de boire avec une paille. De même, mâchonner du chewing-gum fait avaler de l'air pour rien.

Une nutrition adéquate

Début amer pour ventre plat

Nous avons déjà évoqué précédemment l'intérêt de l'amertume sur la satiété. Je vous propose de commencer les repas par une salade amère : endives amères, radis blanc, roquette, trévise avec quelques morceaux de pamplemousse. Trois pulvérisations par aérosol d'huile d'olive, pas de sel et une cuillerée à café de vinaigre de cidre. Le vinaigre de cidre permet d'optimiser l'effet ventre plat en améliorant la qualité du transit. Terminez le repas par un café sans sucre et deux carrés de chocolat à plus de 80 % ou de 100 % si vous voulez un effet plus puissant.

Les légumes qui nous gonflent

Lorsque l'on souhaite perdre du poids, le premier réflexe est de « se mettre au vert ». Le légume symbole de la minceur reste le haricot vert. Sa forme longiligne donne bonne conscience, et l'on se projette symboliquement avec une ligne « haricot vert ». C'est vrai qu'avec 31 calories pour 100 grammes, c'est un bon choix. Il existe cependant un petit bémol. Il faut consommer les haricots verts toujours bien cuits et surtout pas crus ou *al dente*. Après la cuisson, n'oubliez pas de jeter l'eau de cuisson et de bien les rincer. La raison en est simple. Lorsqu'ils sont crus, les haricots blancs, rouges ou verts contiennent un produit toxique appelé la « phasine » qui est une lectine – protéine pouvant être responsable d'inflammation. C'est justement la phasine qui est détruite par la cuisson. Une légère consommation de phasine produit entre autres des troubles digestifs, une inflammation de la muqueuse intestinale avec des nausées et des flatulences. Dans certains cas de consommation de haricots crus, des saignements des intestins ont été observés.

Dans ce contexte, j'attire particulièrement l'attention sur certains légumes qui, consommés crus, comportent des risques pour la santé. Les pommes de terre présentent parfois des taches vertes. Il faut toujours les enlever largement avec un couteau. Ces taches vertes sont en fait de la solanine, qui est toxique. Elle provoque des troubles digestifs et des spasmes. Prenez l'habitude de bien cuire les pommes de terre. La solanine se trouve également dans d'autres aliments crus, par exemple dans les tomates, dont il faudra toujours enlever le pédoncule. De même, évitez de manger des tomates encore vertes, qui contiennent également ce toxique. Je souligne pour les mêmes raisons qu'il ne faut pas mettre au menu les aubergines crues. Dans tous les cas, la cuisson détruira la solanine.

Pour avoir un ventre bien plat, le principe est simple : il faut qu'il y ait « le moins de cuisson possible à l'intérieur du corps ». Je m'explique. Quand vous faites cuire des aliments, vous observerez des odeurs, des vapeurs dans la cuisine. Dans les casseroles, vous trouverez aussi certains déchets provenant des produits. C'est normal et c'est mieux que cela se passe à l'extérieur de votre corps qu'à l'intérieur. Si les aliments sont bien cuits, ils sont prêts à être digérés avec harmonie. Ils passeront facilement dans l'organisme, sans émissions de gaz lors de la digestion. Si vous prenez la précaution de bien mâcher, les enzymes augmenteront encore la facilité du transit.

Pour obtenir un ventre plat, passez donc avant tout les légumes à la casserole, vos intestins vous remercieront. Et en ajoutant quelques gouttes de vinaigre, ce sera la perfection !

Les bonnes recettes pour le « perfect »

Les mêmes aliments ne produisent pas les mêmes effets sur le transit. Leur nature, leur degré de maturité et les modalités de leur préparation changent tout. Certains se marient bien entre eux, d'autres pas du tout. Si les aliments sont bien choisis, associés et cuisinés, la digestion est harmonieuse, le ventre plat et les selles parfaites.

Une digestion qui se passe bien, c'est une digestion où l'on n'a justement pas la sensation de digérer. On se sent léger et en forme. Pas de ballonnement et de ventre qui gonfle, aucun inconfort digestif. C'est le bien-être et la sérénité.

Les selles parfaites, nommées par certains comme le « perfect », se définissent comme étant bien moulées, non graisseuses, et qui sortent sans effort. Le rectum se vide complètement et naturellement. La quantité de papier nécessaire se résume à une feuille pour s'essuyer. Le sillon interfessier reste propre. Il n'y a pas de mauvaises odeurs au moment de la défécation.

Ce que le sujet perçoit de sa digestion, les troubles intestinaux et l'état des selles sont à l'image de ce que l'estomac a contenu des heures plus tôt. Imaginez l'estomac comme une marmite qui cuisine à feu doux, à 37 degrés Celsius, avec des acides et enzymes qui seraient ajoutés comme des épices. Tous les aliments se mélangent entre eux et vont constituer une « recette » qui transitera dans les intestins pendant des heures pour mijoter davantage et se transformer encore. C'est comme en chimie. Deux éléments mélangés entre eux peuvent donner des réactions qui dégagent des gaz, d'autres éléments restent inertes. Il faut donc bien choisir.

– Les aliments qui favorisent le transit

Certains aliments sont très bien conçus pour le transit. Prenons par exemple les crucifères comme les feuilles de chou cuites. Les fibres constituent le squelette du légume et ne seront pas solubles. Pour se représenter leurs effets, il faut considérer que les selles sont comme préalablement placées dans des « papillotes de feuilles de chou » qui leur donneraient leur structure, leur consistance et leur facilité d'évacuation. Les selles sont ainsi comme enveloppées par ces fibres générant de nombreux bienfaits. Les graisses seront moins absorbées par les intestins et une moindre quantité passera dans le sang, ce qui contribuera à faire baisser naturellement le cholestérol et les calories assimilées. De plus, les fibres accélèrent le transit. Moins le temps de contact avec les parois de l'intestin est long, plus les risques de cancers diminuent. L'explication est rationnelle. De nombreux aliments contiennent des substances cancérigènes : par exemple, des aliments qui ont brûlé sur les côtés – comme une pizza, ou une viande qui possède une croûte noire, riche en benzopyrènes cancérigènes. Les aliments chargés en pesticides présentent également un risque non négligeable. Plus les choses se passent vite, plus les risques s'amenuisent. C'est comme l'exposition au soleil. Courte, elle est sans danger pour la santé, mais prolongée pendant des heures chaque jour, les risques de mélanomes augmentent.

Les fibres sont excellentes pour la santé. Une alimentation quotidienne riche en fibres diminue de 22 % la mortalité. Les fibres alimentaires contribuent à réduire la pression artérielle, le sucre dans le sang et les inflammations.

Les crucifères ne se limitent pas au chou vert. Il y a aussi les choux de Bruxelles, le chou-rave, le chou-fleur (qui peut d'ailleurs servir de pâte à pizza), le brocoli, le navet, le rutabaga, le kale… : cette variété permet de diversifier les menus. Pour profiter au mieux de leurs bienfaits, il faut éviter de les faire bouillir. L'ébullition prolongée désactive le potentiel nutritionnel. Optez plutôt pour la cuisson vapeur ou bien à la poêle, voire au micro-ondes pour ceux qui sont pressés.

Le « chouchou » du ventre plat : la choucroute

Je parle de la choucroute en tant que légume, autrement dit du chou, pas de la choucroute accompagnée de charcuteries. Contrairement aux idées reçues, c'est un aliment minceur, avec seulement 19 calories pour 100 grammes, soit, pour une portion de 250 grammes, l'équivalent d'une pomme. Elle a une forte teneur en fibres et elle est riche en vitamines C et A, en calcium et en magnésium. Elle génère une très bonne satiété et évite les grignotages en journée.

Mais son intérêt ne s'arrête pas là. C'est un aliment probiotique qui contient le cocktail idéal des meilleurs *lactobacillus*. Les lactobacilles liés à la fermentation de ce légume permettent de rééquilibrer la flore intestinale de façon harmonieuse. Une bonne flore est synonyme d'une réduction drastique des gaz intestinaux. La choucroute a un double effet : les fibres pour accélérer le transit et lutter contre la constipation, et l'effet probiotique pour une excellente flore intestinale. Si, en plus, elle aide à perdre du poids sans avoir faim, il ne faut pas hésiter à la mettre au menu. Préférez-la fraîche pour bénéficier au mieux de l'effet probiotique.

– *Retrouver son assiette intacte au fond de la cuvette des toilettes*

Il y a des aliments qui peuvent se retrouver intacts au fond de la cuvette des toilettes, comme si le menu était servi sur la porcelaine. Certains aliments en particulier sont plus fréquemment retrouvés comme s'ils n'avaient pas été digérés. Par exemple : les grains de maïs, les carottes, le poivron rouge, les cacahuètes, les feuilles de salade... Il ne faut pas s'en inquiéter. En pratique, c'est souvent la résultante de produits qui n'ont pas été assez mâchés au moment des repas.

Les aliments en question sont riches en fibres. S'ils ressortent intacts, c'est qu'effectivement « nous n'avons pas absorbé ces

71

aliments », comme si nous n'avions rien mangé et, par voie de conséquence, pas pris une seule calorie. Il s'agit d'une preuve de l'efficacité des fibres alimentaires pour diminuer l'absorption des graisses et des calories et permettant ainsi un bon transit. Les fibres des légumes forment un maillage qui entoure le bol alimentaire qui progresse dans les intestins, réduisant ainsi le passage des graisses dans le sang.

– Des selles différentes avec le même aliment

Le riz

Le riz blanc peut constiper, le riz brun favorise un bon transit, car il est riche en fibres. L'autre avantage du riz complet est son index glycémique, qui est de 50, contre 70 pour le riz blanc. En pratique, cela signifie que le sucre dans le sang sera plus bas avec le riz brun, ce qui est meilleur pour la santé, surtout lorsque l'on sait que dans l'organisme les sucres se transforment en graisses.

Les carottes

Les carottes cuites favorisent la constipation, les carottes crues ont l'effet inverse. Grâce à leurs fibres, les carottes crues vont mieux structurer le bol alimentaire, ce qui sera à l'origine de selles bien faites. Les carottes donnent aux selles une coloration presque orangée.

La banane

La banane verte constipe, la banane très mûre est un laxatif...

Se taper le ventre après le repas

Avez-vous observé ce réflexe de nombreuses personnes de se tapoter le ventre après un repas copieux ? Cela ressemble à de petites tapes amicales sur le flanc pour montrer sa satisfaction et sa bonne humeur. Ce rituel est souvent accompagné d'une phrase du type : « Ah, qu'est-ce qu'on a bien mangé ! »

Il s'agit d'un réflexe qui correspond en fait à un support physiologique. C'est comme si l'on invitait le tube digestif, distendu, à se libérer plus rapidement de ces gaz qui font pression et produisent un certain inconfort. Si l'on veut être plus efficace que ces petites tapes et éliminer plus vite les gaz, je recommande une marche digestive d'un quart d'heure, qui aidera le système digestif à mieux se libérer. Dans ce cas précis, il ne s'agit pas d'une marche rapide, car l'énergie est déjà mobilisée pour la digestion, mais d'une marche tranquille pour respirer et mieux digérer.

Vous prendrez bien une petite tisane pour terminer ?

Faites l'essai de clôturer votre repas non pas par un dessert sucré, mais par une tisane particulière. Faites infuser des graines de fenouil pendant cinq minutes avec de l'eau chaude, laissez légèrement refroidir et buvez. Les graines de fenouil ont montré un effet « ventre plat » naturel et sans danger. Cette boisson permet de diminuer les gaz intestinaux générés par la digestion des aliments.

CHAPITRE 2

L'HYGIÈNE QUI CHANGE TOUT

« Le microbe n'est rien, le terrain est tout. »

LOUIS PASTEUR

L'hygiène touche tous les secteurs de notre vie. Notre corps, bien sûr, mais également les aliments que nous mangeons (voir plus haut), notre literie, la façon de nous essuyer aux toilettes, de nettoyer notre maison, etc. Munis des bons réflexes, nous pouvons faire de l'hygiène une véritable protection contre les agressions extérieures.

• TERRAIN À RISQUE : LES TABLES SANS NAPPE

Terrain à risque

Avez-vous remarqué que les nappes en tissu ou en papier des restaurants ont disparu ? Cette tendance s'est effectuée sur la pointe des pieds, sans que l'on s'en aperçoive vraiment. Sous prétexte de paraître moderne, branché ou design, elles ont été souvent remplacées par rien du tout ou au mieux par des sets de table utilisés par tous.

La table passe d'un client à l'autre, en bénéficiant quelquefois d'un coup de torchon pour enlever les miettes. Parfois, la table ou le set ont droit à un coup d'éponge succinct. Ce geste permet de mieux étaler la saleté, car il ne s'agit en aucun cas d'un lavage efficace, mais d'un geste symbolique pour faire croire à un semblant de propreté. Observez l'état de l'éponge et vous aurez compris qu'elle représente le parfait vecteur pour transporter les microbes de table en table, donc d'une personne à l'autre.

La table, c'est le lieu où nous mettons à la bouche puis à l'intérieur de notre corps ce qui est à l'extérieur, autrement dit les aliments. En parlant, certains envoient sur la table leurs postillons, qui, en période de grippe ou de gastro-entérite, sont chargés de virus. De plus, comme une personne sur deux ne se lave pas les mains en sortant des toilettes, vous imaginez le taudis bactériologique qui se développe sur la table des restaurants. Sur ces tables se trouvent le couteau, la fourchette, la cuillère et le pain, qui reposent sur une surface à la propreté parfois douteuse. Certains aliments comme les frites se mangent avec les doigts, qui au préalable étaient posés naturellement sur la table. Les microbes des personnes qui ont pris leur repas avant vous se retrouvent ainsi parachutés directement dans votre estomac.

Bien entendu, vous n'allez pas systématiquement tomber malade, mais en période de grippe ou de gastro-entérite les risques montent en flèche. Les sujets âgés ou les personnes suivant un traitement médical qui diminue leurs réponses immunitaires, par exemple, vont se trouver en première ligne pour attraper des maladies qui auraient pu être évitées. Dans ce cas, on n'est pas malade à cause de ce qu'on nous a servi au restaurant, mais à cause de la façon dont cela nous a été servi.

Je n'aime pas soulever de problème sans proposer de solution. Pour éviter de s'exposer inutilement à une contamination sur ces tables ou ces sets malpropres, il faut agir. Nous avons plusieurs possibilités : soit choisir des restaurants avec nappe en tissu ou en papier, soit nettoyer la table ou le set avec une lingette désinfectante. Ce geste fera certainement réagir le responsable du restaurant en le poussant, je l'espère, à respecter davantage l'hygiène et la santé de ses clients. Autre choix possible : étalez votre serviette sur la table, posez votre assiette, vos couverts et votre pain dessus, et demandez une autre serviette pour vous essuyer la bouche pendant le repas.

Si vous ne faites rien, c'est comme si vous mangiez tous les jours dans une assiette sale. C'est le « sommier » où tous les gens se coucheraient nus avant que vous ne vous y installiez pour passer la nuit...

• L'ÉTUDE CHOC

Il y a un an, j'ai rencontré le Pr Michèle Valette, chef du service de microbiologie du prestigieux Institut Pasteur de Lille. Il s'agit d'un centre de référence, reconnu au niveau international pour ses très hautes compétences dans la lutte contre les bactéries et les virus. Cette équipe est à la pointe de ce qui se fait dans la recherche en prévention des maladies infectieuses.

Nous attendions qu'une table se libère pour déjeuner dans un restaurant parisien. Les clients en étaient au café, ils demandaient l'addition et se levaient. On nous fit signe que la table était libre et que l'on pouvait s'asseoir, après que le serveur eut enlevé d'un vague coup de torchon les miettes de pain qui restaient. Pas de nappe, ni en papier ni en tissu, un set de table douteux où se trouvaient désormais nos couverts. Nous nous sommes regardés et avons pensé à la même chose. Six mois plus tard, la première étude sur ce sujet jamais réalisée au monde voyait le jour.

Voici la méthodologie : des prélèvements bactériologiques de surface ont été réalisés sur des tables de restaurants en cours de service. Les bactéries recherchées étaient la flore totale et les entérobactéries (au moyen de milieux de culture spécifiques). Les entérobactéries sont des bactéries présentes dans l'intestin de l'homme et qui sous leur forme pathologique, peuvent provoquer des infections sévères (fièvre typhoïde, dysenterie, gastro-entérites, peste...). Les prélèvements ont été réalisés sur 46 tables de restaurants parisiens, en septembre 2016 (hors période épidémique).

Les résultats ont été répartis en catégories selon la quantité de bactéries trouvées par gélose (UFC/11,6 cm²). La gélose est un suc gélatineux utilisé par les scientifiques pour mesurer le niveau de prolifération des bactéries (c'est un milieu de culture).

S'il est normal de trouver des bactéries sur toute surface en contact avec des personnes, la présence d'entérobactéries est révélatrice d'un défaut d'hygiène, puisqu'il s'agit de bactéries d'origine fécale. En effet, ces micro-organismes, provenant du tube digestif de l'homme ou de l'animal, sont susceptibles de proliférer dans les fèces (selles). Des entérobactéries ont été retrouvées sur environ la moitié des tables de restaurants, et 15 % des tables échantillonnées présentaient une forte contamination (supérieure à 100 UFC/11,6 cm²).

L'origine de ces contaminations est très probablement humaine plutôt qu'alimentaire. Les entérobactéries, qui représentent un indicateur du niveau d'hygiène, peuvent indiquer qu'un risque existe dans le cas où ces bactéries entreraient dans la bouche (*via* les mains ou les couverts).

• LES DENTS SAINES : LE PREMIER BOUCLIER CONTRE LES MALADIES

Se brosser les dents avec soin après chaque repas et consulter régulièrement son dentiste sont essentiels pour être en bonne santé. Nos dents peuvent aider à nous défendre, mais peuvent aussi nous attaquer si l'on ne prend pas soin d'elles.

Contre-attaquer les bactéries

Certaines bactéries présentes dans la bouche en cas de mauvaise hygiène bucco-dentaire peuvent être un facteur de risque du cancer du pancréas. Les scientifiques ont mis en évidence la corrélation entre les infections des gencives – parodontie et gingivite – et le cancer du pancréas. Des facteurs de risque avaient déjà été mis en évidence dans le cancer de la prostate et les maladies cardio-vasculaires, mais, plus récemment, les preuves s'orientent vers d'autres pathologies, comme la maladie d'Alzheimer.

Les dents mal entretenues peuvent parachuter des bactéries nocives sur de nombreux organes, créant des états inflammatoires chroniques. Quand on sait que l'inflammation fait le lit du cancer, on comprend le pouvoir potentiel de nuisance des dents mal entretenues.

Les dents peuvent vous rendre de nombreux services pour « détoxifier » certains aliments. Si vous mangez une pomme avec la peau et que vous n'avez pas de couteau sous la main, servez-vous de vos dents pour la recracher. En vous débarrassant de la peau, vous éliminerez 90 % des pesticides. Quand on sait qu'il peut y avoir sur une pomme jusqu'à 36 traitements de pesticides, cela donne envie de défendre sa vie à coups de dents !

De même, si vous trouvez des taches marron sur votre pomme, éliminez-les, car il s'agit de patuline, qui est un cancérigène.

Enfin, essayez d'aller chez le dentiste en couple. Cela évite de faire du ping-pong avec les microbes lors des baisers si l'un a des dents saines et l'autre pas. Une bonne hygiène bucco-dentaire à deux, c'est mieux pour la santé et pour une bonne haleine.

Une brosse à dents au poil

La mission de la brosse à dents est de chasser les microbes et de faire le grand ménage au niveau des dents. Imaginez que cette brosse apporte à l'inverse des millions de bactéries, de virus ou de champignons dans votre bouche : elle deviendrait inutile. C'est pourquoi je souhaite vous donner les éléments pour passer le « permis de conduire » de la brosse à dents...

Une brosse à dents peut contenir jusqu'à dix millions de bactéries (dont des *Escherichia coli*, des staphylocoques...) avant chaque utilisation. Des scientifiques ont réussi à comprendre comment des brosses à dents pouvaient mettre dans la bouche ces millions de microbes chaque jour. Parfois, une diarrhée survient dont on ne comprend pas l'origine : « Ce n'est pas ce que j'ai mangé, cela avait l'air frais... » Eh bien, la coupable peut aussi être la brosse à dents ! Lorsqu'elle est rangée dans la salle de bains à proximité des toilettes ou du lavabo, elle recueille, par effet aérosol avec la pression de l'eau, les microbes des selles qui se trouvent dans les W-C ou les bactéries du lavabo. Ayez donc comme premier réflexe de toujours placer la brosse à dents à distance du lavabo et des toilettes. Évitez d'utiliser une protection en plastique pour la tête de la brosse. Les germes vont macérer dans une atmosphère humide et se multiplier pour envahir ensuite plus nombreux votre bouche. Il faut également éviter les contaminations croisées en famille. Si toutes les brosses sont logées dans le même verre, les germes feront du saute-mouton d'une brosse à l'autre. Si l'un est malade, il est inutile que toute la famille le soit. Il faut savoir qu'un microbe peut rendre l'un malade et l'autre non. C'est le cas des porteurs sains. Chaque membre de la famille doit disposer de son propre dentifrice. Il a été noté des transferts de germes lorsque le tube touche les poils de la brosse. Le tube de dentifrice sert alors de vecteur de bactéries. Après usage, je recommande de faire tremper les poils de la brosse dans un liquide rince-bouche pour la nettoyer. Ensuite, vous pouvez utiliser une serviette jetable pour bien la sécher. Certains utilisent le lave-vaisselle, qui est une solution efficace. Enfin, pensez à la changer au minimum tous les trois mois et après chaque infection.

• VAUT-IL MIEUX SE LAVER LES MAINS AVANT OU APRÈS ÊTRE ALLÉ AUX TOILETTES ?

La malpropreté est là où on ne l'attend pas

Laisseriez-vous quelqu'un d'inconnu toucher votre sexe avec des mains sales ? Dans ce cas précis, l'inconnu, c'est vous. Vous êtes à la fois le bourreau et la victime par méconnaissance.

Une étude scientifique réalisée en août 2016 fait la lumière sur les risques microbiologiques associés aux surfaces touchées dans les toilettes avant d'avoir uriné. Elle a été réalisée par le Pr Michèle Vialette, chef du service de sécurité microbiologique à l'Institut Pasteur de Lille.

• L'ÉTUDE SCIENTIFIQUE DE RÉFÉRENCE

Lors d'un passage dans des toilettes publiques, l'utilisateur est amené à toucher diverses surfaces avant ses parties génitales. L'objectif de l'étude consiste à déterminer la charge microbiologique de ces surfaces afin d'évaluer le risque engendré par des bactéries ou des levures pouvant être responsables d'infections génitales, dermatologiques ou urinaires.

Matériels et méthodes

Les surfaces étudiées correspondent à des endroits que l'utilisateur des toilettes touche avant de faire ses besoins, mais pas après :
• poignée extérieure de la porte du local toilettes ;
• interrupteur du local toilettes ;
• poignée extérieure ou battant de la porte du cabinet.
Deux types de micro-organismes ont été ciblés :
• levure *Candida albicans*, responsable d'infections dermatologiques ;
• entérobactéries (telles qu'*Escherichia coli*, *Klebsiella*, *Proteus*…), responsables d'infections urinaires.
Le prélèvement des micro-organismes s'est fait par lames gélosées, présentant une face spécifique ne permettant que la croissance de germes cibles (entérobactéries ou levures/moisissures). Une application de quelques secondes sur la surface à tester a permis le prélèvement microbien. Les lames ont ensuite été incubées à 37 degrés Celsius (entérobactéries) ou 22,5 degrés Celsius (levures).

Résultats

Une campagne de prélèvements a été réalisée en août 2016 dans des toilettes d'aires de repos sur des autoroutes : 176 échantillons ont été prélevés, dont 89 % sur des poignées extérieures de portes de cabinet, 7 % sur des poignées extérieures de portes de local W-C (dans le cas où il y avait plusieurs cabinets par local W-C), le reste provenant de surfaces diverses (interrupteurs, battants de porte…) ; 52 % provenaient de toilettes pour femmes, 30 % de toilettes pour hommes et 18 % de locaux mixtes.

Sur les 176 échantillons, 26 présentaient une contamination à entérobactéries, soit 15 %. Un calcul d'intervalle de confiance à 95 % indique ainsi que la proportion de toilettes contaminées par entérobactéries doit être comprise entre 9,5 % et 20 %.

Concernant les levures, 5 échantillons positifs sur 176 ont été trouvés, soit 2,8 %. La proportion de toilettes contaminées par levures est donc comprise entre 0 et 5 %. Parmi ces levures, aucune *Candida albicans* n'a été identifiée.

Conclusion

Des entérobactéries ont été retrouvées dans des prélèvements réalisés hors période épidémique de gastro-entérite, indiquant que de 10 à 20 % des poignées de portes de toilettes publiques sont susceptibles d'être contaminées par ces germes, qui peuvent être pathogènes pour l'homme.

De même, la présence et la survie de levures sur les surfaces inertes des toilettes publiques susceptibles d'être touchées avant contact génital ont été mises en évidence, même si cette campagne de prélèvements n'a pas permis d'identifier spécifiquement de contamination par *Candida albicans*.

C'est mieux avant

Il est classique de se laver les mains après avoir uriné, tant pour les hommes que pour les femmes. Il faut cependant souligner que l'urine est stérile et ne comporte aucun germe, sauf en cas d'infection urinaire. Si, par exemple, un homme ne se lave pas les mains après avoir uriné, le seul risque est de trouver des gouttes d'urine sur sa main. Comme il s'agit d'une sécrétion stérile, il n'y a pas de risque microbien reconnu, « même s'il plonge sa main dans un bol de cacahuètes après ». Il s'agit juste d'un automatisme de bienséance que de se laver les mains après.

En revanche, se laver les mains *avant* d'aller uriner est un geste sain. En effet, les mains sont de véritables aéroports pour un nombre impressionnant de microbes, bactéries, champignons et virus. C'est par l'intermédiaire des mains sales que se font de très nombreuses contaminations, tant digestives que respiratoires ou cutanées.

Imaginez que votre main a été en contact avec des surfaces souillées et des mains serrées douteuses. Elle va se trouver en contact direct avec vos parties génitales. La main sale peut ainsi transmettre des maladies de peau directement sur ces parties. Il peut s'agir aussi d'autocontaminations. Même si cela est rare, le virus d'un herpès buccal ou de verrues peut passer par les mains, qui servent de pont vers les organes génitaux.

Lors de contaminations par des microbes responsables d'infections sexuelles, et lorsqu'il n'y a pas de lien avec des rapports intimes, beaucoup accusent à tort la lunette des toilettes. En fait, cette dernière n'est pas en cause. Les études ont montré qu'elle est plus propre que votre téléphone portable, vos lunettes ou votre télécommande. En revanche l'infection « manuportée » par des mains sales peut être mise en cause. Il faut souligner que s'il existe une microlésion, même minime, au niveau de la peau des organes génitaux, les risques infectieux augmentent nettement.

Le virus de l'herpès génital en particulier est très contagieux. Il s'agit d'une maladie virale actuellement en recrudescence dans la population. Il touche les hommes et les femmes et, une fois contaminé, on n'est jamais complètement guéri. Il faudra le « traîner toute sa vie », avec des périodes d'accalmie et de poussées. Les traitements médicaux permettent de diminuer la fréquence des récidives, mais n'éliminent pas le virus.

En conclusion, il est nécessaire de se laver les mains *avant* et après avoir uriné, car nous touchons des surfaces infectées par de nombreuses bactéries : poignées de porte, chasse d'eau, robinet, poussoir à savon...

Petits conseils du « bien aller aux toilettes »

Pour les hommes
Il est classique, en allant aux toilettes pour uriner, de relever la lunette pour éviter que des gouttes tombent à la fin de la miction. D'ailleurs, le fait d'oublier de la rabattre agace souvent les femmes ! Faisons maintenant un gros plan sur un petit détail. En relevant la lunette, vous êtes obligé d'utiliser une main et de poser les doigts en dessous. La partie inférieure de la lunette est souvent la plus sale. Elle est rarement nettoyée, et se trouve être un véritable nid à microbes, à l'inverse de la partie extérieure.
Après avoir relevé la lunette avec la main, vous allez tenir votre pénis pendant la miction. C'est un mode de contamination potentielle : vos doigts transfèrent les germes vers votre verge. Pour éviter ce facteur de risque inutile, je recommande d'utiliser une main pour relever la cuvette (la gauche, par exemple), et l'autre (la droite, donc) pour tenir votre pénis.
Ce rituel évite de se contaminer avec les microbes des autres.
Cela est important, car en cas de décalottage avant d'uriner les doigts sont en contact avec une zone plus vulnérable au

niveau du gland, propice au développement des infections, la peau étant plus fine et sensible.

Pour ceux qui s'assoient sur le trône, il existe souvent un geste réflexe : celui de placer une main « en coquille » sur la verge pour éviter que celle-ci n'entre en contact avec l'intérieur de la cuvette. Une raison de plus pour se laver les mains avant d'aller aux toilettes.

Pour les femmes

Pensez à vous laver les mains avant de changer de tampon ou de serviette hygiénique. Pour celles qui utilisent des protections contre les petites fuites urinaires, je fais la même recommandation. En effet, vos doigts, s'ils sont sales, entrent en contact avec les parties intimes et risquent d'entraîner la multiplication des colonies microbiennes. Les doigts deviennent comme des écouvillons qui serviraient à ensemencer des milieux de culture dans des boîtes de Petri.

C'est un bon réflexe d'hygiène pour éviter d'attraper des vaginites. Dans cet esprit, je conseille toujours aux couples de se laver les mains avant un rapport sexuel. Cela évite de transporter des germes de l'extérieur jusque dans les parties les plus intimes.

• SE LAVER DANS LES RECOINS

Faites-vous « goshi-goshi »

Dans toutes les salles de bains japonaises, vous trouverez un objet qui ressemble à un long filet que les Japonais enduisent de savon pour se laver le dos. Cet instrument, appelé *goshi-goshi*, permet une excellente hygiène du dos et il est plus facile à manier que notre brosse à dos. Il faut juste penser à le mettre ensuite au sale comme un gant de toilette, car s'il traîne humide dans la douche toute la journée, ce « filet de propreté » peut devenir une vraie réserve à microbes. Si vous ne pouvez pas faire *goshi-goshi*, je vous propose une autre solution. Savonnez le dos de vos mains, et, lavez-vous le dos avec cette partie de la main. Cela devient plus facile de rendre votre dos « nickel ».

Le nombril, nid à microbes

Mettez votre index dans votre nombril et respirez votre doigt. L'odeur est flagrante : cela sent mauvais. Le nombril est l'endroit idéal pour constituer un repère de microbes. Ce petit trou peu accessible et bien à l'abri du gant de toilette peut recueillir quelques gouttes d'humidité pour assurer la croissance des bactéries. C'est un vrai bouillon de culture ! Ce zoo contient des centaines de bactéries différentes prêtes à sortir de leur tanière pour coloniser d'autres territoires du corps. Cette réserve ne fait en moyenne que 2 centimètres de diamètre mais contient une très forte densité microbienne.

La façon la plus efficace pour effectuer un bon nettoyage du nombril est d'utiliser un Coton-Tige. Appliquez un peu de gel douche dessus, nettoyez, rincez et n'oubliez pas de sécher. Offrez au moins une fois par semaine ce geste d'hygiène à votre nombril.

• DOUCHE AMÉNAGÉE, C'EST LE PIED !

Les espaces entre les doigts de pied doivent être savonnés, rincés et bien séchés, et ce tous les jours. L'espace interdigital est le lieu de prédilection des bactéries et des champignons. Oublier de les laver, c'est prendre le risque, outre la mauvaise odeur, que les pieds développent des champignons. Séchez également bien les orteils pour ôter toute humidité et ainsi éviter les risques de mycoses.

Ne culpabilisez pas. En pratique, rares sont les personnes qui le font correctement. C'est normal. Il faut tenir sur une jambe en équilibre, sur le sol de la douche recouvert d'eau savonneuse. Il y a de quoi tomber et se faire mal. En fait, tomber dans la salle de bains se produit plus souvent qu'on ne le pense. Au niveau mondial, les chutes représentent la deuxième cause de décès accidentel. Pour les seniors, 81 % des chutes se produisent à domicile, dont 46 % dans la salle de bains.

Je conseille de mettre dans la douche un tabouret pour s'asseoir. Vous trouverez facilement un modèle qui supporte l'eau et le savon sans se détériorer. Cet objet est essentiel pour avoir une bonne hygiène quotidienne et éviter bien des désagréments. Imaginez un magasin de chaussures où vous devriez essayer les modèles sans pouvoir vous asseoir. Ce serait tellement désagréable et difficile que vous laisseriez tomber, vous ressortiriez sans avoir acheté la moindre paire. En vous asseyant dans la douche, vous pourrez vous laver les pieds dans des conditions idéales, sans le moindre stress et en toute sérénité. Vous pourrez même prendre le temps, lors d'un shampooing, de vous faire un petit massage du crâne pour bien vous détendre.

Faut-il prendre une douche tous les jours ?

Bien sûr, cela dépend des circonstances. S'il fait très chaud, si l'on a beaucoup transpiré, la douche s'impose comme une évidence. Mais il y a le quotidien : faut-il inscrire la douche dans un rituel ou se contenter d'une toilette uniquement des endroits intimes, des aisselles, des mains et des pieds avec un gant de toilette ?

Il existe un film lipidique et une flore bactérienne à la surface de la peau qui ont une action protectrice : la couche cornée. La douche trop fréquente risque de provoquer des irritations et de déséquilibrer la flore. Prendre une douche une fois par jour est un juste équilibre entre hygiène et protection de la couche cornée, laquelle peut être décapée à force de lavages trop fréquents.

Petit conseil pour la salle de bains

N'entrez jamais dans votre salle de bains avec vos chaussures portées à l'extérieur. Lorsque vous marcherez ensuite pieds nus, vous vous contaminerez entre autres avec les microbes de crottes de chiens et autres microbes récoltés de la rue. Une fois au lit, vous ensemencerez vos draps...

• BIEN S'ESSUYER

Nous allons aborder un sujet intime et tabou, dont on n'ose jamais parler, car « cela ne se fait pas ». En tant que médecin, je n'ai justement aucun tabou quand la santé peut être en jeu. Il s'agit du fait de bien s'essuyer les fesses après avoir été à la selle. Si le sujet peut paraître rebutant, il est néanmoins très utile de posséder quelques notions.

Papier ou pas papier ?

S'essuyer les fesses avec du papier ne fait pas l'unanimité dans le monde. De nombreux pays optent pour la toilette du siège avec un petit jet d'eau qui se trouve à proximité du trône, d'autres préfèrent le bidet. En dehors de la dimension écologique, quelle est la meilleure solution en termes d'hygiène ?

Imaginez que vous déposiez des matières fécales sur votre bras. Vous décidez de les enlever en frottant avec du papier hygiénique. Vous n'avez pas utilisé d'eau ou de savon. Quand vous avez terminé ce nettoyage, approchez-vous. Votre bras sent très mauvais, et si vous vous approchiez encore plus près avec un microscope, vous découvririez une armée de microbes. Vous en conviendrez, cela n'est pas hygiénique, surtout si cela doit rester toute la journée.

La peau qui se trouve dans les régions autour de l'anus ou près de la vulve féminine est très sensible. Elle est fine comme le revêtement cutané qui se situe sous les yeux ou sur les lèvres. De plus, elle se trouve en jonction avec des muqueuses internes très fragiles et vulnérables : la partie interne de l'anus et du rectum, tout comme le vagin.

C'est une question de bon sens : si vous frottez plusieurs fois avec un simple mouchoir en papier ces zones sensibles, vous aurez très vite une rougeur et une irritation. Voilà ce qui se passe quand vous vous essuyez les fesses avec du papier après être allé à la selle, ou après avoir uriné si vous êtes une femme.

Il faut souligner qu'il existe des grandes variations concernant l'émission des selles dans la population. La normale se situe entre trois fois par jour et trois fois par semaine. Donc, pour beaucoup, aucune raison de s'inquiéter.

Le fait de frotter avec du papier n'enlève pas les matières fécales qui se trouvent dans le sillon interfessier. Les frictions répétées créent à la longue des microfissures sur cette peau délicate et servent ainsi de portes d'entrée aux bactéries et virus vers l'intérieur de l'organisme. Le risque, c'est l'intertrigo du sillon interfessier. Il s'agit d'une infection de la peau de cette zone qui se traduit par des rougeurs plus ou moins visibles, parfois des démangeaisons, une sensation légère de brûlure ou d'inconfort. Les brèches issues des frottements répétés deviennent un repère pour les microbes comme des staphylocoques, colibacilles, streptocoques ou des champignons, dont le *Candida*. Au fil de la journée, la transpiration dans le sillon interfessier provoque une macération qui sert de véritable bouillon de culture. Le manque d'aération aggrave la situation. Les germes ont alors tout ce qu'il faut pour croître et se multiplier : de l'humidité, de la chaleur et du temps. Les sous-vêtements et les vêtements serrés ainsi que les périodes d'été ne font qu'augmenter ces risques. La zone inflammatoire peut générer des maladies de voisinage, en particulier des infections vaginales ou urinaires et des infections de la région anale pouvant devenir un facteur de risque des fissures anales. Les femmes, utilisant plus souvent que les hommes le papier hygiénique après avoir uriné, présentent davantage de facteurs de risque. S'il n'y a pas d'autre choix, je recommande plutôt de tamponner que de frotter, et surtout de toujours s'essuyer les fesses de l'avant vers l'arrière, pour ne pas inviter les microbes dans le vagin.

Avoir un sillon interfessier impeccable

En dehors des risques d'infections locales et de voisinage, il faut aussi parler des odeurs désagréables liées à la pullulation microbienne au niveau du sillon interfessier. Cela peut créer des barrières lors des rapports sexuels, car il existe des liens très forts entre la sexualité et l'odorat. L'odorat est un stimulant de la sexualité, mais il peut aussi devenir un frein dans certains cas, comme lorsqu'il s'agit des odeurs de la région anale. Le fait d'avoir un intertrigo même modéré génère un environnement peu attrayant pour les rapports intimes. J'ajouterai pour les femmes que si, après avoir pris une douche, vous suspectez d'avoir des odeurs désagréables de la région vaginale, il suffit d'effectuer un test. Après vous être lavé les mains, mettez un doigt dans votre vagin et sentez-le. Si vous constatez des odeurs désagréables, lavez-vous les mains et consultez votre médecin traitant. Certaines odeurs du vagin sont révélatrices d'infections dormantes, comme une odeur de poisson, qui peut signaler une candidose vaginale. Il est important de traiter les infections vaginales, car, à la longue, les états inflammatoires augmentent la fragilité de la muqueuse et sa vulnérabilité. Je rappelle qu'il ne faut pas utiliser de savon ou de liquide antiseptique dans le vagin sans prescription de son médecin. Cela brise l'équilibre de la flore et on arrive à l'effet inverse, à savoir un terrain qui favorise les infections.

Une découverte surprenante

Le plus surprenant concernant l'hygiène du vagin a été mis en évidence par une équipe de scientifiques américains. Ils ont établi un lien entre les cancers de l'ovaire et la pratique régulière de la douche vaginale. Ils ont constaté que le risque d'être atteinte d'un cancer de l'ovaire était multiplié par deux avec cette pratique. La douche détruit les sécrétions naturelles protectrices, ce qui augmente les infections. Or il se trouve que l'infection fait le lit de l'inflammation et major ainsi les risques de cancers. Il est possible également que des composés chimiques présents dans les liquides utilisés pour ces douches modifient l'équilibre hormonal de l'appareil génital, conduisant à une sensibilité accrue aux cancers génitaux. Des risques de ce type ont été notés avec l'utilisation de talc génital, qui se mélange avec la muqueuse vaginale.
Pour mémoire, dans un autre domaine, 36 bébés sont morts en France, en 1972, à la suite de l'utilisation de talc de la marque Morhange. Ce talc était trop dosé en hexachlorophène, qui est un puissant bactéricide. L'image symbolique du talc, de couleur blanche et d'aspect inerte, est censée apporter de l'hygiène et éviter les irritations. En fait cela montre qu'on ne doit pas se fier à l'aspect extérieur d'un produit pour définir son innocuité. Il faut laisser les défenses naturelles du corps faire leur travail en les préservant le plus possible. Respecter les ressources de notre corps et les préserver, c'est la définition de notre écologie personnelle et de notre développement durable.

Si votre partenaire ou vous-même constatez avec un miroir des zones rouges dans le pli du sillon interfessier, il faut consulter également votre médecin, qui vous prescrira les médicaments adaptés, car une douche avec de l'eau et du savon ne suffira pas à éliminer les rougeurs.

En pratique, comment faire pour avoir toujours un sillon interfessier d'une hygiène irréprochable et qui sent bon, tout en se protégeant des infections de voisinage ?

L'idéal est de pouvoir utiliser de l'eau et du savon pour faire la toilette, ou au minimum de l'eau. Dans cet esprit, de petits jets d'eau se trouvent à côté du trône dans de nombreux pays, comme des minidouches pour faire sa toilette anale. Au Japon, les toilettes sont souvent équipées d'un dispositif qui, pendant que vous êtes assis, pulvérise de l'eau tiède vers l'anus, puis sèche avec une ventilation. Il est en effet essentiel après le lavage de toujours bien sécher le sillon interfessier, car les microbes raffolent de l'humidité.

Dans certains pays persistent les bidets, qui doivent être utilisés uniquement pour la toilette du sillon interfessier, et non pour faire un bain des organes génitaux. Pour désigner les toilettes aux États-Unis, on utilise le mot *bathroom*, ce qui signifie « salle de bains ». J'ai observé que dans les salles de bains des maisons, il y a souvent un siège de toilette, ce qui permet de se nettoyer facilement après avoir fait ses besoins.

Quand il n'y a pas d'eau à proximité, il reste quelques solutions. S'il n'y a que du papier, il ne faut surtout pas s'essuyer les fesses comme un forcené mais avec douceur, pour ne pas abîmer la peau délicate et sensible. Une autre solution consiste en l'utilisation des lingettes pour bébés en emballages individuels, en veillant à toujours bien sécher. Elles aident à faire une toilette en douceur en protégeant la peau fragile du sillon interfessier. Cela peut se révéler utile lorsque l'on n'est pas à la maison. L'idéal est d'adopter une routine pour aller à la selle le matin en partant ou le soir en rentrant. Cela permet de prendre une douche après être passé aux toilettes, ce qui assure une hygiène irréprochable.

Les réponses à 2 questions essentielles

Est-ce qu'il vaut mieux pour un homme uriner debout ou assis ?
Cette question a fait l'objet d'une étude scientifique. Les résultats ont clairement démontré que l'une ou l'autre de ces pratiques n'avait aucune incidence sur la santé. C'est juste une question d'appréciation personnelle.

Est-ce qu'il est préférable de s'essuyer les fesses en position assise ou debout ?
Je recommande la position debout, pour les raisons citées plus haut, mais aussi pour d'autres motifs. Le premier c'est que, en position debout, vous pouvez à la fois observer les selles dans la cuvette et l'aspect du papier. Vous êtes en première ligne pour détecter si quelque chose ne tourne pas rond et qui vous fera consulter votre médecin traitant : une goutte de sang sur le papier, des selles noires ou trop jaunes... Deuxième avantage : éviter l'effet *flush*. La plupart des personnes qui s'essuient en position assise activent la chasse d'eau dans cette même position. La pression de la chasse déclenche un effet aérosol lors duquel les microbes qui étaient dans les selles et dans l'eau se trouvent pulvérisés à la fois sur le sillon interfessier et sur les organes génitaux.

● LE LINGE ET LA LITERIE

Soyez dans de beaux draps

Seriez-vous d'accord pour dormir dans des draps sales là où nombre de personnes inconnues ont dormi avant vous ? Vous trouvez ça écœurant ? Vous avez raison. Échanger des microbes, c'est un peu comme jouer à la roulette russe. Les porteurs sains en sont l'exemple : ils sont porteurs de bactéries comme des staphylocoques et pourtant ils ne présentent aucun problème de santé. Mais une fois qu'ils ont été transmis, celui qui les attrape peut tomber malade.

Nous ne disposons pas tous des mêmes défenses immunitaires. Nous possédons un code génétique différent et unique. Des chercheurs ont même découvert qu'il existait un gène de sensibilité aux salmonelles. Cela permet de comprendre pourquoi il arrive que lorsque deux individus consomment le même plat contaminé, l'un tombe malade, l'autre non.

Cette idée de vous mettre dans des draps sales vous a soulevé le cœur. Vous n'avez pas envie d'exposer votre santé pour rien ! Eh bien sans le savoir, vous faites souvent pire !

Le torchon qui salit tout

La préparation d'un repas avec de la viande crue puis une salade de fruits a servi de modèle pour l'étude suivante. Le Pr Sneed, aux États-Unis, a montré que le torchon utilisé pour la préparation du repas contenait plus de microbes que la poignée du couvercle de la poubelle de la cuisine. L'explication est évidente. Le torchon sert à s'essuyer machinalement les mains en faisant la cuisine pour passer d'une tâche à une autre. Il y a rarement entre les deux un vrai lavage efficace des mains. Résultat, le torchon se transforme en support à microbes qui bénéficie de l'humidité et de la chaleur pour finir en redoutable bouillon de culture qui va contaminer les aliments. Chaque fois que l'on s'essuiera les mains avec, on polluera le prochain aliment en préparation. Ma recommandation est simple : lavez-vous les mains avec soin entre chaque préparation ou utilisez des supports jetables en papier.

• LE MÉNAGE SUR ORDONNANCE

Quand on sait qu'une cuillerée à café de poussière contient 1 000 acariens et 250 000 boulettes de leurs excréments, on comprend l'utilité de bien faire le ménage pour être en bonne santé. D'autant plus que des microdébris de plastique parfois cancérigènes se collent à la poussière et se retrouvent au premier courant d'air en suspension dans l'air pour que nous les respirions à pleins poumons.

Il est essentiel d'aérer chaque jour toutes les pièces de la maison pendant au moins dix minutes. Le renouvellement de l'air élimine des molécules nocives en suspension, comme les benzopyrènes émis par le four ou le grille-pain, ou les nanoparticules émises par les imprimantes laser qui n'ont pas été éteintes après leur fonctionnement.

Il faut aussi penser à aérer les couvertures. Quand c'est possible, sortez votre matelas l'hiver. Les acariens détestent le froid et succombent à 0 degré Celsius.

Nettoyage saveur citron

Pensez à votre four à micro-ondes comme si c'était une boîte sale dans laquelle vous placeriez vos aliments. C'est ce qui se passe si vous ne le nettoyez jamais. Au fil des cuissons, des débris de nourriture se déposent, formant des nids à microbes qui peuvent coloniser les produits frais. Dans d'autres cas, ce sont des miettes de croûtes brûlées qui dégagent des fumées cancérigènes sur les aliments. De même, certains produits ménagers chimiques comportent le risque d'émettre des vapeurs nocives s'ils n'ont pas été assez rincés.

Je propose une méthode efficace pour la toilette du four à micro-ondes. Pressez un citron, mettez-le dans une assiette à dessert et placez-le dans le four à micro-ondes à fond pendant une minute. Ouvrez ensuite la porte et frottez avec un torchon pour finir le nettoyage. Le four est ainsi propre et sain.

Faire le ménage provoque aussitôt une sensation de bien-être. Quand notre intérieur est propre et bien rangé, il est plus facile de réfléchir et de se reposer. Ne remettez pas au lendemain les tâches ménagères ! Au quotidien, consacrez-y environ quinze minutes (éviers, vaisselle, poussière, bazar qui traîne), vous éviterez ainsi l'amoncellement des tâches dans une maison désordonnée.

Petit mémo pour le ménage

Laver ses draps : au minimum une fois par semaine.
Laver ses lavabos, évier, pomme de douche : quotidiennement.
Laver son lave-vaisselle : tous les mois.
Nettoyer ses lunettes : quotidiennement.
Laver sa machine à laver : une à deux fois par an.

Votre santé sans risque

Laver son matelas : tous les six mois.
Laver sa moquette : tous les trois mois.
Nettoyer son ordinateur : quotidiennement.
Laver ses oreillers : tous les six mois.
Laver son réfrigérateur : deux fois par mois.
Nettoyer son téléphone portable : quotidiennement.
Laver ses toilettes : au minimum deux à trois fois par semaine.

CHAPITRE 3

VOUS ÊTES
VOTRE MEILLEUR MÉDECIN

> « Le meilleur moyen de se guérir, c'est encore
> d'agir comme si on était guéri. »

François Hertel

Je ne prescris des médicaments que lorsque je n'ai pas le choix. Mais tant qu'à les mettre sur une ordonnance, autant qu'ils soient le plus efficaces possible.

L'heure de la prise peut permettre dans de nombreux cas une meilleure efficacité et parfois moins d'effets secondaires. Dans les traitements pour l'hypertension artérielle, des études montreraient qu'il vaut mieux les prendre le soir. Ils s'avéreraient d'une plus grande efficacité en réduisant les risques d'accidents cardio-vasculaires. Pour mémoire, le débit sanguin debout se situe autour de 5 litres par minute et allongé autour de 6 litres par minute. Les anti-inflammatoires sont mieux tolérés au moment des repas, car ils deviennent ainsi moins nocifs pour les muqueuses digestives, les aliments formant une sorte d'amortisseur. La prise de cortisone est préférable autour de 8 heures du matin, pour respecter le pic de cortisol, qui se situe à cet horaire.

Je suis très heureux quand le patient ressort sans ordonnance. Car avant de passer par le cabinet du médecin, il existe de nombreuses techniques à pratiquer chez vous et qui peuvent résoudre bien des problèmes de santé.

• Prévenir, c'est guérir

La prévention est un axe essentiel de la médecine. Pouvoir être aux avant-postes de la santé et diagnostiquer au plus tôt une maladie change la rapidité, la durée du traitement et le pronostic. Il est impossible d'aller chaque jour chez le médecin pour effectuer un check-up. Il existe cependant quelqu'un qui peut vous examiner chaque jour et sonner l'alerte au moindre changement suspect. Cette personne, c'est vous.

Prendre un bain de soleil

Le soleil est la principale source de vitamine D, dont le rôle est essentiel, car son déficit augmente les risques de maladies cardio-vasculaires et de cancers, et pourrait également diminuer la libido. Pour savoir si l'on est en manque, une simple prise de sang suffit. En cas de déficit, il existe bien sûr de la vitamine D en pharmacie que votre médecin pourra vous prescrire. Mais sachez qu'avec une exposition de douze minutes par jour, on peut contribuer à recharger sa vitamine D sans prendre de grands risques. Il existe dans le commerce des lampes qui procurent le nombre de lux suffisant et permettent de prendre chez vous un bain de soleil salvateur. Les habitants des pays nordiques les utilisent beaucoup.

Compter les grains de beauté sur le bras

Le mélanome est un cancer de la peau redoutable. Détecté et traité tôt, il est d'excellent pronostic, détecté tard, il peut se révéler par des métastases. Notre moyen d'action pour y échapper reste la protection solaire (par des vêtements, des chapeaux, des crèmes...) et la limitation des expositions prolongées et des coups de soleil. Le nombre de grains de beauté – ou nævus – sur la peau fait partie des facteurs de risque des cancers de la peau, même si seulement de 20 à 40 % des mélanomes se développent à partir de nævus existant.

Des scientifiques anglais ont réalisé une étude sur des milliers de sujets pour connaître le nombre « critique » de grains de beauté qui nécessitait d'être particulièrement vigilant. Ils ont trouvé que plus de 11 grains de beauté sur le bras droit constituait le chiffre d'alerte pour une surveillance accrue. Les médecins ont constaté que chaque grain de beauté supplémentaire sur le corps augmentait de 2 à 4 % le risque de mélanome. Le fait d'avoir plus de 11 grains de beauté sur le bras droit entraîne une probabilité d'en avoir plus de 100 sur le reste du corps. Dans tous les cas, je recommande par sécurité une visite annuelle chez le dermatologue, surtout en cas de facteurs de risque (antécédents familiaux, cheveux roux, passé de brûlures solaires, nombre élevé de grains de beauté).

Pour vous consoler, sachez qu'une étude scientifique a montré que les personnes ayant de nombreux grains de beauté avaient des télomères (morceaux de l'ADN situé aux extrémités de chaque chromosome) plus longs, une meilleure densité osseuse et bénéficiaient d'une espérance de vie augmentée de 7 ans.

Tour du cou trop gros : drapeau rouge

Pour savoir si l'on est maigre, mince, normal, en excès de poids ou obèse, la méthode actuellement la plus connue est le calcul du BMI ou IMC (indice de masse corporelle). Il s'agit de diviser le poids en kilo par la taille en mètre élevé au carré. Il existe une limite à ce calcul. Les muscles étant beaucoup plus lourds que la graisse, une personne très musclée aura un BMI qui peut la classer comme étant en excès de poids, ce qui ne correspond pas à la réalité. Il existe maintenant une approche différente pour mesurer les risques, un nouveau marqueur à la fois de l'obésité et des risques cardio-vasculaires : le tour de cou.

Si vous n'arrivez plus à fermer le col de votre chemise, le risque n'est pas de paraître négligé mais d'augmenter la survenue de nombreuses maladies. En effet, le tour de cou est un marqueur indépendant des risques de maladies cardio-vasculaires, de diabète, d'hypertension artérielle, de baisse du bon cholestérol et d'apnée du sommeil. De nombreuses études internationales ont été réalisées sur ce sujet.

Les chiffres sont les suivants : chez l'enfant de 6 ans, une étude a montré qu'à partir de 28 centimètres, les risques de surcharge pondérale et d'obésité étaient multipliés par 3,6. À l'âge adulte, il apparaît que chez la femme le risque cardio-vasculaire apparaît à partir de 36 centimètres et chez l'homme 39 centimètres. Prenez un mètre et notez votre mesure, vous découvrirez où vous en êtes. Si ce chiffre est élevé, vous constaterez qu'en perdant du poids et en faisant de l'exercice, vous le réduirez.

Non, vous n'aurez pas l'âge de vos artères

La totalité de la longueur des vaisseaux du corps humain dépasse 100 000 kilomètres, soit deux fois et demie le tour de la Terre. Ils sont partout, irriguent chaque millimètre d'organe afin de lui apporter l'oxygène et les nutriments pour son bon fonctionnement. S'ils s'encrassent, le bien-être et la santé sont en jeu. En résumé, il faut que « ça circule », au risque de devenir vieux avant l'âge. Des vaisseaux sanguins de qualité donnent un bel éclat de peau, un teint harmonieux et une élasticité qui fait obstacle aux rides, un cœur d'acier, des facultés cérébrales (intelligence et mémoire performantes), une sexualité harmonieuse. On évite également les varices et les jambes qui gonflent en raison d'un réseau veineux médiocre. Il faut s'y prendre de bonne heure, mais il n'est jamais trop tard pour commencer.

**Plan d'attaque pour garder intact
votre potentiel vasculaire**

1. Choisir quotidiennement les aliments qui protègent les artères et éliminer ceux qui les abîment.
2. Pratiquer chaque jour au minimum trente minutes d'exercice physique pour bien irriguer les organes clés.
3. Réduire et combattre les facteurs aggravant l'usure des artères comme le stress, le tabac, la sédentarité, le manque de vitamine D...
4. S'ouvrir à une sexualité qui mobilise toutes les énergies positives pour se faire vraiment du bien.
5. Dormir de la meilleure façon pour régénérer ses artères, avec la bonne durée et les bonnes positions.
6. Utiliser les techniques de bien-être qui ont fait la preuve de leur efficacité : massage, méditation...

Tous ces efforts en valent la peine, car des artères en parfait état sont aussi un rempart contre l'obésité et assurent une meilleure efficacité des systèmes hormonaux de régulation du poids, qui répondent au quart de tour.

Les effets inattendus de l'exercice physique

Le point commun de tous les exercices physiques réside dans le fait qu'ils permettent de rester longtemps en bonne santé et constituent une barrière efficace contre le vieillissement. Dès l'âge de 30 ans, la masse musculaire diminue spontanément, mais cette perte s'accélère à partir de 50 ans. Un homme ou une femme qui ne pratique pas d'activité physique aura perdu déjà 40 % de sa masse musculaire entre 50 et 70 ans. Ce sont les bras qui montrent en premier cette perte, avec un aspect dit « en chauve-souris » qui n'est pas très esthétique. Les muscles constituent la charpente de l'organisme et participent à sa vitalité. Ils réduisent les risques de fractures et améliorent les capacités respiratoires. Gardez toujours en mémoire que trente minutes d'exercice physique par jour sans s'arrêter (marche rapide, vélo, natation…) baissent de 40 % les risques de cancers, d'Alzheimer et de maladies cardio-vasculaires.

Placez l'activité physique au centre de vos priorités, c'est vital. Votre qualité de vie en dépend. Cela doit devenir une évidence, un réflexe, tout comme le lavage des dents, qui a lieu plusieurs fois par jours, du moins je l'espère…

Attention, danger !

La nature fait bien les choses. Nous disposons en permanence de détecteurs de maladies que nous pouvons contrôler à tout moment. Ce sont des sentinelles qui veillent sur nous pour sonner l'alerte dès qu'une maladie débute. Nous sommes ainsi en première ligne pour prévenir le médecin si quelque chose d'anormal se produit. Il s'agit des ganglions, que l'on nomme en médecine « adénopathie ». Si ces ganglions lymphatiques augmentent de volume, ils peuvent être les premiers signaux d'une maladie infectieuse ou d'un cancer.

Ces ganglions ont une mission : la défense de l'organisme. Ils sont responsables de l'immunité d'un territoire anatomique pour le préserver. Ils assurent une veille immunitaire permanente en activant les lymphocytes – globules blancs qui luttent contre les infections – en cas de besoin.

Une fois par mois, après votre toilette, adoptez ce geste essentiel de dépistage. Contrôlez vos aires ganglionnaires. Les ganglions, si vous en trouvez, se manifestent comme des petites billes. Vous les rechercherez dans différentes parties du corps : sous la mâchoire, dans le cou, sous les aisselles, au-dessus des clavicules, au niveau de l'aine. Il faut chercher systématiquement des deux côtés. Passez du temps pour vous familiariser avec votre corps.

Si vous constatez la présence d'un ganglion, ne paniquez pas pour autant. Votre médecin fera le point. Ce peut être aussi bien une banale dent cariée qui donne un ganglion sous la mâchoire qu'un cancer du sein à l'origine du ganglion. Nous le répétons : plus tôt une maladie est détectée, plus fortes sont les chances de guérison.

• SE SOIGNER AU QUOTIDIEN

Nous l'avons vu, la prévention est un point essentiel de votre santé. Mais pour mettre tous les atouts de votre côté, vous pouvez également régler des problèmes quotidiens sans passer chez le médecin.

Se soigner avec les doigts

Il ne s'agit pas d'acupuncture, mais d'appuyer sur des points anatomiques précis pour déclencher des réactions physiologiques puissantes en vue de soulager une douleur, un inconfort sans avoir recours aux médicaments. La recherche avance dans cette direction et ouvre ainsi de nouvelles perspectives pour la santé.

Disposer d'une pharmacie au bout de ses doigts en sachant où et comment appuyer permet de se sentir moins vulnérable et, dans de nombreux cas, moins tributaire du médecin. Il s'agit de disposer d'une meilleure autonomie et de se sentir plus libre. Les mains peuvent soigner, les mains peuvent sauver. Le meilleur exemple est celui du massage cardiaque, qui permet de redonner la vie en appuyant de façon répétée au bon endroit de la bonne façon. Par des mouvements précis, un bon praticien sait également remettre une épaule luxée dans son articulation.

En dehors de ces cas extrêmes, il existe de nombreux exemples où ces techniques prouvent leur efficacité et leur innocuité. Il s'agit à la fois de points et de mouvements codifiés pour se soigner naturellement.

Les femmes rêvent de ne plus avoir de petites fuites urinaires, les hommes rêvent de ne plus avoir à se lever la nuit pour uriner

J'attache de l'importance à ces petits inconvénients qui à la longue accélèrent l'usure de l'organisme et font vieillir trop vite. Pour les femmes, les fuites urinaires, même modestes, font perdre confiance en soi en obligeant parfois à utiliser une protection spécifique. Ce geste diminue l'assurance et abîme l'image de soi. Savoir que l'on porte une protection urinaire peut jouer sur le moral.

Chez l'homme, la prostate augmente physiologiquement avec l'âge. Elle peut conduire à se lever plusieurs fois par nuit, ce qui casse le rythme du sommeil. Le sommeil réparateur ne se met plus en route et entraîne l'impression d'être fatigué dès le début de la journée.

Comment bien uriner

Premier conseil au féminin. Pour uriner correctement, il ne faut pas se presser. Prenez votre temps. Asseyez-vous confortablement. Souvent, la peur de s'installer sur une lunette de cabinet que l'on ne connaît pas oblige à se tenir en équilibre au-dessus du trône. Cette position empêche de vider correctement la vessie. Rassurez-vous. Les analyses biologiques ont montré que la lunette des toilettes est plus propre que votre téléphone portable. On peut s'asseoir dessus sans risque. Si les toilettes sont chauffées, c'est mieux. Le froid a tendance à contracter. Vous pouvez aussi compléter la fin de miction par un petit massage externe de la vessie pour davantage la stimuler. Au moment où vous pensez avoir fini d'uriner, faites ce test. Mettez-vous debout, mesdames, et restez debout, messieurs. Inspirez lentement et profondément. Pendant ce temps, effectuez des pressions douces sur la vessie vers le haut et vers le bas, puis de petits cercles avec la paume de votre main. Certains sujets réagissent mieux à un léger tapotement en regard de la vessie. Vous constaterez souvent que vous avez encore envie et vous obtiendrez alors une miction supplémentaire. Vérifiez également si certains aliments ou boissons comme l'alcool ou le café renforcent vos désagréments urinaires ou non. Les réactions individuelles sont très différentes d'un sujet à l'autre. Faites le tri. Vous pouvez également essayer de siffler les premières notes d'une chanson lorsque vous urinez et vous serez surpris du résultat. Le sifflement déclenche instantanément la miction en modifiant la pression musculaire externe sur la vessie.

Savoir complètement vider sa vessie

C'est une question de bon sens. La vessie a une capacité pouvant atteindre entre 300 et 500 millilitres. Si vous ne la videz pas en totalité lors des mictions, vous le ferez plus souvent.

Muscler son périnée

Dans l'un de mes précédents livres[1], j'ai insisté sur l'importance de muscler son périnée, tant pour les hommes que pour les femmes.

Le périnée est un muscle situé entre l'anus et le vagin chez la femme, ou l'anus et les bourses chez l'homme. Il doit supporter environ 30 kilos qui sont dans le tronc, et, au bout d'un certain temps, il faiblit. Résultat : chez la femme, de petites fuites urinaires et des orgasmes difficiles à obtenir. Chez l'homme, des érections instables avec un mauvais angle d'érection et un médiocre contrôle de l'éjaculation.

Avoir un périnée en acier

Le périnée est facile à identifier. C'est le petit muscle qui permet d'arrêter une miction en plein milieu. Ensuite, il faut s'entraîner en dehors des mictions à reproduire cette contraction à raison de 20 contractions 2 fois par jour. À chaque contraction, comptez jusqu'à 5. Cela vous prendra trois minutes par jour et les résultats seront au rendez-vous.

---

1. *Prenez votre santé en main !*, Albin Michel, 2014.

Pour compléter ce premier exercice quotidien, et garder un périnée d'acier, je vous propose d'utiliser ce livre autrement. Asseyez-vous confortablement sur une chaise, les pieds posés bien à plat sur le sol. Placez ce livre entre vos genoux et serrez fort pour éviter qu'il ne tombe. Pratiquez 20 contractions de ce type. À chaque contraction, maintenez l'ouvrage en comptant jusqu'à 5 et recommencez. Cet exercice complétera la musculation de vos muscles pelviens de façon naturelle et très efficace.

Au bout de deux mois, vous serez surpris des résultats obtenus. Vous allez rajeunir votre périnée et mieux contrôler vos mictions.

Le fitness de la prostate

Comme nous l'avons vu, la prostate augmente de volume physiologiquement avec l'âge, obligeant souvent les hommes à se lever la nuit pour uriner. Il existe des solutions simples pour diminuer ces réveils nocturnes.

L'éjaculation cause une contraction des muscles autour de la prostate, ce qui favorise ensuite la vidange de la vessie. Cette « gym » possède un autre avantage. De fréquentes éjaculations diminuent la fréquence du cancer de la prostate.

Il est important également d'éviter les stations assises prolongées dans la journée, qui provoquent une pression continue sur la prostate. Je conseille de se lever le plus souvent possible, ne serait-ce que cinq minutes pour se dégourdir les jambes.

Balnéo-prostate

Prendre un bain assez chaud d'environ un quart d'heure le soir permet de relaxer les muscles abdominaux et pelviens et de diminuer ainsi les contraintes extérieures sur la prostate. Autre petit conseil : évitez de porter des sous-vêtements serrés.

Diminuer une douleur par la respiration

Le fait de bloquer quelques secondes la respiration diminue la perception de la douleur. Des scientifiques espagnols ont montré que cette pratique constituait un antidouleur naturel qui peut s'avérer utile, par exemple avant une piqûre. Le fait d'arrêter un bref moment la respiration augmente légèrement la pression artérielle par action sur les récepteurs à la pression qui se situent dans les vaisseaux sanguins. Indirectement, il y aurait une action sur le système nerveux central, qui deviendrait alors moins réactif à la douleur. Donc, retenez votre souffle si vous devez souffrir...

La bonne position

Il est préférable de dormir sur le côté gauche pour éviter les reflux acides. Les personnes qui choisissent cette position ont moins « la gorge qui gratte ». En effet, elle place naturellement l'estomac en position basse par rapport à l'œsophage, ce qui diminue fortement les reflux.

Concernant les problèmes de dos, prenez l'habitude de vous étirer de tout votre long contre un mur le matin, répartissez les charges (courses) dans vos deux mains et tenez-vous droit (ventre rentré, épaules légèrement en arrière). Fléchissez les jambes si vous devez vous baisser pour ramasser un objet à terre ou porter quelque chose.

De façon générale, et comme indiqué plus haut, il est mauvais pour l'organisme de rester en position statique. Si vous devez rester assis ou debout pendant un long moment, faites des pauses régulières en marchant. Cela est excellent pour la santé et, de plus, vous fera faire de l'exercice.

CHAPITRE 4

L'ÉCOLE DU BON SENS

> « Le bon sens, tout le monde en a besoin, peu
> l'ont, et chacun croit l'avoir. »
>
> BENJAMIN FRANKLIN

Je rêve d'ouvrir un jour une école du bon sens destinée à tous. Ce qui est le plus évident n'est pas connu. On se dit que les choses les plus simples n'ont pas besoin d'être apprises. Dans cet esprit, je vous propose de découvrir l'école du bon sens et du bien-être et d'en suivre les cours. Communiquez ce que vous avez appris à votre entourage : vous constaterez que vous ferez beaucoup de bien autour de vous.

• LEÇON NUMÉRO 1 : APPRENDRE À S'ASSEOIR

Imaginez une colonne vertébrale : des disques qui doivent rester alignés en position de repos au risque de coincer des nerfs comme le sciatique. Pour ne pas souffrir, les nerfs ne doivent pas être compressés, sinon on risque les lombalgies à répétition qui empoisonnent la vie.

Pour que la colonne ne se torde pas inutilement, il faut rester assis sans croiser les jambes, bien au fond du siège et les pieds posés sur le sol. Cela génère une sensation de force, de sérénité et de stabilité. Par ailleurs, croiser les jambes favorise les varices. En effet, cela entraîne des compressions des vaisseaux et une stase – stagnation – en amont.

J'ajouterai que, une fois bien assis, il faut penser à se lever régulièrement. En passant huit heures par jour assis, on majore de 15 % le risque de décès et en restant onze heures par jour dans cette même position, on passe à 40 %. Le corps a un besoin vital de mouvement. Il faut se lever régulièrement pour marcher. De même, en voiture, évitez absolument de faire de longs trajets sans effectuer de pause.

Je recommande de placer les genoux un peu au-dessus du niveau des hanches chaque fois que c'est possible. Cette position permettra un meilleur retour veineux et d'avoir des jambes moins gonflées le soir. Pour cela, il suffit d'installer sous son bureau un petit repose-pieds.

Porter un sac en bandoulière un peu lourd provoque des torsions inutiles de la colonne. Le problème est le même pour ceux qui téléphonent en coinçant l'appareil sur leur épaule avec le cou : c'est la porte ouverte aux torticolis.

• Leçon numéro 2 : apprendre à marcher

Avant de marcher, commencez par observer la semelle de vos chaussures. Si vous constatez que l'usure n'est pas la même des deux côtés, vous avez de grandes probabilités de souffrir du dos. Beaucoup de sujets n'ont pas la même longueur de jambes. Pour compenser, ils appuient plus d'un côté et usent davantage le talon ou la semelle de la chaussure concernée, obligeant ainsi la colonne vertébrale à se tordre en pinçant les disques vertébraux. Une simple consultation chez un spécialiste qui vous prescrira des semelles orthopédiques vous permettra de retrouver le bon équilibre. Si vos chaussures neuves vous font mal, n'insistez pas : vous risquez des ampoules et d'adopter de mauvaises positions. Utilisez un sèche-cheveux pour chauffer les zones de vos chaussures qui font mal, afin de distendre le cuir et de ne plus souffrir pour rien. Savoir bien marcher, c'est savoir protéger son dos et ses articulations.

Je recommande de marcher en utilisant les bras comme des balanciers. Le fait de lancer son bras en avant à chaque pas permet de mieux répartir la charge du corps. Allez, on sort les mains des poches !

• LEÇON NUMÉRO 3 : ÉLIMINER LE STRESS
EN RANGEANT

Ranger pour ne pas être dérangé… Il est absolument malsain de vivre toute l'année dans le désordre, il faut commencer par ranger. Ranger sa maison, ses affaires, ses e-mails, ce qui se passe dans sa tête…

Il faut savoir créer des lieux exclusifs où l'on place toujours les objets du quotidien, par automatisme. Un vide-poches fait gagner un temps fou pour les clés, le téléphone portable, les lunettes… C'est reposant et antistress.

Il convient également de se débarrasser de tout ce qui est inutile, pour ne garder que les objets ou les vêtements qui sont nécessaires ou qui font plaisir. Cela augmente l'espace vital et génère moins de poussières dans la maison, par conséquent une meilleure santé.

L'accumulation des affaires personnelles fait perdre de la mobilité et de la liberté, comme un oiseau dont on alourdirait les ailes et qui n'arriverait plus à s'envoler. Donner ce que l'on n'aime plus ou ce qui ne nous sert plus fait du bien. L'altruisme renvoie une image positive de soi-même. Faites cet exercice en offrant la sorbetière de la fête des Mères, par exemple : le vide dans le placard, la poussière en moins et les sourires de celui qui reçoit vous prouveront l'efficacité de votre décision.

• LEÇON NUMÉRO 4 : ATCHOUM SUR L'ÉCRAN

Rester des heures devant son écran d'ordinateur nuit à la santé. Des scientifiques italiens ont montré que passer plus de six heures sur son ordinateur augmente d'un tiers les risques d'attraper un rhume ou une grippe. Le système immunitaire chargé de la défense de l'organisme baisserait la garde, rendant les accros du Web plus vulnérables aux infections. Plusieurs explications sont avancées pour expliquer ce phénomène, qui est actuellement de plus en plus observé. Le fait de se trouver devant l'écran avant de dormir perturbe le sommeil. La lumière bleutée stimule la vigilance et rend l'endormissement plus difficile. Manquer de sommeil contribue à réduire les défenses naturelles de l'organisme. Une autre explication apparaît : la montée du stress hors connexion. Les personnes se sentent stressées de ne plus être « connectées ». Cette anxiété augmente les hormones du stress comme le cortisol, qui affecte la qualité des réponses immunitaires. Une autre donnée a dévoilé que l'usage que l'on fait d'Internet n'influence pas le risque d'attraper une maladie. Les hommes sont plus attirés par les jeux ou les films X, les femmes par le shopping et les réseaux sociaux. Qu'importent les centres d'intérêt, hommes et femmes jouent cette partie de façon égale…

• Leçon numéro 5 : le jeu de l'oreiller

L'oreiller peut devenir un médicament : des reflux gastriques au mal de dos, des douleurs de la nuque aux jambes lourdes. C'est simple, efficace et sans effets secondaires. Il suffit de connaître les bonnes positions pour en bénéficier.

Savoir manier l'oreiller pour aider l'estomac

Le reflux gastrique consiste en la remontée d'une partie du contenu de l'estomac dans l'œsophage et la bouche. Cela provoque des montées acides qui brûlent et parfois font tousser. La raison en est simple. Le petit clapet qui ferme l'entrée de l'estomac (le cardia) n'est pas étanche et la porte s'ouvre dans le mauvais sens c'est-à-dire vers la bouche. Pour éviter ces désagréments, il faut éviter d'aller au lit tout de suite après le dîner et attendre entre deux trois heures au minimum.

Il faut bien sûr éviter les boissons gazeuses et mâcher lentement, bouche fermée. Le point clé est de ne pas dormir à plat : disposez trois oreillers fermes afin de placer le buste à environ 30 degrés lorsque vous êtes allongé. Cette position évite les reflux et permet de passer une bonne nuit sans être réveillé par des remontées acides intempestives.

L'oreiller permet d'alléger les jambes lourdes

Beaucoup de personnes ont en fin de journée les jambes lourdes et un peu gonflées. Un réseau veineux pas assez performant avec parfois des varices est souvent en cause. Une fois au lit, beaucoup se plaignent de sensations de lourdeur, fourmillement, chaleur et inconfort. Je conseille de placer sous les mollets de chaque côté un gros oreiller ferme pour élever les jambes et améliorer ainsi le retour veineux. Le sang retourne de cette façon plus facilement vers le cœur en diminuant de plus la stase dans les circuits veineux des membres inférieurs.

L'oreiller, l'allié de la colonne vertébrale

Pour les douleurs du dos – lombalgie, sciatique – et le cou, l'oreiller est un allié essentiel. Disposer un oreiller entre les genoux ou les cuisses pendant le sommeil a de nombreux avantages. Les hanches et les épaules sont mieux alignées, ce qui est important, car de nombreuses lombalgies sont dues à des pincements d'un disque intervertébral. Surtout, l'oreiller évite que le genou du dessus n'écrase celui du dessous, ce qui n'est pas bon pour ce dernier. Le coussin sert d'amortisseur et protège l'articulation du dessous. Ce petit geste permet à la colonne vertébrale qui se trouve en meilleure position de mieux se relaxer. L'oreiller entre les cuisses permet d'éviter les torsions de la colonne, source de douleurs. Pour les personnes qui ont mal dans le cou et sont régulièrement sujets à des torticolis, je conseille d'acheter un oreiller ergonomique incurvé qui soulage la nuque et permet d'éviter ces inconvénients.

Le bon lever

Il existe une bonne façon de sortir du lit en évitant de se coincer le dos ou le cou dès le matin par un faux mouvement. Levez-vous quand vous êtes bien réveillé, laissez-vous le temps de retrouver vos esprits. Ne vous levez pas d'un coup, brutalement, en bondissant sur le sol. Roulez légèrement sur le côté puis redressez-vous pour vous trouver en position assise sur le bord du lit en vous aidant de vos bras et de vos coudes, qui font appui. Puis levez-vous calmement. Ce sera le premier geste bienveillant du matin pour votre corps et vous préserverez ainsi le bas de votre dos.

• LEÇON NUMÉRO 6 : SIFFLER POUR NE PAS VIEILLIR

Le sifflement se situe dans une fréquence entre 1 et 2,5 kHz, où l'oreille est le plus sensible. Cette caractéristique lui permet de se détacher des autres sons et d'être entendu au milieu d'une foule. Le sifflement a une valeur symbolique : il peut traduire la surprise et l'admiration ou attirer l'attention, par exemple. L'usage négatif est rare, comme à la fin d'un spectacle que des spectateurs n'auront pas apprécié.

Siffler en allant travailler, sous sa douche ou en se regardant dans le miroir le matin fait un bien fou au corps et à l'esprit. Il suffit de trente secondes pour que les bienfaits se produisent. Vous émettez un son qui stimule votre cerveau en envoyant un signal de joie sur une fréquence déclic : vous déclenchez une vague de bien-être pour commencer la journée du bon pied. Vous pouvez choisir une petite chanson, une musique dont vous sifflez les premiers accords. Elle agira comme votre hymne national et boostera votre énergie vitale. Vous chasserez ainsi par ce souffle les idées noires et le stress. Siffler fait partie des petits gestes quotidiens qui ont une action bénéfique, tout comme le fait de chanter s'avère une bouffée d'oxygène pour le moral.

Quand vous sifflez, vous effectuez une cure de rajeunissement pour le visage. Les muscles autour des lèvres travaillent et se mobilisent. C'est un exercice très utile, car l'un des signes du vieillissement est caractérisé par de petites lèvres rentrées avec de multiples rides autour de la bouche. Le sifflement permet de réaliser chaque matin un fitness des muscles buccaux pour éviter l'affaissement qui se produit avec les années faute d'exercice.

Le sifflement fait également travailler le souffle et la respiration et oblige à bien respirer. Le simple fait de prendre de bonnes respirations produit un sentiment de bien-être. Si l'on dépliait la surface des poumons, celle-ci représenterait l'équivalent d'un terrain de tennis : on comprend à quel point le fait de bien respirer est essentiel pour la santé.

Le sifflement mystique

Dans certaines cultures anciennes d'Amérique latine, le sifflement était utilisé par les fidèles comme un signal pour se relier aux esprits. Une pratique similaire est retrouvée dans la Chine ancestrale, ouvrant sur une dimension religieuse du sifflement. Il est passionnant de découvrir que ce son très particulier a été connu depuis la nuit des temps pour aider l'homme à se rapprocher de lui-même et de sa spiritualité. Le sifflement attire l'attention, on ne peut pas passer à côté. À la différence du cri, il possède une ouverture mélodique. Dans la dimension mystique, il ne correspond pas à un signal de détresse mais à une « voix » qui s'élève pour être entendue de tous. C'est l'outil pour ne pas s'endormir dans la routine et exister encore, jour après jour, plus vite et plus fort. C'est un signal fort pour les autres et pour soi-même que l'on est bien en vie et que toute notre énergie est mobilisée pour avancer dans la joie.

Il faut savoir que, de nos jours, le sifflement suscite toujours l'attention des chercheurs. Une grande étude scientifique est en cours pour rechercher ses effets sur la mémoire et son effet potentiel de diminution des douleurs perçues. Il est fort possible que le fait de siffler une petite chanson sous la douche libère de petites quantités d'endorphines, excellentes pour la santé.

Allez-y ! Sifflez dès demain matin ! Ce sera le signal joyeux d'une journée qui commence bien.

• LEÇON NUMÉRO 7 : TIRER LA LANGUE

Vous avez tous remarqué que les jeunes enfants tirent souvent la langue lorsqu'ils s'appliquent à faire quelque chose. Les scientifiques ont observé ce phénomène insolite. Il apparaît que tirer la langue leur permet une meilleure attention et une meilleure concentration. Plus tard, le geste disparaît du fait de la pression sociale. En effet tirer la langue à quelqu'un ou seul devant un miroir n'est pas anodin. C'est un geste qui nous relie à l'enfance. Nous cessons d'être des grandes personnes, nous voulons montrer clairement que nous n'en avons absolument rien à faire. C'est le baroud d'honneur réalisé avec la langue dans un éclat de rire. En un geste, vous retrouvez la spontanéité et l'énergie de l'enfance.

Vous connaissez tous la célèbre photo d'Albert Einstein tirant la langue. Nous sommes le 14 mars 1951. C'est le jour de son anniversaire. Il fête ses 72 ans. Face à lui, un photographe n'arrête pas de lui demander de sourire. Exaspéré, à la place d'un sourire, il lui tire la langue. Plus tard, il dédicacera la photo avec ce texte : « Vous aimerez ce geste parce qu'il est destiné à toute l'humanité. J'ai toujours eu de la difficulté à accepter l'autorité, et, ici, tirer la langue à un photographe qui s'attend sûrement à une pose plus solennelle, cela signifie que l'on refuse de se prêter au jeu de la représentation, que l'on se refuse de livrer une image de soi conforme aux règles du genre. »

La couleur de la langue : le signe d'une bonne santé

Observer la couleur de la langue est utile. C'est comme une jauge qui donne parfois des informations sur notre état de santé. À la moindre anomalie, consultez votre médecin traitant. Il vaut mieux une visite où il vous dira que tout va bien plutôt que de passer à côté d'une maladie grave.

Couleur rouge framboise avec parfois un aspect vernissé
Cette couleur peut être répartie de façon uniforme ou parfois faire un V. Cela peut être dû à une anémie dite « de Biermer », par carence en vitamine B12, qui peut s'observer parfois chez des végétariens ; ce peut être aussi des causes plus rares telles que la scarlatine ou la syphilis. S'il apparaît une petite lésion rouge, même très petite, irrégulière, persistante, saignotant au contact, cela peut être le signe d'un cancer. Les facteurs de risque des cancers de la langue sont le tabac, l'alcool et le virus HPV. Ce papillomavirus peut être à l'origine d'un cancer de la langue. La pratique de la sexualité orale avec le cunnilingus est devenue courante. Il a été noté une corrélation entre la fréquence des cancers de ce type et le nombre de partenaires sexuels au cours d'une vie.

Couleur brun, noir
Parfois apparaissent comme des cheveux noirs sur la langue... Cette couleur s'observe chez des fumeurs, des gros consommateurs de café ou de thé noir ayant une mauvaise hygiène bucco-dentaire. Je conseille de bien se laver les dents, de brosser la langue et de consulter.

Couleur blanchâtre comme avec un peu de fromage dessus

Le plus souvent, il s'agit de champignons, des mycoses de type *Candida albicans*. Souvent rencontrés lors d'une baisse d'immunité ou après un traitement antibiotique. Si ce sont des taches blanchâtres, elles peuvent signifier des leucoplasies rencontrées chez les fumeurs. Il faut aussi consulter.

Enfin, si vous êtes une femme et que vous avez des sensations de brûlure de la langue, cela peut être dû à des déséquilibres hormonaux, mais peut s'avérer également plus banal et un simple changement de dentifrice faire disparaître ces sensations.

Tirer la langue une fois par semaine devant le miroir de votre salle de bains ne pourra vous faire que du bien. Nous avons tous en mémoire le rituel du médecin de famille qui demande au patient de faire « Aaaaah » et de bien tirer la langue pour l'examiner. En effet, la langue donne de nombreuses indications sur l'état de santé.

Le fait qu'en tirant la langue elle reste bien au milieu est essentiel. Si elle décrit une déviation involontaire à gauche ou à droite, il faut consulter votre médecin. Cela peut traduire une atteinte neurologique ou cérébrale qui se découvrira lors des examens complémentaires.

• LEÇON NUMÉRO 8 : RESSORTEZ LES BOUILLOTTES !

Du temps des pharaons, les médecins égyptiens appliquaient du pain moisi sur les plaies infectées. Les champignons qui s'étaient développés correspondaient en fait à l'ancêtre de la pénicilline, qu'ils avaient pour ainsi dire découverte sans le savoir. Depuis la nuit des temps, avant l'arrivée des médicaments, de nombreux moyens naturels ont été utilisés pour soulager et soigner quand les hôpitaux n'existaient pas. Plus tard, ce sont les recettes de grand-mère qui ont été transmises de génération en génération jusqu'à nos jours. Parmi ces recettes, certaines méritent que l'on s'y attarde parce qu'elles permettent de prévenir ou de soigner des maladies de façon naturelle. Comme vous le savez, je préfère les remèdes naturels pour mieux dormir que l'usage quotidien de somnifères.

Bien souvent, quand on a froid, on a le réflexe de monter le chauffage de la chambre, ce qui a pour effet de gêner l'endormissement. En effet, la température idéale pour dormir se situe entre 18 et 20 degrés. La bouillotte, employée depuis des générations pour réchauffer les lits, est utile car elle va contribuer au réchauffement localisé du corps (les pieds le plus souvent) sans perturber la température corporelle globale.

La bouillotte, un allié de poids

De nombreuses recherches scientifiques ont démontré son efficacité, en particulier dans le cadre des règles douloureuses et des douleurs coliques comme celles du côlon irritable. Ces découvertes vont faire plaisir aux adeptes des remèdes de grand-mère.

Les douleurs coliques ou des règles douloureuses correspondent souvent à une baisse du flux sanguin, à un gonflement et à une distorsion des organes creux comme les intestins ou l'utérus, provoquant des douleurs à répétition. Ces dernières se reproduisent de façon récurrente, rendant irritable et anxieux, et à la longue provoquant une fatigue significative. Le sommeil est perturbé, les moments de vraie détente dans la journée de plus en plus rares.

L'usage des médicaments donne des résultats inconstants avec le risque d'effets secondaires marqués par une utilisation trop fréquente. Les anti-inflammatoires en particulier peuvent être à l'origine de douleurs gastriques.

Les découvertes des scientifiques sur la bouillotte

Le Pr King, de l'université de Londres, a découvert que l'action de la bouillotte ne se résumait pas à un effet placebo mais que son action thérapeutique s'expliquait par des données médicales.

Le scientifique anglais a mis en évidence le fait que la chaleur intervient sur des récepteurs spécifiques à la température (TRPV1) qui, une fois activés, vont bloquer les récepteurs (P2X3) à la douleur qui est reconnue par le cerveau. Les messages chimiques qui causent la douleur sont ainsi arrêtés et le sujet soulagé.

La découverte de ces récepteurs a permis de montrer le réel effet de la bouillotte sur ces douleurs rebelles.

La bouillotte doit être remplie avec de l'eau chaude à 40 degrés Celsius. Je recommande de bien suivre la notice du fabricant, de remplir avec précaution la bouillotte aux deux tiers. On peut se protéger les mains avec des gants antichaleur et la remplir au-dessus d'un évier. Il faut ensuite, si ce n'est pas déjà le cas, entourer la bouillotte d'un linge comme une taie d'oreiller pour éviter toute brûlure directe lors du contact avec la peau. Placez ensuite la bouillotte pendant vingt minutes sur la zone douloureuse.

Les effets de la bouillotte sur le foie

Le foie est notre centre antipoison. C'est le filtre qui nous permet d'éliminer quotidiennement les déchets. Il faut l'imaginer comme une grosse usine qui doit fonctionner à plein régime pour faire son travail. Il se trouve que le foie est l'organe le plus chaud de l'organisme. Il se situe au moins à 1 degré Celsius au-dessus de la température rectale. Cette chaleur est nécessaire pour qu'il puisse éliminer dans les meilleures conditions les toxines que nous absorbons tous les jours. Le fait de placer une bouillotte chaude, à 40 degrés Celsius, près du foie et de la vésicule biliaire va rendre optimales les conditions pour que le foie puisse effectuer son travail de « détox » journalier. La température favorise la destruction des pathogènes, reproduisant des conditions immunitaires optimales. En effet, en cas d'infection par exemple, la température corporelle augmente pour mieux se défendre contre les agressions microbiennes.

La chaleur en face de la vésicule biliaire favorise sa contraction et l'élimination de la bile. Le tout permet de soulager les douleurs par une meilleure élimination et une aide précieuse au niveau du côlon en facilitant l'évacuation des matières fécales et des gaz intestinaux, ce qui diminue la distorsion colique.

Nous comprenons ainsi le double effet positif de la bouillotte sur le côlon irritable et les douleurs coliques. L'effet de blocage des récepteurs à la douleur et l'action de vidange biliaire ainsi que son action au niveau colique favorisent le ventre plat. C'est le bonus de la bouillotte.

• LEÇON NUMÉRO 9 : L'EXERCICE, MÉDICAMENT UNIVERSEL

La marche

Le Dr Lordan, en Grande-Bretagne, a découvert que trente minutes de marche rapide par jour constituaient l'exercice le plus efficace. Les scientifiques ont démontré qu'en prenant des critères comme le tour de taille et le poids, l'efficacité de la marche de trente minutes était supérieure aux séances en salle de sport et au running occasionnel.

Combien de fois ai-je entendu cette petite phrase : « J'aimerais bien faire de l'exercice, mais je n'ai pas du tout le temps. » Ce n'est pas vrai ! Sur un simple vélo d'appartement, vous pouvez faire de l'exercice et passer vos coups de fil, répondre à des e-mails ou des SMS et regarder la télé. Il suffit de faire deux choses en même temps dont l'une est essentielle. La santé est la valeur fondamentale, sans elle tout s'arrête. Les tâches les plus importantes ne doivent jamais passer avant ces précieuses trente minutes vitales pour votre santé. Il faut hiérarchiser pour continuer à vivre en bonne santé.

En dehors de cet exercice, il est évident que toute activité complémentaire sera salutaire pour la santé : marcher, monter des escaliers, passer l'aspirateur… Mais ces trente minutes sont non négociables pour votre santé et votre bien-être. Quand on marche dans la rue ou quand on joue au golf, on s'arrête sans cesse, ce qui fait que la libération des molécules protectrices qui s'effectue au-delà de vingt minutes ne se produit pas. Certes, c'est mieux que de ne rien faire. Il faut noter qu'à partir de cette durée l'organisme puise dans les graisses stockées l'énergie dont il a besoin pour continuer la marche. Une récente étude allemande démontre que marcher rapidement vingt-cinq minutes par jour allongeait la durée de vie de sept ans. Les chercheurs ont découvert qu'après seulement six mois de pratique des modifications biologiques se produisaient dans les cellules, en particulier au niveau des marqueurs du vieillissement et de l'ADN : c'est comme si les sujets rajeunissaient. C'est un élément important, car le fait que des résultats positifs se produisent après un simple semestre prouve qu'il n'est jamais trop tard pour bien faire. On peut commencer à tout âge.

De l'exercice dans son lit

Je n'aborde pas ici la question des rapports sexuels, qui doivent rester un plaisir avant tout. La durée idéale du rapport sexuel pour les couples se situant entre sept et treize minutes, nous sommes loin des trente minutes d'exercice continu ! La perte en calories lors d'un rapport sexuel est modeste, environ 100 calories pour un quart d'heure, sauf pour certains ou certaines qui tentent de faire mieux avec des positions moins conventionnelles. Avant de vous lever le matin, consacrez cinq minutes à vous étirer et à réaliser quelques mouvements faciles, vous verrez que cela fait beaucoup de bien au corps. Au fil des années, nos muscles, nos ligaments, si nous ne les utilisons pas suffisamment, finissent par « se rouiller » et par devenir fibreux. Des torticolis, des lombalgies, des crampes se produisent. Voici les exercices simples à pratiquer à chaque moment, comme un hommage à votre corps.

Exercices au lit

Commencez par faire 10 mouvements de rotation de la tête dans un sens puis dans l'autre, puis recommencez en faisant « oui » de la tête en baissant bien votre menton sur la poitrine. Faites la même chose avec les poignets et les épaules en décrivant de petits cercles dans les 2 sens. Si votre matelas n'est pas trop mou, réalisez 100 mouvements avec vos jambes comme si vous faisiez du vélo tout en étant allongé. Pour conclure ce petit fitness matinal, toujours allongé, placez vos genoux sur le ventre et entourez-les avec vos bras. Comptez jusqu'à 30 et relâchez. Recommencez une fois cette position « de l'œuf », qui étire bien la colonne et qui vous permettra de vous lever tout neuf.

Être paresseux multiplie par quatre le risque de décès prématuré

Trop se reposer peut diminuer l'espérance de vie. Cette découverte étonnante nous vient de chercheurs australiens qui ont étudié les modes de vie de 230 000 participants et l'incidence sur les risques de décès prématuré. Ils ont mis en évidence la recette pour ne pas faire de vieux os : dormir plus de 9 heures par nuit + passer ses journées assis trop longtemps + faire moins de deux heures et trente minutes d'exercice par semaine. Cela multiplie par quatre le risque de décès prématuré.

Ils ont noté que si l'on ajoutait le fait de fumer et une consommation excessive de boissons alcoolisées, le risque montait en puissance. Il s'agit bien sûr de comportements adoptés à l'année et non pas occasionnels au moment des vacances. Je me répète, notre organisme est conçu pour le mouvement et non pour la sédentarité. Cette étude permet aussi de comprendre pourquoi la mortalité augmente de façon significative lors des départs à la retraite.

• LEÇON NUMÉRO 10 :
LES CLÉS DU SOMMEIL NATUREL

Bien dormir est essentiel pour être en bonne santé. Il faut compter en moyenne de sept à huit heures par nuit pour bien régénérer et détoxiquer son organisme. Ne pas assez dormir est néfaste pour la santé, augmentant les risques de maladies cardio-vasculaires et d'obésité. Le trop est l'ennemi du mieux, car trop dormir nuit aussi à la santé (voir plus haut).

Chacun a son propre rythme de sommeil : certains aiment se coucher tôt, d'autres tard. Les scientifiques ont découvert que ceux qui traînent au lit longtemps le matin après s'être couchés tard se révélant plus créatifs que les autres. En revanche, les lève-tôt ont un taux de réussite sociale plus important.

Bien dormir est essentiel pour être en bonne santé

Il semblerait que, selon de premiers travaux réalisés, le fait de dormir sur le côté favoriserait l'élimination des déchets produits dans le cerveau tout au long de la journée. Il faut savoir perdre des heures pour en gagner. C'est une cure détox facile à pratiquer... à condition de ne pas ronfler. En effet, le ronflement perturbe non seulement la personne qui dort à côté, mais aussi le ronfleur, dont la qualité du sommeil se trouve dégradée. Des chercheurs brésiliens viennent de mettre au point une nouvelle méthode simple qui réduit de 60 % la puissance des ronflements et d'un tiers leur fréquence. Globalement il s'agit d'une gymnastique de la langue.

Avant de dormir...

Voici des exercices à répéter 20 fois de suite avant d'aller se coucher.
Les chercheurs brésiliens recommandent de pousser la pointe de la langue vers la partie arrière du palais. Autres exercices proposés : mâcher du chewing-gum d'un côté puis de l'autre, mettre un doigt dans la bouche et pousser la joue au milieu vers l'extérieur, mettre sa tête en arrière en prononçant « A », placer la langue en bas de la bouche en la mettant en contact avec les dents de devant. Ces exercices sont sans danger et je conseille de les essayer pour juger par soi-même de leur efficacité.

S'endormir vite

Vous connaissez tous ce geste de se mettre de l'eau de mer sur la nuque avant de se baigner pour habituer son corps à la fraîcheur. À l'inverse, vous avez observé les personnes vivant dans le désert qui protègent leur nuque du soleil par un voile. Elles ont raison. Le haut de la nuque est proche du centre de régulation thermique de l'organisme. Le système qui sert de thermostat se situe tout près. Pour bien dormir, il ne faut pas avoir trop chaud. C'est pour cette raison qu'il vaut mieux éviter de faire de l'exercice physique avant de se coucher.

Le froid, à l'inverse, favorise l'endormissement. Si vous avez des difficultés à vous endormir, placez sur la nuque un gant de toilette humide que vous aurez laissé dans la journée au réfrigérateur. Cette sensation de fraîcheur a de fortes chances de vous aider à vous endormir comme un bébé.

Les bons rituels pour s'endormir

Devenez chaque soir la maman bienveillante qui veille à ce qu'il ne vous manque rien pour passer une bonne nuit, en prêtant attention au moindre détail. S'endormir, c'est passer d'un monde à un autre. Il faut pouvoir lâcher le monde du réel pour celui de l'irréel. Vous devez couper le plus vite possible les attaches qui vous accrochent à la réalité du premier monde.

Évitez d'allumer des lumières vives, comme celle de la salle de bains. Les éclairages puissants stimulent l'éveil, comme les écrans des ordinateurs, les Smartphones ou la télévision. Sauf chez certains sujets, il vaut mieux éviter les boissons excitantes comme le thé ou le café, ou même le carré de chocolat, qui contient aussi de la caféine.

Penser en boucle aux soucis attise l'attention et ralentit l'endormissement. Si vous vous repassez sans fin le film de vos problèmes en vous disant : « Pauvre de moi, je n'ai vraiment pas de chance », vous allez exciter les zones du cerveau qui empêchent le sommeil. Je ne connais qu'une seule solution. Ayez toujours sur votre table de nuit un petit carnet pour noter ces problèmes. Le fait de les écrire est essentiel. C'est comme si vous les placiez le temps de la nuit à l'extérieur de vous. Ils vont se figer entre deux pages jusqu'au lendemain.

L'oreiller est l'objet intime avec lequel nous sommes le plus longtemps en contact, au niveau du visage. Bien utilisé, il peut devenir le tapis volant qui vous fera voyager très vite au pays des Songes. Chaque matin, essayez de mettre votre oreiller dans un sac plastique et placez-le au réfrigérateur. Le sac plastique permet d'éviter tout contact avec les aliments ainsi que les odeurs. Ressortez-le avant d'aller vous coucher. Les études scientifiques ont montré qu'en proposant à des sujets un casque réfrigérant, le sommeil arrivait beaucoup plus rapidement que chez ceux qui n'en portaient pas. La baisse de température opère comme un déclencheur de l'endormissement en agissant sur les zones cérébrales spécifiques. L'IRM fonctionnelle les localise. Pour mémoire, lors d'une transplantation cardiaque, le refroidissement du cœur le ralentit jusqu'à le mettre « en suspension » le temps de l'intervention. Le froid ralentit le cerveau, comme un engourdissement qui le fige et l'endort. Je retiens du casque réfrigérant la preuve de l'efficacité de la méthode, mais il faut reconnaître que ce n'est pas pratique du tout. Je préfère le remplacer par l'oreiller réfrigéré, qui produira le même effet.

Avant de placer l'oreiller dans le lit, il reste quelque chose à faire. Imaginez que, une fois sur l'oreiller, vous receviez un gaz anesthésiant qui vous ferait plonger d'un coup dans un sommeil profond. Je change ce gaz par une odeur de lavande.

De nombreux travaux scientifiques ont étudié les odeurs qui agissent sur le cerveau pour favoriser l'endormissement. La lavande a montré de réels effets. Les sujets qui devaient respirer à plusieurs reprises de la lavande s'endormaient plus vite que le groupe témoin qui n'en inhalait pas. La lavande est un produit peu onéreux et que l'on trouve facilement sous diverses formes. Je ne peux m'empêcher de faire quelques rappels en lien avec l'hygiène de vos oreillers : changez la taie au minimum une fois par semaine et offrez-vous un oreiller neuf chaque année. En effet, au bout de 2 ans, 10 % du poids de l'oreiller sont représentés par des acariens morts ou des déjections d'acariens. Les acariens ont besoin de boire et de manger pour vivre. La sueur et vos squames de peau représentent leurs repas quotidiens. De plus, ils sont reconnus comme un vecteur d'allergies.

Les nuits courtes font perdre beaucoup de temps

Le manque de sommeil accélère le vieillissement. Il augmente aussi la fréquence des maladies. Le déficit de sommeil fait perdre en efficacité et en rapidité. On va mettre plus de temps à faire moins de choses et on les fera moins bien. Deuxième source de perte de temps...

Le manque de sommeil se lit jusque dans nos cellules. Les télomères marqueurs de l'espérance de vie biologique se raccourcissent plus vite, ce qui réduit le temps qui reste à vivre. Tous les organes sont touchés. La peau comporte plus de rides, le relâchement musculaire du visage est plus marqué et la pigmentation augmente. En pratique, on fait plus vieux.

Le système immunitaire est moins performant, le diabète et l'hypertension artérielle sont en augmentation.

La surcharge pondérale et l'obésité sont difficiles à contrôler. Le manque de sommeil déclenche des réflexes de survie qui conduisent à des pulsions alimentaires vers des aliments gras et sucrés pour tenir le coup.

Dormez avec Zorro

Pour garder des nuits intactes et bénéficier de l'« élixir de longévité du monde des rêves », je vous propose d'utiliser un objet magique : le masque de sommeil.

Le masque permet d'obtenir le noir complet, essentiel à l'endormissement et à la qualité du sommeil. En général, l'obscurité complète est difficile à obtenir dans la chambre à coucher. Une petite diode lumineuse (surtout de couleur bleue), un rayon de lumière du petit matin suffisent à perturber la qualité du sommeil. De plus, si l'on se réveille la nuit pour aller aux toilettes, il y a toujours un risque de tomber. Allumer la lumière réveille. Plusieurs équipes de scientifiques ont étudié l'effet des masques sur le sommeil.

Ils ont noté que les sujets qui les portaient présentaient un sommeil de bien meilleure qualité. Ils ont découvert que la quantité de mélatonine était augmentée, ce qui favorise le sommeil, et que le taux de cortisol (hormone du stress) était plus bas. L'endormissement était plus rapide avec moins de réveils intempestifs.

Lorsque nous sommes très fatigués avant de dormir, nous avons l'impression que nos paupières sont lourdes comme si elles voulaient se fermer toutes seules. Il devient difficile de garder les yeux ouverts. Cette sensation envoie un message au niveau du cerveau pour aller se coucher et dormir. C'est un message stéréotypé qui déclenche un réflexe de besoin profond de sommeil. Reproduire ce signal permet de s'endormir encore plus vite. Pour cela je vous propose d'opter pour un masque plus lourd à porter. Il est possible que cela provoque une discrète stimulation du nerf vague par la légère pression sur les paupières. La stimulation de ce nerf est à l'origine de phénomènes de relaxation et de sécrétions d'hormones de la détente heureuse comme la sérotonine. Une dose « homéopathique » de cette hormone favoriserait l'endormissement rapide.

Quand je parle de poids du masque, représentez-vous le poids d'un gant de toilette que vous mettriez sur le masque. Si vous ne trouvez pas ce type de masque dans le commerce, vous pouvez toujours en fabriquer un.

La cachette sous les draps

Certains soirs, vous sentez que vous n'allez pas réussir à vous endormir tout de suite, que vous allez tourner en rond. Vous vous énervez. Des idées passent en boucle. La notion de temps perdu pour rien, ni à se reposer vraiment, ni à faire quelque chose d'utile, est insupportable.

Très souvent, cette situation se produit parce que l'on n'arrive pas à évacuer les contrariétés et les soucis de la journée qui conduisent à un état d'énervement incompatible avec la naissance du sommeil serein réparateur.

Il existe une technique simple pour que le voile de Morphée se pose sur vous. Durant trente secondes, mettez-vous complètement sous les draps, comme si vous étiez sous une tente. L'effet est immédiat. Le fait de respirer son propre gaz carbonique déclenche un signal efficace : les rapports des gaz et de l'acidité du sang redeviennent harmonieux et la crise s'éloigne. Ce qui est très particulier dans ces bouffées d'angoisse, c'est le fait que le corps peut lui-même générer de l'anxiété par l'hyperventilation. Le cerveau supporte mal l'alcalose sanguine provoquée par cette respiration ample et rapide. L'organisme produit alors lui-même de l'anxiété en dehors du psychisme par une succession de réactions chimiques. En traitant votre corps, vous allez donc soigner votre angoisse. Lorsque vous sortirez de votre abri, votre stress et votre anxiété se seront envolés.

CHAPITRE 5

LE CERVEAU ÉROTIQUE

« L'intelligence est souvent nuisible à l'amour. »

MARIE-CLAIRE BLAIS

La sexualité est une source de jouvence et un gisement de joie de vivre. Elle permet de vivre longtemps en bonne santé. Nous sommes tous différents en termes de sexualité et c'est ce qui fait notre richesse. Accepter cette diversité sexuelle, c'est faire un pas immense de compréhension et de bienveillance envers les autres. C'est aller vers une meilleure connaissance de soi pour révéler son authenticité sans culpabilité. Il faut aussi savoir se poser des limites pour pouvoir parfois les dépasser.

La sexualité est en étroite jonction avec l'imagination. Ce que l'on imagine de l'autre est plus important que sa réalité. La perception de la vérité dans la relation amoureuse est plus puissante que la vérité elle-même. Une sexualité amoureuse épanouie nécessite de retrouver l'enfant ou l'adolescent qui sommeille en nous et, parfois, de lui accorder ce qu'il n'a pas eu le droit d'avoir à l'époque. C'est renouer avec ses origines et sa nature profonde, découvrir un autre soi-même.

• LES RESSORTS DE LA LIBIDO

La libido, c'est l'énergie vitale, qui fait vivre et avancer. Dans le couple, cela correspond au déclic qui entraîne l'envie de l'autre. Si cette libido chute, le désir s'effrite puis s'effondre. Ce n'est pas une question de pouvoir faire l'amour avec l'autre mais de le vouloir, ce qui n'a rien à voir.

Sur le plan de la physiologie humaine, il est fréquent de constater une chute de la libido chez les hommes et les femmes au bout de quelques années de couple. Les rapports sexuels s'espacent pour progressivement se raréfier. L'absence de désir est un motif fréquent de consultation en sexologie. Il existe pourtant des méthodes pour maintenir le désir lorsqu'il s'estompe dans le couple. Mais la stabilité au niveau du désir n'existe pas. C'est une utopie. Le désir va et vient, n'obéissant à aucune loi. Il se situe dans une zone floue entre le rêve et la réalité.

Quand la science parle

Nous savons que l'odeur de l'autre est un stimulant sexuel grâce à des composants comme les phéromones. Une expérience récente a montré qu'au début d'une relation les femmes étaient attirées par l'odeur de la transpiration de l'homme dont elles étaient amoureuses, mais qu'au bout de 3 ans ces mêmes odeurs les repoussaient. Ces résultats soulignent qu'il ne faut en aucun cas se culpabiliser ou culpabiliser l'autre quand le désir n'est plus au rendez-vous. Cela n'a rien à voir avec l'amour, c'est une question de physiologie, comme nous l'écrivions plus haut.

La séduction passe par les yeux

La séduction est une alchimie particulière. Elle fait appel à la subjectivité et à l'imagination. Cependant, certains maîtrisent mieux cet art en utilisant des techniques judicieuses : par exemple, en créant ce qui peut correspondre à un « effet tunnel » avec l'autre. Celui qui veut séduire fixe un point sur la ligne des sourcils au centre, juste au-dessus des yeux pour générer chez l'autre la sensation que le monde extérieur n'existe plus. Le fait de ne pas regarder directement dans les yeux mais avec intensité pousse l'autre à vouloir inconsciemment amener le regard de son vis-à-vis exactement dans son champ visuel.

C'est presque un réflexe de vouloir être au centre et pas à côté. On déteste qu'une personne qui vous parle regarde derrière vous comme si vous ne comptiez pas. C'est insupportable. Celui ou celle qui vous regarde mais pas tout à fait vous conduit par réflexe à tout faire pour qu'il ou elle ne s'échappe pas. La séduction est en marche, faite de manque et de frustration. Une autre approche consiste à fixer droit le regard de l'autre avec force, à baisser ensuite les yeux pour fixer les lèvres et à fixer de nouveau les yeux. Rien n'est dit, mais tout devient possible.

Séduire, c'est emporter l'autre dans son propre monde. Pour cela, il ne faut ni hésiter ni douter. Le doute entraîne le doute, l'hésitation suscite l'hésitation. Décider permet à l'autre de se sentir en sécurité, de lâcher prise, de se retrouver dans l'univers paisible et bienveillant de l'enfance. Il faut se montrer fort et savoir où l'on veut aller, même si c'est pour décider du nom du bar pour prendre un verre. Se tenir bien droit, avoir la tête haute et la démarche assurée dégagent une impression de force tranquille qui rassure.

Ce n'est pas parce que la baisse de libido est inscrite dans la nature qu'il ne faut rien faire. Dans un ouvrage précédent, j'avais relaté les études scientifiques qui montraient que 12 rapports sexuels par mois augmentaient, pour les hommes et les femmes, l'espérance de vie en bonne santé de 8 ans et faisaient paraître 10 ans de moins. Quand on sait que lorsque l'on fait 10 ans de moins, on vit 10 ans de plus, il faut en tenir compte.

Activez votre cerveau érotique

Nous pouvons intervenir sur la libido grâce à des recherches scientifiques qui nous ont permis d'en décrypter les ressorts. L'un des premiers éléments de stimulation de la libido, c'est le changement. La nouveauté fait sécréter les hormones du plaisir, comme la dopamine, qui la dynamise. Introduisez le changement dans votre couple. Il convient de tout faire pour lutter contre la routine qui lamine la libido.

Changez de coiffure, de couleur de cheveux, de parfum, de style vestimentaire. Faites des sorties dans des lieux inconnus, partez en voyage là où vous n'êtes jamais allés. Pratiquez de nouveaux sports à deux pour déceler des ressources que vous ne soupçonniez pas chez votre conjoint. Apprenez à jouer d'un nouvel instrument de musique, à danser ou à chanter... Mettez-vous dans des situations où vous allez découvrir des parts cachées de vous-même et de l'autre qui vont vous fasciner. En travaillant les ressorts de la libido dans un couple qui se connaît depuis plusieurs années, vous allez progresser sur tous les possibles qui sont en vous et que vous ignoriez. Au lieu de reproduire toujours le même scénario et la même boucle avec de nouveaux partenaires, vous augmentez vos capacités et l'intensité de votre relation. C'est la construction d'un nouvel équilibre qui devient une force.

Le cerveau participe au pilotage de l'excitation. Parfois, certains se demandent si cette baisse de libido ou d'accès à l'orgasme ne relèverait pas d'une cause médicale. La réponse est facile. Il suffit de se masturber pour constater que les signaux de plaisir se déclenchent. Il est inutile de médicaliser lorsque cela n'est pas nécessaire. Cependant, ces « petites joies locales » ne génèrent pas le bonheur et l'épanouissement.

Il sera nécessaire de faire travailler la mémoire pour se souvenir des déclics dans le passé qui ont déclenché de puissants orgasmes. Il faut y penser, essayer quelquefois de les reproduire pour faire resurgir des ressorts ensevelis. Il faut parfois rechercher loin dans ses souvenirs pour retrouver cette énergie vitale. Pour certains, c'est difficile, notamment pour ceux qui, étant enfants, ont dû devenir adultes trop tôt et qui, quelque part, ont été privés d'enfance. Une fois adultes, ils devront s'efforcer de devenir des enfants pour retrouver leur joie de vivre.

Le jour où vous réussirez à découvrir en vous-même ou chez l'autre des éléments fascinants que vous n'auriez jamais pensé détecter, vous atteindrez à la fois une libido performante et une clé essentielle du bonheur. Vous aurez régénéré votre désir et vous existerez avec plus de puissance chaque jour.

La libido n'est pas une histoire intello

Pour monter à la surface, les désirs sexuels ont besoin de la levée d'inhibition de la zone corticale du cerveau. Les travaux réalisés en imagerie médicale (IRM) le montrent clairement. En pratique, cela signifie que si nous sommes mobilisés à faire travailler activement notre intelligence et nos capacités de raisonnement, nous stimulons les régions corticales de notre cerveau, ce qui bloque la montée des pulsions sexuelles.

Un sondage réalisé aux États-Unis a dévoilé que les hommes poursuivant des études supérieures de haut niveau avaient, en dernière année universitaire, quatre fois moins de partenaires sexuels que ceux qui ne faisaient pas d'études. Il est possible aussi que ces étudiants aient disposé de moins de temps pour des rencontres.

Ces faits, constatés aussi bien en IRM que lors de ce sondage, arrivent à la même conclusion. Pour que l'énergie sexuelle se libère et monte en puissance, il faut savoir « lever le pied ». Déconnecter est essentiel pour une sexualité heureuse. Il y a aujourd'hui un ennemi de votre sexualité. Il est dans votre poche, tout près de vos organes génitaux : le téléphone portable. Je ne parlerai pas du risque bien connu de diminution de la fertilité masculine par échauffement des testicules, mais de celui de ne jamais se couper du monde. Si vous guettez en permanence vos SMS, e-mails ou coups de fil, vous stimulez votre zone corticale. Résultat, votre sexualité sera médiocre, car il vous manquera l'espace de lâcher-prise nécessaire. Si vous souhaitez passer une soirée agréable avec votre partenaire, éteignez dès le début du dîner votre téléphone portable. Vous allez faire beaucoup de bien au couple en étant plus présent, en réveillant vos sens et votre imagination. Les messages émis par le Smartphone dans ces moments-là sont des tue-l'amour. Faites-les disparaître et reprenez la main.

• LES DÉCLICS DE LA LIBIDO

Les déclics qui interviennent pour stimuler la libido sont nombreux et il est nécessaire de mobiliser tous les moyens pour qu'elle monte en puissance. Ce qui est passionnant avec la libido, c'est que nous ne répondons pas tous aux mêmes stimuli. Il ne faut pas hésiter à tester ce qui marchera chez vous, ne fonctionnera peut-être pas chez un autre et inversement. Je vais donc vous proposer différents accès à la stimulation de la libido : suivez ce qui vous inspire, vous trouverez forcément votre voie…

La pratique de la bicyclette et la libido féminine

Les travaux récents du Pr Guess viennent de démontrer un lien net entre la baisse de la libido des femmes et la pratique du vélo. La raison est simple. La pression exercée sur la selle provoque des charges répétées sur la zone du périnée, située entre le vagin et l'anus, induisant ainsi une diminution de la sensibilité vaginale. Si le guidon de la bicyclette est réglé plus bas que la selle, la pression exercée au niveau périnéal est encore plus forte. La position penchée en avant augmente encore plus ce trouble. Pour celles qui ressentent des troubles de la libido et souhaitent continuer à faire du vélo, il existe bien entendu des solutions. Il faut se tenir droit sur le vélo, régler le guidon plus haut que la selle et changer la selle de son vélo pour une qui n'exerce pas de pression au niveau du périnée. Pour mémoire, plusieurs études scientifiques ont également montré des liens chez l'homme entre vélo et sexualité, avec en particulier des problèmes d'érection. Comme quoi, pas de jaloux…

S'affranchir des limites

Pour comprendre les ressorts de la libido, nous devons sortir du rationnel et du politiquement correct, oser briser les tabous. Apprendre à connaître ses désirs réels est essentiel sur le plan de la sexualité mais aussi pour rester en bonne santé.

« Secret story »

La prostate est une petite glande qui fait partie de l'appareil reproducteur masculin. Elle est située sous la vessie et en avant du rectum. Elle est accessible par toucher rectal. Les médecins examinent la prostate par cette voie. Dans certains cas de prostatites – qui sont des inflammations de la prostate –, le praticien peut exercer un massage de la prostate. Il recueillera ensuite les urines à la recherche d'un microbe qui peut être à l'origine de la prostatite. Le massage de cet organe permet d'évacuer par les urines les germes qui pourraient y stagner.

Certains hommes découvrent un jour un plaisir extrême lors d'un simple toucher de la prostate par leur partenaire. C'est comme si le bouton déclic était découvert, libérant une libido fulgurante. Cela n'est pas en relation nécessairement avec l'homosexualité. C'est autre chose. Chez un homme, il peut y avoir plusieurs origines au plaisir. Il ne faut en aucun cas culpabiliser ou développer la moindre anxiété.

Pour être épanouie, la sexualité doit se situer dans un univers ludique. C'est une réjouissance. Elle sert à renouer avec l'enfant joyeux et l'adolescent audacieux qui sommeillent en nous. Elle est le lien vertical de notre histoire. Pour garder sa vivacité et sa force, il faut fertiliser son imagination et explorer l'origine de ses désirs. Le point de stimulation de la prostate qui existe chez certains hommes fait partie de la carte secrète des déclics de la sexualité enfouis dans le corps humain. Chercher à connaître l'autre, c'est savoir aimer. Certains couples retrouvent ainsi une nouvelle jeunesse en massant ce point sensible. La sexualité est un chemin pour découvrir ce qui est bon pour nous. C'est accéder à ses penchants naturels pour les comprendre et les laisser s'épanouir naturellement. Il ne s'agit pas de parts d'ombre, mais de parts de réalité. Les exprimer permet d'accéder à une forme de béatitude. Dans d'autres cas, cela peut être un petit massage dans le creux de l'oreille, chez la femme comme chez l'homme, qui produit le même effet. Il peut générer une joie qui est proche de la perfection. À vous de jouer…

Quand une personne vit avec une libido en berne, elle culpabilise. Cette situation déclenche un stress sous-jacent et de l'anxiété. C'est un mal-être en sourdine qui rend la vie triste. C'est le terreau qui sert aux maladies pour se développer. Quand il y a un décalage entre ce que nous sommes au plus profond de nous-mêmes et notre vie, il peut se produire des dépressions masquées. Officiellement tout va bien, mais la réalité est autre. Cela revient à passer sa vie à faire semblant, à essayer de faire bonne figure pour les autres. Découvrir son centre de gravité, aller à la source de notre énergie vitale, c'est libérer les forces qui sont en nous pour exister avec intensité. C'est chausser des bottes de sept lieues pour se dépasser et faire de sa vie une réussite. La libido intervient dans la sexualité, mais elle donne aussi l'énergie pour entreprendre dans tous les domaines : professionnel, familial, social...

Le mystérieux réflexe crémastérien

Les réflexes sont des mouvements involontaires qui nous permettent de nous défendre face à une agression. Ils témoignent d'une adaptation dans notre évolution.

Si vous effleurez le tiers supérieur de la cuisse, à l'intérieur en vous dirigeant vers l'aine, vous allez provoquer le réflexe crémastérien. Chez l'homme, les testicules remontent du même côté en effectuant une ascension rapide ; chez la femme, la grande lèvre se met à bouger et se contracte. Ce réflexe archaïque vient de la nuit des temps, quand l'homme marchait nu à quatre pattes dans la savane. En cas de frottement des broussailles sur les cuisses, les testicules remontaient pour se mettre à l'abri. Chez la femme, il s'agissait de protéger le vagin. Nous avons conservé ce réflexe préhistorique et nous pouvons facilement le réveiller. Il est d'ailleurs parfois utilisé pour certains examens médicaux, par exemple en cas de torsion du testicule.

Faites l'essai, il est sans aucun danger. Cet exercice augmente l'excitation sexuelle. Il optimise la circulation sanguine des zones génitales en rendant les nerfs plus sensibles et réactifs à l'excitation. Le seuil du plaisir est plus proche. Le fait de jouer avec son corps ou avec celui de son partenaire détend et donne une dimension joyeuse et légère à la relation. La sexualité, pour être harmonieuse, nécessite le lâcher-prise. Au début, il faut chercher un peu pour trouver la bonne ligne à remonter sur la face intérieure de la cuisse. En cas de réactions génitales très marquées, vous y êtes !

Les caresses

Tout est parti d'une découverte récente. Des chercheurs américains viennent de mettre en évidence le fait que nous disposons d'un réseau de nerfs spécialisés pour sentir uniquement les caresses. Ce réseau porte le nom de « fibres CT ». Bien stimulées, elles permettent de contribuer à une excellente santé émotionnelle.

Elles existent dès la naissance et constituent l'un des premiers langages entre la mère et l'enfant. Ce réseau de fibres exclusivement destinées au plaisir part de récepteurs situés dans la peau pour rejoindre une zone spécifique émotionnelle dans le cerveau. Ce qui est triste, c'est que dans de nombreux cas, elles ne seront jamais activées. La vie s'écoule sans bénéficier de cette source d'équilibre et de bien-être formidable. Les stimuler, c'est comme se ressourcer simplement pour se sentir pleinement heureux.

Les fibres CT sont principalement situées dans les zones pileuses (même s'il ne s'agit que d'un très léger duvet), mais aussi au niveau des avant-bras et du dos. Pour information, cela ne sert à rien de caresser la plante des pieds ou la paume de la main, ces fibres sont totalement absentes des zones en question. Bien stimulées, ces fibres nerveuses génèrent une sensation délicieuse. Elles déclenchent la sécrétion d'ocytocine, hormone de l'attachement et du plaisir.

Tout d'abord, la notion de vitesse est essentielle pour bien caresser les fibres et déclencher les réactions désirées. Les études scientifiques ont montré qu'il faut se situer entre environ 3 et 5 centimètres par seconde. Trop lent, cela ne fonctionne pas et peut même agacer le ou la partenaire. Trop rapide, cela ne marche pas non plus : l'autre a l'impression qu'il s'agit d'une obligation. Les fibres CT se déclenchent uniquement à cette vitesse. Entraînez-vous sur vous-même. Mesurez la longueur de votre avant-bras. Caressez-vous ensuite l'avant-bras et déclenchez un chronomètre. En seulement cinq minutes, vous aurez mémorisé la vitesse idéale. Pour mémoire, les caresses sont comme les chatouilles. Elles ne fonctionnent pas sur soi-même mais sur l'autre. Le deuxième point, c'est qu'il faut utiliser la bonne pression : ni trop légère, ni trop forte. Pour connaître la bonne pression, placez une feuille de papier à 5 centimètres au-dessus de votre peau et faites-la tomber. Vous aurez la bonne pression. Elle est douce et enveloppante. Il faut que la main qui applique les caresses ne soit ni trop froide ni trop chaude.

Les scientifiques ont noté aussi que « le trop est l'ennemi du bien » : au-delà de 80 caresses, la satisfaction disparaît, comme une sorte d'épuisement des centres du plaisir. Il a été observé que l'auteur des caresses importe peu, ce qui compte est d'utiliser la technique appropriée pour caresser, celle qui déclenche la stimulation de ces fibres magiques génératrices de jouissance. Cela implique qu'il vaut mieux éviter de se laisser caresser l'avant-bras par une personne inconnue, au risque de perdre le contrôle de la situation et de s'enflammer très vite... Les chercheurs ont d'ailleurs remarqué que le simple fait de toucher le bras d'un individu baisse son système de défense envers l'autre et le rend plus ouvert. Si ce toucher devient une caresse bien faite, vous risquez de passer « sous contrôle ».

Le massage est excellent pour la santé pour d'autres raisons. Il ne sert pas seulement à se relaxer, il génère d'autres bienfaits. Les chercheurs canadiens ont montré qu'avec quarante-cinq minutes de massage par semaine, le taux sanguin de lymphocytes – globules blancs – augmentait de 27 %. Cela signifie que nous améliorons naturellement nos défenses immunitaires. Après une séance de massage, ils ont noté une baisse du cortisol (l'hormone du stress), de la pression artérielle et de la fréquence cardiaque. En fait, la pression mécanique sur la peau déclenche des messages chimiques dans l'organisme qui renforceraient l'ADN et diminueraient l'inflammation. Voilà une source de bonne santé naturelle qui fait tellement de bien.

Donner et recevoir des câlins, se serrer l'un contre l'autre comme le *hug* des Américains, c'est faire du bien à celui qui donne et à celui qui reçoit. Il a été démontré récemment que des sujets exposés aux virus du rhume avaient des symptômes moins marqués lorsqu'ils étaient régulièrement câlinés. De même, les couples qui s'étreignent souvent sont moins sensibles au stress, ce qui se traduit par une fréquence cardiaque et une pression artérielle plus basses en cas de tensions externes. D'autres chercheurs ont établi que le simple fait de toucher l'être aimé avant de s'endormir a un effet apaisant et favorise le sommeil.

Les déclencheurs du cerveau érotique :
appuyez sur les boutons

Plusieurs découvertes récentes ont permis d'identifier les « boutons » qui allument le cerveau érotique. Ces travaux mettent en lumière les secrets de l'érotisme et son fonctionnement intime.

Le bouton du thorax

Une première équipe de chercheurs a mis en évidence un circuit de fibres nerveuses très particulières qui agissent sur deux fonctions : la chair de poule et l'érection des mamelons chez les deux sexes. L'érection du mamelon peut être provoquée de différentes façons : par le froid, la tétée mais surtout par des caresses spécifiques avec le doigt ou la langue du ou de la partenaire. Cette stimulation déclenche une cascade de réactions en libérant un agent spécifique.

Une seconde équipe de scientifiques a découvert un phénomène surprenant : des volontaires ont accepté de recevoir des stimulations des mamelons. À l'imagerie médicale (IRM), les chercheurs ont constaté que c'était exactement la même localisation dans le cerveau que la zone « allumée » par l'excitation vaginale, du col de l'utérus ou clitoridienne à l'origine de l'orgasme. Simultanément, cette excitation du mamelon déclenche la sécrétion d'hormones du plaisir comme l'ocytocine, la dopamine et les endorphines.

Ces recherches prouvent le rôle puissant de la stimulation des mamelons chez les deux sexes pour activer le cerveau érotique et bénéficier d'une libido optimale. Il s'agit d'une zone érogène importante qui participe à l'éveil du désir sexuel. Il ne faut pas hésiter à la mettre au programme des préliminaires pour optimiser la sexualité.

« Cymba conchae » : le bouton de la conquête

C'est le bouton qui déclenche une sorte de feu d'artifice dans le cerveau érotique. Il est situé dans un endroit mystérieux de l'oreille, protégé au fond d'une cavité « secrète ». Les progrès de l'imagerie par résonance magnétique ont permis de découvrir le puissant potentiel de *Cymba conchae* lorsqu'il est excité. Une équipe de scientifiques a également stimulé le lobe de l'oreille. Les résultats ont été étonnants. Le lobe de l'oreille n'a rien donné de particulier, en revanche, *Cymba conchae* a démontré sa puissance.

L'effleurement répété de ce point active simultanément plusieurs zones cérébrales spécifiques, qui interviennent à des niveaux complémentaires : détection du plaisir, circuits de la récompense et du plaisir, accession rapide à un seuil de jouissance important. Les chercheurs ont également noté une stimulation par *Cymba conchae* du nerf vague, très important dans la régulation cardiaque et digestive. Cette stimulation douce entraîne la relaxation et la détente, ce qui favorise les relations sexuelles.

Pour bien stimuler *Cymba concha*e, trois minutes suffisent. Comme l'accès est en général petit, c'est la langue du ou de la partenaire qui s'avère la plus efficace. En faisant avec le bout de la langue de petits cercles, vous serez surpris du résultat. Vous en aurez aussi des frissons et la chair de poule…

Le pouvoir des corpuscules de Krause

Les corpuscules de Krause sont de petits récepteurs sensitifs très réactifs au froid et à la pression douce. Ils sont concentrés chez la femme au niveau du clitoris et chez l'homme dans une zone moins connue qui s'appelle le « frein ». Il s'agit d'un petit filet qui se situe sous le pénis, au départ du gland. Les femmes savent les stimuler au niveau du clitoris, l'homme en général ne connaît pas leur usage. La région du frein est une toute petite zone, de la taille d'une pièce de 1 centime, mais qui peut fonctionner pour beaucoup comme un bouton déclencheur de plaisir.

Vous connaissez la sensation de chair de poule : les poils se dressent et donnent ce que l'on appelle une « pilo-érection ». Ce sont de petits muscles situés à la base des poils qui se contractent pour protéger le corps du froid extérieur et l'aider à mieux contrôler la température. Les tétons chez l'homme comme chez la femme se redressent et pointent lorsqu'il fait froid ou qu'on les stimule.

En caressant vous-même le frein par des séries de 15 petits cercles ou en demandant à votre partenaire de le faire, vous provoquerez une érection très ferme. Paradoxalement, les doigts froids augmentent la sensation de plaisir et la chaleur que l'on ressent. L'idée d'aller se réchauffer « à l'intérieur du vagin » accentue aussi les sensations. Les corpuscules de Krause sont ultrasensibles à la fois à la moindre variation de température et à la stimulation par pression légère.

• Avoir une sexualité harmonieuse

Les rapports sexuels sont excellents pour la santé, à condition qu'ils ne soient pas producteurs d'angoisse ou d'inquiétude : peur de ne pas être à la hauteur, de ne pas avoir d'érections qui se déclenchent quand on le souhaite, qu'elles soient instables, peur des éjaculations précoces. Le bénéfice santé des relations sexuelles disparaît si elles sont sources de stress.

Éjaculez exactement quand vous le décidez

L'éjaculation trop rapide se produit souvent lors d'une première relation sexuelle. La nouveauté et l'émotion génèrent un processus psychologique qui peut faire perdre le contrôle. Il ne faut pas s'en inquiéter. Généralement, au rapport suivant, les choses rentrent dans l'ordre. Dans d'autres cas, le problème persiste.

Le subtil jeu des cuisses

Quand vous sentez l'éjaculation venir, si vous souhaitez la retarder pour augmenter la durée du plaisir des deux partenaires, vous disposez de plusieurs gestes simples. Le premier geste consiste, pendant le rapport, à écarter au maximum les cuisses en les maintenant dans cette position jusqu'à ce que vous sentiez la pression redescendre. Pendant ce temps, respirez lentement et profondément en essayant de penser à autre chose. Des pensées « flash » un peu tristes peuvent fonctionner. L'écartement des cuisses donne de bons résultats.

En cas de priapisme – érection constante –, il faut consulter son médecin le plus vite possible. Avant de passer aux traitements médicaux, il est conseillé de s'accroupir plusieurs fois de suite pour faire baisser l'érection. La prostate se contracte pour évacuer le sperme à l'extérieur. Il est évident que l'homme qui serre ses cuisses favorise cette éjaculation à l'inverse de l'écartement des cuisses qui relâche les pressions musculaires contractiles autour de la prostate.

Élixir pour l'érection

C'est en étudiant une boisson courante comme le café que des chercheurs ont mis en évidence une possible propriété de ce breuvage. À raison de 2 à 3 tasses par jour, il pourrait participer à l'optimisation des érections. Les hommes qui ont participé à l'étude voyaient une amélioration d'environ 40 % par rapport aux autres. Il est possible que la caféine augmente la dilatation des artères du pénis, améliorant ainsi l'érection. Je ne recommande pas de dépasser la dose prescrite. La seconde potion est encore plus simple : penser à bien s'hydrater. L'activité sexuelle est une activité physique qui dépense de l'énergie et fait transpirer. Si l'on ne pense pas à bien s'hydrater avec de l'eau auparavant, cela génère une sensation de fatigue et de mollesse. La pression artérielle peut être un peu basse et l'érection plus difficile à obtenir. Pensez à boire 2 grands verres d'eau avec le café.

Les médicaments et la libido ne font pas toujours bon ménage

Si vous prenez des médicaments et que vous notez une baisse de la libido, parlez-en sans attendre avec votre médecin. En effet, un certain nombre de médicaments tant chez l'homme que chez la femme diminuent la libido progressivement sans que l'on y prête attention.

Si c'est le cas, votre médecin recherchera un autre médicament qui ne comporte pas cet effet secondaire. Notez si les troubles de la libido sont apparus à partir du moment où vous avez commencé un traitement. C'est un premier indice qui vous guidera.

Le bon moment...

Faut-il faire des avances avant ou après le dîner ?

La réponse est simple : c'est mieux après qu'avant. Les femmes en particulier sont beaucoup plus réceptives aux avances de séduction après le repas qu'à jeun.

La nourriture active dans le cerveau un système de récompense qui ouvre la voie vers d'autres plaisirs. C'est comme au cours d'un repas délicieux dans un joli cadre : l'envie de prendre un dessert est plus forte pour prolonger l'harmonie du moment présent. L'esprit s'ouvre, la détente favorise une plus grande sensibilité aux attitudes légères. Par ailleurs, des études ont montré que les femmes aux antécédents de régime et qui faisaient attention à leur poids étaient, une fois rassasiées, beaucoup plus perceptibles à d'autres plaisirs... Comme quoi le manque finit par donner faim dans tous les sens du terme.

Pas ce soir, mais demain matin...

Les scientifiques viennent de mettre en évidence qu'avec une heure de sommeil en plus les femmes montraient une augmentation du désir sexuel significative envers leur partenaire le lendemain. Ainsi l'insuffisance de sommeil entraîne un manque de disponibilité, une augmentation du stress et de la fatigue qui enlève de la légèreté, nécessaire à une sexualité harmonieuse. Mieux vaut laisser son conjoint qui a sommeil s'endormir et attendre le lendemain matin.

Prendre un verre ensemble

Aux États-Unis, le Pr Souffler a étudié 4 800 couples unis depuis en moyenne 33 ans. Il a découvert que ceux qui avaient l'habitude de prendre un verre ensemble avec modération se sentaient plus heureux, épanouis et complices. Rien à voir avec l'alcoolisme, il ne s'agit là que d'un verre pris pour se détendre et échanger. À l'inverse, si l'un des membres du couple buvait seul, les mécanismes bénéfiques ne fonctionnaient pas, bien au contraire.

Prendre un verre en couple est une occasion de partager ses idées et ses émotions. C'est un moment privilégié pour communiquer, ce qui est le carburant du couple. La petite dose d'alcool contenue dans un seul verre génère une décontraction pour se détendre à deux. Cette pratique peut constituer un rituel pour mieux s'ouvrir à l'autre et exprimer parfois ses désirs cachés.

Le sexe, c'est la santé !

Chez la femme comme chez l'homme, la sexualité est en relation avec un bon fonctionnement du système cardio-vasculaire. Chez la femme, les études référentes comme celle de Framingham ont montré que l'âge de la ménopause peut commencer jusqu'à 7 ans plus tard si les facteurs de risque vasculaire sont réduits (tabac, cholestérol, hypertension artérielle, poids...). Chez l'homme, des troubles de l'érection, à type d'instabilité ou de manque de fermeté, sont souvent en relation avec des plaques d'athérome qui participent justement à l'érection. Ce sont ces mêmes plaques qui, sur les artères coronaires, peuvent être à l'origine d'infarctus du myocarde sur les carotides et causer des accidents vasculaires cérébraux.

Votre santé sans risque

L'ail magique

Une très récente étude britannique montre que les femmes apprécient l'odeur de la transpiration des hommes qui ont mangé de l'ail. Pour cela, les chercheurs ont donné de l'ail à un groupe d'hommes et recueilli à l'aide de coton la sueur des aisselles. Les résultats ont établi que les femmes préféraient de très loin l'odeur de transpiration des mangeurs d'ail plutôt que l'odeur de ceux qui n'en avaient pas ingéré. Les scientifiques n'ont pas signalé l'impact de l'haleine sur la partenaire. Je conseille aux mangeurs d'ail d'utiliser quand même les moyens simples et efficaces pour faire passer l'odeur de l'haleine, comme mâcher un grain de café, du persil ou de la menthe.

D'autres travaux scientifiques ont mis en évidence le fait que, après un an de consommation quotidienne d'ail, la quantité des plaques molles d'athérosclérose avait été considérablement réduite. Ces plaques contribuent à boucher les artères, et à prévenir de la formation de nouvelles plaques chez des sujets présentant un syndrome métabolique (hypertension artérielle, augmentation du périmètre abdominal et hypercholestérolémie). C'est d'autant plus important que ces plaques molles ont tendance à se détacher totalement ou en partie de l'artère et à être à l'origine d'accidents vasculaires cérébraux. Ces premiers travaux demandent à être confirmés par des études complémentaires.

Jusqu'à présent, contrairement à certains témoignages, il n'y a pas d'études qui démontrent l'efficacité de l'ail sur la sexualité. Il est possible qu'en améliorant le débit vasculaire des artères par la diminution des plaques qui les rétrécissent, les érections soient de meilleure qualité.

En ce qui concerne la quantité, l'équivalent d'une gousse d'ail cru par jour serait l'idéal, mais le sujet de la convivialité demeure…

Le lien entre mal de dos et sexe

Beaucoup d'hommes et de femmes souffrent de lombalgies et de sciatiques à répétition. Le réflexe est souvent de vivre avec. Des études scientifiques récentes ont mis en évidence que les pincements discaux lombosacrés avaient une incidence sur la sexualité. Il a été souligné que des troubles portant chez l'homme sur l'éjaculation et l'érection pouvaient être en relation avec le bas de la colonne vertébrale. Chez la femme, cela peut générer une plus grande difficulté à accéder à l'orgasme.

Avant de chercher des causes psychologiques complexes en cas de difficultés sexuelles ou d'avoir recours trop vite à des médicaments, je conseille de commencer par consulter son médecin en cas de douleurs du dos. La prescription de massages et d'exercices par un kinésithérapeute, de semelles orthopédiques ou de toute prise en charge des pincements lombosacrés soulagera les douleurs et ouvrira la porte vers une sexualité meilleure.

Le mieux est l'ennemi du bien

En pratique, en cherchant mieux on risque de tout perdre. On peut gâter une situation en voulant la rendre meilleure. Vouloir faire toujours mieux, se fixer des exigences impossibles à réaliser dégrade l'image de soi. Pour une minuscule amélioration, on va dépenser une énergie et des moyens disproportionnés. On se trouve démoralisé alors que le jeu n'en valait pas forcément la chandelle. Cela crée une situation d'échec récurrente qui rend malheureux.

Il faut prendre le problème à l'envers. Dans les régimes amaigrissants, essayer de trop maigrir est une cause fréquente de Yo-Yo. Vouloir atteindre un poids trop bas, inaccessible, conduit à des pulsions alimentaires pour compenser les bouffées d'angoisse. Il vaut mieux se fixer un premier objectif modeste sur un an mais qui, une fois réussi, renforcera l'estime de soi et permettra d'aller plus loin. Au niveau de la sexualité, c'est la même chose. Une récente étude anglaise portant sur 366 femmes a montré que chercher la perfection au niveau de la sexualité fait plonger la libido. Lorsque le partenaire en demande trop à sa compagne, celle-ci n'y arrive pas et s'angoisse. Elle finit par ne plus se laisser aller et l'excès de pression crée un effet négatif sur sa sexualité. Imposer des normes perfectionnistes à son partenaire est la meilleure méthode pour que le couple coule.

En termes de sexualité, il ne faut se fixer aucune exigence. Lâcher prise, se laisser aller sans vouloir réaliser à tout prix des performances ou atteindre une perfection imaginaire ou qui n'existe pas. C'est dans les imperfections que se créent la beauté et la puissance de la sexualité du couple. C'est l'absence de règles et de normes qui permet d'exprimer la créativité et la bonne entente.

Dépasser le stress

La sexualité permet de se sentir intensément en vie. Les sensations de liberté montent en force. Pour réussir à se connecter émotionnellement à l'autre et que se déclenche cette formidable alchimie de l'amour, il faut être totalement présent. La sexualité est un révélateur de ce que nous sommes. Elle devient harmonieuse lorsque nous réussissons à être nous-mêmes, à nous débarrasser des tabous et des conventions. Il faut arriver à se relier à ce que l'on a de plus profond, même si cela nous gêne. La sexualité n'obéit pas à des règles logiques ou rationnelles, elle relève du domaine du lâcher-prise. C'est pour cette raison que les sujets stressés voient leur sexualité décliner, ce qui les stresse encore plus. C'est le début du cercle vicieux du mal-être et des compensations temporaires. L'excès d'alcool ou d'aliments gras et sucrés, le tabac ou la drogue ne feront qu'aggraver le problème en apportant de fausses solutions temporaires pour diminuer l'anxiété. Le niveau d'anxiété d'un couple peut augmenter sans qu'il en ait conscience. Il faut savoir reconnaître ces signaux. Je citerai en exemple les appels fantômes. La sensation d'entendre ou de sentir le portable vibrer alors qu'il n'y a pas d'appel représente un marqueur d'anxiété scientifiquement prouvé.

Dépasser la limitation de la capacité d'aimer

La première limitation

Ne pas voir l'autre tel qu'il est, mais tel que l'on voudrait qu'il soit, est une première limitation de la capacité à aimer. Aimer est l'inverse de la séduction, où l'on doit jouer un rôle de composition : c'est écouter, regarder, deviner ce que l'autre n'ose exprimer. Il faut partir à la découverte des parties secrètes et des énigmes qui définissent sa vérité. Aimer, c'est conduire un être vers son épanouissement. Ce n'est pas étouffer ses désirs cachés. Celui qui se voit comme un simple écran de projection en souffre en silence. Il ne peut que subir en travestissant sa personnalité pour entrer dans le champ du désir de l'autre. Ressentir l'impossibilité d'être soi éloigne jour après jour du bonheur et engendre une grande frustration. C'est une prison transparente et d'autant plus sévère qu'elle ne comporte justement pas de barreaux. Il faut alors que la victime devienne son propre geôlier. Il ne reste plus comme langage que la dépression, les maladies et le silence. Celui qui ne réussit pas à être soi perd de jour en jour confiance en lui. Sa réalité profonde se dissout, voire disparaît. C'est comme mourir tout doucement, ne plus exister. Il faut vite réagir. Plus le temps passe, plus on s'enfonce dans des sables mouvants. Celui qui se trouve absent du regard de l'autre devient vulnérable. N'osant pas s'affirmer et défendre ce en quoi il croit, il va progressivement céder au champ du désir des autres. Pour pouvoir aimer, il faut être capable de donner sans chercher à recevoir. Ce n'est ni un dû ni une transaction. C'est la forme la plus aboutie du don.

Certains ont inscrit en eux une limitation de la capacité d'aimer. Ils sont comme des conducteurs qui rouleraient en permanence avec le frein à main. Quelles que soient les rencontres, ils ne peuvent pas aimer. Plus précisément, ce qu'ils définissent comme aimer ne correspond en rien à l'amour. Ils confondent amour et satisfaction des rapports sexuels, amour et confort matériel, amour et représentativité sociale. Certains modèles ont été inculqués par l'éducation. Ils donnent une définition telle de l'amour qu'il devient impossible d'aimer. Si le sujet ne s'en dégage pas, il ne réussira pas à trouver l'épanouissement. Il rendra et se rendra malheureux. Il ne pourra transmettre à l'autre que de faux sentiments et du mal-être. Pour réussir à aimer, il faut commencer par faire l'apprentissage de la liberté, liberté de penser, de regarder, d'agir. Il faut être soi, sans travestir la réalité et commencer à aimer l'autre pour ce qu'il est, et non pour ce qu'il devrait être.

Aimer est une épreuve de vérité entre soi et les autres. La force et l'équilibre du couple viendront des faiblesses avouées et aimées par l'autre, et qui renforceront sa puissance. Les points de faiblesse rendent plus forts s'ils sont acceptés par les deux partenaires, les points de force à l'inverse rendent le couple vulnérable. Le couple qui se construit sur ce qu'il y a de fort en chacun comme des valeurs de faire-valoir narcissique vacillera à la première difficulté. Le monde s'effondrera, car les points de valorisation disparaîtront. Les exemples se trouvent autour de nous. L'un perd son travail, qui était un axe de valorisation, et le couple vole en éclats. Le couple qui s'appuie sur ses faiblesses à l'inverse n'est pas atteint. Il saura toujours détecter les leviers pour rebondir en maintenant l'intégrité de chacun.

La deuxième limitation

L'immobilisme constitue la deuxième limitation de la capacité d'aimer. L'amour est l'inverse de la statique et il faut réussir à changer en permanence. Chacun doit être capable en permanence de se réinventer. Cela n'est pas facile, car quand l'équilibre du couple est atteint, on se dit qu'il faut tout faire pour que cela dure sans modifier une pierre à l'édifice. Au fil du temps, nos sensations de plaisir s'atténuent progressivement si l'on n'y prend pas garde. La capacité d'aimer est l'aptitude de réinventer son couple en permanence. C'est à la fois merveilleux et difficile. Le mouvement, c'est la vie dans toute son intensité et sa vigueur. Il ne faut pas hésiter à faire des erreurs, à chercher par des voies latérales à se découvrir et à découvrir l'autre pour apprendre à se dépasser. Aller encore plus loin vers des territoires que l'on pensait impossibles à atteindre. Beaucoup croient que changer de partenaire les aide à changer. Cela est faux. Face à une nouvelle rencontre, chacun va raconter la même histoire déjà vécue. Il se met en valeur, ment un peu, se montre tel qu'il n'est pas. Cela donne l'impression de recommencer, mais en fait rien ne se passe. La véritable aventure est de parcourir à deux de nouveaux espaces, sans chercher à se mentir. C'est une route qui conduit à l'épanouissement. C'est considérer comme incomplet tout plaisir que l'on ne partage pas avec l'autre.

Repérer les signaux de la fin

Il faut aussi savoir repérer certains signaux précoces qui surviennent dans un couple, lorsque l'amour ne correspond plus à une énergie qui circule. Le moment où l'on commence à répertorier ce qui ne va pas chez l'autre et où l'on se met à faire des comptes. C'est le signal qu'il faut partir pour gagner une autre vie, pour exister autrement. Dans ce cas, il est contre-productif de culpabiliser, cela signe simplement la fin de l'histoire. Il faut savoir parfois accepter une souffrance avec sérénité pour aller plus loin. D'autres rencontres, d'autres attirances peuvent survenir. Il y a d'ailleurs quelque chose de mystérieux dans l'attirance de deux êtres. Nous sortons de la logique et du rationnel. Des forces d'attraction s'exercent à notre insu. Les scientifiques ont peut-être découvert le début d'une piste pour le comprendre. Ils ont mis en évidence une molécule présente dans l'œil, le cryptochrome, sensible à la lumière mais aussi aux champs magnétiques. Peut-être une hypothèse amoureuse sur les aimants qui deviennent amants...

Bercer, c'est aimer

C'est l'un des premiers gestes maternels instinctifs : la maman berce doucement son bébé pour qu'il s'endorme. Ce mouvement lent et régulier apaise et détend. Ce va-et-vient du bras comme un balancier, avec la nuque et la tête soutenues, génère un sentiment de sécurité absolue. L'enfant ainsi bercé pénètre dans une bulle apaisante d'harmonie et de relaxation. Plus tard, d'autres mouvements rythmiques peuvent être retrouvés : un rocking-chair, une balançoire, un hamac. Mais la sensation n'est plus la même, il manque le contact humain qui fait toute la différence.

L'effet du bercement sur le cerveau

Deux scientifiques suisses ont étudié l'incidence du bercement sur le cerveau des adultes. Les premiers résultats sont étonnants. Ils ont enregistré les ondes cérébrales à l'aide d'électroencéphalogrammes dans deux groupes, les individus de l'un sur des lits fixes, les autres sur des lits « berçants ». Ils ont découvert dans le groupe des lits berçants une synchronisation des neurones du cerveau qui est un facteur permettant de se relaxer et de bénéficier d'un sommeil très récupérateur. Dans la journée, nos neurones fonctionnent tous à des moments différents. Le sommeil permet de retrouver une harmonie à ce niveau et d'arriver à une synchronisation neuronale. Le bercement reproduit cet effet bénéfique qui existe pendant l'endormissement. Cette stimulation rythmique s'avère être un élixir de bien-être et de relaxation.

Dans le couple, apprendre à se bercer l'un l'autre peut être réellement source de bonheur. Placez une main bien étalée sur le front de votre partenaire, sa tête reposant sur votre cuisse, le ventre formant un oreiller doux pour mieux relâcher la tête et le cou. Il suffit alors de créer un léger mouvement de balancier avec vos hanches pour que la magie s'opère. En cinq minutes seulement, les tensions disparaissent, vous reconnectez votre partenaire aux meilleures sensations de sa petite enfance. Elles étaient ensevelies dans le passé, vous lui ouvrez les portes d'un sommeil plus récupérateur, car il dormira « comme un bébé ». Ces gestes bienveillants sont des mots d'amour prononcés sans ouvrir la bouche, juste avec le langage du corps.

Les scientifiques l'ont démontré, vous venez de synchroniser les neurones de votre amoureux ou de votre amoureuse par stimulation rythmique. Bonheur pur !

• PIMENTEZ VOTRE SEXUALITÉ

Des épices pour la chambre à coucher

Il y a deux mondes : celui des médicaments, qui ont généré un nombre significatif d'études scientifiques pour en prouver l'efficacité, et celui de la nutrition et des médecines traditionnelles, où le nombre de recherches est très restreint.

L'explication coule de source. Il est impossible de déposer un brevet sur une épice ou sur un légume alors que cela est possible pour un médicament. Faute de perspectives et de rentabilité, les fonds nécessaires sont rarement alloués pour comprendre l'efficacité d'une médecine naturelle. Hippocrate disait : « De la nutrition tu feras ta médecine », mais la question sous-jacente est : de quels aliments s'agit-il ? Lorsque les médecines traditionnelles utilisent des remèdes naturels, il faut toujours y prêter attention. Quand il s'agit des aliments du placard de la cuisine, pourquoi ne pas les essayer pour se faire une impression personnelle ? En utilisant des quantités raisonnables, nous pourrons savoir si cela fait ou non de l'effet.

Dans tous les cas, que ce soit avec un médicament ou une simple épice, l'effet placebo intervient. Si l'on croit dans l'efficacité de ce que l'on prend, cela peut fonctionner jusque dans 40 % des cas. L'effet placebo a un réel impact. Les scientifiques ont découvert que les personnes qui réagissent à l'effet placebo ont une particularité. La puissance de leur mental pour soulager une douleur, par exemple, déclenche la sécrétion dans le sang d'enképhalines, des équivalents de la morphine. Autrement dit, la force du mental fait sécréter par le corps ses propres médicaments pour se soigner. L'effet placebo ne se joue pas seulement dans la tête, c'est un moyen pour l'organisme de se soigner tout seul.

Grattez les noix : vous pouvez gagner

La noix de muscade est une épice utilisée pour agrémenter de nombreux plats. Lorsqu'on la râpe, elle dégage une odeur agréable particulière. Certaines médecines anciennes en Asie utilisent cette épice avec une légende transmise au fil des siècles : c'est le philtre d'amour qui augmente le désir sexuel de l'homme et de la femme.

À ce jour, nous ne disposons que d'une seule étude, réalisée chez le rat. C'est peu, mais cette expérimentation donne des résultats surprenants. Avec de la noix muscade, les rats s'en donnent à cœur joie... La fréquence et l'intensité de leurs rapports sexuels augmentent de façon très significative avec un délai de une à trois heures entre l'ingestion de cette épice et le résultat sur le comportement sexuel.

Vous pouvez essayer de vous amuser le soir à prendre un yaourt saupoudré avec de la noix muscade en quantité raisonnable. Vous jugerez par vous-même. Personnellement, j'ai essayé : j'adore cette épice...

La fabuleuse histoire du safran

Cela a commencé pour moi comme une enquête policière qui m'a conduit jusqu'au Maroc. Tout est parti du témoignage d'une patiente âgée de 55 ans. Elle m'avait raconté qu'elle était passée d'une libido effondrée à une sexualité épanouie en utilisant un moyen simple : le safran. Pour essayer d'en comprendre la raison, je me suis penché sur les études scientifiques réalisées sur cette épice. J'ai été surpris de découvrir qu'il en existait plusieurs qui allaient dans ce sens.

Chez l'homme, des progrès ont été réalisés dans le secteur pharmaceutique avec des médicaments pour maintenir une érection, mais il n'y a aucun médicament pour provoquer cette érection. Si la libido est éteinte, il ne se passe rien. Cela est vrai tant pour les hommes que pour les femmes. Il n'y a rien à vendre en pharmacie pour doper la libido et donner envie d'avoir des rapports sexuels.

En médecine, quand il n'y a pas de solution médicamenteuse, cela ouvre d'autres voies. Dans la rubrique « Aphrodisiaques naturels », c'est un vrai bazar. On trouve de tout avec des offres qui ne correspondent à rien de sérieux. Une équipe de scientifiques canadiens a fait le tri dans ce fatras. Seulement deux stimulants naturels ont attiré leur attention : le ginseng, et surtout le safran.

Les études scientifiques sur le safran ont été établies chez les deux sexes, d'abord chez l'animal puis chez les humains. Ce que l'on peut dire, c'est que venant des quatre coins du monde, des effets positifs sur la sexualité ont été observés, même dans le cas particulièrement difficile de femmes traitées pour des états dépressifs. La dépression favorise la baisse de la libido, ce qui rend l'effet du safran plus délicat à atteindre. Pourtant des impacts ont été notés : meilleure lubrification naturelle, montée spontanée du désir sexuel.

À la suite du témoignage de ma patiente et à la lecture de ces études, j'ai conseillé aux hommes et aux femmes qui avaient une libido basse d'essayer de mettre du safran au menu. Les résultats n'ont pas été au rendez-vous. Je me suis alors plongé dans les livres de médecine traditionnelle. J'ai été attiré par le récit d'un naturopathe marocain qui insistait sur les effets du safran.

Je suis allé à sa rencontre. Dans un quartier ancien de la ville de Marrakech, loin des touristes, il tenait l'équivalent d'une pharmacie où il vendait exclusivement des plantes et des épices pour soigner. Quand je lui ai parlé du safran et de ses effets sur la libido, ses yeux se sont allumés. Il m'a confirmé que s'il fallait choisir dans sa boutique l'épice la plus efficace dans une indication donnée, ce serait le safran pour la libido. À des milliers de kilomètres de distance, il arrivait par son savoir empirique au même résultat que l'équipe de chercheurs canadiens qui avait mobilisé des moyens scientifiques de pointe pour mettre en évidence cette découverte.

Je lui ai demandé la raison pour laquelle il disait toujours qu'il y a « safran et safran ». Je l'ai rejoint quelques jours plus tard dans la campagne marocaine pour comprendre. Je me suis retrouvé dans un entrepôt où des femmes assises en cercle sur le sol triaient le safran. Il m'a montré les filaments de safran et m'a expliqué. « Très souvent, le safran que vous trouvez en vente ne détient pas ces principes actifs. C'est comme les médicaments que vous achetez sur Internet : en général, ce sont des faux. Pour le safran c'est la même chose. »

Le safran est appelé « or rouge », car c'est l'épice la plus chère du monde. Le prix du kilo se situe entre 25 000 et 40 000 euros. Nous sommes dans les prix d'un lingot d'or. La culture du safran est très délicate. La récolte ne peut se faire qu'à la main et sur une période très courte. Il faut récupérer les pistils rouges de façon méticuleuse dès que la fleur s'ouvre. Il faut 20 000 filaments pour obtenir 100 grammes de safran. Mon nouvel ami marocain me déposa dans la main les précieux filaments. L'odeur et le goût que je découvris dégageaient une puissance incroyable. Il m'expliqua que, à cause du prix élevé, la tentation était grande de vendre du faux safran : des boîtes où trois filaments qui vont représenter 1 % du produit seront mélangés avec du paprika ou du curcuma.

Je tenais enfin l'explication qui me permit de comprendre pourquoi le safran n'avait pas produit ses effets. Mon ami me révéla les clés pour savoir acheter du safran. Il faut toujours le choisir en pistil, jamais en poudre. Si vous croquez un pistil et que vous l'étalez sur le bout de la langue, une odeur caractéristique puissante se dégage immédiatement. Les filaments doivent être de couleur rouge sombre, de 2 à 5 centimètres et évasés aux extrémités. Enfin, si le safran dégage une odeur piquante, il s'agit de vieux safran qui a perdu ses propriétés.

Sachez aussi qu'avec 1 gramme de safran vous pourrez préparer au moins 80 plats : du riz, des pâtes, des œufs... Vous jugerez par vous-même ensuite de l'effet sur la libido en mettant cette épice au menu. Pour ce qui est de la dose, vous déterminerez celle qui vous produit le meilleur effet sans trop entamer votre budget.

La fessée érotique : pourquoi un couple sur quatre la pratique de temps en temps

Attention : nous parlerons ici uniquement de la fessée au sens érotique du terme, pratiquée au sein du couple et consentie par les deux partenaires et non du drame des femmes battues qui atteint des chiffres records au niveau mondial et pour lequel nous devons nous mobiliser et lutter contre la loi du silence. En France, tous les trois jours, une femme meurt sous les coups de son conjoint.

Un sondage réalisé en France en 2013 signalait qu'une femme sur quatre déclarait avoir déjà été fessée par son partenaire dans le cadre d'un jeu érotique. Il s'agit d'un chiffre bien en dessous de la réalité, car, en pratique, peu de personnes souhaitent répondre à un inconnu sur ce sujet intime. Mais la société évolue : en 1985, le nombre de femmes reconnaissant être fessées lors de l'acte amoureux était seulement de 8 %. On ne sait pas pour quelles raisons les hommes n'ont pas été interrogés dans ce sondage. Les observations des mœurs des couples montrant que les rôles s'alternent, il est par conséquent probable que le nombre d'hommes concernés soit assez proche de celui des femmes.

Les réactions surprenantes déclenchées par la fessée érotique

Plusieurs équipes universitaires aux États-Unis ont étudié l'incidence des pratiques sadomasochistes modérées sur la santé du couple. Ces comportements devenant de plus en plus fréquents dans la population, ils ont voulu découvrir quel en était l'impact sur la santé. Parmi ces pratiques sadomasochistes consenties, le plus courant et représentatif est la fessée.

Les scientifiques ont ainsi décrypté les effets de pratiques comme la fessée sur la santé, et les résultats sont très surprenants. Il faut savoir que, dans tous les cas, il s'agit de fessées consenties par les partenaires, qui pratiquent cette « punition » comme un jeu érotique pour pimenter le quotidien et sortir des routines sexuelles. Ce ne sont pas des comportements systématiques mais occasionnels. Parfois, le couple scénarise l'acte en mimant des situations, par exemple le maître et la mauvaise élève, pour augmenter les sensations. Il faut noter que très souvent les rôles s'inversent.

Chez chaque être humain coexistent un côté sadique et un côté masochiste, une part de masculin et une part de féminin. La fessée intervient chez les adultes comme une façon de lâcher prise et de réduire la pression. Elle permet de se débarrasser des tensions accumulées dans la journée. C'est être en même temps homme, femme, enfant, dominant, dominé. C'est l'inconscient qui se libère pour quitter pendant un moment le monde sérieux des grandes personnes et des responsabilités parfois trop lourdes. C'est l'espace d'un instant se soumettre à une forme d'autorité pour ne plus avoir à choisir ou décider. Les conventions disparaissent, le paraître se dissout, l'enfant qui sommeille au plus profond de chaque adulte reprend un pouvoir jubilatoire. Cette approche correspond aux résultats des premières études scientifiques réalisées aux États-Unis qui ont montré que les adeptes de pratiques légères sadomasochistes comme la fessée arrivaient à un état proche de la méditation. Certains signalaient des effets « planants » comme après une séance de yoga.

D'autres expérimentations scientifiques ont exposé que les couples qui suivaient de façon occasionnelle ces pratiques possédaient un meilleur bien-être mental. Ils étaient moins stressés, davantage ouverts aux autres, plus détendus, moins névrosés et moins anxieux. Ces petites saynètes entre adultes consentants permettraient de libérer les tensions conjugales et d'apaiser.

La fessée et la méditation, des points communs ?

Comment des pratiques à ce point opposées peuvent-elles produire des effets positifs similaires ? Imaginez un couple où l'homme ou la femme reçoit une fessée. Comment pourrait-il parvenir au même état de bien-être mental que le sage adepte de la méditation ?

Les chercheurs ont étudié les pratiques sadomasochistes consenties par les deux partenaires. Ils ont constaté que les douleurs vives produites lors des rapports sexuels stimulaient les mêmes zones du cerveau que celles mobilisées par la méditation. Les scientifiques de la Northern Illinois University, aux États-Unis, ont ainsi observé une modification de la circulation sanguine dans les parties cérébrales concernées et une variation de l'activité correspondante. Il s'agit en particulier de la partie dorsolatérale préfrontale du cerveau qui est en relation avec le contrôle de soi, la mémoire active et les fonctions cérébrales de haut niveau. La douleur ressentie provoque une modification de l'état de conscience. Cette zone du cerveau est aussi responsable en partie de la distinction entre le soi et le non-soi. La baisse du flux sanguin dans cette partie spécifique augmenterait ainsi le sentiment profond d'unité entre soi et le monde extérieur. Le plus troublant vient du fait que pour arriver à cette sensation de plénitude et de sérénité nous trouvons deux voies opposées : la méditation ou des pratiques comme la fessée.

L'objectif de la méditation est d'arriver à un état de pleine conscience. Cela signifie réussir à être totalement présent pour soi-même et pour les autres. C'est vivre l'instant présent à fond, être totalement là, ne serait-ce que l'espace d'une seconde, sans penser au passé ou au futur. Les sujets pratiquant la pleine conscience soulignent d'ailleurs qu'ils arrivent à un état de concentration et de jouissance extrême. Elle permet de ne pas se laisser aller au pilotage automatique, situation dans laquelle on est avec quelqu'un sans être vraiment là, où on l'écoute sans vraiment écouter. Cette absence crée très vite un manque d'intensité dans les relations aux autres, un vide mélancolique et le sentiment d'être seul. Les sujets qui regardent leur Smartphone ou répondent au téléphone face à vous envoient un flux d'ondes négatives. À cet instant précis, vous ne comptez pas, votre présence ne vaut rien. Dans ce cas, partez, vous retrouverez la sérénité. Par votre départ, montrez que vous n'êtes pas d'accord. N'entrez jamais dans le cercle infernal de « celui qui ne dit mot consent ».

Les sujets qui pratiquent le masochisme arrivent aussi à cet état de pleine conscience, ils vivent totalement ces douleurs choisies, consenties et voulues et ne veulent pas en perdre une miette. Ils sont comme ceux qui pratiquent la méditation, totalement dans l'instant présent.

En tant que médecin, j'ai appris à ne jamais juger mes patients. Si une pratique comme la fessée érotique permet à certains couples d'être heureux et épanouis, pourquoi pas ? Dans la mesure où il n'y a pas de violences ou de dangers pour la santé et que les échanges sont consentis. Je préfère de loin cela à des sujets qui n'arrivent pas à exprimer leurs désirs, qui se renferment sur eux-mêmes et qui compensent en prenant des anxiolytiques ou des antidépresseurs. Si certaines pratiques sexuelles sont représentées comme perverses et honteuses par la société, cette notion disparaît quand des couples parviennent à une forme d'équilibre. D'autres études réalisées aux États-Unis ont montré que les couples qui pratiquaient de petits jeux sadomasochistes avaient des liens sociaux très forts et étaient détendus dans la vie de tous les jours.

La fessée peut stimuler la libido

La fessée érotique peut être un stimulant de la libido dans le couple. La libido est un ciment du couple, un générateur de bonne santé. De nombreux hommes et femmes se trouvent au fil des années exposés à des baisses de libido. La routine, l'usure du temps, les habitudes atténuent le désir jusqu'à l'éteindre. Les questions surviennent, associant baisse de la libido et perte du sentiment amoureux. Certains parlent alors de divorce. Nous l'avons écrit plus haut, il n'existe pas aujourd'hui de médicament qui augmente la libido. Chez l'homme, les traitements comme le Viagra®, le Cialis® ou le Levitra® maintiennent l'érection mais ne la déclenchent pas. La libido est le starter, sans elle rien n'est possible. C'est l'étincelle qui donne la vie et le plaisir.

Fessées, contacts bucco-génitaux... tout est bon pour briser la banalité et ouvrir la créativité des rapports conjugaux. Ces excitations sexuelles troublantes révèlent une frontière mince qui existe entre le plaisir et la douleur.

La fessée provoque aussi une augmentation de la circulation sanguine au niveau des zones érogènes. La zone anale est sur le plan anatomique très innervée et en connexion avec les organes génitaux. Cet afflux sanguin augmente les sensations sexuelles et une plus grande réactivité des structures nerveuses. Ces données expliquent pourquoi il existe alors une montée rapide du désir vers l'autre et un seuil de déclenchement du plaisir plus accessible. Il faut souligner le rôle important du nerf honteux interne (nerf pudental), qui innerve la région pelvienne entre les organes génitaux et l'anus.

La fessée va également favoriser des sécrétions hormonales du bien-être comme la dopamine ou les endorphines. C'est la raison pour laquelle le cerveau mélange plaisir et douleur dans ces moments particuliers.

Pourquoi prend-on plaisir à souffrir ?

Les sportifs représentent le modèle par excellence pour apporter la réponse à cette question. Ils réussissent à changer la douleur en plaisir par une série de réactions physiologiques et la force de leur mental. Les sportifs, notamment ceux de compétition, parviennent à un état de bien-être après des épreuves qui ressemblent à de véritables tortures. Ils décident en toute conscience de s'infliger ces souffrances comme des autopunitions sévères pour réaliser leurs objectifs.

Au moment des efforts physiques, le corps fabrique naturellement des molécules, les endorphines, qui atténuent les douleurs. Les endorphines sont des molécules qui sont sur le plan chimique proches de la morphine. Elles induisent un état de bien-être, de béatitude et de sérénité. Autrement dit, la douleur provoque la sécrétion d'endorphines pour mieux la supporter, mais, une fois les souffrances passées, il ne reste que le plaisir généré par ces molécules. C'est le cas du coureur de marathon, qui, quand la course est terminée, passe des heures dans une incroyable sensation de bien-être. On peut d'ailleurs devenir « accro » à ces drogues naturelles. Pour les sportifs, on parle de « bigorexie » lorsque le sujet a un besoin physiologique quotidien et puissant d'avoir une dose de sport de plus en plus forte afin d'obtenir la « livraison » d'endorphines naturelles par son corps.

Celui ou celle qui adopte la position masochiste et qui accepte de recevoir une fessée a le sentiment de maîtriser son destin. Aucune force contraire ne peut l'atteindre. Tout est sous contrôle, même ce qui pourrait le faire souffrir. Il n'a plus peur de quoi que ce soit. Je domine ce qui me fait mal, je choisis cette douleur. Plus rien ne pourra m'arrêter. La douleur devient le carburant qui permet d'avancer plus vite et plus loin. Les sportifs de compétition réussissent aussi dans une autre perspective à atteindre les mêmes sensations. Au moment des châtiments infligés par l'autre ou par soi-même, celui qui souffre apprécie sa souffrance. Il se sent vivre avec intensité, il a la perception que la durée du temps s'allonge, comme pour toucher dans ces moments de fulgurance un petit fragment d'éternité.

Pour les adeptes de la fessée érotique : mode d'emploi

Pour les couples qui pratiquent la fessée érotique, il convient de rappeler certains points.

• Elle doit être librement consentie par les partenaires.

• Elle ne doit pas être systématique à chaque rapport sexuel, mais occasionnelle, pour éviter toute escalade.

• Avant de s'y adonner, il faut choisir des mots pour signaler qu'il faut arrêter.

• Elle doit être administrée avec le plat de la main et sans objet pour qu'il n'y ait pas de blessures ou de contusions.

• Le plat de la main en regard de la zone anale donne les résultats les plus rapides grâce aux terminaisons nerveuses communes entre l'anus et les organes génitaux. Les sensations de plaisir sont ainsi augmentées. Ces données anatomiques expliquent la dimension érogène de la zone anale.

CHAPITRE 6

IL Y A DU EINSTEIN
EN VOUS

« Si l'idée n'est pas *a priori* absurde, elle est sans espoir. »

ALBERT EINSTEIN

Une équipe de scientifiques californiens vient de découvrir que la structure de notre cerveau serait d'une puissance incroyable : il atteindrait la capacité de stockage de l'ensemble du Web. Disposer d'une telle capacité ne veut pas dire pour autant qu'on l'utilise. Les ressources immenses de notre cerveau montrent à quel point nous disposons de possibilités pour augmenter nos performances cérébrales tout au long de la vie. Nous pouvons devenir de plus en plus intelligents en vieillissant.

Pour comprendre la protection cérébrale liée au sport, des scientifiques finlandais ont mis en évidence que l'exercice physique soutenu et quotidien nous faisait fabriquer de nouveaux neurones chaque jour. C'est une façon de remonter le temps. Le cerveau augmente en faculté au fil des années et devient très performant. Vous disposez d'une réserve cérébrale de plus en plus importante avec simplement trente minutes par jour d'exercice soutenu et sans interruption. Les chercheurs ont constaté que les sujets âgés qui pratiquaient cet entraînement quotidien utilisaient leur cerveau comme des sujets jeunes. Les circuits neuronaux sont plus rapides et plus performants. Les mêmes scientifiques ont d'ailleurs démontré que des rats qui couraient sur une roue généraient trois fois plus de neurones que les rats sédentaires.

Outre le sport, je vais vous donner ici quelques méthodes simples pour booster votre cerveau. Alors n'attendez pas et faites rajeunir votre cerveau dès aujourd'hui !

• STIMULEZ VOTRE CRÉATIVITÉ

Nous sommes tous créatifs sans le savoir. Notre potentiel de créativité enfoui ne demande qu'à s'exprimer. Or ce trésor peut ne jamais se révéler. C'est pourtant le moteur de la joie de vivre et du bonheur.

La créativité permet d'inventer de nouvelles dimensions. Les habitudes et les routines usent l'énergie vitale et diminuent le plaisir ressenti. C'est comme un chewing-gum qui perd lentement son goût. Nous l'avons vu, savoir créer dans un couple, c'est le dynamiser pour qu'il ne s'éteigne pas. La créativité génère toujours de la nouveauté, qui sécrète les hormones du bonheur comme la sérotonine et la dopamine. Créer permet d'augmenter ses capacités cérébrales et empêche le cerveau de vieillir.

La créativité a un autre effet : s'adapter aux changements sans avoir peur, en toute sérénité. Il a été observé dans des entreprises que certaines personnes faisaient un burn-out, les poussant parfois au suicide, lorsqu'elles devaient changer de poste (même pour une meilleure rémunération ou qualification), de lieu de travail ou de fonction. L'angoisse de ne pas être à la hauteur, d'être

186

dépassé par les événements plonge certains dans la dépression. Inconsciemment, se répéter « Je n'y arriverai pas » fait perdre pied. Un sujet créatif se sent invincible face aux événements. Il sait qu'il rebondira toujours. Il vivra les changements comme des opportunités pour découvrir et s'épanouir dans de nouveaux territoires. Il est vrai qu'il existe des environnements plus favorables que d'autres à la créativité. Habiter une ville offre un milieu plus propice. La ville est un moteur d'innovations et d'échanges. Les rencontres stimulent la curiosité et génèrent de la nouveauté.

Pour s'entraîner à révéler sa créativité, il faut lâcher prise et accepter de s'ennuyer, de ne rien faire, de sommeiller en rêvassant. Laissez monter les pensées sans filtre et sans tabou. Autorisez-vous l'absurde, le bizarre, l'étrange. Notez ensuite sur un petit carnet ce qui vous est passé par la tête. Pour vous aider, prenez un sujet et consacrez-lui dix minutes. Par exemple les repas, les vacances, l'amour... Si cela devenait quelque chose d'autre, sans limites ? Vous pourrez peut-être révéler vos capacités artistiques.

Le verre en plastique

Prenez un verre en plastique. Imaginez que ce verre puisse avoir d'autres fonctions que celle de contenant. Il en existe plus de 50 : une passoire en faisant des trous au fond, des boucles d'oreille en le découpant, un moule pour faire des pâtés de sable... À partir de 7 nouvelles applications, vous entrez dans le club des créatifs.

Vous pourrez continuer à réaliser d'autres tests avec des objets sortis de leurs fonctions habituelles. Vous découvrirez que votre créativité peut s'inscrire davantage au niveau personnel, familial ou professionnel. Progressivement, vous allez acquérir une flexibilité mentale qui vous permettra de rebondir en toutes circonstances et de devenir invincible.

• CULTIVEZ VOTRE INTUITION

L'intuition est l'inverse du raisonnement méthodique. Elle jaillit sans qu'on le demande, comme une évidence. Faut-il la suivre ou s'en méfier ? Est-ce une arme efficace pour se protéger et pour faire les meilleurs choix ?

La première impression réunit de nombreuses caractéristiques pour pouvoir réagir immédiatement. Une intuition fuse, car réfléchir longuement à la même situation va souvent brouiller les cartes. Les choses semblent moins évidentes et le fruit de ce tortueux cheminement peut ne pas être le bon. Des expérimentations réalisées chez des étudiants ont démontré cela. Quand on se « creuse trop la cervelle », on se déconnecte de ce que l'on ressent.

Le raisonnement et l'intuition utilisent des circuits cérébraux très différents. Se fier à soi-même sans se laisser influencer, suivre sa première impression, ses intuitions, toutes ces attitudes s'avèrent souvent plus efficaces dans des situations complexes qu'un lent raisonnement où l'on risque de se perdre.

Dans ce sens, une étude récente montre que les personnes qui se confient beaucoup à des proches pour être guidées dans leur prise de décision ne sont pas aidées du tout, bien au contraire. Plus les sujets partageaient des confidences, plus les tergiversations et les hésitations les enlisaient intellectuellement. À force de peser le pour et le contre, ils finissaient par ne rien faire, ou au pire prenaient les mauvaises décisions. C'est comme si la puissance de l'intuition et du bon sens qui agit comme une fulgurance était ensuite détruite par de longs palabres inutiles. Ces confidences sont l'expression d'un manque de confiance en soi et d'un besoin de se rassurer. Revenez à vos fondamentaux. Fiez-vous à votre première impression, c'est la bonne.

• ACTIVEZ LES SYSTÈMES DORMANTS DU CERVEAU

Le cerveau est une mécanique formidable. Il fonctionne comme une horloge de précision avec des systèmes de réparation intégrés. Autrement dit, nous avons le pouvoir de nous protéger de défaillances techniques et de pannes avec nos propres moyens. Dans la majorité des cas, les médicaments pour se soigner sont intégrés, il suffit de les activer pour en bénéficier.

Nous sommes tous nés avec ces systèmes de régénération, mais nous ne savons pas qu'ils existent ou comment les mettre en service.

Le cerveau a besoin d'oxygène. Si les artères sont encrassées, il fonctionne moins bien. Nous l'avons vu, les études scientifiques ont mis en évidence que l'exercice physique quotidien stimulait la mémoire. Toute la vie, nous avons la capacité d'apprendre. Or, apprendre, c'est constituer de nouveaux neurones, des circuits cérébraux inédits qui vont en augmenter la vitesse. Plus nous avançons en âge, plus nous pouvons devenir performants, à condition de rester d'éternels étudiants.

Le cerveau est comme un muscle. Plus on le fait travailler, plus il devient costaud. C'est à nous de jouer pour gagner la partie. S'adonner sans cesse à de nouvelles activités, découvrir des pays inconnus, rencontrer des personnes différentes : la nouveauté est l'un des carburants essentiels pour développer des circuits cérébraux inédits. Avoir une activité professionnelle ou associative soutenue maintient les performances intellectuelles. Profitez ainsi de l'espace de vos loisirs pendant les week-ends ou les vacances. Les routines et la répétition rétrécissent votre capacité cérébrale, la nouveauté l'amplifie. Décidez chaque semaine de consacrer lors du week-end une heure à fertiliser une zone du cerveau dormante. Vous allez peut-être découvrir une puissance en vous que vous n'imaginiez pas. Musicien, artiste, photographe, poète... Essayez-vous à des activités physiques différentes, vous allez mettre en lumière des trajectoires et des pépites qui sommeillaient.

Moins on travaille, plus on est intelligent

La première fois que vous avez conduit une automobile ou fait du vélo, vous avanciez lentement et cela vous semblait difficile. Vous mobilisiez de la concentration, de l'énergie et du temps. C'est la même chose pour une première recette de cuisine, pour apprendre à coudre, à repasser une chemise...
À chaque répétition, votre vitesse augmente, jusqu'à atteindre un seuil où vous ne faites plus d'effort. Vous travaillez moins et plus vite parce que vous maîtrisez parfaitement tous les gestes. L'intelligence permet de faire un apprentissage rapide, de trouver les raccourcis pour aller vite et moins se fatiguer. Deux conclusions s'imposent. Ne jugez pas ce que vous faites sur le temps que vous y passez mais sur ce que vous réalisez. Ne culpabilisez pas si vous ne travaillez que très peu de temps par jour.
Par ailleurs, pour booster votre cerveau, quand vous dominez trop bien un sujet, passez à autre chose. Vous allez ainsi augmenter la puissance de votre disque dur cérébral en créant de nouveaux circuits.

• ÉVITEZ LE STRESS

Le stress est impossible à éviter. Il s'agit d'une réaction du corps face à un stimulus extérieur. C'est une façon de s'adapter au monde extérieur, en constant mouvement. Il y a le stress facile à identifier, qui est lié, par exemple, à un événement actuel ou à venir. Mais le plus redoutable est insidieux. C'est un proche qui, par ses ondes négatives, vous fait du mal jour après jour sans que vous en ayez conscience. Cela peut venir de votre sphère professionnelle ou privée : un chef qui vous inonde de dossiers, un conjoint dont les remarques désagréables sont quotidiennes, un ami trop insistant... Le stress répété abîme et détruit.

Face aux agressions, le corps réagit pour se défendre, mais cette défense lui coûte cher. Elles sont sécrétées, comme le cortisol ou l'adrénaline. Ces hormones préparent le corps à répondre aux stress : le cœur bat plus vite, la tension artérielle augmente, ce qui fatigue le système cardio-vasculaire. Le cortisol fait vieillir prématurément. D'autres hormones, comme la corticolibérine, agissent dans le cerveau sur l'hypothalamus. L'un des effets collatéraux liés au stress provient du fait que cette hormone intervient sur les défenses de l'organisme. Le stress répété diminue les défenses immunitaires, comme les lymphocytes NK, tueurs de tumeurs cancéreuses. Le taux inflammatoire du corps augmente, comme la vulnérabilité aux infections.

La note à payer pour ce stress est lourde : la diminution de son espérance de vie. Les extrémités des chromosomes de l'ensemble des cellules du corps humain raccourcissent trop vite, ce qui réduit le nombre d'années à vivre.

• PROTECTION RAPPROCHÉE

La façon de s'écouter en ce qui concerne sa santé joue pour être davantage exposé ou protégé face aux maladies. Nous savons que les optimistes vivent plus longtemps que les pessimistes. Les optimistes usent moins leur organisme, car ils sont moins stressés face aux situations difficiles.

Il existe au niveau du cerveau des vaisseaux lymphatiques qui font le lien avec le système immunitaire. Cette disposition anatomique permet de comprendre la place stratégique du cerveau dans l'immunité.

Se sentir fort rend fort, se sentir faible rend faible. Nous entrons là dans les limites de la médecine où le médecin ne peut rien faire et où le patient est tout-puissant. Je vais plus loin. L'efficacité d'un traitement peut changer selon que le sujet croit à son fonctionnement ou non. La force de notre mental peut nous protéger des maladies ou nous exposer davantage. Nous avons notre santé entre nos mains, mais surtout notre cerveau.

Souvent, après une maladie, il existe une part de vous qui n'est pas soignée : la partie mentale et spirituelle. Avec des médicaments, on soigne l'effet mais pas la cause. Il faut remonter aux origines du mal, à ce qui a déclenché la maladie. Si nous n'effectuons pas ce cheminement intérieur, on s'expose à voir la pathologie revenir parfois sous différentes formes. Il faut toujours essayer de comprendre ce qui vous a rendu malade. Dans quel contexte est apparue la maladie ? Est-elle le premier fusible qui a sauté par trop de pression ? Ce travail de compréhension est essentiel pour trouver les racines de la pathologie. Il ne faut pas hésiter à consulter pour désamorcer ce qui détruit la santé sans en avoir conscience.

Au cours d'un examen neurologique, il est fréquent que le médecin demande au patient de se tenir quelques instants debout, pieds joints, les bras le long du corps sans bouger. Le but de ce test est de rechercher des atteintes neurologiques comme celles du cervelet. Si le sujet oscille pour garder sa position et la réajuste à plusieurs reprises, cela déclenchera des examens complémentaires.

Garde à vous !

Faites l'essai. Avant de commencer à faire mille et une choses, décidez de commencer une journée par l'immobilisme. Il va s'agir d'un moment crucial dans votre quotidien. Observez les sportifs avant une compétition. Ils ne gesticulent pas. Ils se concentrent, ils canalisent leur énergie pour extraire ensuite le meilleur d'eux-mêmes. Ils imaginent, ils anticipent les parcours, ils prévoient les réactions possibles des concurrents. Ils sont comme des avions qui donnent toute la puissance avant de décoller. Vous êtes des sportifs de compétition. Vous venez de vous lever. Vous n'avez encore rien fait, sauf éventuellement être allé aux toilettes. C'est le bon moment. Tenez-vous debout immobile. Les bras le long du corps, placez vos pieds dans la position qui vous paraît la plus stable. Respirez calmement. Imaginez que vos pieds sont des racines qui poussent dans le sol et vous relient à la terre. Recherchez votre meilleur point de stabilité, votre centre de gravité, de sorte que personne ne pourrait vous faire tomber en vous poussant. Cette force et cet équilibre, vous les garderez en mémoire toute la journée. Maintenant, imaginez les heures qui suivent jusqu'au soir comme un parcours. Est-ce que tout est utile ? Y a-t-il des choses que vous pouvez modifier pour votre bien-être ? À ce moment pré- cis, vous déterminerez votre axe, votre direction, votre raison d'avancer. Vous donnerez du sens et de la valeur à vos actes. Vous constaterez déjà au bout d'une semaine les changements positifs dans votre vie. Par exemple, imaginez les repas, les grignotages possibles, ce qui en vaut la peine ou non, ce qui fait réellement plaisir et ce qui vous abîme pour rien. Quand vous vous retrouverez face à ces aliments, votre attitude aura changé. Vous maîtriserez la situation. Vous ne laisserez de l'espace que pour votre réelle jouissance. Le reste, vous le mettrez de côté.

• DOMPTEZ VOS TROUS DE MÉMOIRE

Ne plus être capable de mettre un nom sur un visage, ne pas retrouver la place de sa voiture, ne plus se souvenir de son code de Carte Bleue, tous ces oublis peuvent nous faire paniquer. La terreur de la maladie d'Alzheimer est là. Heureusement, dans l'immense majorité des cas, cela n'est rien. Il s'agit simplement de petits trous de mémoire, que vous pouvez gommer en la travaillant.

Faites le test. Fermez les yeux et essayez de vous rappeler si votre montre, que vous consultez plusieurs fois par jour, comporte des chiffres arabes, romains ou des traits ? Dispose-t-elle d'une trotteuse pour les secondes ? Vous venez de reposer votre téléphone portable, quelle heure indiquait-il ? Si vous ne vous en souvenez plus, rassurez-vous, c'est normal. Il s'agit juste d'une question de concentration. Votre mémoire n'est pas défaillante, c'est un manque d'attention.

La mémoire est comme un muscle. Il faut la stimuler pour qu'elle résiste au temps. Les études récentes ont montré que la première année de la retraite correspond à une augmentation des accidents vasculaires cérébraux et des infarctus. D'autres travaux soulignent que plus l'âge de la retraite est précoce, plus le risque de maladie d'Alzheimer augmente.

Les effets surprenants du chewing-gum

Il est possible que le chewing-gum améliore l'attention et la vigilance, mais la découverte la plus surprenante est venue de scientifiques qui ont mis en évidence une autre fonction. Le chewing-gum permet de se débarrasser d'un refrain qu'on a dans la tête. Une chanson qui revient en boucle dans notre cerveau a quelque chose d'agaçant, d'autant plus que, souvent, ce n'est pas notre préférée. On a beau essayer de penser à autre chose, rien n'y fait. C'est comme si on n'arrêtait pas de se gratter sans arriver à se soulager. On finit par se sentir bête à écouter toujours la même musique. Il existe un médicament pour éliminer cette chanson : le chewing-gum. Il interfère avec le souvenir de la mémoire verbale, il brouille les images auditives d'interprétation ambiguë, il balaie la mélodie familière en affectant l'écoute de la musique. Le chewing-gum provoque une interférence au niveau de l'écoute cérébrale qui nous libère de cette rengaine.

C'est comme tout ou presque. La mémoire ne s'use que si l'on ne s'en sert pas. Il faut la stimuler tous les jours pour qu'elle reste performante et efficace. Le moment de la vie où nous nous en servons le plus se situe entre 6 et 25 ans. C'est l'époque des études et des examens. C'est la période de la vie où elle est « neuve » et en bon état. Plus tard, c'est précisément au moment où elle risque de flancher que nous ne la faisons plus travailler.

Petits exercices de mémorisation

Avant de vous coucher, prenez l'habitude de lire un passage que vous souhaitez mémoriser. Il peut s'agir de 5 mots nouveaux de vocabulaire en anglais. Pour chacun de ces mots nouveaux, essayez de faire des associations d'idées pour bien vous en souvenir.

Par exemple : *crease* veut dire « pli, froisser », dites-vous que vous « crisez » quand c'est froissé ; *track* signifie une « piste », pensez à traquer... Les associations d'idées aident à augmenter la performance de la mémoire.

Le fait de pratiquer cet exercice avant de dormir optimise la mémorisation. En effet, le cerveau consolide sa mémoire pendant la nuit, en effectuant le tri des informations. Ce qui est appris avant le sommeil s'inscrit mieux dans les sillons de la mémoire.

C'est aussi un conseil que peuvent suivre les personnes qui passe un examen.

Pour ceux qui en ont les moyens, vous pouvez passer un nouveau permis de conduire : voiture, bateau, avion, moto... Vous devrez vous remettre à apprendre. Passer un examen vous place dans des conditions de stress modéré qui réactivent les ressorts puissants de la mémoire. C'est une cure de jeunesse pour votre cerveau. Ce n'est pas en se reposant que l'on va gagner des neurones, mais l'inverse. Pour retrouver la vivacité d'esprit de vos 20 ans, recommencez une vie étudiante. À chaque permis passé, vous découvrirez tout le champ de vos possibles, vous vous ferez un bien immense qui fera bondir votre espérance de vie en bonne santé.

Fermer les yeux pour activer votre mémoire

Une étude récente a montré que fermer les yeux améliore la mémoire. Elle a porté sur 178 volontaires britanniques. Au moment, par exemple, de recevoir une information auditive, garder les paupières closes augmente son souvenir.

Lorsque vous souhaitez restituer une information, fermer les yeux donne de meilleurs résultats. L'explication est simple. Lorsque nous avons les yeux ouverts, un certain nombre de zones du cerveau sont occupées à des tâches multiples et donc ne sont pas disponibles pour la mémoire. Dès que l'on ferme les yeux, des moyens supplémentaires sont alloués au niveau du cerveau pour doper celle-ci. Il ne s'agit pas de passer ses journées à fermer les yeux pour mieux se souvenir, mais d'effectuer cette technique lorsque l'on veut graver un souvenir ou une information.

• PARLEZ TOUT SEUL

Si vous parlez tout seul à haute voix, ne vous inquiétez pas. Vous n'êtes ni fou ni sénile. Au contraire ! Des scientifiques américains viennent d'étudier ce phénomène et les résultats sont étonnants. C'est le signe d'une bonne santé intellectuelle et d'un cerveau performant. Pour la petite histoire, il faut savoir qu'Albert Einstein avait l'habitude de parler tout seul. Cela l'aidait à se concentrer et à clarifier ses idées. Quand on connaît son parcours, c'est bon signe.

Se parler à soi-même est un levier pour mieux se concentrer et augmenter ses performances intellectuelles. C'est faire preuve de recul par rapport aux autres et au monde qui nous entoure, comme un signal de liberté et d'indé-pendance. Parler tout seul permet de se concentrer sur le sujet auquel on pense, sur la tâche que l'on est en train d'accomplir.

Pour que cela fonctionne, il faut utiliser le « je » et non le « tu ». Le « je fais une liste de mes priorités » n'a rien à voir avec « tu devrais faire la liste de tes priorités ». Le « je » montre son unité intérieure et le fait que l'on est le seul à décider de sa vie, le « tu », à l'inverse, signifie qu'un autre dicte ce qu'il faut faire. Exprimer le « je » en se parlant permet de briser les chaînes et de retrouver sa liberté. Se parler à la première personne montre que l'on vit totalement le moment présent.

Nommer les choses augmente aussi la mémorisation. Quand vous vous parlez à vous-même, vous êtes à cet instant certain que l'on vous écoute. Vous êtes à la fois celui qui parle et celui qui écoute. Cela excite la vivacité du cerveau. Une oreille attentive est devenue tellement rare... Combien de fois, lorsque vous parlez, vous constatez que votre interlocuteur pense à autre chose et ne vous entend pas, pire, consulte son téléphone portable en même temps ? Cela fait du bien de se parler avec bienveillance. C'est une technique qui rejoint la méditation en vous concentrant sur votre centre de gravité. Vous rejoignez vos valeurs essentielles. Parler tout seul, c'est se parler avec sincérité.

Il est fondamental de prendre ne serait-ce que quelques minutes pour faire le point en se parlant. Pourquoi agissons-nous ainsi ? Quel sens y apportons-nous ? C'est un outil pour prendre les bonnes décisions, savoir dire oui ou non quand il le faut.

Mettez-vous à l'œuvre !

Enregistrez une première fois votre voix et écoutez-la. Vous serez surpris. Vous ne l'aimerez pas forcément. Elle vous semblera trop aiguë, trop grave, en tous les cas différente de l'idée que vous vous en faites. C'est un phénomène physiologique. Quand on parle, on entend surtout ce qui est transmis par les os qui sont dans nos oreilles, et moins par la propagation aérienne que les autres entendent.

« Notre petite voix intérieure » qui s'exprime garde sa musique harmonieuse rien que pour nous. Quand nous nous parlons, nous sommes les seuls à entendre ce son particulier. Il faut le vivre comme un privilège. C'est la clé d'un jardin secret, un langage que nous seul connaissons, l'outil qui nous permet d'avancer et de nous dépasser. Si l'on veut aller encore plus loin, on peut, lorsque l'on s'est parlé à soi-même, noter ce que l'on a dit. Les bonnes résolutions auront alors de grandes chances de réussite.

Recommencez l'expérience de parler seul au micro d'un enregistreur. Écoutez votre voix. De la même façon que la première fois, vous ne l'aimerez pas. Vous préférez de loin la voix que vous connaissez quand vous vous exprimez. Essayez alors de parler d'une telle façon que la voix que vous émettez et la voix que vous entendez de vous-même ne fassent plus qu'une. Vous observerez que dans ce cas vous vous exprimerez de façon plus grave et légèrement plus lente. En procédant ainsi, vous constaterez que les autres porteront davantage d'attention à ce que vous dites.

Les femmes sont attirées par les hommes à la voix grave, les hommes sont séduits par les femmes à la voix suave. En travaillant sa voix pour que ce que l'on entend de soi corresponde à ce que les autres entendent, on développe les liens entre ce que nous sommes dans la réalité et ce que nous laissons penser de nous-mêmes. Plus ces deux voix – la voix intérieure et la voix extérieure – ont semblables, plus nous ressentirons sérénité et bien-être. Ainsi nous nous concentrons et nous nous recentrons sur nous-même. Vous souhaitez que les autres vous aiment, commencez par aimer votre voix. Si vous la détestez, ils se détourneront de vous. Le son de votre voix éloigne ou séduit.

Votre poésie quotidienne

Choisissez un poème de quelques lignes. Je propose *Demain dès l'aube*, de Victor Hugo :
Demain, dès l'aube, à l'heure où blanchit la campagne,
Je partirai. Vois-tu, je sais que tu m'attends. J'irai par la
forêt, j'irai par la montagne.
Je ne puis demeurer loin de toi plus longtemps.
Je marcherai les yeux fixés sur mes pensées,
Sans rien voir au dehors, sans entendre aucun bruit,
Seul, inconnu, le dos courbé, les mains croisées.
Triste, et le jour pour moi sera comme la nuit.
Je ne regarderai ni l'or du soir qui tombe,
Ni les voiles au loin descendant vers Harfleur
Et quand j'arriverai, je mettrai sur ta tombe
Un bouquet de houx vert et de bruyère en fleur.
Enregistrez-vous chaque jour puis écoutez-vous. Travaillez progressivement le rythme, votre respiration, le timbre de votre voix, son intensité. Quinze jours plus tard, en entendant le premier et le dernier enregistrement, vous serez stupéfait de vos progrès. Vous pourrez ensuite travailler en direct, comme le chanteur Gilbert Bécaud, qui utilisait sa main gauche en la posant en forme de petit bol sur son oreille, comme un écouteur. Le micro sera votre main droite, dont vous placerez la paume tendue à 10 centimètres de votre bouche. Vous vous entendrez et pourrez chaque jour améliorer le son magique de votre voix.

La voix est invisible mais entre en vibration profonde avec l'intimité des personnes qu'elle expose. Consacrer du temps pour la travailler, c'est prendre une voie nouvelle pour être en meilleure condition à l'égard de soi et des autres. Il est nécessaire d'accorder sa voix, d'éviter par exemple qu'elle soit rapide, tremblante ou perchée afin de trouver l'harmonie intérieure. Une voix qui sonne faux ressemble à un instrument de musique qui fait mal aux oreilles. C'est une musique désaccordée et désagréable. Ce que l'on exprime avec une telle voix perd de sa force et de sa crédibilité.

Notre voix, c'est notre signature et notre identité : son timbre, sa tonalité, sa fréquence, sa puissance nous définissent. La comprendre et la travailler permettent de se faire entendre autrement. C'est le signal fort qui nous définit en quelques secondes, c'est le vêtement qui nous représente et signe notre personnalité. Elle mérite toute notre attention.

• PROTÉGEZ VOS NEURONES DU SOLEIL

Vous connaissez tous cette sensation : une fois allongé au soleil sur la plage, on pense de moins en moins vite ; l'esprit se focalise sur des petits riens. Avec la chaleur, nous devenons plus vulnérables, la vigilance chute, nous laissant d'ailleurs à la portée des pickpockets que l'on ne voit pas venir. Cette torpeur intellectuelle qui monte avec les degrés du thermomètre a fait l'objet de recherches scientifiques.

Les études ont eu lieu aux États-Unis. Certains États comme la Californie vivent 330 jours par an sous le soleil et la chaleur, ce qui n'est pas le cas en Alaska. Les scientifiques ont constaté que les Américains qui vivaient avec les températures les plus fraîches sans être glaciales possédaient les meilleures performances intellectuelles mesurées avec le QI. Ils ont constaté une variation chez de mêmes individus au fil de l'année entre les mois d'été et les mois d'hiver. Plus il fait frais, plus notre intelligence est vive et aiguisée. Elle se ramollit avec la chaleur. Les études réalisées soulignent la difficulté pour les participants soumis à des températures élevées de prendre les bonnes décisions. Il a été constaté que les sujets commettaient plus d'erreurs en cas de température élevée d'une pièce par rapport à une pièce à température normale.

Pour comprendre ce phénomène, il existe plusieurs théories. L'une souligne qu'en cas de température extérieure élevée le corps a besoin pour maintenir sa température à 37 degrés Celsius de consommer beaucoup d'énergie, comme du glucose. C'est comme si cette énergie utilisée était « volée » en partie au fonctionnement du cerveau. Ce même phénomène existe avec les grands froids. Pour le cerveau, l'idéal est une température fraîche tempérée.

Il a également été mis en lumière que les habitants de régions chaudes s'adaptent peu à peu et, à long terme, ne sont plus sensibles à ces phénomènes. En revanche, au cours d'une année ou d'une même journée, les phénomènes d'adaptation ne se mettent pas en route et le cerveau se ramollit.

Un curieux thermostat : le bâillement

Pour lutter contre cet état léthargique quand le mercure monte trop haut, nous disposons d'un ventilateur interne surprenant : le bâillement. En fait, le bâillement correspond à l'équivalent d'une climatisation qui se met en route pour rafraîchir notre cerveau. Cet effet physiologique a pu être compris grâce à certaines études médicales. Quand il fait chaud, pour garder votre cerveau performant et éviter que vos neurones fondent au soleil, n'hésitez pas à bâiller longuement. Cela vous fera beaucoup de bien. Pensez bien sûr à boire de l'eau pour rafraîchir votre moteur intellectuel. Mettez-vous à l'ombre, et si vous sentez un petit « coup de pompe », apportez un peu de sucre à votre cerveau en croquant dans un fruit.

• FAITES DU SILENCE VOTRE ALLIÉ

Le silence, c'est le médicament du corps et de l'esprit. C'est une denrée précieuse, presque insaisissable aujourd'hui, on ne retrouve que lors des minutes de silence de commémoration, de recueillement ou de souvenir. Cette qualité de silence est bonne pour la santé.

Plusieurs études scientifiques ont révélé que le silence apportait un bien immense tant au corps qu'à l'esprit. Il baisse le cortisol – l'hormone du stress – et la pression artérielle. Le silence est excellent pour le cerveau. Il augmente le niveau de concentration et accroît la créativité. Des chercheurs ont montré que deux minutes de silence faisaient plus de bien et réduisaient mieux le stress que deux minutes à écouter des musiques relaxantes. Pendant le silence, le cerveau se régénère et se restaure. Chez la souris, il a même été démontré qu'avec deux heures de silence par jour de nouvelles cellules du cerveau se créaient. Cette régénération se situe dans un endroit stratégique du cerveau qu'est l'hippocampe. C'est un espace clé pour la mémoire et les émotions.

Mais de quel type de silence s'agit-il ? C'est le silence que l'on décide de faire l'espace d'une minute, juste pour soi. Imaginez une simple minute par jour pour vous célébrer. Essayez, vous serez surpris par le résultat. Pour vous donner envie de commencer, rappelez-vous la dernière minute du souvenir à laquelle vous avez participé. Comment étiez-vous après ? Sans doute plus calme, plus serein, plus proche de vous-même et des autres, plus en phase avec le monde.

Chaque jour, décidez de la minute de silence consacrée à vous-même. Coupez le téléphone portable, isolez-vous. Ne pensez à rien, cessez le vacarme intérieur de vos pensées automatiques. Concentrez-vous sur votre respiration puis écoutez le silence. Cette minute quotidienne, c'est la façon de vous sanctifier et de prendre conscience de vous-même. Vous décidez d'un moment que personne ne peut vous voler. C'est un point d'ancrage essentiel pour se respecter. Vous vous constituez un espace inviolable pour retrouver vos fondamentaux.

Le moment idéal pour la sieste se situe entre 13 heures et 15 heures. La combinaison du silence et de la sieste durant 15 minutes permet de faire une réelle coupure dans la journée et d'être beaucoup plus performant. Pour exemple, au Japon, de nombreuses entreprises ont adopté la sieste.

Le silence permet d'ouvrir le robinet de vos émotions enfouies et de vos idées originales qui sommeillent. Vous ouvrez un lieu intime, un espace secret pour libérer à la fois vos sentiments et votre énergie vitale. Cette minute permet d'éviter la sédimentation des meilleures parties de vous-même.

Votre partie silencieuse prend la parole pour vous révéler. Vous respirez à ce moment une bouffée d'oxygène qui vous fera du bien toute la journée. Elle donnera du sens à ce que vous ferez ou à ce que vous déciderez de ne pas faire. Vous insufflerez de la vie à la part secrète qui est en vous, celle qui est souvent opprimée et bâillonnée.

Il existe d'autres formes de silence, mais qui ne produisent pas les mêmes effets. Le silence de la nuit lorsque l'on dort. Le silence qui fait office parfois de langage. Le silence qui parle et qui fait du bruit. Il y a le silence des couples qui n'ont plus rien à se dire et qui pèse, le silence lourd du non-dit. Ce peut être aussi le silence entre deux amoureux qui veut dire « Je t'aime », le silence hostile, la connivence entre amis... Le silence devient alors une forme d'expression appartenant au langage comme une virgule, une ponctuation.

Le silence fait peur. Pour certains, il apparaît chargé d'angoisse, comme un précipice, un vide qui désagrège. Choisir la durée, soit une minute, définit le cadre qui évite cette frayeur. Décider de ce rendez-vous intime avec vous-même est la respiration qui permet de retrouver votre centre de gravité. Vous verrez, vous allez vous faire beaucoup de bien. Vous allez régénérer votre cerveau. Commencez maintenant. Posez le livre. C'est à vous.

CHAPITRE 7

GAGNER DES ANNÉES

« Ce qui ne me tue pas me rend plus fort. »

FRIEDRICH NIETZSCHE

À ma naissance, mon père roulait en Simca Aronde. Aujourd'hui, le modèle et la marque de cette automobile ont disparu. Cela fait des lustres que ce type de voiture n'existe plus. Celles qui roulent encore de nos jours appartiennent à des collectionneurs qui les bichonnent amoureusement.

Imaginez-vous à l'époque propriétaire de cette voiture. Je vous aurais proposé au bout de 10 ans d'utilisation de consacrer chaque jour une heure à maintenir sa mécanique : s'assurer de la pression des pneus pour éviter l'usure prématurée, contrôler les niveaux d'huile et d'eau, tester les plaquettes de frein et les filtres, renforcer les pièces qui risquent de lâcher. « Une heure par jour ? m'auriez-vous répondu. C'est absolument impossible ! Je n'ai pas le temps ! » Comme tout le monde, au bout d'un usage « habituel », vous l'auriez mise à la casse.

Réservez quotidiennement une heure pour entretenir votre corps en état de marche. Si je dois donner une date à laquelle il faut commencer absolument, je recommande 40 ans. À partir d'un certain âge, discrètement mais sûrement, votre organisme va lâcher progressivement et de partout. La mort prépare son terrain insidieusement tous les jours. Cela devient un vrai champ de tir.

La bonne nouvelle est que nous pouvons agir de façon efficace. L'heure passée à renforcer votre corps sera la plus importante de la journée. Elle vous permettra de continuer à exister. Ce n'est pas négociable. Tout ce que vous avez à faire à côté n'a pas d'importance. Sans la santé, toutes ces choses qui vous semblaient tellement importantes disparaîtront immédiatement comme des châteaux de sable. Je vais vous donner ici les clés pour parvenir à rester longtemps en bonne santé.

• DÉSAMORCER SON OBSOLESCENCE PROGRAMMÉE

Nous sommes conçus à la naissance avec un programme d'obsolescence programmée. Nos organes sont prévus pour devenir défectueux avec des possibilités ou non de réparation. Cette donnée, qui peut sembler inéluctable, ne l'est en fait pas. Nous pouvons arriver à désamorcer ce qui ressemble à un destin tragique. Nous pouvons agir pour reprendre la main. Il suffit d'anticiper les signaux qui déclenchent ce programme de destruction.

Des programmes d'obsolescence programmée ont été découverts dans d'autres domaines. Des imprimantes qui s'arrêtent parce que leur logiciel est conçu de sorte qu'à partir d'un certain nombre de feuilles, la machine se bloque ; des ampoules qui s'éteignent trop tôt par rapport à leur capacité réelle ; des collants qui filent bien vite.

Le corps humain est beaucoup plus fragile qu'une automobile. Nous ne sommes pas faits d'acier. Nous avons peu de pièces détachées de rechange et nous devons conserver nos filtres d'origine, comme le foie et les reins, toute la vie. Ce sont nos données de base, nous ne pouvons rien changer. Vous êtes propriétaire d'une automobile qui peut disparaître trop vite.

Les substances qui font rajeunir ou vieillir

Nous avons le pouvoir de faire fabriquer à notre corps des molécules qui vont empêcher ou accélérer notre vieillissement. Citons par exemple le cortisol qui active notre obsolescence programmée en augmentant l'usure des organes, ou à l'inverse l'exercice physique quotidien, qui, par la production de molécules comme l'irisine, freine le vieillissement. Il existe en nous les moyens de se régénérer ou au contraire de se dégrader. Observez autour de vous. Vous remarquerez des personnes qui, au même âge, paraissent plus jeunes ou plus vieilles.

Le cocktail qui sauve la vie

Ma recette : restriction calorique modérée (25/30 % des apports quotidiens) + jeûne séquentiel + 30 minutes d'exercice physique quotidien continu.

Parfois il suffit d'un seul organe qui a vieilli prématurément pour entraîner tout le corps humain vers un cycle de dégénérescence accélérée. Prenons pour exemple le « foie gras ». En médecine, nous appelons cela pudiquement la « stéatose hépatique ». L'excès de repas riches en graisses, sucres et boissons alcoolisées, la surcharge pondérale et le manque d'exercice conduisent à rendre le foie trop « gras ». Cela se diagnostique très bien à l'échographie. Le foie représente avec les reins la grande station d'épuration et de détoxification de l'organisme. S'il est gras, c'est comme un filtre un peu bouché et en mauvais état. Il n'effectue plus son travail correctement. Les toxines et tout ce qui abîme prématurément nos cellules s'accumulent et usent le corps de façon accélérée.

La nature a bien fait les choses. Si l'on n'est pas allé trop loin, le foie peut se régénérer. En cinq cents jours, on peut retrouver un foie neuf si on lève le pied de l'accélérateur. Boire de l'eau, manger des légumes, un peu de volaille et de poisson...

Le médicament antivieillissement

Le médicament qui fonctionne n'est justement pas un médicament vendu en pharmacie. C'est un élixir que nous pouvons fabriquer nous-mêmes chaque jour pour protéger nos cellules des effets redoutables de l'inflammation du vieillissement. C'est facile et à portée de main. Il suffit de jouer sur notre carburant essentiel qu'est l'alimentation.

Grâce à des études scientifiques récentes, nous pouvons enfin identifier les extincteurs pour éteindre cette inflammation qui ronge l'organisme. Il s'agit de premiers travaux qui ont été réalisés chez les vers de terre (*C. elegans*), les souris et les hommes. Il a été constaté qu'en modifiant l'alimentation les facteurs inflammatoires mesurés dans le sang diminuaient, pour s'inscrire dans la fourchette basse de la normale, sans toucher à la qualité du système immunitaire. Les télomères – extrémités des chromosomes de chaque cellule – devenaient plus longs. Rappelons-le, les télomères sont des marqueurs de l'espérance de vie en bonne santé. Plus ils sont longs, plus l'espérance de vie augmente. Par ailleurs, il a été noté un effet protecteur de l'ADN et du matériel génétique.

Gagner des années

Réduire de 30 % ses apports caloriques quotidiens, comment faire ?

Rassurez-vous, vous n'allez manquer de rien. Les expressions « Mourir de faim », « Crever de faim », ou « J'ai la dalle » – il s'agit de la dalle du cimetière – illustrent une angoisse collective. Elle nous relie à des temps anciens où l'on pouvait réellement mourir de faim, ce qui n'est plus le cas dans nos pays industrialisés. Les famines ont disparu, mais cette peur ancestrale est restée gravée au plus profond de nous. Ces peurs inconscientes expliquent pourquoi on se met souvent à table sans avoir faim ou que l'on prend des en-cas lorsque l'on sait que l'on va dîner tard. Nos ancêtres nous ont conditionnés à notre insu.

Les recherches scientifiques autour de la dégradation cellulaire se sont développées sur un facteur essentiel : l'alimentation. L'alimentation quotidienne peut nous détruire à petit feu ou nous rendre plus fort. C'est un élément qui conditionne notre espérance de vie en bonne santé. La difficulté réside dans le fait que les erreurs ne se voient pas tout de suite. On peut se faire du mal pendant longtemps avec la nourriture sans en percevoir les dégâts immédiats. Le plaisir, invoqué le plus souvent pour expliquer les écarts alimentaires à répétition, n'est en fait qu'un leurre. On confond plaisir et « se remplir » vite et n'importe comment.

L'un des moyens pour lutter contre une alimentation pas très saine est la restriction calorique. Elle participera aussi à augmenter notre puissance cérébrale. Elle diminue en effet la perte des cellules nerveuses. Par ailleurs, elle active une enzyme appelée « sirtuine 1 » qui participe à la protection des déficiences cérébrales liées à l'âge.

Pour diminuer de 30 % les calories quotidiennes, plusieurs possibilités s'offrent à vous. Choisissez parmi ces propositions celle qui vous correspond le mieux. Pour qu'un régime tienne la longueur, il doit ne pas être un régime. La notion de régime apparaît comme une punition et personne n'a envie d'être puni toute sa vie. Commencez par rechercher dans chaque repas ce qui ne vous fait pas réellement plaisir et ce que vous pourrez éliminer facilement. J'appelle cela les aliments « bof », autrement dit ceux qui ne génèrent aucune satisfaction. Faites le ménage et oubliez-les. Prenez l'habitude de vous servir dans de petites assiettes et de ne jamais vous resservir. Mangez lentement, dans une atmosphère calme, par petites bouchées. Prenez le temps de bien mâcher. Attendez cinq vraies minutes au milieu de chaque plat pour déclencher les mécanismes de satiété. Choisissez des aliments à index glycémique le plus bas pour limiter les libérations intempestives d'insuline par le pancréas. L'excès de sucre contenu dans le sang se transformera en graisses inutiles et augmentera les phénomènes inflammatoires cellulaires. Je vous invite à vous reporter au premier chapitre de cet ouvrage pour apprendre à « bien » manger.

Deux repas par jour au lieu de trois pour vivre plus longtemps en meilleure santé ?

Digérer un repas demande au corps de mobiliser de puissantes ressources pour transformer un aliment en nutriments et pour éliminer les déchets. Il faut produire de l'énergie. C'est pour cette raison que l'on a chaud quand on digère. La sécrétion des enzymes et des hormones, la progression du bol alimentaire, le filtrage par le foie et les reins, toutes ces opérations demandent beaucoup de travail. On comprend pourquoi on se sent fatigué après un repas copieux. Le pancréas, cette petite glande qui pèse moins de 100 grammes, doit produire assez d'insuline pour absorber tous les sucres avalés. À long terme, si on lui en demande trop, il lâche et c'est la porte ouverte au diabète.

214

Depuis le siècle dernier, les habitudes alimentaires ont changé : nous faisons au minimum trois repas par jour avec souvent des snacks en plus. L'organisme n'a pas le temps de souffler. Il faut sans cesse s'alimenter et digérer sans laisser le moindre repos à nos cellules.

Dans les magasins, des « jus détox » à base de fruits et de légumes sont proposés, qui correspondent en fait à des apports alimentaires supplémentaires sans qu'aucune preuve d'efficacité soit apportée. Ce qui est certain, c'est qu'ils fournissent encore plus de sucres et de calories même s'ils présentent une belle couleur verte et de belles promesses marketing. Un verre de sucre, ça vous dit ? Je préfère de très loin la consommation raisonnable de légumes coupés en morceaux et dégustés immédiatement : les bénéfices nutritionnels (vitamines et minéraux) ne seront pas altérés.

Le jeûne séquentiel

S'il n'y a pas de contre-indications de votre médecin traitant, liées par exemple à des états particuliers comme la grossesse, la prise de médicaments ou des hypoglycémies récurrentes, je vous propose d'essayer le jeûne séquentiel.

Il consiste à laisser l'organisme se reposer une fois par semaine au moins pendant seize heures. En pratique, cela correspond à finir son dîner à 21 heures et à déjeuner le lendemain à 13 heures. Autre possibilité : supprimez le déjeuner et le dîner si vous tenez au petit déjeuner. Pendant ce temps, vous pouvez boire à volonté des boissons sans sucre et sans calories : comme l'eau et les tisanes et avec modération du thé ou du café léger. Ce précieux temps de repos permet aux cellules de se réparer, de renforcer l'ADN et le système immunitaire. Les phénomènes inflammatoires sont ainsi réduits.

Je marque une différence entre restriction calorique et jeûne. Le jeûne induit un signal au niveau de l'organisme sur des composants (comme IGF1) qui ont des effets antivieillissement. La restriction temporaire d'apports alimentaires aboutit à de brefs changements d'énergie pour les cellules. Elle entraîne une surexpression de gènes protecteurs qui activent une défense contre les dysfonctionnements du métabolisme. Le jeûne séquentiel intervient comme un interrupteur pour passer en basse énergie et enclencher des systèmes de protection. Il ne va pas changer nos gènes, mais l'expression des gènes. Cette notion est fondamentale, car cela démontre clairement que les choses ne sont pas jouées à la naissance, certains naissant avec de bonnes cartes et d'autres avec les mauvaises. On peut agir sur sa génétique avec efficacité en mettant en action nos bons gènes pour être en bonne santé tout en bloquant l'expression des mauvais gènes. Nous devenons ainsi les entrepreneurs actifs de notre santé.

Nous pouvons assimiler le jeûne séquentiel tout comme la restriction calorique à un stress modéré que l'on provoque. Ce stress bénéfique permet au corps de se réparer et de renforcer son ADN pour résister aux épreuves du temps. C'est une façon de reprogrammer le métabolisme. La baisse d'énergie fournie aux cellules freine le vieillissement et augmente la durée de la vie.

Cette cure hebdomadaire permet de réaliser sans frais une vraie détox et de contribuer à désamorcer l'obsolescence programmée du corps humain. Il suffit d'essayer pour constater qu'après ce jeûne on se sent plus en forme, moins fatigué ou moins sujet aux douleurs chroniques… L'organisme a pris un coup de jeune grâce au jeûne ! Après une période de jeûne séquentiel, on reprend la main sur son alimentation. Au lieu de se mettre à table parce que c'est l'heure, on décidera de prendre un repas parce que l'on a réellement faim. On sera beaucoup plus réceptif aux aliments qui nous font du bien en laissant tomber les produits gras, sucrés, salés que l'on mangeait par réflexe sans réel plaisir mais avec une vraie culpabilité. Le jeûne nous donne ce moment essentiel pour reprendre notre liberté. C'est la voie pour découvrir nos vrais désirs et pas ceux dictés par la publicité ou le goût des autres.

L'exercice physique

L'alitement prolongé expose à des risques majeurs qui peuvent engager le pronostic vital. Des phlébites peuvent survenir avec embolie pulmonaire liée à la stase du sang dans les veines, qui finit par former des caillots. Des escarres peuvent se former au niveau de la peau, les muscles fondent progressivement. À l'inverse, l'activité physique quotidienne permet de se constituer un formidable bouclier pour se protéger des maladies. C'est là que se situe la vraie pilule anti-âge qui donne de merveilleux résultats.

Je me répète, trente minutes d'exercice physique par jour réduisent de 40 % les risques de cancers, de maladies cardio-vasculaires et d'Alzheimer. Les muscles, dont la masse diminue de 2 % par an surtout à partir de 50 ans, faisant ainsi perdre force et équilibre, se maintiennent. Il est vital d'avoir ce rituel tous les jours. À ceux qui me disent « Je fais du sport le week-end », je réponds « Et vous ne vous lavez aussi les dents que le week-end ? » Pendant ces trente minutes, nous libérons 1 004 molécules au niveau de l'organisme, dont bon nombre comme l'irisine ont des vertus très protectrices pour nos cellules. C'est un cocktail de rêve...

Autre élément, des chercheurs allemands ont découvert que l'exercice générait une immunoprotection de qualité. C'est un point clé. Plus on avance en âge, plus notre système immunitaire diminue. Le système immunitaire participe à la protection contre les infections ou des cancers...

J'étudie depuis plusieurs années les rats-taupes nus (voir plus loin). Ce sont de petites souris qui vivent en Afrique de l'Est et dont la durée de vie est de 30 ans, alors que pour les souris, elle est normalement de 2 à 3 ans. C'est comme si nous, humains, vivions 600 ans en bonne santé. Ces souris ne souffrent jamais de maladies cardio-vasculaires, d'Alzheimer ou de cancers. Leur fertilité est intacte et elles ne manifestent aucun signe de vieillissement.

En observant l'unique colonie de rats-taupes nus française que nous avons installée à l'École nationale vétérinaire de Maisons-Alfort, j'ai remarqué une chose étonnante. Dans un réseau de tubes en Plexiglas que nous avons mis à leur disposition, les rats-taupes nus passent leurs journées à courir, une sorte de jogging quotidien qui dure plusieurs heures. Peut-être est-ce l'une des pistes pour expliquer leur incroyable longévité en bonne santé. Un autre élément à propos du rat-taupe nu : sa température corporelle se situe en moyenne à 32 degrés Celsius, contre 37 degrés Celsius pour un humain. Des expériences chez la souris « classique » ont montré qu'une diminution de la température corporelle d'un demi-degré – en intervenant sur le centre de régulation thermique situé dans le cerveau – permettait un gain de 15 % de vie.

Je ne recommande pas pour autant de faire de l'exercice à l'extérieur par grand froid, car des recherches mettent en évidence que ce type de pratique augmente le stress oxydatif, ce qui n'est pas le but du jeu. Dans ce cas, il est préférable de faire de l'exercice à la maison.

Gagner des années

Éliminer, c'est vital

Éliminer, c'est vital. Dans notre corps, il se produit à chaque instant un petit miracle cellulaire. Les cellules anormales sont instantanément éliminées. C'est essentiel, car une cellule mutée peut donner naissance à un cancer.

Remonter à la toute première cellule cancéreuse

Voilà une découverte prodigieuse : des scientifiques viennent de remonter à la toute première cellule cancéreuse d'origine, la cellule à partir de laquelle le cancer se développe. La coupable n'est autre qu'une cellule souche abîmée. Les cellules souches ont normalement pour fonction le renouvellement cellulaire. Lorsque leur disque dur – l'ADN – est endommagé, au lieu de remplacer les cellules usées ou mortes, elles prolifèrent de façon incontrôlée, aboutissant à des tumeurs mortelles invasives et à des métastases. C'est comme si elles remplaçaient des pièces détachées par des pièces de rechange défectueuses et dangereuses.

Une cascade d'événements se produit alors. Les systèmes naturels de « nettoyage cellulaire » font défaut pour éliminer cette première cellule cancéreuse. Le système immunitaire, avec les lymphocytes NK tueurs de tumeurs, n'est pas au rendez-vous, le suicide programmé (l'apoptose) des cellules en cas de défection ne s'enclenche pas, de même que les outils tels que les autoréparations de la cellule elle-même (autophagie). Sans moyen de contrôle, la première cellule cancéreuse va proliférer, jusqu'à la mort. Le diagnostic précoce est difficile, car les débuts de la tumeur se situent dans l'infiniment petit. Le succès du traitement dépend néanmoins en grande partie de la précocité de la détection.

Notre corps fonctionne en renouvellement cellulaire constant. Nous produisons à chaque seconde 20 millions de cellules et il est difficile de se placer derrière chacune d'entre elles pour vérifier que la nouvelle cellule produite est parfaite. De plus, le système immunitaire perd de son efficacité avec l'âge. Il devient moins performant, c'est pour cette raison que la fréquence des maladies comme les cancers augmente.

Nous avons avancé sur les éléments qui peuvent altérer les cellules et aboutir à des cancers, comme le tabac, l'alcool, la surexposition au soleil, l'obésité, certains produits chimiques, etc. Notre moyen de lutte est l'éviction. J'ajoute que ces facteurs de risque sont d'autant plus dangereux en avançant en âge.

Garder ses cellules propres

– Le bon fonctionnement cellulaire

Ce qui ne nous détruit pas nous rend plus fort. Pour se fortifier, il faut accepter une part de souffrances, de douleurs, de stress. Au début de la vie, les premiers contacts avec les microbes vont permettre au système immunitaire de se développer et de se fortifier. Ces microbes sont des agressions nécessaires pour bien initialiser nos défenses. Les vaccins, pour nous protéger des maladies, reproduisent ce système en nous exposant à des virus tués. Les efforts musculaires font souffrir mais fabriquent des muscles robustes. Les efforts intellectuels sont nécessaires pour apprendre une langue étrangère, un instrument de musique et ils construisent un cerveau plus performant.

Plusieurs mécanismes entrent en jeu concernant les systèmes de défense cellulaire, comme nous l'avons vu plus haut. Dans l'autophagie, la cellule utilise ses propres outils (les lysosomes) pour se dégrader ou se réparer. L'autophagie intervient dans la mort cellulaire et dans les réponses immunitaires.

L'apoptose correspond au moment où les cellules déclenchent leur autodestruction, pour aboutir à leur mort.

Réparer et éliminer les cellules anormales, tout cela est nécessaire à la vie. Faute de faire disparaître ces cellules hors d'usage, elles vont émettre des signaux vers les autres cellules qui peuvent déclencher de nombreuses maladies mortelles. Plus nous avançons en âge, moins ces systèmes de nettoyage sont performants. Or, le nombre de cellules anormales produites chaque jour augmente aussi avec l'âge.

La performance de ce système d'élimination conditionne l'espérance de vie en bonne santé. S'il ne fonctionne pas efficacement, notre vie est en jeu. La bonne nouvelle, c'est que nous pouvons augmenter la capacité de ce système de purification cellulaire.

En cas de danger, nous activons nos systèmes de défense. Nous mobilisons notre énergie pour faire face. En cas de grand froid, nous brûlons notre graisse brune pour maintenir la température du corps, pour fuir, nous pouvons courir plus vite...

Au niveau biologique, il existe une force puissante qui renforce l'ADN et qui stimule les systèmes de nettoyage cellulaire : c'est le jeûne séquentiel (voir plus haut). Quand une cellule manque de nutriments, elle active ses outils pour continuer à fonctionner normalement. Elle initie de nouveaux circuits pour continuer à vivre. À ce moment, il se produit une réaction cellulaire comme si l'agression correspondant au manque d'aliments la rendait plus forte pour réagir aux agressions ou se détruire si elle est trop endommagée.

– *L'excès de calories*

Le corps humain fonctionne naturellement bien, à une condition : il faut lui apporter chaque jour l'énergie dont il a réellement besoin. Les aliments nécessaires qui apportent le carburant vital. Un excès calorique qui ne sera pas brûlé par l'activité quotidienne sera stocké. Beaucoup d'organes s'useront prématurément, notamment le foie, qui deviendra gras (stéatose hépatique) comme celui d'un canard. Le foie étant le filtre chargé d'éliminer beaucoup de substances nocives, c'est une piste qui explique pourquoi les sujets obèses développent plus de cancers que le reste de la population. Les artères vont se charger de plaques d'athérome, lesquelles les boucheront progressivement. Les risques sont l'infarctus du myocarde, les accidents vasculaires cérébraux, mais pas seulement. La qualité de vie sera altérée. Les artères qui participent à l'érection chez l'homme peuvent être atteintes, ce qui provoque une sexualité en berne. Chez la femme, l'atteinte des vaisseaux des ovaires par l'athérosclérose peut avancer jusqu'à 7 ans l'âge de la ménopause. Je ne parle pas du mal de dos ou des genoux lié à un surplus de poids...

L'excès de poids entraîne à la longue l'inverse de la jouissance et de la joie de vivre. C'est un point essentiel, car trop souvent on considère une personne qui mange sans se priver comme heureuse et les « gens tristes » ceux qui se privent. L'excès de poids et l'obésité sont des tueurs silencieux qui sournoisement grignotent la vie.

La solution est simple : trouver le plaisir dans les repas sans se ruiner la santé. Savoir choisir les aliments qui font du bien, apprendre à les apprivoiser et à les aimer. La maîtrise des quantités est essentielle. Ce n'est pas parce qu'un aliment est sain et peu calorique qu'il faut en manger trop. Par exemple, les fruits sont des aliments réputés sains. Ils contiennent du sucre et des calories. Si vous consommez 1 kilo de cerises dans la journée, cela fera 500 calories, 1 kilo de raisins 700 calories. C'est souvent le cas pour les fruits que l'on grignote sans s'en apercevoir. Cela augmente l'addition calorique. L'huile d'olive, réputée excellente, représente comme les autres huiles 90 calories par cuillerée à soupe : si vous versez sans contrôle sur la salade l'équivalent de 6 cuillerées, cela représente 540 calories. On comprend pourquoi, avec juste une « petite salade » et des fruits à chaque repas, certaines personnes pensent que la génétique et le destin s'acharnent sur elles pour les empêcher de maigrir. Il n'en est rien. Il s'agit juste d'une mauvaise connaissance des valeurs nutritionnelles. Comme je ne pose jamais un problème sans apporter la solution, je conseille dans ce cas précis d'utiliser l'huile en vaporisateur, qui fera au plus 50 calories, et de toujours servir les fruits comme les fraises ou le raisin dans une tasse, pour en limiter la quantité.

– Les trois causes de mortalité

Les humains meurent le plus souvent de trois maladies : les maladies cardio-vasculaires, les cancers et les dégénérescences neurologiques comme la maladie d'Alzheimer. Ces maladies ont des points communs. Plus on vieillit, plus leur fréquence augmente. Toutes partent d'un même mécanisme : l'inflammation. L'inflammation, c'est comme un incendie qui couve dans nos cellules et qui s'allume progressivement au fil des années. S'il n'est pas maîtrisé, il finit par « brûler » les organes vitaux. Il entraîne leur dégénérescence. Les cellules perdent tout contrôle et prolifèrent de façon anarchique, les artères se bouchent par de l'athérome, qui va littéralement asphyxier des organes comme le cœur ou le cerveau, les structures nerveuses se recouvrent de plaques amyloïdes pour détruire la mémoire, comme dans la maladie d'Alzheimer. Sept décès sur dix dans le monde sont liés à ces maladies chroniques, qui ont en commun l'inflammation non contrôlée. Le fait qu'elles surviennent à des âges plus ou moins avancés prouve à quel point le mode de vie peut influencer la date de cette échéance.

La soupape de la Cocotte-Minute

Dans les deux heures qui suivent un accès de colère, il existe un risque multiplié par cinq de succomber à un infarctus du myocarde et par six de faire un accident vasculaire cérébral grave par rupture d'anévrisme. Pourtant, les scientifiques allemands ont mis en évidence, dans une étude portant sur 6 000 sujets, que râler et se mettre en colère de temps en temps donnent 2 ans d'espérance de vie en plus.

Conclusion : faites de « petites colères » de temps en temps pour relâcher le stress et la pression et éviter de vous ronger de l'intérieur. Une fois que c'est dit, passez à autre chose, n'en rajoutez pas pour éviter que cette colère ne monte en puissance et n'abîme vos artères pour rien.

Être jeune dans sa tête

Se sentir plus vieux que son âge réel conduit à un risque de 25 % de plus d'être malade et hospitalisé. C'est ce qu'ont découvert des médecins canadiens en étudiant les personnes qui présentaient cette caractéristique. Se sentir plus âgé que son état civil conduit à une mauvaise image de soi, à se sentir fragile et un peu dépressif. La sédentarité augmente et la fonte musculaire s'accélère. Vouloir s'économiser parce que l'on se sent vieux conduit à une accélération du vieillissement et c'est la porte ouverte à toutes les maladies, avec de surcroît un déclin cognitif.

C'est comme fabriquer un poison mental qui ronge le corps de l'intérieur. Par construction intellectuelle, on peut se fabriquer la posture d'un vieillard ou d'un éternel jeune homme. Ce choix d'attitude déterminera l'espérance de vie en bonne santé. Le corps réagit en créant soit des hormones du bonheur protectrices, soit des poisons qui accélèrent l'usure.

À l'inverse, se sentir plus jeune que son âge fait réellement rajeunir le corps et l'esprit. C'est accroitre la confiance en soi, oser se lancer des défis et se mettre aussi en danger. C'est choisir le mouvement et la vie. Des scientifiques de l'université de Genève ont constaté que le fait de se sentir en forme augmentait de façon significative l'espérance de vie. Vivre plus longtemps, c'est aussi faire plus de choses. L'intensité de nos actes du quotidien allonge la durée de vie en qualité.

• FAIRE OBSTACLE À LA MALADIE D'ALZHEIMER

Il n'existe pas de vaccin, pas de traitement pour guérir cette terrible maladie. À l'heure actuelle, nous n'avons que la prévention pour lutter contre ce fléau. En observant les sujets victimes d'Alzheimer par rapport à des personnes indemnes, les chercheurs ont réussi à mettre en évidence des boucliers pour se protéger.

Facteurs de risque et facteurs préventifs

L'excès de poids renforce le risque d'Alzheimer de façon nette, tout comme l'hypertension artérielle. Il est nécessaire de faire contrôler régulièrement sa tension par son médecin. Le diabète favorise aussi l'apparition de cette maladie. Vérifier sa glycémie et se situer sur la fourchette basse de la normale est une bonne démarche. Limiter la quantité de sucre est un excellent réflexe.

Ne pas manquer de vitamine D est également important. Une simple prise de sang permet de savoir si l'on en manque ou non. Si c'est le cas, votre praticien pourra vous en prescrire. La vitamine D est produite en grande partie par le soleil, et nos vêtements empêchent son effet sur la peau.

La consommation de certains aliments aurait un effet préventif. La prise quotidienne de café (pas plus de trois tasses), de cannelle et de DHA. Il s'agit de bonnes graisses qui ont une action de prévention sur le cerveau. Le DHA renforce les connexions dans le cerveau et améliore la mémoire. Il se trouve par exemple dans des poissons comme les maquereaux, les sardines, le saumon sauvage et aussi les noix. Pour lutter contre la maladie d'Alzheimer, il faut mettre toutes les chances de son côté. Le maintien de l'activité physique quotidienne à raison de trente minutes d'exercice sans s'arrêter, la poursuite des relations sociales et d'échanges avec les autres, un vrai travail professionnel ou associatif s'avèrent essentiels.

Préserver son intégrité et son équilibre intérieur

Les agressions répétées de l'entourage atteignent directement les cellules de notre corps et les rendent plus vulnérables aux maladies. Elles génèrent une usure accélérée de l'organisme et un vieillissement précoce. Les études scientifiques ont montré qu'en cas de menaces ou d'attaques, qu'elles soient physiques ou psychiques, l'organisme réagit en fabriquant des substances chimiques corrosives pour se protéger. Si cela est occasionnel, il n'y a pas de problème, mais répété, nous payons à la longue les pots cassés. Par exemple, le stress récurrent atteint aussi la longueur des télomères de chacune de nos cellules. Les télomères courts raccourcissent l'espérance de vie en augmentant les risques de cancer, d'Alzheimer et de maladies cardio-vasculaires.

Quand les autres deviennent hostiles de façon masquée ou visible, nous ne sommes pas seulement atteints dans notre psychisme, mais notre santé en pâtit. Mon conseil, ne laissez pas faire. Si vous ressentez que des personnes de votre entourage vous envoient des flux d'ondes négatives, fuyez si c'est possible. Dites-le-leur, cela vous fera du bien. N'oubliez pas que lorsque vous n'arrivez pas à exprimer les choses, votre corps prend souvent le relais et son langage sera la maladie.

• LE RAT-TAUPE NU : LA CLÉ DE L'IMMORTALITÉ ?

Comment fonctionne le rat-taupe nu ?

Le rat-taupe nu est proche de nous. Nous avons 93 % de gènes en commun ; la souris est d'ailleurs un modèle sur lequel nous testons les médicaments pour en prévoir les effets sur l'homme. Le rat-taupe nu résiste aux maladies. Quand on lui implante des tumeurs cancéreuses, il les rejette. Son cerveau et ses artères restent intacts et jeunes toute sa vie. La fertilité pour les mâles comme pour les femelles se révèle parfaite jusqu'au bout. C'est comme si les horloges du vieillissement ne se mettaient jamais en route. Le rat-taupe nu dispose d'un bouclier biologique invincible qui le protège des maladies qui tuent un jour ou l'autre les humains. À l'âge d'environ 30 ans, en quelques semaines, il ralentit son activité, sa peau devient plus fine et il meurt en s'endormant. À l'autopsie, on ne découvre aucune cause pour expliquer son décès. Une explication possible serait la raréfaction de ses cellules souches.

Une Néerlandaise morte à l'âge de 112 ans a fait don de son corps à la médecine. De façon exceptionnelle, elle n'avait pas été atteinte de cancer, d'Alzheimer ou de maladies cardio-vasculaires. À l'autopsie, les médecins ont découvert la clé de l'énigme : de quoi meurent les humains si les maladies ne les ont pas éliminés. Au niveau de la moelle, il n'y avait plus que deux cellules souches. Celles-ci ont pour fonction de fabriquer de nouvelles cellules chaque jour, comme nos globules rouges, dont la durée de vie est de cent vingt jours. Nous touchons à la science-fiction : ainsi, encore jeunes, nous pourrions, à partir d'un simple prélèvement, sauvegarder nos cellules souches, sachant qu'elles se conserveraient dans l'azote liquide peut-être jusqu'à 200 ans... Une première ouverture vers l'immortalité...

Comment le rat-taupe nu fait-il pour résister aux maladies ?

Des premières pistes s'ouvrent, dont l'autophagie. L'autophagie, dont nous avons déjà vu la signification, a pour synonyme l'« autocannibalisme cellulaire ». En pratique, c'est le pouvoir pour chaque cellule de faire le ménage chez elle en éliminant les déchets toxiques, les parties endommagées, nettoyer les éléments qui ne sont plus fonctionnels. Il s'agit d'une purification permanente qui assure sa survie. Elle permet d'éviter l'accumulation de ce qui est inutile et nocif. L'autophagie intervient aussi quand la cellule est stressée, comme en cas de privation énergétique lors d'un jeûne. Elle aide la cellule à survivre en renforçant et en réparant ses structures.

Ce qui est passionnant, c'est que l'autophagie offre deux possibilités : réparer la cellule en la nettoyant des éléments toxiques et en la renforçant, ou conduire la cellule à une destruction totale si elle ne peut plus être remise en état (l'apoptose cellulaire). Il s'agit d'une fonction essentielle au maintien de la vie en bonne santé. Imaginez une cellule qui ne pourrait pas éliminer ses déchets : nous sommes dans le cas de la maladie d'Alzheimer, où les plaques mortelles s'accumulent. Pensez aussi au cas des cancers, lorsqu'une première cellule anormale ne peut s'éliminer, prolifère et envahit les organes. Les premiers travaux scientifiques viennent de démontrer que le rat-taupe nu dispose d'une capacité hors norme de phagocytose – pouvoir d'éliminer les agents pathogènes –, bien plus élevée que celle de l'homme. L'objectif n'est pas de contempler de façon passive ce pouvoir dont il dispose, mais d'essayer de le reproduire chez les humains. Ainsi détiendrons-nous les clés d'une longévité hors norme et de qualité.

CHAPITRE 8

LE BONHEUR EST DANS LE LIVRE

« La gratitude peut transformer votre routine en jours de fête. »

WILLIAM ARTHUR WARD

Le bonheur se fabrique avec ce que l'on a sous la main. Il dépend davantage de nous que du monde extérieur. Quand on l'atteint, il peut disparaître. Dès qu'on essaie de le saisir, il s'enfuit. La recherche du bonheur se fait dans l'improvisation. C'est comme une planche à voile qu'il faut maintenir en permanence sur la crête des vagues. Il faut accepter qu'il n'y a pas de certitudes immuables ni de vérités absolues. Le bonheur ne se fige pas, ne se stocke pas. Il se crée à chaque instant, c'est un renouvellement permanent. C'est l'expression de la force vitale.

• LES INGRÉDIENTS DU BONHEUR

Casser les frontières

Pour être heureux, ne cloisonnez pas. Il faut libérer l'infini qui est en vous. Toute notre société est construite sur des espaces dits « de bonheur » par rapport à d'autres qui n'en sont pas. La semaine par rapport au week-end, le travail par rapport aux vacances, la vie professionnelle par rapport à la retraite... Si nous faisons les comptes, nous allons passer au mieux 15 % de notre vie à être heureux et le reste à attendre que cela arrive. Il y aurait par conséquent des jours pour se sentir bien et d'autres qui servent juste à attendre que les moments bénéfiques arrivent. C'est trop peu pour être heureux. Cassons ces frontières.

Pensez à vos week-ends et aux vacances passées. Recherchez les meilleurs moments qui vous ont fait du bien. Sachez les introduire dans votre quotidien comme des bouffées d'oxygène. Prenons un exemple : si vous retenez la sensation du soleil sur votre peau et du plaisir de nager, guettez les moments ensoleillés dans une journée et décidez de faire l'école buissonnière pour marcher ne serait-ce que quinze minutes dans la lumière. Recherchez les piscines près de chez vous pour vous offrir une demi-heure de natation. Après une journée de travail, prenez le temps de boire un verre en terrasse avec vos amis comme si vous étiez en vacances. En plein milieu de la journée, éteignez votre téléphone portable, décidez pendant dix minutes de ne rien faire, juste pour laisser un espace aux rêves et à votre imagination. À l'inverse, en vacances ou en week-end, ne restez pas à ne rien faire sur une chaise longue. Ouvrez-vous à des activités nouvelles pour stimuler votre cerveau. Les hormones du bonheur comme la dopamine ou la sérotonine sont sécrétées quand on expérimente des choses nouvelles et que l'on s'y adonne pleinement. Apporter du mouvement aux week-ends et aux vacances, c'est leur accorder une dimension plus forte. C'est augmenter la vie au lieu de la réduire.

La formule secrète

Tout a commencé par la lecture de 180 lettres de novices qui souhaitaient entrer au couvent. Les scientifiques ont étudié ces lettres de candidature. Ils ont organisé ensuite deux groupes en établissant une grille des mots-clés relatifs à la gratitude. Le groupe « Gratitude » incluait dans ses lettres un nombre important de mots positifs, comme l'amour de s'engager. Le second groupe s'exprimait avec peu de mots de gratitude et davantage de termes négatifs, comme la notion de sacrifice.

Le couvent constitue un milieu captif, dans lequel les conditions de vie et de nourriture sont identiques. Ce sont des paramètres parfaits pour une étude scientifique. Les médecins ont observé la durée de vie des sœurs. Ils ont constaté que dans le groupe « Gratitude », les sœurs avaient vécu en moyenne 7 ans de plus que les autres. Les sœurs de plus de 95 ans étaient deux fois plus nombreuses dans le groupe « Gratitude ». Depuis, beaucoup d'études sont arrivées à des conclusions similaires. L'une d'elles, portant sur des sujets cardiaques, a montré que les personnes suivant un « programme gratitude » manifestaient même des modifications au niveau du sang : l'état inflammatoire était beaucoup plus bas et l'état cardio-vasculaire meilleur.

La formule secrète serait alors de prononcer chaque jour trois mercis : envers la vie, envers les autres, envers soi-même. Prononcer le mot « merci » est un outil puissant. Il force à se concentrer sur les éléments heureux de notre existence. Il aide à mémoriser et à faire vivre plus longtemps les sensations agréables et les événements positifs qui sont passés inaperçus.

La dopamine, qui fait du bien, est alors sécrétée comme une goutte de parfum qui enchante l'atmosphère.

Le merci envers la vie conduit à remercier pour ce que l'on a. Il établit un rempart contre la société de consommation du « toujours plus », qui rend malheureux. Il oblige chaque jour à rechercher ce qui s'est passé de bien dans la journée. Le merci aux autres induit des relations chaleureuses et bienveillantes. Remercier chaque jour une personne pour ce qu'elle vous apporte rejaillit sur vous par l'énergie positive qui se dégage. Se dire merci à soi-même, c'est prendre chaque jour un cocktail de vitamines pour l'estime et la confiance en soi.

Créer des jours nouveaux

Chaque matin est un jour nouveau. Après le sommeil et la nuit qui représentent une surface de réparation, vous êtes neuf. C'est le moment magique. Profitez-en. Il est temps de changer un peu les règles du jeu pour que la partie puisse être encore meilleure. À trop définir ce que vous devez faire dans la journée, vous finissez par vous limiter. Profitez de cette énergie nouvelle comme d'un tremplin. Ne faites pas des jours passés un présent immobile sans avenir. Enlevez vos idées préconçues. Débarrassez-vous de vos certitudes. Faites de chaque début de journée une résurrection. Profitez du matin pour imaginer comment vous pourriez exprimer votre potentiel. Abordez le monde comme un territoire neuf. Ouvrez le champ des possibles. Faites monter les forces pour vous réinventer. À travers ce livre, je serai toujours à vos côtés.

Prenez une douche fraîche et idéalement froide si vous pouvez, hydratez-vous bien en buvant de l'eau, du thé ou du café sans sucre. Découvrez les gestes du matin qui dynamisent votre énergie. Ce peut être une odeur, un goût, une lumière.

Revitalisez-vous et faites du matin, une renaissance qui vous aidera à révéler le meilleur de vous-même.

Retrouvez le bien-être tout de suite

Voici un petit geste simple pour retrouver sa sérénité et se détendre lorsque l'on est stressé : passez-vous avec les 2 mains de l'eau bien froide sur le visage. Prenez la précaution de la faire couler trente secondes avant pour qu'elle devienne vraiment très froide. En 5 jets, vous ressentirez un réel bienfait. Cela ne se passe pas dans votre tête, ce n'est pas un effet psychologique ou placebo. Par ce geste, vous activez de manière douce votre nerf X. La stimulation de ce nerf génère un effet de relaxation et de détente. Il diminue la fréquence cardiaque et optimise la digestion. Il libère également de la sérotonine, qui donne une impression très agréable. L'eau froide sur le visage induit la libération par le corps de véritables hormones du bien-être. Vous pouvez même reprendre de cet élixir si vous en ressentez le besoin. À ceux qui n'osent pas la douche glacée, je conseille de terminer en dirigeant un jet d'eau froide sur leur visage. C'est excellent pour la beauté du visage et pour le moral.

Au niveau esthétique, l'eau froide resserre les pores de la peau, améliore la circulation et réduit les poches d'eau sous les yeux. Pour l'humeur, c'est formidable, vous sécréterez une petite dose d'endorphines, les hormones du bonheur. Vous attaquerez la journée avec une superbe énergie et une présence d'excellente intensité.

À ceux qui ne supportent pas l'eau froide sur le visage, je propose d'utiliser un linge mouillé que vous appliquerez pendant deux minutes sur le visage. Allongez-vous et fermez les yeux. Respirez calmement. L'effet sera identique.

Créer sa propre définition du bonheur

Ne désirez pas le bonheur des autres malgré eux, surtout s'ils ne vous le demandent pas. Votre sollicitude ne servira à rien, vous allez vous exténuer pour un résultat nul. Vous serez malheureux d'avoir échoué. Chacun a sa propre définition du bonheur.

Pour être heureux, apprenez à la créer. Sans cela, vous n'y accéderez jamais. Les valeurs familiales, l'école, la société nous font passer des messages entre les lignes sans que nous en soyons conscients. Pour être heureux, il faut avoir « coché » un certain nombre de cases qui ne nous correspondent pas forcément. Être marié, avoir des enfants, avoir une belle maison, un métier valorisant dans la société, une résidence secondaire. Tout est possible. Vous risquez de passer votre vie à courir après un faux idéal. Se débarrasser à la fois des définitions et du regard des autres est le premier pas pour être heureux. Vous allez découvrir qu'il existe une infinité de définitions du bonheur...

Le mélancolique peut trouver délicieux de contempler un ciel de pluie ou d'écouter une musique triste. Ces sensations le relient à ce qui le définit et lui procure cette harmonie qui le rend heureux. D'autres se disent heureux parce que l'entourage les considère comme heureux. Ils existent par le regard des autres. Plus ils s'éloignent de leurs propres valeurs pour coïncider avec la définition du bonheur de leur famille ou de la société, plus ils se détachent de leur vrai moi. Ils finissent par faire semblant d'être heureux, ce qui génère une profonde solitude.

Débusquer les passions

La passion est le passage pour accéder à la partie la plus profonde et intime de notre être et pour permettre de l'exprimer. Cessons de

238

compartimenter notre vie pour créer l'unité intérieure. La passion donne une signification profonde à chacun de nos actes, elle nous place dans un autre monde. Nous pénétrons dans un nouvel espace-temps, celui de l'intemporalité. Elle nous aide à nous réaliser par nos actes. C'est la forme la plus complète et intense du bonheur.

Pour comprendre le mécanisme intime entre bonheur et passion, nous devons savoir que la passion est un phénomène qui ne cesse de monter en puissance. Elle met à l'abri de la routine, de l'habitude et de la tristesse. C'est l'inverse de ce que l'on ressent au cours de vacances trop longues. Être fatigué de trop se reposer, avoir l'esprit qui part en boucle sur des banalités, percevoir que les petits plaisirs du quotidien deviennent de plus en plus fades jusqu'à ne plus les ressentir ni les voir.

C'est justement cette approche qui permet de comprendre pourquoi les personnes qui ont des revenus très importants ne sont pas plus heureuses. Les satisfactions matérielles les plus sophistiquées sont vite oubliées et n'augmentent plus le bonheur. Les racines du bonheur sont en nous et la passion est l'une des voies royales pour y accéder.

Le mouvement permanent

Le bonheur se situe dans le mouvement permanent. Vouloir le figer, c'est le faire disparaître. C'est là tout le paradoxe. Quand vous êtes bien, vous souhaitez que ce moment dure toute la vie et surtout ne rien changer. Toute l'éducation et la société reposent sur ces éléments : le mariage pour fixer l'amour une fois pour toutes dans une relation qui se veut définitive, la maison de vacances pour retrouver chaque année les mêmes plaisirs, les nombreux contrats d'assurance pour s'inscrire dans l'immuable... L'idée globale se résume à tout faire pour « protéger » ses acquis, voire mettre « à l'abri ses proches ». Nous partons d'une définition statique de la vie et de la société. Nous oublions à ce moment précis que les humains vieillissent jour après jour et ne sont pas éternels. Les corps se modifient, les esprits évoluent. Ces positions dites « de sécurité » sont en fait le plus grand des dangers.

Je me répète, le bonheur se situe dans le mouvement, le changement, la passion et la créativité. Changer provoque la sécrétion d'hormones du bien-être comme la dopamine, ouvre de nouveaux circuits cérébraux, empêche de vieillir. Les couples qui durent s'expliquent par deux phénomènes contradictoires. Il y a ceux qui, sous la chape de plomb du quotidien, ne se regardent plus, s'oublient et se fondent dans l'indifférence, et il y en a d'autres qui s'inventent chaque jour et dont les lignes dynamiques restent en parallèle.

Pour être heureux, il faut être capable chaque jour de se renouveler. L'imagination fournit le carburant du bonheur. Sans elle, il n'existe pas. Quand une personne ne bouge plus, c'est qu'elle est morte. Autrement dit, moins un sujet bouge, plus il se rapproche rapidement de la mort. C'est vrai pour le corps comme pour l'esprit. L'immobilisme et l'enracinement constituent un risque pour la santé. Les habitudes, les routines, la répétition figent et détruisent. C'est le mouvement et la prise de risque qui génèrent une bonne santé. Être heureux, c'est aussi une façon de communiquer autrement avec les autres, je dirais presque d'« extra-communiquer ». C'est introduire une dimension poétique dans les relations pour faire naître la beauté dans le quotidien.

Oser penser et oser dire

Ce sont les deux étapes essentielles pour avancer vers l'épanouissement intérieur. Oser penser à ce qui compte pour nous, c'est aller à la rencontre de nos rêves d'enfant ou d'adolescent que nous avons enfouis trop vite. Nous n'étions alors pas assez matures pour faire passer nos idées et les pousser plus loin.

Nous avons trop souvent capitulé avant même de commencer la bataille. Les années ont passé, et nous avons oublié des parts de nous-mêmes sans doute exceptionnelles. Et si nous faisions resurgir ces trésors ensevelis par les années ? Oser penser, c'est difficile mais nécessaire. Oser se dire à soi-même ce que l'on pense vraiment des personnes qui nous entourent, se demander si nos obligations sont réelles, savoir si ce qui est censé nous faire plaisir nous fait vraiment plaisir… La durée de vie est trop courte et ne peut être gâchée par de faux bonheurs. Découvrir ce qui fait vraiment plaisir est essentiel mais c'est un chemin semé d'embûches. Comme un alpiniste, palier par palier, nous devons continuer à escalader la montagne. Partons à la découverte de nos envies. C'est le carburant de la joie de vivre au quotidien.

Pour y réussir, il faut parfois s'aider de petits exercices. Ils permettront de tracer la ligne qui sépare les besoins des envies. Pour marquer les étapes, on peut inscrire dans un carnet secret tout ce qui est enfoui en nous. Écrire déterminera une étape essentielle de notre futur bien-être intérieur. Pouvoir lire et relire ce qui constitue l'essentiel de notre moi intérieur, de notre essence, de notre socle est une démarche intéressante.

Gagner au Loto

Imaginez que vous gagnez demain exactement la somme d'argent correspondant à tous les salaires que vous auriez obtenus tout au long de votre vie. Vous n'avez donc plus besoin de travailler. Que décidez-vous de faire ? Vous continuez comme avant ou vous changez tout ? Si vous faites ce test avec sincérité, vous allez éclairer d'une lumière franche des facettes de votre personnalité qui restaient dans l'ombre et qui n'attendaient qu'un faisceau lumineux pour commencer à exister. Vous allez créer ainsi votre espace personnel qui fonctionnera avec vos désirs profonds. Vous ferez partie de ceux qui apportent de l'énergie aux autres et non qui en prennent. Les émotions positives qui résulteront de la montée en puissance de vos envies vous régénéreront.

Oser dire, c'est l'étape suivante. Cela signifie que vous avez franchi un cap, que vous avez choisi de vous exprimer dans votre vie familiale ou professionnelle, auprès de vos amis et de votre entourage. C'est dire ce que vous pensez réellement et décider de vivre des relations vraies avec les autres, ne plus faire semblant mais commencer à exister. S'exprimer librement, c'est aussi la base d'une bonne santé.

Savoir interpréter ses propres signaux comme Champollion

Devenons les interprètes des phrases anodines que nous lançons pour découvrir nos vraies aspirations. Prenons quelques exemples : « Je n'ai pas le temps » veut très souvent dire « Je ne veux pas, mais je n'ose pas le dire ou me le dire. » J'entends souvent cette phrase lorsque je recommande de faire quotidiennement de l'exercice. Ou bien : « Non, je crois que nous sommes bien ici » : le début de la phrase comporte la réponse. « Tu ne veux pas venir dîner avec nous ? » signifie « Je n'ai pas envie de partager cette soirée avec toi. »
En résumé, si vous mettez du négatif dans la question, cela signifie que vous ne voulez pas. Alors faites l'effort de le dire franchement, vous serez libéré et heureux.

Le premier qui doit croire en vous, c'est vous !

La conviction que l'on est totalement capable de réussir ce que l'on entreprend conduit à une montée en puissance d'une autoefficacité que rien ne peut arrêter. La force de la croyance en soi fait toute la différence. C'est elle qui révélera vos talents et vous permettra de vous épanouir. Pour réussir, il faut vouloir réaliser ce que l'on désire. Si c'est pour faire plaisir à l'entourage ou par un sens du devoir qui ne vous correspond pas, vous courez vers l'échec.

Ne laissez personne fixer vos objectifs personnels. Si vous entrez dans un cycle de conflits internes, vous ouvrez la porte aux maladies, qui deviendront la forme ostensible d'une souffrance intime que vous n'arrivez pas à exprimer.

La société enferme vite ceux qui présentent une compétence ou un talent. Ils deviennent utiles, les félicitations sur la qualité de leur travail les immobilisent un peu plus. Une personne peut disposer par exemple de plusieurs talents et passer sa vie sans jamais les révéler tous. Croire en soi, c'est savoir identifier ses forces. Cela permet de les faire jaillir et de ne pas passer sa vie à répéter une rengaine identique, même si le public applaudit et demande des *bis*. La répétition tue la créativité.

S'accepter tel que l'on est

Nous le savons bien, il faut s'accepter et s'aimer tel que l'on est. Nous sommes les plus à même de définir ce qui est bien pour nous. Il n'existe pas de bon goût ou de mauvais goût. Chacun a le sien et nous ne devons jamais dépendre de celui des autres. En matière de musique, d'art, de cinéma, de cuisine, chaque personne sait au fond d'elle-même ce qui lui plaît. Il ne faut pas rechercher à tout prix la conformité collective, qui nous pousse à applaudir même si l'on n'a pas aimé, à choisir tel produit plutôt qu'un autre au nom de l'approbation collective.

L'exemple des odeurs

Les odeurs corporelles sont un exemple parfait. De nombreuses études scientifiques ont mis en évidence le fait que les odeurs émises naturellement par notre corps sont des signaux qui attirent sexuellement. Il a même été noté lors d'expérimentations que les femmes étaient plus attirées par des hommes qui émettaient des sueurs correspondant aux signatures génétiques les plus éloignées des leurs.

Dans un couple, les différences génétiques augmentent la probabilité d'avoir des enfants en bonne santé. Quand les personnes se marient de façon trop consanguine, comme au temps des rois de France, les risques d'émergence de maladies génétiques s'accentuent.

Accepter ses odeurs corporelles, savoir qu'elles peuvent être un outil de séduction, ressentir une pulsion forte pour ce que l'on pourrait définir comme une « mauvaise odeur » de son partenaire fait partie de l'épanouissement. Avant de chercher à masquer par des produits chimiques nos odeurs, valorisons notre patrimoine odoriférant. C'est notre signature et notre identité. Sans aller dans l'excès, pourquoi ne pas créer son propre univers olfactif ? Le parfum idéal est peut-être celui qui recrée et non celui qui masque nos odeurs corporelles.

Faire l'œuf

Le moment où l'on se met au lit et où l'on éteint la lumière est la jonction entre la veille et le sommeil, un véritable instant précieux de lâcher-prise. C'est cette période que les sérums de vérité essaient de reproduire. Pas encore endormi, mais plus complètement éveillé, on dit la vérité. Là, il ne s'agit pas de dire la vérité aux autres, mais à soi-même.

Si l'on dort à deux, le moment commence quand on s'est souhaité « Bonne nuit » et que les contacts avec le ou la partenaire sont interrompus jusqu'au lendemain. C'est pendant ce moment à soi et rien que pour soi que tout va se jouer.

La position

Il s'agit de reproduire dans son lit la position du fœtus dans le ventre de la mère. Commencez par enrouler votre colonne vertébrale tout en rapprochant vos deux cuisses pliées le plus près possible du ventre. L'un des pieds repose largement sur la face dorsale de l'autre. Il faut se mettre sur le côté. Les yeux sont fermés. Les bras liés et serrés contre le corps appuient doucement sur le haut du ventre.

La méthode

Je recommande d'essayer de se remémorer la journée écoulée, de rechercher son meilleur moment, celui que l'on aimerait reproduire. Il faut se laisser aller complètement, oser penser à des choses interdites et que l'on n'a pas faites parce qu'« on est une grande personne » : embrasser un ou une inconnue, partir en plein milieu d'un déjeuner où l'on s'ennuie trop, cracher avec la bouche pleine sur quelqu'un que l'on a détesté. L'essentiel est de laisser ses fantasmes s'exprimer. Allez-y, il n'y a plus personne pour vous juger, le terrain est libre. N'ayez aucune culpabilité ! Il est essentiel de vous dire ce que vous n'auriez jamais dit aux autres. Parfois, nous sommes tellement figés ou sclérosés que l'on ne sait plus se dire réellement les choses.

Gardez en mémoire que dans le mot « maladie » il y a « mal à dire ». Si vous ne créez pas un espace de liberté pour oser dire (voir plus haut), vous générerez les graines du mal-être et de la maladie. Il faut réveiller l'impertinence et l'effronterie de l'enfant que l'on a été. Si l'évocation de situations génère un plaisir sexuel, pourquoi pas. Pour que cela fonctionne, n'ayez aucun tabou. Tout doucement vont éclore au fil des jours les petites fleurs qui ont été piétinées et écrasées par toutes ces années. Si vous organisez chaque soir dans votre lit une rencontre secrète entre le bébé, l'enfant, l'adolescent que vous avez été et l'adulte que vous êtes devenu, vous donnerez une cohérence et un nouveau sens à votre vie. Fini les segmentations et les contradictions. Vous accéderez à une parfaite harmonie avec vos fondamentaux et découvrirez ce qui compte vraiment pour vous et aussi ce qui vous abîme un peu plus chaque jour. Vous retrouverez votre centre de gravité.

Le lendemain matin, tentez de faire ressortir une pensée interdite qui vous a effleuré la veille pendant que vous faisiez l'œuf. Ce « sous-titre » secret donnera de la légèreté et de l'humour à votre journée.

Cultiver son apparence

Les apparences ne sont pas trompeuses, elles sont essentielles. Elles ne sont pas superficielles, illusoires et futiles, elles traduisent vers l'extérieur ce qui existe en profondeur. Imaginez que vous décidiez de vous présenter toute la journée tel que vous êtes le matin au réveil : les cheveux en bataille, les dents pas lavées, habillé avec le premier vêtement qui vous passe sous la main sans même vous être regardé dans le miroir. Cette apparence adresse un message à la fois à soi et aux autres. En se disant que l'on va se présenter de façon naturelle et sans la moindre préparation, on communique de façon particulière. Il s'agit d'exprimer la part de soi qui ne fait aucun effort et qui se laisse aller. Le risque est de renvoyer une mauvaise image, de se dévaloriser dans le regard des autres et de finir par ne plus s'aimer.

Travailler son apparence, la façon de se vêtir, son langage, ses gestes, son regard, est comme un travail d'artiste. Nous devons mettre dans la lumière ce qui peut paraître secondaire, travailler nos mouvements, notre port de tête. Avec cette approche, nous tendons vers la beauté et l'intemporel. C'est l'objectif de l'œuvre d'art. Se laisser aller est déprimant pour les autres et pour soi-même. Cette culture de l'effort sur soi-même implique une volonté de se dépasser intellectuellement. C'est l'inverse de la superficialité.

Une fois dans la rue, nous communiquons avec les autres par nos apparences. Nous adressons des signaux. Beaucoup suivent la mode, en reprenant les attitudes, les codes vestimentaires qu'elle propose. En pensant montrer leur indépendance et leur liberté en adoptant des codes qui sont parfois de mauvais goût, ils montrent leur conformisme et leur aliénation.

La créativité permet de gravir des montagnes. Pour réussir, nous devons montrer notre différence, croire en nous, ne pas forcément chercher à plaire en faisant comme tout le monde mais signer ce que l'on est. L'approche artistique de son apparence devient le premier pas pour exister et se dépasser chaque jour en allant de plus en plus loin.

Prendre des vacances intérieures

Voici le programme que je vous propose : faire entrer les vacances dans la vie de tous les jours. La solution : partir tous les jours pour des vacances intérieures et découvrir comment se déconnecter pour ensuite se réinitialiser.

Comment faire ?

Isolez-vous ne serait-ce que dix minutes. Fermez les yeux et revivez votre dernier week-end à la campagne ou vos dernières vacances. Faites comme si vous y étiez. Vous êtes en train de boucler votre sac de voyage, vous effectuez le trajet en voiture. Les odeurs dans la maison, les courses à faire, les lits humides... Recherchez la moindre sensation, faites monter à la surface les tout petits détails oubliés. Identifiez ce que vous avez adoré, ce qui était terne et ennuyeux, ce qui ne valait pas la peine.

Concentrez-vous sur vos sensations et le bien-être que vous avez ressenti au retour. Atterrissez en douceur : vous rentrez à la maison, le courrier s'est accumulé, il faut tout remettre en route... Vous venez de faire revivre toutes les sensations qui font du bien. Rien à voir avec le fait de regarder trois secondes une photo de bord de mer, qui présente une image sans émotion.

Le lendemain et les jours suivants, recommencez. Vous allez partir moins longtemps, car, très vite, tout va revenir à la surface. En pratique, ce sera plus rapide mais moins intense parce que vous connaissez déjà les sensations qui se jouent. Les jours qui suivront, vous allez finir par vous ennuyer. Quand vous aurez fait le plein, vous irez à la recherche d'autres temps de repos qui vont surgir du passé. Il faut se concentrer sur le meilleur des vacances, le faire revivre par une odeur, le goût d'un mets, remettre à la maison une tenue d'été et fermer les yeux pour se ressourcer.

Se faire plaisir par la répétition d'un plaisir

Aimer écouter 100 fois la même chanson, revoir le film que l'on connaît par cœur, retourner sans cesse dans le restaurant dont on connaît les plats sur le bout des doigts... Normalement, la jouissance diminue au fil des répétitions, mais, parfois, une pulsion nous incite à recommencer les mêmes choses.

S'attendre à ce qui va se passer, sans surprise, l'absence d'imprévu, peut se montrer rassurant. Cette attirance vers la répétition comporte une composante nostalgique. C'est aussi une façon de contracter l'espace-temps où hier devient aujourd'hui.

Même si le bonheur se situe dans le mouvement et la nouveauté, ne boudez pas la répétition des bons moments du quotidien qui vous ancreront dans le plaisir.

Être bien dans sa maison

Être bien chez soi, c'est être bien avec soi-même. Depuis cinquante ans, la notion de maison a changé. Pendant des siècles, les populations sont restées dans leur village et leur pays. Les gens y étaient enracinés, sans se poser de questions, comme une évidence. Les transports aériens ont transformé les choses. Beaucoup sont allés aux quatre coins du monde pour faire du tourisme, trouver du travail ou poursuivre une histoire d'amour. Nombreux sont ceux qui ont déménagé plusieurs fois. D'autres ont grandi loin de leur pays d'origine, dont ils ne connaissent parfois ni la langue ni la culture, pas plus que les paysages. Comment ces personnes qui sont en mouvement trouvent-elles leur centre de gravité, le lieu qui les définit, leurs racines ?

Les vrais murs de la maison sont les personnes que l'on aime et qui nous entourent. Ce ne sont pas des plaques de ciment qui forment les cloisons. La maison n'a plus la même signification. La maison est le lieu où l'on devient soi-même, avec les êtres qui partagent nos vies et nos idées. On peut se sentir seul dans la foule ou dans un mariage. Les études scientifiques montrent d'ailleurs que les personnes qui vivent dans un environnement positif sont en bien meilleure santé et vivent plus longtemps.

Les amis que nous connaissons et qui nous suivront, ou ceux que nous rencontrerons, formeront les fondations de cette nouvelle maison. Il ne faut pas avoir peur de bouger. Quand nous découvrons de nouveaux pays, de nouveaux amis ou une langue étrangère, notre cerveau fabrique à toute vitesse des neurones pour s'adapter. On freine le vieillissement cérébral, on rajeunit. C'est le contraire de la sédentarité et de la routine, qui font décliner le cerveau.

L'aquarium pour bien se détendre

Enfin ! Des scientifiques ont pu démontrer les effets relaxants de la présence d'un aquarium dans une maison. Au milieu des objets connectés, des signaux sonores et lumineux, observer simplement un aquarium et ses poissons permet de se détendre et de diminuer le stress.
Les scientifiques de l'université de Plymouth ont même montré une incidence sur la pression artérielle et le rythme cardiaque. Ils ont également mis en évidence que l'observation des poissons mettait de bonne humeur. Les chercheurs ont noté que plus il y avait de poissons dans l'aquarium, plus les sujets restaient longtemps devant. La « bonne durée » pour constater tous ces effets positifs serait de seulement dix minutes. Voici donc un excellent moyen de soigner son stress sans médicament...

• Dépasser les obstacles au bonheur

S'affranchir des peurs

La société actuelle fonctionne avec la peur : peur d'être au chômage, de la pauvreté et de la maladie, de la solitude et de l'isolement, de ne rien avoir pour sa retraite, des épidémies, des étrangers, de l'insécurité… Beaucoup reprennent ces messages pour proposer des produits, des services, des contrats ou des programmes politiques. Les sentiments d'angoisse et de peur prennent vite racine.

Tout humain a peur de la mort puisque chacun est concerné. Depuis le début de l'humanité, 107 milliards d'humains sont morts, et aucun n'a survécu au-delà de 122 ans, record détenu par Jeanne Calment. Ce qui se passe après la mort ne fait pas l'unanimité. Chaque religion fournit ses explications, mais elles sont différentes. Chacun pense détenir la vérité, mais il s'agit de sa vérité. Cette monumentale inconnue qui persiste pour tous provoque des comportements contradictoires. Alors que les hommes et les femmes sont de passage sur terre, ils se comportent comme s'ils étaient là pour l'éternité : le besoin de propriété, de contrats à durée indéterminée, la retraite imaginée comme perpétuelle.

Ces modes de compensation vont bloquer l'énergie vitale, le mouvement et la vie. La mobilité, bouger, prendre des risques sont les carburants essentiels du bonheur.

La peur est communicative. Percevoir l'inquiétude dans le regard de l'autre rend craintif. L'angoisse se transmet d'une personne à l'autre et révèle les plus mauvaises parties de chacun. Sans même le savoir, on devient vite un messager de ces peurs, ce qui augmente le sentiment d'insécurité. À force de répéter des phrases et des jugements négatifs, on devient sans s'en apercevoir une source d'énergie négative qui détruit progressivement. Pour être heureux, il faut savoir se libérer de ses peurs, de ses angoisses, de ses inquiétudes qui rongent la vie. Le plus grand danger n'est pas l'insécurité, mais la peur quotidienne de l'insécurité. Elle provoque des pensées acides qui tournent en boucle. Il faut accepter les situations que l'on ne peut pas changer et apprendre à vivre avec sereinement. Cette distance est vitale pour éviter de s'autodétruire au fil des jours. Vouloir résoudre des situations inextricables provoque une usure accélérée de notre énergie et rend malheureux. Nous devons accepter nos propres limites pour être heureux. Quand on ne peut rien faire pour modifier ce qui nous insupporte, la seule clé pour se sentir mieux est de changer notre propre perception de ce qui se passe, d'évacuer coûte que coûte les pensées négatives qui nous obsèdent. Redéployer ses ailes permet de retrouver l'espace, l'insouciance et la liberté, d'imaginer comment nous pourrions faire autrement.

Accepter les changements de la société

Pensez à notre planète. Il est formidable à notre époque de pouvoir voyager librement dans de nombreux pays. L'espace jeu de notre terre est immense. Pouvoir aider et apporter ses connaissances, créer de nouveaux métiers, c'est le début d'une aventure génératrice de découvertes, de bien-être et de bonheur, plutôt que de se plaindre et de larmoyer. Face à une situation économique compliquée et à des revenus qui baissent, osez bousculer les tables. Partez vers de nouveaux mondes en vous recréant. Le mouvement qui s'amorce avec l'évolution du monde actuel rend optimiste. Nous ne sommes pas en crise : c'est comme la puberté qui se produit chez un enfant, une évolution normale, physiologique et bénéfique. Nous sommes en train de passer d'un monde à un autre sans retour possible. Lâchez le passé, il ne reviendra plus.

Nous passons d'une société de la propriété à une société de l'usage. Ce n'est pas ce que nous avons qui est important, mais ce que nous vivons. Le partage, l'échange, la mobilité deviennent les mots-clés des réseaux sociaux. L'essentiel n'est pas de posséder une maison mais de pouvoir passer des moments de rêve et de découvrir sans cesse de nouvelles sources de joie de vivre. Des sites comme Airbnb proposent des logis à moindre prix, les VTC offrent des voitures sans contraintes, les Vélib', les automobiles électriques sont en libre-service... Le monde se décloisonne et s'ouvre, une nouvelle force se met en mouvement pour ouvrir les espaces.

En moins de 50 ans, nous sommes passés du monde de la réalité au monde de la fiction, sans avoir le temps de nous adapter. La télévision, avec les films et les séries, le cinéma, les jeux vidéo nous font vivre chaque jour pendant des heures dans un univers fictif. Nous nous identifions aux personnages. Les séries en particulier nous font partager, jour après jour, semaine après semaine, la vie de personnages hors du commun. De retour dans le quotidien et la réalité, tout semble morne. On n'a qu'une envie, revenir à la fiction. Des phénomènes de compensation peuvent alors s'installer : excès alimentaires, tabac, alcool, voire la prise de drogues.

La vraie vie semble manquer de couleurs par rapport aux fictions avec lesquelles nous nous confondons. Je dirai même que l'abus de films ou de séries nuit gravement à la santé et empêche de jouir des êtres qui nous entourent, de notre métier, de ce qui aurait pu constituer nos passions. Décidez d'oublier un peu les séries, ne regardez que les films qui vous tentent réellement pour vous échapper dans une autre réalité pendant un temps limité. Préférez votre vie à celle des autres.

L'aptitude au bonheur se travaille, elle n'est pas innée. Il faut chercher la petite lumière au fond de la nuit, les dimensions positives d'un monde nouveau. Au lieu de se plaindre des vestiges d'un monde qui disparaît, devenez le relais pour partager votre enthousiasme à propos des nouveautés de notre société. Cette joie de vivre sera communicative. Elle vous fera du bien à vous-même et aux autres, qui vous le renverront au centuple. Décider de créer un cercle d'énergie positive au milieu d'une sinistrose ambiante procure un immense bien-être.

Ce ne sont que des paroles à prononcer, un regard positif et confiant sur la vie à partager, des sourires, des rires, de la témérité qui construiront votre nouvelle force. Notre monde actuel offre des possibilités pour tous, plus que jamais. Ce nouvel apprentissage de la liberté fait peur à certains et les prive de bonheur. L'humanité s'est construite après de nombreuses guerres et révolutions. Cette fois-ci, c'est une nouvelle forme de transition qui s'est mise en ordre de marche.

Il faut apprendre à changer, à s'adapter à de nouveaux modes de vie, c'est aussi ce qui fait le plus de bien au corps et à l'esprit. Une nouvelle fois, ce qui est figé et immuable représente le plus grand des dangers. Nous sommes faits pour le mouvement, le changement, l'adaptation : nous sommes enfin sur le terrain qui est le nôtre. Il va falloir maintenant écrire le nouveau livre de l'humanité, reposant sur d'autres valeurs. Nous avons la chance d'être au commencement de l'histoire.

Pour être heureux, commençons par savoir ce que l'on veut vraiment, par avoir conscience de ses propres valeurs, de ce qui compte. Si ce point n'est pas fait, on ressent un vide intérieur qui se remplira au fil du hasard et des rencontres, des inconnus qui influencent, de la publicité, des codes de la société, des leurres qui éloignent, au risque de ne plus se correspondre, de ne pas se reconnaître dans sa propre vie. Ce vide entraîne inévitablement un malaise permanent, parce que l'on ne réalise pas ses aspirations profondes.

Peut-on se rendre malade soi-même ?

C'est justement la question posée par des scientifiques américains. La force du mental peut-elle nous protéger de nombreuses maladies, ou à l'inverse des pensées négatives conduisent-elles à créer une maladie ?

Vous avez souvent entendu cette petite phrase : « Elle va se rendre malade. » Est-ce une réalité ou une fiction ? À force de craindre une maladie, peut-on la fabriquer ? La posture que l'on va adopter par rapport à sa santé peut conditionner notre vulnérabilité ou notre résistance face aux agressions extérieures, incarné par le système immunitaire.

Les scientifiques américains ont préalablement demandé à 360 volontaires en bonne santé s'ils se sentaient en excellente, moyenne ou mauvaise santé. Dans un second temps, les participants ont été exposés aux virus du rhume. Force a été de constater que les sujets qui s'estimaient en excellente santé étaient beaucoup moins vulnérables aux virus du rhume que ceux qui se croyaient en moyenne ou mauvaise santé.

Le pouvoir du mental participe à la qualité des réponses de notre système immunitaire, gardien de notre bonne santé. Il est aussi évident que se sentir en bonne santé pousse à tout faire pour la conserver. Une alimentation plus saine, de l'exercice physique, ne pas fumer... Tout cela contribue indirectement à des défenses de meilleure qualité.

Des travaux ont montré que les couples qui se faisaient davantage d'étreintes possédaient une santé cardio-vasculaire plus robuste. Le cœur « s'emballait » moins en cas de stress, se traduisant par une fréquence cardiaque plus basse.

La tendance à se rendre malade peut se manifester sous différentes formes. Les forces d'autodestruction sont lourdes et récurrentes. Au niveau conscient, on s'accuse d'un manque de volonté et on finit par haïr ses propres faiblesses et par se détester. La résultante est une perte de l'image de soi, de confiance et l'augmentation des pulsions qui conduiraient à tout laisser tomber.

Se rendre malade commence quand on ne respecte pas son corps. La mauvaise image que l'on en a retentit sur le corps lui-même. Il faut savoir honorer son corps et lui offrir le meilleur. Se nourrir avec des aliments nocifs, fumer, boire avec excès, c'est le mépriser. La maladie sera la réponse du corps. Elle est souvent le langage d'un organisme que l'on maltraite et que l'on refuse d'entretenir. Imaginez une automobile à qui vous donnez le mauvais carburant et dont vous ne faites jamais la révision. Inévitablement, elle tombera en panne.

• LE TATOUAGE QUI GUÉRIT

En 2016, lors d'un voyage en Birmanie, je me suis souvenu du récit d'une patiente qui souffrait depuis plus de 20 ans de douleurs chroniques au niveau des lombaires. Ces lombalgies lui empoisonnaient la vie, comme une souffrance en sourdine qui ne s'arrête jamais. Elle avait rencontré en Birmanie des guérisseurs proches des sages bouddhistes, « Maîtres de la voie supérieure », qui l'avaient totalement débarrassée de son mal de dos. Ils avaient utilisé leur technique millénaire, à savoir le tatouage qui guérit. Il avait été réalisé avec des encres spéciales sur la zone douloureuse. Elle me montra ce tatouage. J'étais face à une œuvre artistique énigmatique. J'ai cherché à comprendre et à trouver une explication rationnelle à une situation irrationnelle.

Les Birmans que j'ai rencontrés irradiaient de sérénité, de bienveillance naturelle et apaisante. Dans ce pays, la nature semble en phase avec la spiritualité intense qui s'en dégage et un lien intime et troublant existe entre l'homme, les temples et la nature. Sur des sites comme Bagan, il existe un espace végétal sauvage parsemé de plus de 1 000 pagodes. Dans des lieux comme celui-ci, il émerge une force spirituelle hors du commun qui vous touche profondément. Sans rien faire, l'énergie de la nature apaise, détend et régénère.

Le milieu dans lequel nous vivons peut entretenir ou dissoudre nos tensions, qu'elles soient intellectuelles, musculaires ou osseuses. La première chose que j'ai apprise, en parcourant ce pays, c'est l'incidence du milieu sur notre santé. L'univers dans lequel je me trouvais était en lui-même un monde qui soigne.

Pour le tatouage, les moines utilisent une tige de roseau taillée et une encre naturelle à base de plantes médicinales. Il s'agit d'une autre façon de penser la médecine. Nous sommes à la jonction de la spiritualité, de la philosophie et de recettes médicinales ancestrales transmises depuis la nuit des temps. J'ai cherché à comprendre comment cela fonctionnait. Je n'ai pas trouvé de support scientifique pour m'y aider. Je ne sais pas s'il s'agit d'une acupuncture particulière, d'action inconnue de certaines plantes, d'un effet placebo. La seule chose que je garderai en mémoire, c'est le résultat obtenu sur ma patiente.

Je regrette seulement que les précautions d'asepsie obligatoires pour un tatouage en Occident ne soient pas toujours suivies. Puis j'ai repensé à cette phrase de Saint-Exupéry : « Dans ce monde, celui qui diffère de moi loin de me léser m'enrichit. » Nous avons certainement encore beaucoup à apprendre de ces médecines anciennes.

Depuis, chaque fois que je rencontre des personnes tatouées, je ne peux m'empêcher de penser aux moines birmans qui cherchent avec tellement de soin l'endroit sur le corps, la forme précise du dessin et la nature des encres naturelles pour réaliser le tatouage.

Se faire tatouer n'est pas un geste anodin. C'est un message fort et qui se veut définitif, à la fois pour soi et pour les autres.

Utiliser sa peau pour communiquer engage profondément.

J'ai envie de rêver. Si le savoir de ces moines pouvait se transmettre aux artistes tatoueurs, nous pourrions peut-être apporter une autre dimension à ce geste.

Je commencerais par écouter ceux qui désirent un tatouage.

Je demanderais s'ils souffrent de stress, d'anxiété, de tensions.

Prendre le temps de parler, d'échanger, c'est déjà apporter tellement de bien.

Comprendre pourquoi une personne désire se faire tatouer est essentiel, ne serait-ce que pour le choix du tatouage.

La peau est l'organe qui sépare notre intérieur du monde extérieur. Elle représente l'organe le plus grand du corps humain. Le tatouage peut aussi bien représenter un amour de soi-même que l'on souhaite exhiber qu'une mutilation symbolique. Les ressorts psychologiques décryptés donneront une dimension plus forte au dessin.

Et si nous ouvrions une école de tatouage pour les tatoueurs dont les enseignants seraient des moines birmans ?

Le choix des encres serait bien entendu au programme. Aujourd'hui, il existe plus de 100 compositions d'encres chimiques différentes utilisées dont on ne connaît pas les effets sur la santé, en particulier lorsque ces produits chimiques sont ensuite exposés aux radiations solaires. Rechercher des encres issues de plantes, naturelles et contrôlées, avec de plus un bienfait sur la santé serait un réel progrès.

Les clés pour ne plus souffrir

Le seuil de souffrance varie beaucoup d'un individu à l'autre. J'ai observé des écarts considérables entre mes patients. Ceux qui résistaient de façon impressionnante à des douleurs, m'ont apporté plusieurs enseignements. Il y a deux façons de réagir : soit subir, soit maîtriser. La première technique est d'imaginer que cette douleur ressentit au niveau du dos vous procure une forme de jouissance. Concentrez-vous pour vous dire que cette douleur vous fait en réalité du bien. Vous ne la détestez plus, vous commencez à l'apprécier. Vous inversez votre échelle de la perception, à l'instar d'un cheval fougueux que vous dominez. Vous êtes concentré sur cette douleur, vous la vivez, mais vous êtes capable d'aller au-delà. Comme si vous étiez placé au-dessus de la pièce où vous vous trouvez en vous observant.

Le plaisir anal que ressentent certaines personnes en est un exemple. Des hommes ou des femmes qui se font sodomiser ressentent parfois du plaisir, pour d'autres c'est un calvaire. L'interprétation de la douleur par le cerveau est alors un point essentiel. L'intromission dans l'anus que ce soit d'un doigt, d'un *sex-toy* ou d'un sexe peut provoquer des douleurs vives, car il s'agit d'une zone très innervée. De nombreux sujets en ont fait l'expérience à l'occasion d'examens médicaux. Pour diminuer les sensations désagréables, le médecin utilise un lubrifiant et demande au patient d'adopter une position particulière. Dans le cadre d'une relation sexuelle consentie par les deux partenaires, les données sont fondamentalement différentes. Le cerveau se met en disposition d'interpréter le premier signal comme un signal de plaisir. La douleur disparaît pour laisser place à la jouissance.

La peur générée par la douleur provoque encore plus de douleurs, de contractures et de souffrances. L'accepter, c'est déjà la contrôler en la mettant en mode mineur. L'exercice peut sembler difficile au début, mais, progressivement, vous observerez que la douleur est de moins en moins vive. Il se produit un plaisir à la fois paradoxal et étrange qui soulage autrement.

La deuxième technique est de détourner son attention. En termes simples, de ne plus y penser. L'exercice le plus facile est le suivant : concentrez-vous sur votre respiration afin qu'elle devienne lente et profonde. Vivez pleinement les cycles respiratoires. La douleur passe alors en second plan, car vous lui accordez moins d'espace disponible. Par exemple, en cas de lumbago, ne restez pas cloué au lit, mais au contraire bougez, marchez, continuez à vivre comme si de rien n'était.

Les études ont d'ailleurs clairement démontré que l'épisode douloureux durait plus longtemps chez les personnes qui restaient immobilisées que chez celles qui étaient actives. Penser à autre chose permet de supprimer la fixation sur les douleurs et ainsi d'enlever les crispations aux moindres mouvements.

En observant des moines en Asie qui affichaient un visage serein malgré des souffrances, j'ai compris qu'ils nous livraient des clés pour se libérer de nombreuses douleurs mais aussi pour se passer le plus souvent possible des béquilles chimiques que sont les médicaments. Certes ces derniers soulagent, mais, trop souvent, ils nous font entrer dans des cercles vicieux dont nous ne pourrons plus sortir. Nous devenons passif et non plus actif par rapport à notre santé. Nous subissons au lieu de réagir. Ces sages nous ouvrent des voies naturelles pour mieux vivre dans l'adversité.

Être heureux vite ?

Nous sommes devenus impatients. Il faut tout, tout de suite. Nous ne supportons plus d'attendre quoi que ce soit. Les repas doivent être prêts en deux minutes, le film doit arriver sur l'écran de télé, les connexions internet ne sont jamais assez rapides, les transports sont toujours trop longs...

En ayant plus de temps, on pense en gagner, mais en fait on en perd. Les actes que nous réalisons ne sont plus pensés, ils deviennent automatiques. Nous devenons des robots. Nous n'avons plus le temps de nous investir et de nous abandonner à ce que nous faisons. Nous devenons absents de nos vies.

Les amateurs de selfies ont peu de rapports sexuels

Participer à un concert et passer son temps à le photographier ou à le filmer conduit à ne pas vivre intensément l'événement. C'est comme si la vie se déroulait derrière un écran, nous coupant des vraies sensations. Passer son temps à prendre des photos, des selfies et les poster sur les réseaux sociaux ne fait qu'amplifier ce nouveau phénomène. C'est l'inverse du bonheur. Une étude néerlandaise a démontré que les grands amateurs de selfies avaient peu de rapports sexuels, comme si le virtuel prenait le pas sur la réalité.

Alors pensez à poser votre Smartphone le temps d'un déjeuner, soyez pleinement conscient des saveurs des plats, totalement attentif à la conversation de vos amis, mémorisez ces moments de plaisir qui constituent jour après jour les pierres pour construire la pyramide du bonheur. L'excès de selfies nuit au bonheur et entraîne l'isolement. Communiquer sans cesse sur les réseaux sociaux pour se rassurer, pour exister en comptant le nombre de *like* ne fait qu'augmenter chaque jour un sentiment de frustration et de tristesse. Il n'y aura jamais assez de personnes virtuelles qui vous aiment. Revenez aux vraies valeurs qui vous font du bien.

Petit exercice pratique pour vous ancrer dans la réalité : mémorisez la couleur des yeux de chaque personne que vous rencontrerez aujourd'hui.

Je suis fatigué de ne rien faire

Des travaux scientifiques ont mis en évidence que les personnes qui faisaient quelque chose, même d'une utilité discutable, se sentaient mieux que ceux qui ne faisaient rien du tout. Avoir une activité génère des sensations agréables de bien-être et de joie de vivre. Cette découverte permet de comprendre ce que j'appelle la « petite déprime des vacances » ou la « singulière tristesse du dimanche après-midi ».

Pour beaucoup, les vacances sont synonymes de ne « rien faire pour se reposer », soit le contraire de l'année où le travail est vécu comme fatigant. J'ai souvent entendu l'expression : « Je suis fatigué de ne rien faire. » Celui qui le dit le constate sans comprendre pourquoi. Il pense que s'il est exténué, même dans l'inactivité, c'est qu'il devait être au bout du rouleau.

Estimer que l'on est épuisé décuple la sensation de fatigue. C'est le même principe qu'une personne malveillante qui vous dit : « Oh, aujourd'hui tu n'as pas bonne mine, tu as l'air fatigué » : immédiatement, on se sent moins bien. Si quelqu'un profère de telles paroles, vengez-vous tout de suite et rétorquez : « Toi aussi, tu m'inquiètes, tu devrais voir un médecin sans attendre. » Méfiez-vous des personnes qui ont l'air gentil et qui vous veulent du mal. Ne les laissez jamais abîmer votre santé avec les bonbons empoisonnés qu'elles vous proposent.

Pour éviter ces sensations de vide pendant les vacances, il est nécessaire de prévoir des activités quotidiennes. Nous sommes comme des montres automatiques, nous ne nous rechargeons que dans le mouvement. Sans mouvement, elles s'arrêtent. La batterie se vide. Il en est de même pour nous. L'activité recharge notre énergie vitale. Ne pensez plus vacances ou week-end en repos total, mais en bouillonnement de choses différentes et nouvelles à découvrir.

Passer la main

Nous ne disposons pas d'une énergie infinie. Nous avons chaque jour un capital énergie et il faut savoir le gérer au mieux pour être efficace et heureux. Ne vous occupez pas des choses ou des situations sur lesquelles vous êtes certain de ne pas avoir de prise. Vous allez vous user pour rien. Il ne vous restera que de l'amertume et de la tristesse. L'impression de n'avoir servi à rien rend malheureux et donne un sentiment d'inutilité. De même, il est absurde de passer des heures à discourir sur des situations sur lesquelles vous n'avez pas la main. Elles peuvent s'évoquer brièvement, mais sans passer des journées à en parler en boucle. Si vous persistez, vous aurez le sentiment d'être improductif, car vous ne pouvez pas agir. Cela détruit la force vitale. Votre énergie se consume. Vous vous enfermez dans un cercle triste qui donne une teinte sinistre à la vie.

Il est souvent difficile de dire non, de refuser une invitation, un cadeau, une poignée de main. Pourtant la poignée de main peut venir d'une personne qui souffre d'une gastro-entérite et qui risque de vous contaminer, l'invitation peut s'avérer être une soirée d'ennui, le cadeau peut faire partie de ces avant-plats qui font grossir. Vous n'osez pas refuser pour ne vexer personne. Dire non, c'est s'affirmer et se renforcer, ne plus avoir peur des autres, être soi tout simplement. Prenez l'initiative de refuser quand vous ne vous sentez pas en adéquation avec une situation : vous découvrirez une délicieuse sensation de liberté.

Cultivez vos défauts

Il faut accepter d'être soi, avec ses propres défauts. Chercher de toutes ses forces à éradiquer un défaut est une erreur. S'il existe, il a sa raison d'être. Il participe à l'équilibre de notre personnalité, car c'est souvent un mode de compensation. L'éliminer serait prendre le risque d'en voir apparaître un autre plus gênant. Je préfère que l'on vive avec, dans la distance et l'humour, en le contrôlant sans le faire disparaître.

Jules César était chauve, mais couvrit ce point faible en portant une couronne de laurier. Il fit de cette faiblesse une force. La couronne de laurier était d'autant plus visible que les cheveux étaient rares. Nous avons tous des points faibles et des points forts. La plupart du temps, c'est une question d'interprétation. L'avare peut devenir économe, un excès de poids peut se traduire par des formes avantageuses et les premières rides par un visage plus expressif... Transformer l'interprétation de ses propres points faibles en points forts est une clé du bonheur. Au lieu de souffrir toute sa vie, pourquoi ne pas changer l'énoncé du problème pour le résoudre et en faire une qualité pour être heureux ? Cette attitude nous permettra d'être à l'extérieur ce que nous sommes à l'intérieur. Nous éviterons de nous épuiser à vouloir être aimé à tout prix pour ce que nous ne sommes pas sans jamais y parvenir. Être fier non pas de ce qu'on a mais de ce que l'on n'a pas, voilà l'une des clés du bonheur.

Cela fait du bien de réussir à résister à des publicités et de ne pas acheter des choses inutiles pour être bien perçu, surtout s'il s'agit d'un ou d'une amie. J'appelle cela les « amitiés tarifées ». Au nom d'une amitié, on se laisse embarquer dans des actions ou des achats qui ne nous correspondent pas. En définissant nos vrais choix et notre espace de liberté, on se crée un bien-être centré sur nos vraies valeurs et notre identité profonde. Nous ne sommes pas le caillou qu'on lance, mais celui qui lance le caillou. Nous ne laissons pas les autres choisir à notre place. Nous pouvons décider de ce que nous voulons vraiment.

Épilogue

Le vrai bénéfice de ce livre, vous le découvrirez quand vous l'aurez refermé. Vous vous souviendrez d'un passage, d'une page qui vous correspond et qui vous permettra d'adopter de nouvelles habitudes pour augmenter votre bien-être. Nous ne sommes pas déterminés par nos gènes, mais simplement influencés. Par notre mode de vie, nous pouvons changer la donne. Rien n'est joué. Tout est possible. C'est un livre pour être en bonne santé dans la joie de vivre et le bonheur.

D'ailleurs, la lecture de cet ouvrage vient d'augmenter votre espérance de vie en bonne santé. En effet, la lecture est un élixir de longévité. C'est la découverte que vient de faire le Pr Becca Levy, aux États-Unis. En étudiant plus de 3 500 sujets de plus de 50 ans pendant 12 ans, la scientifique a constaté que les personnes qui lisaient au moins trois heures trente par semaine, soit trente minutes par jour, diminuaient de 20 % le risque de mourir prématurément, la lecture intervenant à plusieurs niveaux : entretien des fonctions intellectuelles, de la mémoire et de la santé mentale. Notre cerveau comme notre corps ont un besoin vital d'une gymnastique quotidienne. Pour le corps, trente minutes par jour d'exercice soutenu continu abaissent de 40 % les risques de cancers, d'Alzheimer et de maladies cardio-vasculaires. Pour le cerveau, c'est la même chose. Faute d'activité régulière, nous sommes en danger.

Le meilleur moment pour lire semble être avant de dormir. Regarder un écran d'ordinateur ou de télévision retarde l'endormissement naturel en raison de la lumière diffusée et des émotions parfois violentes ressenties devant certains films. À l'inverse, la douceur de la lecture conduit plus vite au sommeil. Je préfère le livre posé sur la table de nuit plutôt que le tube de somnifères. La durée et la qualité du sommeil font partie des élixirs de longévité. Parmi les livres, je pense que ceux qui apportent du bonheur, de la joie de vivre et qui font découvrir des mondes nouveaux sont les meilleurs atouts pour la santé. Les livres qui aident par leurs conseils ou donnent des idées pour être plus heureux sont précieux. Plus de 150 études scientifiques le prouvent. Vivre heureux fait gagner des années de vie en bonne santé, à l'inverse du stress, qui en fait perdre. Placez la lecture et l'activité physique dans votre routine quotidienne, tout comme le lavage des dents. On ne le répétera jamais assez, la santé est votre bien le plus précieux. Offrez-lui chaque jour ce moment privilégié.

Rangez maintenant ce livre dans votre bibliothèque. N'hésitez pas à le consulter chaque fois que nécessaire. Il est disponible vingt-quatre heures sur vingt-quatre, à toute heure du jour et de la nuit…

Bibliographie :
références principales

1. Vrais kilos, fausses calories

Béatrice Lauby-Secretan, Chiara Scoccianti, Dana Loomis, Yann Grosse, Franca Bianchini and Kurt Straif, *Body Fatness and Cancer. Viewpoint of the IARC Working Group* (http://www.nejm.org/doi/10.1056/NEJMsr1606602).

Alqareer A, Alyahya A, Andersson L, *The Effect of Clove and Benzocaine Versus Placebo as Topical Anesthetics* (https://www.ncbi.nlm.nih.gov/pubmed/16530911).

Mattson MP, Allison DB, Fontana L, Harvie M, Longo VD, Malaisse WJ, Mosley M, Notterpek L, *Meal Frequency and Timing in Health and Disease* (https://www.ncbi.nlm.nih.gov/pubmed/25404320).

De Backer I, Hussain SS, Bloom SR, Gardiner JV, *Insights into the Role of Neuronal Glucokinase* (http://ajpendo.physiology.org/content/311/1/E42).

Amandine Chaix, *Time-Restricted Feeding is a Preventative and Therapeutic Intervention Against Diverse Nutritional Challenges.*

Hussain S, Richardson E, Ma Y, Holton C, De Backer I, Buckley N, Dhillo W, Bewick G, Zhang S, Carling D, Bloom S, Gardiner J, *Glucokinase Activity in the Arcuate Nucleus Regulates Glucose Intake* (https://www.ncbi.nlm.nih.gov/pubmed/25485685).

Sagioglou C, Greitemeyer T, *Individual Differences in Bitter Taste Preferences Are Associated With Antisocial Personality Traits* (https://www.ncbi.nlm.nih.gov/pubmed/26431683/).

Tami S. Rowen, Thomas W. Gaither, Mohannad A. Awad, E. Charles Osterberg, Alan W. Shindel, Benjamin N. Breyer, *Pubic Hair Grooming Prevalence and Motivation Among Women in the United States* (https://www.ncbi.nlm.nih.gov/pubmed/27367465).

Stephan Y, Sutin AR, Terracciano A, *Feeling Older and Risk of Hospitalization: Evidence From Three Longitudinal Cohorts* (https://www.ncbi.nlm.nih.gov/pubmed/26867044).

Kim JE, Gordon SL, Ferruzzi MG, Campbell WW, *Effects of Egg Consumption on Carotenoid Absorption From Co-Consumed, Raw Vegetables, American Journal of Clinical Nutrition* (https://www.ncbi.nlm.nih.gov/pubmed/26016861).

Hughes Georgina M., Boyland, Emma J., Williams, Nicola J., Mennen Louise, Scott Corey, Kirkham Tim C., Harrold Joanne A, Keizer Hiskias G. and Halford, Jason C, *The Effect of Korean Pine Nut Oil (PinnoThin™) on Food Intake, Feeding Behaviour and Appetite: a Double-Blind Placebo-Controlled Trial* (https://www.ncbi.nlm.nih.gov/pubmed/18307772).

Wilrike J Pasman, Jos Heimerikx, Carina M Rubingh, Robin van den Berg, Marianne O'Shea, Luisa Gambelli, Henk FJ Hendriks, Alexandra WC Einerhand, Corey Scott, Hiskias G Keizer and Louise I Mennen, *The Effect of Korean Pine Nut Oil on in Vitro CCK Release, on Appetite Sensations and on Gut Hormones in Post-Menopausal Overweight Women* (https://www.ncbi.nlm.nih.gov/pubmed/18355411).

Colpo E, Dalton DA Vilanova C, Reetz LG, Duarte MM, Farias IL, Meinerz DF, Mariano DO, Vendrusculo RG, Boligon AA, Dalla Corte CL, Wagner R, Athayde ML, da Rocha JB, *Brazilian Nut Consumption by Healthy Volunteers Improves Inflammatory Parameters* (https://www.ncbi.nlm.nih.gov/pubmed/24607303/).

Cohen S, Janicki-Deverts D, Doyle WJ, *Self-Rated Health in Healthy Adults and Susceptibility to the Common Cold* (https://www.ncbi.nlm.nih.gov/pubmed/26397938).

Bibliographie : références principales

Grewen KM, Anderson BJ, Girdler SS, Light KC, *Warm Partner Contact Is Related to Lower Cardiovascular Reactivity* (https://www.ncbi.nlm.nih.gov/pubmed/15206831).

O'Neil CE, Fulgoni VL 3rd, Nicklas TA, *Tree Nut Consumption Is Associated With Better Adiposity Measures and Cardiovascular and Metabolic Syndrome Health Risk Factors in U.S. Adults: NHANES 2005-2010* (https://www.ncbi.nlm.nih.gov/pubmed/26123047).

Lupyan G, Swingley D, *Self-directed Speech Affects Visual Search Performance* (https://www.ncbi.nlm.nih.gov/pubmed/22489646).

Moon JR, Glymour MM, Subramanian SV, Avendaño M, Kawachi I, *Transition to Retirement and Risk of Cardiovascular Disease: Prospective Analysis of the US Health and Retirement Study* (https://www.ncbi.nlm.nih.gov/pubmed/22607954/).

Pommergaard HC1, Burcharth J, Fischer A, Thomas WE, Rosenberg J, *Flatulence on Airplanes: Just Let it Go* (https://www.ncbi.nlm.nih.gov/pubmed/23463112).

Satya Vati Rana and Aastha Malik, *Breath Tests and Irritable Bowel Syndrome* (https://www.ncbi.nlm.nih.gov/pubmed/24976698/).

Abbott R, Ayres I, Hui E, Hui KK, *Effect of Perineal self-Acupressure on Constipation: a Randomized Controlled Trial* (https://www.ncbi.nlm.nih.gov/pubmed/25403522).

Gosselink MJ, Schouten WR, *The Perineorectal Reflex The perineorectal Reflex in Health and Obstructed Defecation* (https://www.ncbi.nlm.nih.gov/pubmed/12068197).

Valussi M, *Functional Foods with Digestion-enhancing Properties* (https://www.ncbi.nlm.nih.gov/pubmed/22010973).

Sinclair M, *The Use of Abdominal Massage to Treat Chronic Constipation* (https://www.ncbi.nlm.nih.gov/pubmed/21943617).

Park Y, Hunter DJ, Spiegelman D, Bergkvist L, Berrino F, Van den Brandt PA, Buring JE, Colditz GA, Freudenheim JL, Fuchs CS, Giovannucci E, Goldbohm RA, Graham S, Harnack L, Hartman AM, Jacobs DR Jr, Kato I, Krogh V, Leitzmann MF, McCullough ML, Miller AB, Pietinen P, Rohan TE, Schatzkin A, Willett WC, Wolk A, Zeleniuch-Jacquotte A, Zhang SM, Smith-Warner SA, *Dietary Fiber Intake and Risk of Colorectal Cancer: a Pooled Ana-*

lysis of Prospective Cohort Studies (https://www.ncbi.nlm.nih.gov/pubmed/16352792).

Park NI, Kim JK, Park WT, Cho JW, Lim YP, Park SU, *An efficient Protocol for Genetic Transformation of Watercress (Nasturtium Officinale) Using Agrobacterium Rhizogenes* (https://www.ncbi.nlm.nih.gov/pubmed/21161399).

Syed Alwi SS, Cavell BE, Telang U, Morris ME, Parry BM, Packham G, *In Vivo Modulation of 4E Binding Protein 1 (4E-BP1) Phosphorylation by Watercress: a Pilot Study* (https://www.ncbi.nlm.nih.gov/pubmed/20546646).

Dyba M, Wang A, Noone AM, Goerlitz D, Shields P, Zheng YL, Rivlin R, Chung FL, *Metabolism of Isothiocyanates in Individuals With Positive and Null GSTT1 and M1 Genotypes After Drinking Watercress Juice* (https://www.ncbi.nlm.nih.gov/pubmed/20656381).

Tran HT, Márton MR, Herz C, Maul R, Baldermann S, Schreiner M, Lamy E, *Nasturtium (Indian cress, Tropaeolum majus nanum) Dually Blocks the COX and LOX Pathway in Primary Human Immune Cells* (https://www.ncbi.nlm.nih.gov/pubmed/27161402).

Yuan JM, Stepanov I, Murphy SE, Wang R, Allen S, Jensen J, Strayer L, Adams-Haduch J, Upadhyaya P, Le C, Kurzer MS, Nelson HH, Yu MC, Hatsukami D, Hecht SS, *Clinical Trial of 2-Phenethyl Isothiocyanate as an Inhibitor of Metabolic Activation of a Tobacco-Specific Lung Carcinogen in Cigarette Smokers* (https://www.ncbi.nlm.nih.gov/pubmed/26951845).

Li Q, Zhan M, Chen W, Zhao B, Yang K, Yang J, Yi J, Huang Q, Mohan M, Hou Z, Wang J, *Phenylethyl Isothiocyanate Reverses Cisplatin Resistance in Biliary Tract Cancer Cells Via Glutathionylation-dependent Degradation of Mcl-1* (https://www.ncbi.nlm.nih.gov/pubmed/26848531).

Fofaria NM, Ranjan A, Kim SH, Srivastava SK, *Mechanisms of the Anticancer Effects of Isothiocyanates* (https://www.ncbi.nlm.nih.gov/pubmed/26298458).

Sakao K, Vyas AR, Chinni SR, Amjad AI, Parikh R, Singh SV, *CXCR4 is a Novel Target of Cancer Chemopreventative Isothio-*

cyanates in Prostate Cancer Cells (https://www.ncbi.nlm.nih.gov/pubmed/25712054).

Milelli A, Fimognari C, Ticchi N, Neviani P, Minarini A, Tumiatti V, *Isothiocyanate Synthetic Analogs: Biological Activities, Structure-Activity Relationships and Synthetic Strategies* (https://www.ncbi.nlm.nih.gov/pubmed/25373847).

Wang Y, Wei S, Wang J, Fang Q, Chai Q, *Phenethyl Isothiocyanate Inhibits Growth of Human Chronic Myeloid Leukemia K562 Cells Via Reactive Oxygen Species Generation and Caspases* (https://www.ncbi.nlm.nih.gov/pubmed/24788892).

de Figueiredo SM, Filho SA, Nogueira-Machado JA, Caligiorne RB, *The Anti-oxidant Properties of Isothiocyanates: a Review* (https://www.ncbi.nlm.nih.gov/pubmed/23978168).

Gerhauser C, *Epigenetic Impact of Dietary Isothiocyanates in Cancer Chemoprevention* (https://www.ncbi.nlm.nih.gov/pubmed/23657153/).

Hahm ER, Singh SV, *Bim Contributes to Phenethyl Isothiocyanate-induced Apoptosis in Breast Cancer Cells* (https://www.ncbi.nlm.nih.gov/pubmed/21739479).

Wang L, Bordi PL, Fleming JA, Hill AM, Kris-Etherton PM, *Effect of a Moderate Fat Diet With and Without Avocados on Lipoprotein Particle Number, Size and Subclasses in Overweight and Obese Adults: a Randomized, Controlled Trial* (https://www.ncbi.nlm.nih.gov/pubmed/25567051).

Rodriguez-Sanchez DG, Flores-García M, Silva-Platas C, Rizzo S, Torre-Amione G, De la Peña-Diaz A, Hernández-Brenes C, García-Rivas G, *Isolation and Chemical Identification of Lipid Derivatives from Avocado (Persea americana) Pulp With Antiplatelet and Antithrombotic Activities* (https://www.ncbi.nlm.nih.gov/pubmed/25319210).

Martínez-Abundis E, González-Ortiz M, Mercado-Sesma AR, Reynoso-von-Drateln C, Moreno-Andrade A, *Effect of Avocado Soybean Unsaponifiables on Insulin Secretion and Insulin Sensitivity in Patients With Obesity* (https://www.ncbi.nlm.nih.gov/pubmed/24135894).

Votre santé sans risque

I Know You Shouldn't Char Meat on a Grill to Avoid a Cancer Risk. But I Just Heard a Warning about Potatoes, Too. What Gives? (https://www.ncbi.nlm.nih.gov/pubmed/27319022).

Visvanathan R, Jayathilake C, Chaminda Jayawardana B, Liyanage R, *Health-Beneficial Properties of Potato and Compounds of Interest* (https://www.ncbi.nlm.nih.gov/pubmed/27301296).

Arshad H Rahmani, Salah M Aly, Habeeb Ali, Ali Y Babiker, Sauda Srikar and Amjad A Khan, *Therapeutic Effects of Date Fruits (Phoenix Dactylifera) in the Prevention of Diseases* via *Modulation of Anti-Inflammatory, Anti-Oxidant and Anti-Tumour Activity* (https://www.ncbi.nlm.nih.gov/pubmed/24753740/).

2. L'hygiène qui change tout

Gonzalez Nicole L., O'Brien, Katie M., D'Aloisio Aimee A, Sandler Dale P, Weinberg Clarice R, *Douching, Talc Use, and Risk of Ovarian Cancer.*

Nunn KL, Wang YY, Harit D, Humphrys MS, Ma B, Cone R, Ravel J, Lai SK, *Enhanced Trapping of hiv-1 by Human Cervicovaginal Mucus is Associated With Lactobacillus Crispatus-Dominant Microbiota.*

Rowen TS, Gaither TW, Awad MA, Osterberg EC, Shindel AW, Breyer BN, *Pubic Hair Grooming Prevalence and Motivation Among Women in the United States* (https://www.ncbi.nlm.nih.gov/pubmed/27367465).

3. Vous êtes votre meilleur médecin

Gustavo A. Reyes del Paso PhD, Cristina Muñoz Ladrón de Guevara MD and Casandra I. Montoro, *Breath-holding During Exhalation as a Simple Manipulation to Reduce Pain Perception* (https://www.ncbi.nlm.nih.gov/pubmed/25930190).

Bibliographie : références principales

Lamin E, Parrillo LM, Newman DK, Smith AL, *Pelvic Floor Muscle Training: Underutilization in the USA* (https://www.ncbi.nlm.nih.gov/pubmed/26757904).

Ong TA, Khong SY, Ng KL, Ting JR, Kamal N, Yeoh WS, Yap NY, Razack AH, *Using the Vibrance Kegel Device With Pelvic Floor Muscle Exercise for Stress Urinary Incontinence: a Randomized Controlled Pilot Study* (https://www.ncbi.nlm.nih.gov/pubmed/26142713).

Cavkaytar S, Kokanali MK, Topcu HO, Aksakal OS, Doğanay M, *Effect of Home-Based Kegel Exercises on Quality of Life in Women With Stress and Mixed Urinary Incontinence* (https://www.ncbi.nlm.nih.gov/pubmed/25264854).

Mak HL, Cheon WC, Wong T, Liu YS, Tong WM, *Randomized Controlled Trial of Foot Reflexology for Patients With Symptomatic Idiopathic Detrusor Overactivity* (https://www.ncbi.nlm.nih.gov/pubmed/17003953).

Porta-Roda O, Vara-Paniagua J, Díaz-López MA, Sobrado-Lozano P, Simó-González M, Díaz-Bellido P, Reula-Blasco MC, Muñoz-Garrido F, *Effect of Vaginal Spheres and Pelvic Floor Muscle Training in Women With Urinary Incontinence: a Randomized, Controlled Trial* (https://www.ncbi.nlm.nih.gov/pubmed/25130167).

Mohktar MS, Ibrahim F, Mohd Rozi NF, Mohd Yusof J, Ahmad SA, Su Yen K, Omar SZ, *A Quantitative Approach to Measure Women's Sexual Function Using Electromyography: a Preliminary Study of the Kegel Exercise* (https://www.ncbi.nlm.nih.gov/pubmed/24335927).

Eder SE, *Evaluation of the EmbaGYN™ Pelvic Floor Muscle Stimulator in Addition to Kegel Exercises for the Treatment of Female Stress Urinary Incontinence: a Prospective, Open-label, Multicenter, Single-arm Study* (https://www.ncbi.nlm.nih.gov/pubmed/24152080).

Park SH, Kang CB, Jang SY, Kim BY, *Effect of Kegel Exercise to Prevent Urinary and Fecal Incontinence in Antenatal and Post-*

natal Women: Systematic Review (https://www.ncbi.nlm.nih.gov/pubmed/23893232).

Elser DM, *Stress Urinary Incontinence and Overactive Bladder Syndrome: Current Options and New Targets for Management* (https://www.ncbi.nlm.nih.gov/pubmed/22691898).

Yip C, Kwok E, Sassani F, Jackson R, Cundiff G, *A Biomechanical Model to Assess the Contribution of Pelvic Musculature Weakness to the Development of Stress Urinary Incontinence* (https://www.ncbi.nlm.nih.gov/pubmed/22494663).

Magon N, Kalra B, Malik S, Chauhan M, *Stress Urinary Incontinence: What, When, Why, and Then What ?* (https://www.ncbi.nlm.nih.gov/pubmed/22408333).

Parezanović-Ilić K, Jeremić B, Mladenović-Segedi L, Arsenijević S, Jevtić M, *Physical Therapy in the Treatment of Stress Urinary Incontinence* (https://www.ncbi.nlm.nih.gov/pubmed/22069999).

Kashanian M, Ali SS, Nazemi M, Bahasadri S, *Evaluation of the Effect of Pelvic Floor Muscle Training (PFMT or Kegel Exercise) and Assisted Pelvic Floor Muscle Training (APFMT) by a Resistance Device (Kegelmaster device) on the Urinary Incontinence in Women: a Randomized Trial* (https://www.ncbi.nlm.nih.gov/pubmed/21741151).

Hingorjo MR, Qureshi MA, Mehdi A, *Neck Circumference as a Useful Marker of Obesity: a Comparison With Body Mass Index and Waist Circumference* (https://www.ncbi.nlm.nih.gov/pubmed/22352099).

Baena CP, Lotufo PA, Fonseca MG, Santos IS, Goulart AC, Benseñor IM, *Neck Circumference Is Independently Associated with Cardiometabolic Risk Factors: Cross-Sectional Analysis from ELSA-Brasil* (https://www.ncbi.nlm.nih.gov/pubmed/26824404).

Nafiu OO, Burke CC, Gupta R, Christensen R, Reynolds PI, Malviya S, *Association of Neck Circumference with Perioperative Adverse Respiratory Events in Children* (https://www.ncbi.nlm.nih.gov/pubmed/21464187).

Bibliographie : références principales

Robert M. Mason and William R. Proffit, *The Tongue Thrust Contro-versy: Background and Recommendation*s (https://www.ncbi.nlm.nih.gov/pubmed/4596704).

Cohen, Sheldon PhD ; Janicki-Deverts, Denise PhD ; Doyle, William J. PhD, *Self-rated Health in Healthy Adults and Suscep-tibility to the Common Cold* (https://www.ncbi.nlm.nih.gov/pubmed/26397938).

Ding D, Rogers K, van der Ploeg H, Stamatakis E, Bauman AE, *Traditional and Emerging Lifestyle Risk Behaviors and All-Cause Mortality in Middle-Aged and Older Adults: Evidence from a Large Population-Based Australian Cohort* (https://www.ncbi.nlm.nih.gov/pubmed/26645683).

4. L'école du bon sens

Kalra MG, Higgins KE, Kinney BS, *Intertrigo and Secondary Skin Infections* (https://www.ncbi.nlm.nih.gov/pubmed/24695603).

Reed P, Vile R, Osborne LA, Romano M, Truzoli R, *Problematic Internet Usage and Immune Function* (https://www.ncbi.nlm.nih.gov/pubmed/26244339).

Vanessa Ieto, Fabiane Kayamori, Maria I. Montes, Raquel P. Hirata, Marcelo G. Gregório, Adriano M. Alencar, Luciano F. Drager, Pedro R. Genta, Geraldo Lorenzi-Filho, *Effects of Oropharyngeal Exercises on Snoring: a Randomized Trial* (https://www.ncbi.nlm.nih.gov/pubmed/25950418/).

Graz B, Savoy M, Buclin T, Bonvin E, *Dysmenorrhea: Patience, Pills or Hot-Water Bottle ?* (https://www.ncbi.nlm.nih.gov/pubmed/25562981).

Chaudhuri A, Singh A, Dhaliwal L, *A Randomised Controlled Trial of Exercise and Hot Water Bottle in the Management of Dysme-norrhoea in School Girls of Chandigarh, India* (https://www.ncbi.nlm.nih.gov/pubmed/24617160).

Madarame T, Kawashima A, *Use of Hot Water Bottles Can Improve Lym-phocytopenia* (https://www.ncbi.nlm.nih.gov/pubmed/16543665).

Babaii A, Adib-Hajbaghery M, Hajibagheri A, *Effect of Using Eye Mask on Sleep Quality in Cardiac Patients: a Randomized Controlled Trial* (https://www.ncbi.nlm.nih.gov/pubmed/26835463).

Babaii A, Adib-Hajbaghery M, Hajibagheri A, *Effects of Earplugs and Eye Masks Combined With Relaxing Music on Sleep, Melatonin and Cortisol Levels in ICU Patients: a Randomized Controlled Trial* (https://www.ncbi.nlm.nih.gov/pubmed/26835463).

Goel N, Kim H, Lao RP, *An Olfactory Stimulus Modifies Nighttime Sleep in Young Men and Women* (https://www.ncbi.nlm.nih.gov/pubmed/16298774/).

Hallberg O, Johansson O, *Sleep on the Right Side-get Cancer on the Left ?* (https://www.ncbi.nlm.nih.gov/pubmed/19647986).

5. Le cerveau érotique

John P. Melnyk, Massimo F. Marcone, *Aphrodisiacs From Plant and Animal Sources. A Review of Current Scientific Literature*, Food Research International, 2011.

Kashani L, Raisi F, Saroukhani S, Sohrabi H, Modabbernia A, Nasehi AA, Jamshidi A, Ashrafi M, Mansouri P, Ghaeli P, Akhondzadeh S, *Saffron for Treatment of Fluoxetine-Induced Sexual Dysfunction in Women: Randomized Double-Blind Placebo-Controlled Study* (https://www.ncbi.nlm.nih.gov/pubmed/23280545/).

Shamsa A, Hosseinzadeh H, Molaei M, Shakeri MT, Rajabi O, *Evaluation of Crocus sativus L. (saffron) on Male Erectile Dysfunction: a Pilot Study* (https://www.ncbi.nlm.nih.gov/pubmed/19427775).

Anderson RU1, Wise D, Sawyer T, Chan CA, *Sexual Dysfunction in Men With Chronic Prostatitis/Chronic Pelvic Pain Syndrome: Improvement After Trigger Point Release and Paradoxical Relaxation Training* (https://www.ncbi.nlm.nih.gov/pubmed/16952676/).

Tajuddin, Shamshad Ahmad, Abdul Latif, Iqbal Ahmad Qasmi and Kunwar Mohammad Yusuf Amin, *An Experimental Study of Sexual Function Improving Effect of Myristica Fragrans Houtt. (nutmeg)* (https://www.ncbi.nlm.nih.gov/pubmed/16033651).

Bibliographie : références principales

David S. Lopez, Run Wang, Konstantinos K. Tsilidis, Huirong Zhu, Carrie R. Daniel, Arup Sinha, Steven Canfield, *Role of Caffeine Intake on Erectile Dysfunction in Us Men: Results From NHANES 2001-2004* (https://www.ncbi.nlm.nih.gov/pubmed/25919661).

Birditt KS, Cranford JA, Manalel JA, Antonucci TC, *Drinking Patterns Among Older Couples: Longitudinal Associations with Negative Marital Quality* (https://www.ncbi.nlm.nih.gov/pubmed/27353031).

Faking to Finish. Women Feign Sexual Pleasure to End « Bad » Sex. When Talking About Troubling Sexual Encounters Some Women Mention Faking Sexual Pleasure to Speed up Their Male Partner's Orgasm and Ultimately End Sex, British Psychological Society, *Eurekalert.org.*

Joachim Stoeber, Laura N. Harvey, *Multidimensional Sexual Perfectionism and Female Sexual Function: a Longitudinal Investigation* (https://www.ncbi.nlm.nih.gov/pubmed/27020932).

Partin SN, Connell KA, Schrader SM, Guess MK, *Les Lanternes rouges: The Race for Information about Cycling-Related Female Sexual Dysfunction* (https://www.ncbi.nlm.nih.gov/pubmed/24963841).

Courtois F, Charvier K, *Premature Ejaculation Associated With Lumbosacral Lesions* (https://www.ncbi.nlm.nih.gov/pubmed/25366530).

Ely AV, Childress AR, Jagannathan K, Lowe MR, *The Way to Her Heart ? Response to Romantic Cues is Dependent on Hunger State and Dieting History: An fMRI Pilot Study* (https://www.ncbi.nlm.nih.gov/pubmed/26145276).

Kalmbach DA, Arnedt JT, Pillai V, Ciesla JA, *The Impact of sleep on Female Sexual Response and Behavior: a Pilot Study* (https://www.ncbi.nlm.nih.gov/pubmed/25772315/).

Fialová J, Roberts SC, Havlíček J, *Consumption of Garlic Positively Affects Hedonic Perception of Axillary Body Odour* (https://www.ncbi.nlm.nih.gov/pubmed/26551789).

Chantal Triscoli, Rochelle Ackerley and Uta Sailer, *Touch Satiety: Differential Effects of Stroking Velocity on Liking and Wanting Touch over Repetitions* (https://www.ncbi.nlm.nih.gov/pubmed/25405620).

Sophia Vrontou, Allan M. Wong, Kristofer K. Rau, H. Richard Koerber and David J. Anderson, *Genetic Identification of C fibres that Detect Massage-like Stroking of Hairy Skin in Vivo* (https://www.ncbi.nlm.nih.gov/pubmed/23364746).

Shafik A, Ahmed I, Sibai OE, Shafik AA, *Straining-Cremasteric Reflex: Identification of a New Reflex and Its Role During Increased Intra-Abdominal Pressure* (https://www.ncbi.nlm.nih.gov/pubmed/16652203).

Pascoal PM, Cardoso D, Henriques R, Sexual Satisfaction and Distress in Sexual Functioning in a Sample of the BDSM Community: a Comparison Study Between BDSM and Non-BDSM Contexts (https://www.ncbi.nlm.nih.gov/pubmed/25689233).

Wismeijer AA, van Assen MA, *Psychological Characteristics of BDSM Practitioners* (https://www.ncbi.nlm.nih.gov/pubmed/23679066).

Kolmes K, Stock W, Moser C, *Investigating Bias in Psychotherapy with BDSM Clients* (https://www.ncbi.nlm.nih.gov/pubmed/16803769).

Brad J. Sagarin , Bert Cutler, Nadine Cutler, Kimberly A. Lawler-Sagarin, Leslie Matuszewich, *Hormonal Changes and Couple Bonding in Consensual Sadomasochistic Activity* (https://www.ncbi.nlm.nih.gov/pubmed/18563549).

Bayer L, Constantinescu I, Perrig S, Vienne J, Vidal PP, Mühlethaler M, Schwartz S, *Rocking Synchronizes Brain Waves During a Short Nap* (https://www.ncbi.nlm.nih.gov/pubmed/21683897).

Kernberg OF, *Limitations to the Capacity to Love* (https://www.ncbi.nlm.nih.gov/pubmed/22212039).

Krüger T, Bublak R, *The Masochism Puzzle. « Pain and Pleasure Have a Common Final Pathway »* (https://www.ncbi.nlm.nih.gov/pubmed/25767854).

Forrest DV, *Motivation, Masochism, and Slot Machine Gambling* (https://www.ncbi.nlm.nih.gov/pubmed/25734874).

Mendelsohn R, *Revisiting the Sadomasochistic Marriage: the Paranoid-Masochistic Relationship* (https://www.ncbi.nlm.nih.gov/pubmed/25247285).

Furlan A, La Manno G, Lübke M, Häring M, Abdo H, Hochgerner H, Kupari J, Usoskin D, Airaksinen MS, Oliver G, Linnarsson S,

Bibliographie : références principales

Ernfors P, *Visceral Motor Neuron Diversity Delineates a Cellular Basis for Nipple- and Pilo-erection Muscle Control* (https://www.ncbi.nlm.nih.gov/pubmed/27571008).

Tezer M, Ozluk Y, Sanli O, Asoglu O, Kadioglu A, *Nitric Oxide May Mediate Nipple Erection* (https://www.ncbi.nlm.nih.gov/pubmed/22207705).

Komisaruk BR, Wise N, Frangos E, Liu WC, Allen K, Brody S, *Women's Clitoris, Vagina, and Cervix Mapped on the Sensory Cortex: fMRI Evidence* (https://www.ncbi.nlm.nih.gov/pubmed/21797981).

Frangos E, Ellrich J, Komisaruk BR, *Non-invasive Access to the Vagus Nerve Central Projections* via *Electrical Stimulation of the External Ear: fMRI Evidence in Humans* (https://www.ncbi.nlm.nih.gov/pubmed/25573069/).

6. Il y a du Einstein en vous

Pascal Molenberghs, Fynn-Mathis Trautwein, Anne Böckler, Tania Singer, Philipp Kanske, *Neural Correlates of Metacognitive Ability and of Feeling Confident: a Large-Scale fMRI study*, Social Cognitive and Affective Neuroscience (https://www.ncbi.nlm.nih.gov/pubmed/27445213).

Aichele S, Rabbitt P, Ghisletta P, *Think Fast, Feel Fine, Live Long: a 29-Year Study of Cognition, Health, and Survival in Middle-aged and Older Adults* (https://www.ncbi.nlm.nih.gov/pubmed/26917212).

Ryan JJ, Bartels JM, Townsend JM, *Associations Between Climate and IQ in the United States of America* (https://www.ncbi.nlm.nih.gov/pubmed/20923070).

Welzl H, D'Adamo P, Lipp HP, *Conditioned Taste Aversion as a Learning and Memory Paradigm* (https://www.ncbi.nlm.nih.gov/pubmed/11682112).

Zhang M, Shivacharan RS, Chiang CC, Gonzalez-Reyes LE, Durand DM, *Propagating Neural Source Revealed by Doppler Shift of Population Spiking Frequency* (http://www.jneurosci.org/content/36/12/3495.full.pdf+html).

7. Gagner des années

Dhutia H, Sharma S, *Playing it Safe: Exercise and Cardiovascular Health* (https://www.ncbi.nlm.nih.gov/pubmed/26738247).

Nolan J. Hoffman, Benjamin L. Parker, Rima Chaudhuri, Kelsey H. Fisher-Wellman, Maximilian Kleinert, Sean J. Humphrey, Pengyi Yang, Mira Holliday, Sophie Trefely, Daniel J. Fazakerley, Jacqueline Stöckli, James G. Burchfield, Thomas E. Jensen, Raja Jothi, Bente Kiens, Jørgen F.P. Wojtaszewski, Erik A. Richter, David E. James, *Global Phosphoproteomic Analysis of Human Skeletal Muscle Reveals a Network of Exercise-regulated Kinases and AMPK Substrates* (https://www.ncbi.nlm.nih.gov/pubmed/26437602).

Lordan G, Pakrashi D, *Do All Activities « Weigh » Equally ? How Different Physical Activities Differ as Predictors of Weight* (https://www.ncbi.nlm.nih.gov/pubmed/25989894).

Nokia MS, Lensu S, Ahtiainen JP, Johansson PP1, Koch LG, Britton SL, Kainulainen H, *Physical Exercise Increases Adult Hippocampal Neurogenesis in Male Rats Provided it is Aerobic and Sustained* (https://www.ncbi.nlm.nih.gov/pubmed/26844666/).

Ikeda K, Marutani E, Hirai S, Wood ME, Whiteman M, Ichinose F, *Mitochondria-Targeted Hydrogen Sulfide Donor AP39 Improves Neurological Outcomes After Cardiac Arrest in Mice* (https://www.ncbi.nlm.nih.gov/pubmed/25960429).

Arai Y, Martin-Ruiz CM, Takayama M, Abe Y, Takebayashi T, Koyasu S, Suematsu M, Hirose N, von Zglinicki T, *Inflammation, but Not Telomere Length, Predicts Successful Ageing at Extreme Old Age: a Longitudinal Study of Semi-Supercentenarians* (https://www.ncbi.nlm.nih.gov/pubmed/26629551).

Paula Hoff, Daniel L Belavý, Dörte Huscher, Annemarie Lang, Martin Hahne, Anne-Kathrin Kuhlmey, Patrick Maschmeyer, Gabriele Armbrecht, Rudolf Fitzner, Frank H Perschel, Timo Gaber, Gerd-Rüdiger Burmester, Rainer H Straub, Dieter Felsenberg and Frank Buttgereit, *Effects of 60-day Bed Rest With and Without Exer-*

cise on Cellular and Humoral Immunological Parameters (https://www.ncbi.nlm.nih.gov/pubmed/25382740).

Cheng CW, Adams GB, Perin L, Wei M, Zhou X, Lam BS, Da Sacco S, Mirisola M, Quinn DI, Dorff TB, Kopchick JJ, Longo VD, *Prolonged Fasting Reduces IGF-1/PKA to Promote Hematopoietic-Stem-Cell-Based Regeneration and Reverse Immunosuppression* (https://www.ncbi.nlm.nih.gov/pubmed/24905167/).

Varshney R, Budoff MJ, *Garlic and Heart Disease* (https://www.ncbi.nlm.nih.gov/pubmed/26764327).

Chapitre 8. Le bonheur est dans le livre

Mossbridge J, Tressoldi P, Utts J, *Predictive Physiological Anticipation Preceding Seemingly Unpredictable Stimuli: a Meta-Analysis* (https://www.ncbi.nlm.nih.gov/pubmed/23109927).

Bernardi L, Porta C, Sleight P, *Cardiovascular, Cerebrovascular, and Respiratory Changes Induced by Different Types of Music in Musicians and Non-musicians: the Importance of Silence* (https://www.ncbi.nlm.nih.gov/pubmed/16199412).

Nowosielski K, Sipiński A, Kuczerawy I, Kozłowska-Rup D, Skrzypulec-Plinta V, *Tattoos, Piercing, and Sexual Behaviors in Young Adults* (https://www.ncbi.nlm.nih.gov/pubmed/22616886).

Mills PJ, Wilson KL, Pung MA, Weiss L, Patel S, Doraiswamy PM, Peterson C, Porter V, Schadt E, Chopra D, Tanzi RE, *The Self-Directed Biological Transformation Initiative and Well-Being* (https://www.ncbi.nlm.nih.gov/pubmed/27351443/).

Redwine LS, Henry BL, Pung MA, Wilson K, Chinh K, Knight B, Jain S, Rutledge T, Greenberg B, Maisel A, Mills PJ, *Pilot Randomized Study of a Gratitude Journaling Intervention on Heart Rate Variability and Inflammatory Biomarkers in Patients With Stage B Heart Failure* (https://www.ncbi.nlm.nih.gov/pubmed/27187845/).

Mills PJ, Redwine L, Wilson K, Pung MA, Chinh K, Greenberg BH, Lunde O, Maisel A, Raisinghani A, Wood A, Chopra D, *The Role*

Votre santé sans risque

of Gratitude in Spiritual Well-Being in Asymptomatic Heart Failure Patients (https://www.ncbi.nlm.nih.gov/pubmed/26203459).
Danner DD, Snowdon DA, Friesen WV, *Positive Emotions in Early Life and Longevity: Findings From the Nun Study* (https://www.ncbi.nlm.nih.gov/pubmed/11374751).

Épilogue

Bavishi A, Slade MD, Levy BR, *A chapter a day: Association of Book Reading With Longevity* (https://www.ncbi.nlm.nih.gov/pubmed/27471129).
Gerd Kemperma, Imke Kirste, Golo Kronenberg, Robert C. Liu, Zeina Nicola, Tara L. Walker, *Is Silence Golden? Effects of Auditory Stimuli and Their Absence on Adult Hippocampal Neurogenesis* (https://www.ncbi.nlm.nih.gov/pubmed/24292324/).

Remerciements

Pour leurs avis d'experts, leurs conseils judicieux, et surtout pour leur amitié qui m'a accompagné pendant la longue rédaction de cet ouvrage, je tiens à remercier mes éditeurs Lise Boëll et Richard Ducousset, Jean-Yves Bry, Pr Gérard Friedlander, Pr Sélim Aractingi, Pr Michèle Vialette, Pr Patrick Berche, Pr Pierre Weinmann, Pr Emmanuel Masmejean, Pr Michel Lejoyeux, Dr Olivier Spatzierer ainsi que Caroline Bee Antonin, Marine, Léonie et Marie Saldmann.

Table

Contents

Dance
Composition
Jacqueline Smith-Autard

methuen | drama

Methuen Drama

1 3 5 7 9 10 8 6 4 2

Sixth edition published by Methuen Drama 2010

Methuen Drama
A & C Black Publishers Ltd
36 Soho Square
London W1D 3QY
www.methuendrama.com

A CIP catalogue record for this book is available from the British Library

ISBN 978 1 408 11564 0

Typeset by SX Composing DTP, Rayleigh, Essex
Printed and bound in Great Britain by Martins of Berwick, Berwick Upon Tweed

improving dance performance • Resource-based teaching/learning – practical assignments using the DVD

Section 6
Standing back from the process – evaluations   211
The composer's freedom • Imagination and intuition • Imagination in relation to the stimulus • Imagination during composition • Intuition • Knowing and feeling • Evaluations

---

The accompanying DVD

The DVD can be played on a DVD player through a modern LCD TV and on any desktop or laptop computer with a DVD program. If the DVD is to be used to support practical teaching of composition and performance in large groups, the playback should be projected onto a large screen in the dance studio.

The DVD starts with the Introduction. This explains how the DVD relates to the book. Please view this on the first occasion. On subsequent occasions the Introduction can be bypassed by clicking on the player's control button titled Menu. This action takes you to the Main Menu on the DVD.

In the Main Menu there are three choices: Choreographic Outcomes Demo – to provide visual demonstration of the detailed description of a CD-ROM resource pack in Section 4, pp. 148–156; Vocalise Demo – to provide visual demonstration of the detailed description of a DVD-ROM resource pack in Section 5; pp. 188–208 and Practical Assignments.

A click on the latter button presents further two choices – *Vocalise* – a solo employed in both Sections 4 and 5 as a source for students' own composition and performance work and Lisa's Duo which produces further choices so that the whole duo and its six separate sections can be viewed and used as sources for duo composition assignments detailed in Section 4.

Whilst using the DVD you should employ all the facilities provided on your player – slow motion, pause, return, fast forward and backward, step forward and backward and the bookmark option if you have it (see the footnote on p. 157).

Preface

In the arts, to compose is to create – to make something which, for each particular artist, has not existed before. Artists who attain the highest peaks of perfection in composition – dance: the choreographer, music: the composer, art: the painter or sculptor, drama: the playwright, literature: the poet or novelist – are inspired people of imagination and vision. The few who reach these heights of artistry are those with outstanding gifts and skills, and who, through many years of diligent and perceptive study, have mastered their craft so completely that they have no need to analyse the 'rules' when they become inspired to create something which, in its finished form, is unique.

If we are realistic and honest with ourselves, the majority of us know that our talent, in the particular art in which we have chosen to be involved, may have many limitations compared with those who are truly great. This is not to suggest that we under-estimate ourselves, but that self-assessment of our own ability is very important as it guards us from becoming pretentious in attempting what is beyond our skill.

The challenge to those who teach an art is to encourage and guide students towards fulfilling their potential. During the process, the teacher and the taught may derive encouragement and inspiration from each other as well as from those who have been recognised as especially talented.

Although the term choreography is commonly used to describe the activity of composing dances, the title of this book has been retained as *Dance Composition* because it focuses almost exclusively on the content and form of dances rather than on all aspects of choreography including themes, music or sound, design and lighting. Here dance composition is considered as a craft from the point of view of students and young teachers who are faced with the task of composing dances, and encouraging others to do the same. Many find difficulty in this creative aspect of the art of dance, often through lack of confidence due to insufficient knowledge of the guidelines. But what are the guidelines or 'rules' which become so absorbed and reflected in the works of those who have mastered the craft of their art? This book attempts to answer this question. The

5th edition also began to consider the personal, creative, intuitive input into compositions, perhaps providing a fuller picture for student composers. This 6th edition adds a consideration of the ways in which performance of dances can enhance knowledge and understanding of composition. The most distinctive feature of this new edition is the inclusion of a DVD to provide examples of composition and performance from which, through related practical assignments, students can enrich their own dance making and performing.

Acknowledgements

My thanks to Jim Schofield, my partner in Bedford Interactive Research, and to Michael Schofield who works for us and made the DVD accompanying this book, both of whose innovative and inspiring ideas have advanced and enhanced the teaching of dance composition through the use of multimedia. Section 4, *Resource-based teaching/learning – dance composition*, and Section 5, *Resource-based teaching/learning – dance performance* reflect the new and exciting possibilities offered through the use of technology – exposing as they do, a whole range of practical assignments derived from the study of a professionally choreographed dance work. Bedford Interactive's work to create CD-ROM and DVD-ROM resource packs has led to fresh approaches in the use of new technology resources in teaching/learning dance composition and performance, as presented in the above named sections.

Also for their kind permission to use the photographs of *Wild Child*, I thank Ludus Dance and Tara Martin, photographer. Thanks also go to the dancers featured in these photographs – Jason Bradley, Penny Collinson, Darryl Shepherd and Ruth Spencer. Further photographs, taken by Ryan Smith, feature Lisa Spackman, Christine Francis, Kevin Wright and Kate Oliver. Many thanks to these artists for the time and energy spent on this exercise.

My thanks also go to Carly Annable, a former dance student of the University of Leeds Bretton Hall Campus, for the insight into her choreographic process which is discussed in Section 3. Part-funded by Palatine, and within the Bretton Hall Centre for Research in Dance, this work was recorded and analysed for a pilot research that led to a CD-ROM demo disc authored by Bedford Interactive.

Introduction

Dancing and composing dances

There is a vast difference between dancing and composing dances. Dancing can be enjoyed for the pleasure of moving with skilled accuracy, of moving with others and for the release of feeling. But to compose a dance is to create a work of art. 'It involves putting your imagination to work to make something new, to come up with new solutions to problems' (Robinson, 2009: 67). However, just to create new movement ideas is not enough since, according to Redfern (1973) an early initiator of change in dance education, an understanding of dance as an art form begins:

> . . . when concern is not simply with delight in bodily movement but with a formulated whole, a structured 'something' so that the relationship and coherence of the constituent parts becomes of increasing interest and importance. (p. 103)

Over the past four decades shifts in dance in education have been rapid and exciting, and Redfern's recommendation for an emphasis on creating dances has been fulfilled. We have seen a move away from, or rather a refocusing of, the Laban model, which emphasised the experiential, child-centred process of dancing as a means of developing personal qualities, towards a theatre art model with an emphasis on the dance product. However, the latter, in its professional form, proved too exacting for all but the few who could achieve technical perfection and polished performance. What we have now is what I like to call a 'midway' model – one that incorporates aspects of both the educational/ process/Laban model and the professional/product/theatre model and also acknowledges the distinctive role that dance in education should have in a balanced curriculum.

Dance is a broad concept for there are many forms performed for various reasons in many different contexts. To experience the whole range of dance would

take up much curriculum time so what we seem to have arrived at, as a consensus approach for dance in education in the new millennium, is dance as an art model which extends across, and draws from, a range of dance contexts – dance in the theatre, dance in the community and dance derived from specific cultural settings (eg, South Asian classical dance, social dance, urban or street dance).

Dance as art

The 'midway' model amalgamates some elements of the educational and professional models yet introduces new aspects too. Its distinctiveness lies in the concept of *dance as art education* contributing towards aesthetic education. Pupils concentrate on coming to know dance as art through composing, performing and appreciating dances. This three stranded approach has become the central organising principle of dance education today. There is a balance between creating, performing and viewing dances and an overall desire that pupils come to appreciate dances as art works, their own and those produced professionally in theatrical or performance settings.

The first edition of this book published in 1976 provided an important lead in developing and promoting this three stranded dance as art model for education. Since then, others have reiterated justifications for this conceptual basis for dance in education. In the UK, the 1980s saw publications by Adshead (1981), Haynes in Abbs (1987), Lowden (1989) and the 1990s saw quite a proliferation of guidelines for dance in schools but mostly for the primary sector – viz. Harlow and Rolfe (1992), Evans and Powell (1994), Allen and Coley KS2 (1995), Davies and Sabin (1995), and Smith-Autard (1995). All these primary and the following secondary focused books (Harrison and Auty (1991), Allen and Coley KS3 (1995), and Killingbeck (1995)) reinforce the dance as art model. Added to this list, my second book, *The Art of Dance in Education* (1994), now in its second edition (2002), spells out in detail the conceptual bases and how the three processes of performing, composing and appreciating may be taught across the sectors – primary, secondary and higher education. Today there is evidence of this model in dance syllabuses for schools, colleges and universities in most of the western world. In England and Wales, the National Curriculum[1] for pupils aged 5–16 and the General Certificate of Secondary Education examination syllabus[2] for students

of 16+ and the Advanced level examination syllabus[3] for students of 17+, all feature the dance as art model and assess students in composing, performing and appreciating dances.

Although the main focus is still on the processes and practices of composing dances, this sixth edition of the book makes a significant contribution to the ways in which composition experiences can be integrated with performing and appreciating experiences within a resource-based teaching and learning environment supported by the use of technology.

The nature of composition

Referring to Redfern's statement above, composing involves moulding together compatible elements which, by their relationship and fusion, form an identifiable 'something'.

The material elements

To effect this moulding successfully, the composer must be fully aware of the nature of the elements so that they may best judge how to select, refine and combine them. Think of the knowledge that goes into the making of an aircraft, a piece of furniture, a building. Maybe this knowledge is shared among many people, each responsible for a small part of the composition, but considered collectively, the nature of the elements are fully understood before such things can be produced. Without some previous concept or image it takes a great deal of trial and error to fashion anything with elements that are completely foreign.

Methods of construction

The material elements of the composition need to be experienced and understood and, also, the processes or methods of fashioning or combining these various elements have to be learned and practised. A composer or musician

---

[1] See the content of Dance Activities Units on http://www.standards.dfes.gov.uk/ – the non-statutory guidelines to help teachers deliver the statutory curriculum for dance.
[2] See the 2010 specification on http://store.aqa.org.uk/qual/newgcse/pdf/AQA-4230-W-SP-10.PDF
[3] See the 2010 specification on http://store.aqa.org.uk/qual/gce/pdf/AQA-2230-W-SP-10.PDF

cannot write notes ad hoc, they must have a relationship to each other to create melody. There are rules of construction which help the composer decide how to juxtapose sounds, achieve harmony or discord, change key, and vary phrase length and intensity to produce mood or expression in the music. The composer also has to adhere to disciplines of rhythm, consider the effects of tempo and understand how to structure and stylise the piece. The dance composer has also to consider such matters. There are 'rules' or guidelines for construction which need to be part of the composer's awareness when making dances.

It is therefore clear that composition of a successful dance pre-supposes that the composer has knowledge of:

a. the material elements of a dance

b. methods of construction which give form to a dance

c. an understanding of the style within which the composer is working.

A student who has only just been introduced to the art of making dances will not be expected to produce a work of art with the same degree of sophistication as a student who has two or three years' training. Through experience and continual practice, the composer gradually acquires knowledge of movement material and methods of constructing with the material. The degree of this knowledge affects the resulting level of sophistication in the dance creations.

The nature of dance composition

From the discussion so far, it is clear that a dance composition should be regarded as a work of art. The question as to what constitutes a work of art is far from simple to answer but there is a consistency in the notion that art promotes aesthetic experience. This leads, of course, to consideration of meaning of the word aesthetic.

For the purposes of this book, the term aesthetic will be used in the sense suggested by Reid (2008):

> *We have an aesthetic situation wherever we apprehend and in*
> *some sense enjoy meaning immediately embodied in something;*
> *in some way unified and integrated: feeling, hearing, touching,*
> *imagining. When we apprehend – perceive, and imagine things*

and enjoy them for their own sakes – for their form – the forms seem to be meaningful to us, and this is an aesthetic situation. What we thus apprehend as meaningful is meaningful not in the sense that the perceived forms point to something else, their meaning, as ordinary words or other symbols do: the forms are in themselves delightful and significant – a poem, a picture, a dance, a shell on the sea shore. This then is the aesthetic, which art forms share with objects and movements which are not in themselves art at all. . . . The arts are concerned with the aesthetic but the aesthetic is much wider than the arts. (pp. 295–6)

This would suggest that expression of emotion is not necessarily art. To dance, release emotions and express oneself may well be an aesthetic experience, not only for the performer enjoying the movement for its own sake, but also for the onlooker. The sheer beauty of physical movement is aesthetically appreciated in many fields – athletics, sport, gymnastics, swimming, but this is not art.

A work of art is the expression or embodiment of something formed from diverse but compatible elements as a whole entity to be enjoyed aesthetically. It has to be created with the composer's intention to say something, to communicate an idea or emotion. In dance this may be about people, happenings, moods or even about movement itself. The dance composition as an entity can only be a portrayal of emotions or ideas. Although sincerity of interpretation is essential to be convincing, the dancer does not actually 'feel' what the dance reflects. Rather, the carefully selected movement content is an abstraction from actual feeling or happenings to suggest meanings that are significant to the dance idea.

How the composition is arranged or shaped produces the form of the whole. The word form is used in all arts to describe the shape and structure of each work of art. The idea or emotion which is to be communicated becomes embodied in the form. The form is the aspect which is aesthetically evaluated by the onlooker who does not see every element but gains an impression of the whole. This is particularly relevant to the temporal arts, such as music and dance.

This statement has been reinforced by Martin (1933) in the much used and still relevant quotation that follows.

> *Form . . . may, indeed, be defined as the result of unifying diverse elements whereby they achieve collectively an aesthetic vitality which except by this association they would not possess. The whole thus becomes greater than the sum of its parts. The unifying process by which form is attained is known as composition.* (p. 35)

Teaching dance composition

Teachers in art education, generally, are concerned that students eventually move from the experimental 'play' stage to a construction stage in which they make things using the various components of the art form. As will be discussed later, students may well learn methods of combining elements to create whole dances from ready-made dance compositions. Even when the student is attempting to replicate an art work, emphasis of thought will be directed towards the 'rules' of construction.

In dance, too, we must go beyond the sheer activity of dancing and devote time to the art of making dances. If students are to experience dance as an art form, it is imperative that the dance teacher includes a consideration of dance composition in the work-scheme. Then, in addition to the experiential benefits of dancing, pupils may be guided into the realms of art and develop artistic talents and aesthetic awareness.

This view suggests that a reasonable assumption may be made on the following lines:

a. Knowledge of dance as an art form can only be acquired through experiencing dances, composing, performing and viewing them.
b. The basis for success in composition depends upon:
   • the artistry and intuitive inspiration of the individual
   • a wide vocabulary of movement as a means of expression
   • knowledge of how to create the shape and structure of a dance

For the teacher of dance composition this assumption presented a difficulty when this book was first published. The trend of thought seemed to indicate that, apart from knowledge of movement vocabulary and a cursory knowledge of form,

dance composition merely required intuitive artistic insight which is immeasurable and intangible. Although partly a view inherited from the era which promoted dance in education as free expression, there were those who suggested that, because it is so subjective, it is not to be analysed and it, therefore, cannot be taught. For this reason, perhaps, there was a dearth of literature on the subject. There were many books on the material content of dances but few offering ideas on how this content may be shaped and structured.

Things have moved on considerably since then and now syllabuses in schools, colleges and universities require that students study dance composition and demonstrate their understanding of how to create symbolic content within formed dances that portray meaning above and beyond the sum of their parts. For example, in the UK based Assessment and Qualifications Alliance (AQA) GCE Dance Specification for AS exams 2009 onwards and A2 exams 2010 onwards, knowledge and understanding of dance composition is examined through candidates composing solo and group dances and through writing answers to questions requiring analysis and appreciation of profes-sional dance works.

Over the past thirty three years, this book has played a part in the promotion of learning which develops such knowledge and understanding of dance composition, and it continues to be in demand so discussion of the essential construction elements of dances remains unchanged.

Section 1 offers a brief discussion of the dance composer's movement content. It pre-supposes that the reader already has, or will easily acquire from the text, a knowledge of the terminology and concepts offered by Rudolf Laban because, although the philosophy underlying his approach to dance in education may no longer be considered valid, his analysis of movement elements as a basic tool for dance composition is unsurpassed. The concepts identified in his analysis are fundamental because Laban categorised the total range of human movement into easily recognisable and descriptive frames of reference.

Section 2, *Methods of construction 1,* outlines the initial processes in dance composition including improvisation. However, this is merely an introduction. A fuller discussion of improvisation appears in *Methods of construction 7* – placed later in the book as a reminder that experimentation through improvisation should take place throughout the process of composing a dance. It appears as a reminder because the problem of how to achieve form in dance composition is

the emphasised and central concern of the book and is discussed fully in earlier chapters – *Methods of construction 2–6.*

It should be made clear, however, that the book focuses almost exclusively on traditional, formal approaches in dance composition because it is considered that artistic 'rules', established through generations of practice, need first to be learned and applied in many different contexts before they can be broken, changed or ignored. These traditional principles of form are subjected to scrutiny in most of Section 2.

In the 3rd edition, Section 2 also contained an additional chapter, *Methods of construction 8,* to identify *alternative and experimental approaches* emerging from the work of late twentieth century practitioners. This was included, and is retained unaltered in this edition, because such work challenges and could, perhaps, change and replace the current mainstream approaches. It is considered important, therefore, that dance students study a range of new ideas and processes as an antithesis to established practice. Moreover, although much can be learned from viewing and reading about them, practical engagement with some of the alternative approaches is essential if the students are fully to understand, adopt and adapt such procedures for their own compositions. *Methods of construction 8* provides a summary of some of the important characteristics of alternative approaches in professional dance today, and indicates ways in which students might experiment to move away from the more traditional, formal and established approaches.

Developments in the teaching of dance as an art form clearly demonstrate that the original content of this book outlined above remains relevant as a starting point for teachers and students of dance, whether undertaking professional training, teacher training, BA degree courses, or school-based dance examination courses. It cannot be stressed enough, however, that this book is not a prescribed course for the teaching of dance composition. (No one book can adequately provide all the ingredients necessary for the production of dance art works.) It does, however, disclose the important concepts and principles, and offers some means of communicating them to learners. The students' imaginative use of the concepts and principles presented here should be promoted through the teacher's carefully designed programme in which composing, performing and appreciating dances are experienced in a variety of contexts.

In considering how meaningful and creative dance composition results from

a complex mix of objective learning (derived from study contained in Section 2) and subjective (intuitive) feeling entering into the process, a section on the creative process in dance composition appeared in the 5th edition. Starting with a general discussion on the latter, a detailed description of one student's composition process from inspiration to performance aimed to initiate ideas for both teachers and students. This forms Section 3 in this edition – *The creative process in dance composition.*

In terms of resources to support teaching and learning in dance composition, a good deal more material has been produced during the past decade. As well as using books such as this, teachers can enrich dance composition for their students from resources such as live performances, videos/DVDs and films of professional choreography, and/or practical workshops in choreography offered by dance artists resident in schools, colleges or local arts centres. Also, notated scores provide a means of learning more about dance composition through reconstruction and performance of excerpts from well-known dance works. All such resources are extremely valuable in teaching dance composition. Experience and knowledge gained from analysis and appreciation of professionally choreographed dance works, placed appropriately to supplement the teacher's own input, can effectively motivate, promote and boost students' artistic learning.

There is little doubt that video resources of dance works now on DVD have become essential in the teaching of dance appreciation. There are also increasing signs of an emerging pedagogy for the use of such resources in teaching/learning of composition. However, linear video that has not been especially shot for teaching/learning purposes is not an entirely suitable format in that there is the constant need to rewind and search for the required footage. Moreover, there are few videos/DVDs with accompanying teaching materials that provide detailed study of choreographers' works, together with use of them as inspirational starting points for the students' own work.

Now that we are into the second millennium, as a profession we must surely advance in the use of technology for teaching/learning in dance. Resources recorded on digital video and delivered on CD or DVD-ROM formats seem to be the present direction to take. Section 4 of this book determines some of the ways in which this more advanced technology can benefit teaching/learning of dance composition.

The 4th edition, introduced the concept of resource-based teaching/learning in dance composition and the use of new technologies. In the 5th edition this pedagogy was described in detail by means of reference to use of *Wild Child – an interactive CD-ROM resource pack for dance education*, published by Bedford Interactive Productions in conjunction with the Ludus Dance Company in 1999/2001.[4] In this edition, however, Section 4 – *Resource-based teaching/ learning – dance composition* focuses on a newer title – *Choreographic Outcomes – improving dance composition*[5] – an interactive digital resource that contains a CD-ROM, the *Creative Practice Guidebook*, and this text book. The pack aims to demonstrate the concepts and principles of form discussed in Section 2, ie, aspects of form – motifs, developments, variations, contrasts, floor and air patterns, orchestration of dancers in time and space – which are studied and explored by the students in appreciation and practical composition tasks derived from the Guidebook's worksheets. Section 4 of this edition not only describes *Choreographic Outcomes* as a teaching/learning resource, it offers practical assignments for students, referring to the DVD accompanying this book.

This DVD is an important addition to this edition. Some of the video content of this disc has been taken from the CD-ROM of the pack described above. It therefore acts as both a demo for the full pack and as a visual representation and inspirational starting points to guide students in practical dance composing assignments to explore some of the concepts presented in this book. While it is recommended that teachers purchase the full interactive CD-ROM resource pack to use in dance composition classes, students who have purchased this book will benefit from seeing for themselves the concepts presented in this book illustrated on the DVD. Although this is non-interactive, as it has been specially made for this book, a menu provides simple navigation from illustration to illustration with clear indicators in the text of the book as to which illustration should be viewed to understand further the aspect of dance composition described.

Also new to this edition, Section 5 – *Resource-based teaching/learning – dance performance* focuses on the ways in which performance of dances – the

---

[4] *Wild Child* was published in CD-i format in 1999 and later re-written in CD-ROM format in 2001. It is still available for use with PCs and contains a huge amount of material for pupils aged 7 upwards to enhance learning in dance performance, composition and appreciation.
[5] *Choreographic Outcomes – improving dance composition* was created and published by Bedford Interactive Productions (2005) specifically to illustrate concepts relating to form presented in this book.

students' own, their teacher's or repertoire from choreographed works of professionals – can vastly enhance and deepen the knowledge and under-standing of dance composition. However, in my view, achieving excellence in the performance of dances through 'getting inside' and gaining ownership of them also requires use of a resource-based teaching and learning methodology. Rather than a traditional approach – students copying to learn dances – this section outlines how use of new technologies as resources can provide student-directed learning activities to improve their own performances of dances. Section 5 demonstrates the benefits of this methodology through description of a new DVD-ROM resource pack also produced by Bedford Interactive Productions, *Vocalise – improving dance performance* (2008). So that teachers and students can immediately apply this methodology to improving the performance of their own dances, practical assignments with reference to this DVD-ROM are provided in Section 5. Again, the DVD accompanying this book contains a demonstration of the full interactive resource pack — *Vocalise – improving dance performance* as well as specially selected excerpts for use in the practical assignments found in Sections 4 and 5.

Section 6, *Standing back from the process – evaluations* returns first to the composer's freedom – the imaginative, intuitive input into the process – and then focuses on evaluations of dance compositions. The section includes an important summarising diagram – *The process of composition in dance* – which draws together all the aspects of learning covered in this book, ie, knowledge of movement material, knowledge of methods of construction, acquaintance knowledge of dance in the aesthetic realm and the role of imagination and intuition in dance composition.

Concluding remarks refer to the richness of experience that the merge between theory presented in this book and the practice that takes place in the dance studio produces for students of dance composition.

Section 1

The material content
Movement and meaning

The basic language of movement

The word language is used here as an analogy only. It is not meant to suggest that the language of movement can replace or be the same as language in a vocally communicative context. It is common knowledge that communication can take place through movement. How it communicates is the dance composer's area of study. Many verbal expressions describe moods or thoughts in terms of movement:

jumped for joy	shrank back in fear
rushed into the room	bent in pain
threw up his hands in horror	stamped in anger
didn't know which way to turn	shook with excitement

It is this natural movement language which forms the dance composer's vocabulary.

A child's movement is very expressive of their feelings. A mother seldom has to ask how her child feels as she gets to know the symptomatic movement patterns. In our culture, it is expected that these are modified as we grow older so that, eventually, it is hard to tell what the typical British 'stiff upper lip' citizen might be feeling. In other cultures, restraint is not so marked, although it is generally accepted that one is not mature if one cannot withhold expression of emotions and moods. Even when we try to hide our feelings, our involuntary movements and body stance give them away, regardless of what we may be saying vocally. The slumped body and slow heavy walk are easily seen to be symptomatic of depression or sadness, the tapping fingers of agitation or anger, the hands clenching and rubbing together of nervousness or fear.

Analysing the language

The dance composer has this movement language as a basis but requires a means of analysing the content so that they may take the symptomatic human behaviour patterns, refine them, add to them, vary them, extract from them, enlarge them, exaggerate parts of them according to the needs in composition. The movement analysis which is most useful and comprehensive is that which Rudolf Laban presents in his books *Modern Educational Dance* and *Mastery of Movement*. Although one can refer to it as an analysis, in that it breaks down movement into various components, it does this only in a descriptive way. It is not a scientific breakdown as found in the sciences of anatomy, physiology, mechanics or biochemistry. It is a means by which anyone, with knowledge of Laban's principles, can observe and describe movement in detail.

It is not my intention to describe Laban's analysis in depth for the reader can find this in some of the books listed at the back of this book. Table 1 (page 19) is a simplified version which serves the immediate illustrative purposes.

Choice of content

Laban's analysis of movement serves the dance composer well because it classifies movement into broad concepts. Each concept suggests a range of movement which may be explored. For example, let us take the concept of travel. This is defined by Laban as a series of transferences of weight from one place to another. The intention is to move from A to B, and the word travel describes this, but it can be done in numerous ways. Each mode of travelling is characterised by the way in which the mover uses action, qualities of movement or dynamics (called effort in the translation of Laban's writings) and space, and how the dancer relates the travelling action to an object or person, if this is relevant. In dance, the choice of characterisation depends upon what the mover intends to convey. For instance, to express the joy of meeting the travel may take:

the action form of leaps, hops, skips, turns, on the balls of the feet, with swinging arm gestures emphasising stretched limbs and body

the qualities of quick, accelerating, light, buoyant, free flowing or continuous

Table 1
A summary of Laban's analysis of movement

Action of the body	*Qualities of movement*		
Bend – Stretch – Twist	Time	– sudden	– sustained
Transference of		– quick	– slow
weight – stepping			
Travel	Weight	– firm	– light
Turn		relaxed	
Gesture			
Jump – five varieties			
Stillness – balance	Flow	– free	– bound
		– (on-	– (stop-
		– going)	– pable)
Body shapes	Combinations of two elements –		
Symmetrical and	eg, firm and sudden		
asymmetrical use	Combinations of three elements		
Body parts – isolated –	eg, light, sustained and free		
emphasised			

Space environment	*Relationship*		
Size of movement –	Relating to objects –		
size of space	relating to people		
Extension in space	Alone in a mass		
Levels – low, medium	Duo:	copying	– mirroring
and high		leading	– following
Shape in space –		unison	– canon
curved or straight		meeting	– parting
Pathways – floor patterns		question and answer	
– air patterns	Group work:	numerical	
curved or straight		variation	
Directions in space:		group shape	
the three dimensions		inter-group	
planes		relationship	
diagonals		spatial relation-	
		ships	
		over, under,	
		around etc.	

the spatial form of	forward in high level, large peripheral movements
the relationship form of	moving towards another dancer

On the other hand, to express dejection or distress, the travel may take:

the action form of	a slight run . . . into walk . . . into fall and slide on knees . . . body moving from stretched into curled shape . . . arms gesturing then falling to sides
the qualities of	deceleration through the movement from quite quick to very slow, loss of tension from light tension to heavy relaxed feeling, the flow becoming more and more bound/held back
the spatial form of	forward direction to low level moving on a straight pathway from centre to forward centre

Thus, in use of Laban's analysis to help the choice of movement content and to depict the intention, the dance composer can choose the action and colour it with any qualitative, spatial or relationship content so that the resulting movement expresses the intention in the composer's own unique way.

There is no one way of showing meaning in movement but there are accepted patterns which define a general area of meaning, and which the composer should employ so that the work can be understood. These originate from the natural symptomatic movement language of humans. Invariably, people of different cultures will interpret what they see in different ways but, even so, there must be some consensus of opinion on such things as mood and idea which the work portrays. For example, if there were strong, striking, fighting, movements between two dancers, agreement will be on conflict rather than harmony, or, if the movements were to be slow, gentle, surrounding, supporting, unified in time and complementary in space, it would show harmony rather than conflict.

Literal movement into dance content

In addition to the major concern for the choice of material that clearly identifies meaning, the dance composer has the responsibility of making movement content as original and interesting as possible. To do this Laban's analysis may be used as a frame of reference, and different combinations of action, qualities, space and relationships can be tried. The idea of praying will illustrate this point. Images of the literal human movement patterns connected with praying kindles the imagination at the start – hands together, standing with head lowered, a fall on to the knees or even prostration. This range is made more extensive by the composer's analysis and subsequent handling of the movements. For instance, the hands together – head lowered movement can be taken:

action, qualitative and spatial form	while standing, from an open sideways extension of the arms, trace a peripheral pathway to forward medium, palms leading, slowly bringing the hands together, fingers closing last, with the head back. Then drawing the arms in towards the body centre, allow the chest to contract and curve inwards. To be taken with a sudden impulse at the beginning of the movement into a sustained closing of the hands with increase of tension from fairly firm to very firm
OR	
	Move the arms from a symmetric position in front of the head, elbows and wrists bent, successively right then left to diagonally high in front then down to the centre position. This should be done while walking forwards four steps – head moving from low to high – with a firm slow quality throughout. The hands finish close but not touching

It can be seen from these two examples that by having the basic symptomatic pattern in mind, the composer, through analysis, can identify what it embraces in terms of movement content, its action, the qualities embedded in the actions, its spatial usage and then use these aspects in his/her own way enlarging them, highlighting parts of the actions (eg, the clasping hands), add actions (eg, the trunk movement), alter the rhythm and dynamics or the spatial form.

In other words, the composer uses the analysis, first as a means of observing and identifying the nature of the movement as it is in everyday communication, and second, as a means of enriching it into dance content. This should ensure that the movement is both meaningful and interesting. It is difficult to retain a balance between meaning and originality. Care must be taken that the everyday movement origin has not been lost by too much enrichment, nor should it be presented in the form of cliché which only leads to dull uninteresting work.

Exploring a range of movement

The composer should, therefore, explore and experiment within a wide range, so that he/she becomes become fully acquainted with movement and the feeling/meaning connotations. He/she should, at times, set out to explore a full range of movement without using it in composition, for this enriches movement experience and, inevitably, when starting to compose there is a better basis from which to make a choice of content. While exploring, the composer will consciously or intuitively experience the expressive properties of the movement, and the feel of it will be stored in the memory for future use. On the other hand, it may be that, while exploring movement for its own sake, an idea is evoked which will make a composition. In this way, movement itself becomes a stimulus for composition as the feeling has acted upon the composer, and then been transposed into content. To do this the composer must move from feeling to knowing – knowing what the movement is – analysing it and using its complexity as a starting point for the dance.

If, for example, the dancer is engaged in exploration of turning as an action, he/she will be led by the teacher's or his/her own knowledge of the analysis, to take the action on both feet, on one foot, on one foot to the other, on different parts of the feet, with hops, jumps, steps, with leg and arm gestures leading into the action across the body or away from the body – producing inward or outward turns – spiralling from low to high and vice versa – taking a wide spread stepping turn – holding the leg high in the air whilst slowly pivoting on the supporting leg – initiating turns with various body parts and many more variations each having its own expressive content. The outward turns may have a feeling of exhilaration, while the hopping, jumping turns also express joy and excitement. An inward closed turn may suggest fear or turning away from something or someone. Turns

which increase in speed generate excitement. A slow wandering turn may suggest searching. While the dancer is actually performing the movement, he/she should have some kind of feeling about it. Even if it is not possible to name a mood or emotion that is evoked when it merely feels nice, good, or clever, it carries with it a colour and mode of being. All movements have expressive properties which are employed as a means of communicating ideas about human feelings, events or even about the movements themselves.

Movement and meaning

It should be clear that movement is a vast communicating language and that varieties of combinations of its elements constitute many thousands of movement 'words'. Also, in the context of a dance, movements have to be understood as meaningful in juxtaposition with others. Very often it is a phrase of actions that portrays a single 'word' meaning, or conversely, one movement can give a whole 'paragraph' of content. To transform a vocabulary of movement into meaningful visual images, the composer is dealing with three intangible elements: movement, time and space. How the meaning can be enhanced by the composer's use of time and space will be discussed later. Meaning in the movement itself is of importance now.

Presentation of literal movement is not dance. The art of mime aims for realistic representation of movement to communicate literal meaning. Dance often uses conventional and mime-based gestures but the composer may choose to manifest the idea in a more symbolic way. This is done by abstracting an essence from the literal movement which is then given a unique flavour through artistic manipulation. Similarly the poet, rather than make direct statements, may use metaphor and simile to establish images which can have several possible meanings within the poem's context.

Although it derives from fundamental human movement, symbolic dance movement imagery can pose several interpretative possibilities. To a certain extent, it depends upon the nature of the audience as to how open to interpretation the composer can make the dance. Some audiences, wishing to be entertained without much effort, require readily recognised movement images, while others tend to enjoy looking more deeply.

The following description of a particular dance may help to explain a little

about the range of movement imagery open to a composer, and the scope of interpretation some particular movement images present to an audience.

Solo dance titled *Confession*
Music: single instrument – slow, smooth, introspective, quiet and harmonic

1. Movements included:
   - closing and crossing movements of arms and legs
   - peripheral arm gestures to cover head
   - opening and extending arms and legs very low to the ground
   - stepping and opening sideways, arms high and to side, wrists flexed palms up, chest high and the head up
   - closing one hand above the other and both hands above head but not touching,
   - hands clasped with fully stretched arms in varying directions
   - hands opening and extending with wrists and forearms touching
   - twisting trunk movement with palms of hands near the face
   - forwards and backwards rocking movements with leg gestures extending just off the ground, arms held close to the body
   - falling to the knees into sideways roll returning to one knee and extending forward
   - turning from open body positions into closed body positions
   - jumps with arms and one leg high in front
   - travelling with long low runs and ending suddenly in a fall

These are a few examples of the movements in the dance. The description is hardly full enough for the reader to be able to translate it into movement but a range of movement ideas should be apparent and something of the composer's interpretation of the dance idea may have emerged.

2. Interpretations:
   - something to do with religious confession – the confessing person feels shame, prays, shows humility, reverence and confidence in receiving forgiveness
   - something to do with confessing a feeling of love – the confessing

person feels guilty and afraid yet joyful in the revelation of a hitherto hidden feeling of love

- something to do with a penitent criminal feeling remorse, shame, self-pity and a dawning of hope in anticipation of freedom

The composer might have had one of these ideas in mind. The first few movements would suggest an interpretation of the title to each viewer who would then 'read' the images to fit into the interpretation. If a dance is as 'open' as this, the composer has extended the movement content away from the literal and into the realms of symbolism. The symbols themselves are recognisable in this dance for all the interpretations acknowledge confession but the contexts of the confessions vary. The symbols therefore act as suggestions and finer details in interpretation are left to the viewer's imagination.

Stylising the material content

The above text has considered a range of natural movements as a source for dance expression. However, there are a number of pre-formulated, tried and tested dance techniques which also constitute an essential part of the dance composer's repertoire. For further discussion on various techniques, the concept of style and processes of stylising dance material, see *Methods of construction 6*, p. 81.

Section 2

Methods of construction 1
The beginnings

Stimuli for dance

A stimulus can be defined as something that rouses the mind, or spirits, or incites activity. Stimuli for dance compositions can be auditory, visual, ideational, tactile or kinesthetic.

Auditory stimuli

Auditory stimuli include music, the most usual accompaniment for dances. Very often, the dance composer starts with a desire to use a certain piece of music, the nature of which has stimulated a dance idea. With so many kinds of music, the dance composer must be aware of the nature of the music (emotive, atmospheric, abstract, lyrical, comic, dramatic, architecturally patterned) so that if it is to be used as the accompaniment, it complements rather than conflicts with the idea.

The music not only dictates the kind of dance, but also its mood, style, length, phrasing, intensities and overall form. Music, therefore, provides a structured framework for the dance, and the stimulus becomes more than a springboard. If music is used as accompaniment, the dance cannot exist without it. Sometimes, a dance composer may be inspired by a piece of music and, because of its complexity or purity, decide not to use it as accompaniment. In this case, perhaps the quality, or design, in the music could be taken and transposed into dance content. The dance form that emerges need not emulate the form of the piece of music and, when it is complete, the dance should be able to exist for itself without reference to the stimulus.

Other auditory stimuli include sound percussion instruments, human voices, words, songs and poems. The mood, character, rhythm and atmosphere of the dance can exist without this. For instance, a poem may have been the stimulus,

but the dance composer finds he/she cannot interpret all the words into movement, so uses it in a different way. Perhaps it is decided necessary to hear the poem before watching the dance, or to hear a few lines, which make the essence of it, as punctuation of the movement giving its meaning. On the other hand, once it has stimulated the idea or mood, the dance composer may not need to use the poem at all. The composer may even turn to another source for accompaniment, music perhaps. If, however, the poem is used as accompaniment for the dance, the two must appear to the viewer as inseparable in the manifestation of the idea.

Percussion instruments, human voices, sounds in nature or the environment often make interesting and dynamic stimuli for dance. Here, the interpretation of movement can be purely imitative in quality and duration, or perhaps, the association of ideas related to the sounds could provoke emotional, comic or dramatic interpretations. There is far less restriction in the way that these stimuli can be used than with music, and the dance composer has to take care that the dance and the sound accompaniment have form which give structural unity.

Visual stimuli

Visual stimuli can take the form of pictures, sculptures, objects, patterns, shapes, etc. From the visual image, the composer takes the idea behind it, as he/she sees it, or its lines, shape, rhythm, texture, colour, purpose or other imagined associations. A chair, for instance, may be viewed for its lines, its angularity, its purpose in holding the body weight, or it may be seen as a throne, a trap, an object to hide behind or under, an instrument for defending oneself, or as a weapon.

Visual stimuli provide more freedom for the dance composer in that, often, the dance stands alone and unaccompanied by the stimulus. However, the dance should make the origin clear if it is to be an interpretation of it.

Kinesthetic stimuli

It is possible to make a dance about movement itself. Some movement or movement phrase takes on the role of a kinesthetic stimulus, and the dance is derived from this basis. The movement, in this case, has no communicative purpose other than the nature of itself. It does not intend to transmit any given idea but it does have a style, mood, dynamic range, pattern or form, and these

aspects of the movement, or movement phrase, can be used and developed to form the dance which is an exposition on movement itself. (See *Vocalise*, the solo on the accompanying DVD as an example).

Tactile stimuli

Tactile stimuli often produce kinesthetic responses which then become the motivation for dances. For example, the smooth feel of a piece of velvet may suggest smoothness as a movement quality which the composer uses as a basis for the dance. Or, the feel and movement of a full skirt may provoke swirling, turning, freely flowing, spreading movements which then become the main impetus for the dance composer.

A tactile stimulus could also become an accompanying object. A very fine piece of material, for instance, could be manipulated by the dancers and form a moving part of the dance, complementing, linking, dividing, enveloping and following the dancers. It is important, however, that the manipulation of the stimulus does not become the overriding part of the dance, the dancers' movement appearing secondary.

Ideational stimuli

Ideational stimuli are perhaps the most popular for dances. Here the movement is stimulated and formed with the intention of conveying an idea or unfolding a story. If the idea to be communicated is war, immediately the composer's range of choice is limited to movement that will suggest this. Ideas, therefore, provide frameworks for the creation of dances. Furthermore, stories or happenings have to be sequentially portrayed in narrative form.

To conclude

The stimulus forms the basic impulse behind the work and then goes on to structure it. Some structure the outcome more forcefully than others. Often, several stimuli collectively will influence the work and perhaps, as in the case of music, the stimulus accompanies the dance.

The dance composer's concern is, firstly, whether or not the stimulus is suitable to inspire a dance, and, secondly, if it is to accompany the dance, how this could occur. This concern may derive from a wish that the dance portray enough of the stimulus to be clear in intention. Obscurity of purpose will cause it to fail in

communication. The stimulus is the basis of the motivation behind the dance. If the composer has based the dance on a creative response that relates to the stimulus, and intends that the dance be understood as such, the stimulus should clearly stand out as an origin, even if it is not present.

This suggests that the dance composer has to decide whether or not successful communication of the idea *depends* upon knowledge of the stimulus as an origin. Perhaps it is not necessary for the audience to know the original stimulus, since the dance outcome, as in the case of a dance inspired by a piece of music which has not been used as accompaniment, may well be able to stand on its own, without reference to the stimulus. Often though, the dance title suggests the original stimulus, enough at least to understand the motivation. In any event, whether apparent in the outcome or not, the stimulus dictates the type of dance.

Types of dance

Broad classification of dances is generally quite simple for, like music or any other art, we accept terms such as classical, modern, ethnic, jazz, pop, street. Commonly accepted terms are also used when describing types of dance composition more specifically. These include pure, study, abstract, lyrical, dramatic, comic and dance-drama.

A pure dance and a study

We say pure dance when we mean that it has originated from a kinesthetic stimulus and deals exclusively with movement. A study is pure, but a dance can be pure and be more than a study. A study suggests that the composer has concentrated on a limited range of material. For example, a picture may be called a study when it is portraying a bowl of fruit, or a portrait may fit the description. In music, a study is often in one key and perhaps within a certain range of technical skills. The dance study may be confined to one kind of movement, perhaps rise and fall or a scale range of time. A dance which is described as pure, generally has no limitations of movement range; it may have several sections in it, each of which has different movement emphasis.

The movement content in a pure dance may be simpler for the performer than that in a study. The latter often demands more complex movement and

aims to show virtuosity and academic understanding of its chosen content. The ballet *Etudes*, choreographed by Harald Lander, provides an example. The total ballet may be classified as a pure dance, yet each small part in isolation can be described as a study. To mention two, there is a study on the *plié* section of the barre work, and a study on *petite batterie*, but collectively, the whole ballet gives an overall view of the phases and total rhythm of the ballet class. Because the idea is about a certain style of movement, the ballet is pure in classification. Further examples of pure ballets include George Balanchine's *Symphony in C* and *Agon*, and Frederick Ashton's *Symphonic Variations*, where the movement itself as interpretation of the music becomes the basis for beautifully formed works of art. Martha Graham's *Adorations* also fits into this category as an example of technique class work presented in a superbly structured dance work.

Abstract dance

Abstract is a confusing term. In the fine art sense, Webster's Dictionary (1966) offers the following definition:

> . . . *presenting or possessing schematic or generalised form, frequently suggested by having obscure resemblance to natural appearances through contrived ordering of pictorial or sculptural elements.*

Of dance composition, however, the dictionary defines abstract as:

> . . . *lacking in concrete program or story.*

This latter definition is wide and meaningless. If a dance lacks a story it is not necessarily abstract. If it lacks a concrete programme it can have no logical development, clear manifestation or communication, in which case it is not a dance. Often, young dance composers think they are 'with it' and very modern if they present a series of unrelated and therefore 'non-programme' movements as an abstract dance. Perhaps it works in the static visual arts for viewers have time to ponder, look from all angles and read meaning into it as they wish. The dance audience cannot look and ponder. A temporal art cannot be abstract in this sense of the word, its images must somehow be linked and connected.

If we accept the definition of fine art, then we see that the dance composer could justifiably portray images which are abstracted from the natural and bear resemblance to it. Obscurity, however, should be avoided. There is no time to delve into depths to find hidden resemblances to the natural, these should appear easily and very quickly. Maybe several *abstractions* can be put over in the manifestation of one idea, eg, 'shape'. The dance is abstract when it is the result of *abstraction,* which is:

> *... something that comprises or concentrates in itself the*
> *essential qualities of a larger thing or several things.*
>
> Webster's Dictionary (1966)

Like the 'shape' dance, a dance entitled 'magnetism', or a dance entitled 'time', which portrays a variety of images based upon the phenomenal and human aspects of the concept, could be examples of concentration on a 'larger thing', whereas a dance entitled 'conformity', which portrays images of following in step pattern, imitating mannerisms, waiting one's turn in a queue, might be an example of concentration upon the essential quality of 'conformity' in several otherwise unrelated things.

Thus an abstract dance implies that the composer has abstracted some thought about one thing or several things, and identifies these through movement images which bear fairly close resemblance to them.

Lyrical dance

Lyrical dance is a category often used and is quoted in Webster's Dictionary (1966) as:

> *... a tender dance*

In reference to the song as a lyric composition, the dictionary defines it as:

> *... having a relatively light, pure, melodic quality*

It is unnecessary to categorise this as a separate type, for it suggests poetic mood which may well be a dominant characteristic of a pure dance or even an abstract dance. The term lyrical, therefore, suggests the quality of a dance.

Dramatic dance and dance-drama

Dramatic dance implies that the idea to be communicated is powerful and exciting, dynamic and tense, and probably involves conflict between people or within the individual. The dramatic dance will concentrate upon a happening or mood which does not unfold a story. Dance-drama, on the other hand, has a story to tell and does so by means of several dramatic dance episodes or scenes sequentially arranged. A dance depicting Lady Macbeth's agony of mind would be a dramatic dance, but portrayal of the actual story of *Macbeth* would be dance-drama.

Because dramatic dance and dance-drama are concerned with emotions and happenings related to people, characterisation is a prominent feature. The composer has to study character and mood carefully, and to understand how to dramatise the movement content for dance. This, he/she learns is done through exaggeration of the action, quality or space characteristics, particular development of the rhythmic patterns and emphasis on body shape and stance.

Stress on the qualitative content in movement always tends to give dramatic impact. Also, in a dramatic dance there is nearly always a relationship between people, or between an individual and an object, and these relationships are always emotive. However, orientation of the relationship must not remain strictly between dancers and the confines of their space. The composer should take care that the audience also can identify with the dramatic relationships within the dance. Projection of dramatic involvement is a difficult technique in dance composition. The composer must try many ways of putting this across. Perhaps spatial placement, directional alignment and the use of focus are of paramount importance.

Comic dance

Another category which must be included is comic dance. Movement material requires a certain kind of handling if it is to be comic. Essentially original or unusual ways of moving and relating to the environment and other people can be comic. Comic movement might be achieved by making body parts move in peculiarly co-ordinated ways taking them out of their normal space zones. Inverting the stance; performing movements which are usually taken on the vertical plane on a horizontal plane; stressing the use of the face and very small body parts like the fingers or toes; could make movements comic. The composer

could also try for the unpredictable in movement, for example, a very large, grand, sweeping gesture with travel on a circular pathway finished with stillness and just one finger moving up and down.

Very often comic dances are mimetic in nature or have parts which are mimetic. The movement content here can be very representational of real life or, perhaps, have deviations or exaggerations of certain elements which cause comedy.

Mode of presentation

It is necessary to discuss *how* the movement content is to be presented by the dance composer.

Supposing a decision has been made on the type of dance to be composed and the accompaniment, if there is any. It is quite probable that the stimulus which prompted the idea brought into the composer's mind images of movement related to their own experience, which convey the idea, feeling, mood or happening. For example, sadness conjures up images of people bent, slow moving, small movements, swaying, hand wringing, head in hands, etc. In a dance to depict these human movements exactly as they are in real life, is to use the movement in a purely *representational* way. To use these movements, extracting the essence or main characteristics and adding other features in action or dynamic stresses, is to use the movement in a *symbolic* way.

To symbolise something suggests that there must be a certain sign or signal which details its origin, and the other aspects of it may be unique and perhaps unreal. For example, a gentle sway in sadness may be taken as a large body movement into side extension followed by a circular upper trunk movement with a turn.

Pure representational presentation is mime and from this extreme there are degrees of representation through symbols to the most 'symbolic' and least representative which is a *nearly* unrecognisable presentation. The word nearly is stressed because if it is unrecognisable then it fails. The least representative to reality makes the movement open ended in that there may be quite a number of interpretations of its meaning. This may be because the signal that the composer chooses to retain is very weak juxtaposed to his/her own unique embellishments. Nevertheless, something within the range of possible representative meaning must be clear to the onlooker.

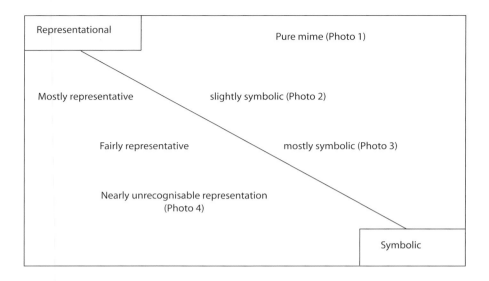

The composer, then, stimulated by his/her own experience of meaning in movement, decides how to present the meaning, representing it as it is in real life or symbolically portraying it in an original way. Most dances are symbolic presentations of movement but if they are to be successful the symbols must be identifiable and meaningful to the audience.

Improvisation

The composer has already made some decisions before beginning to move. A decision to use a certain stimulus or several stimuli has inspired thoughts about the kind of dance to be composed, ie, comic, abstract, dramatic. In deciding this, the composer has also foreseen the kind of presentation he/she is to use, ie, symbolic – representational.

Now is the moment to start composing. The dance composer experiments with movement and tries to realise imagined movement images into real movement expression. This initial exploration is called *improvisation*.

Improvisation which comes from within, a sheer abandonment in movement to indulge feeling, is not often the kind of improvisation used by dance composers though this feeling may well be tapped and recaptured as the basis for a composition.

When dancers are moving to a piece of music, the improvisation which

1

2

3

4

emerges is less free because the mood and 'colour' of the music suggest the interpretation, and indicate moving in a certain way – governed by the changes in tempo, tone, pitch, etc., and its style, form and character. The experimentation with movement is confined to that which is suitable for *interpretation* of the music, and this kind of improvisation – although more limited – is commonly used as a starting point for composition.

The beginnings of composition

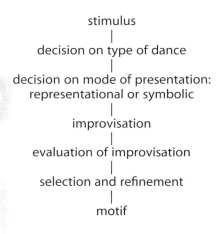

stimulus
|
decision on type of dance
|
decision on mode of presentation:
representational or symbolic
|
improvisation
|
evaluation of improvisation
|
selection and refinement
|
motif

Improvisation is spontaneous, transient creation – it is not fixed, it is not formed. During improvisation, there are moments when a movement feels right and fits the composer's image. When this occurs, the improvised movement phrase can be recaptured to provide the basic ingredient for the composition. The movement or movement phrase which evolves in this way may be a suitable starting point for the composition process. In evaluating this matter, the composer may use one or more of the following criteria:

1. the movement has meaning and relevance to the idea for the dance
2. the movement is interesting and original in action, dynamics and spatial patterning
3. the movement has potential for development

This evaluation pre-supposes considerable knowledge of both material and form,

a knowledge which is acquired through experience. The apprentice-composer starts from *feeling*, not knowing, and may select a starting movement intuitively. Success is limited, however, if intuition only is relied upon for too long. The reverse can, also, present problems, as knowing without feeling often produces sterile, uninteresting and purely academic dances. Feeling and knowing should always be interrelated. How feeling can consciously be brought into knowing and remain as an artistic stimulus will be discussed later.

The starting point for movement is the first piece of composition. It has been selected, evaluated and refined, and is now set as the initial motivating force for the rest of the dance. This movement or movement phrase is called the *motif*.

The composer continues to employ improvisation in developing, varying and elaborating on the starting motif, and finding new ones for the rest of the composition.

Methods of construction 2
Motif into composition

To recap, creativity is a quest for order. When we create we aim for completeness and logical design. Every part of the whole should seem necessary and inevitable.

For the dance to be a meaningful whole it must have recognisable form. A whole is made from a number of components and the dance composer's components include:

1. each dancer's body as an instrument which has volume, shape and the capacity for action
2. movement which has physical properties of time, weight, and flow – the interaction of which determines the form and style of the action
3. space, which can be shaped by movement
4. the relationships that the body can make with other things or people

Arrangement of material

How the components are arranged produces the form of the work of art:

> *Art expression, like form created by a shifting kaleidoscope, is forever changing, forever new. The myriad of geometric designs that one sees in the kaleidoscope are all made from the same elements, variously shaped pieces of coloured glass but as the relationships of these coloured objects to each other are changed, new forms ensue.* (Hayes, 1955, p. 1)

In dances, too, the elements of the composer's movement vocabulary are arranged so that they have various relationships to each other. Yet if the dance is successful, the patterning or juxtaposition of movements is *not* the noticeable

feature; it is the skilful arrangement of known movement skills that makes successful and aesthetic results in these activities.

Form

A dance aims to communicate an idea and, therefore, there is much more to it than the mere arranging of movements. It has a *form*, an overall shape, system, unity, mould or mode of being. This outer shell, or constructional frame, is the outstanding feature which supports the inner arrangement of its components. Having seen a dance, the viewer does not remember each and every movement or their order. Rather, the impression of the whole is remembered; its shape, whether it rounded off as it began, the excitement of the development into the climaxes, the main message it conveyed and how original and interesting was the overall impact.

So the composer has two main tasks. Simultaneously and with artistic awareness he/she should:

1. select movement content, using the dancer/s
2. set the movement into a constructional frame which will give the whole its form

What is a motif?

There must be a foundation for logical development or form. The foundation of a dance is its initial motif. This will have emerged during improvisation through the influence of the stimulus, the composer's artistic imagination, and his/her movement interpretation of the two. Webster's Dictionary (1966) defines the word motif as:

> . . . *a theme or subject – an element in a composition especially a dominant element.*

Langer (1953) says (author's italics):

> *The fundamental forms which occur in the decorative arts of all ages and races – for instance the circle, the triangle, the spiral, the*

parallel – are known as motifs of design. They are not art 'works',
not even ornaments, themselves, but they lend themselves to . . .
artistic creation. The word motif bespeaks this function: motifs are
organising devices that give the artist's imagination a start, and so
'motivate' the work. They drive it forward and guide its progress.
Some of these basic shapes suggest forms of familiar things.
A circle with a marked centre and a design emanating from the
centre suggest a flower, and that hint is apt to guide the artist's
composition. All at once a new effect springs into being, there is
a new creation – a representation, the illusion of an object . . .
The motif . . . and the feeling the artist has toward it, give the
first elements of form to the work: its dimensions and intensity,
its scope, and mood. (p. 69)

The opening motif starts to communicate the idea and the next few phrases need to go on saying the same thing as further qualification of the statement. Because dance is transient this restatement is very important. The musician may establish a melody in the opening bars and then continue repeating the tune, developing it and varying it but keeping its characteristics until it has been well established. Then, perhaps, another melody is introduced which intersperses with the first. The dance composer also has to establish a movement phrase, develop and vary it, so that it becomes known to the viewer, before the dance goes on to say more about the subject.

How is this done? The motif can be as long as a 'verse' or as short as a 'word'. If it is the latter, then, perhaps it is necessary to repeat it exactly at the beginning so that it is established clearly. Repetition of the content, however, is mostly achieved by means of development and variation of the motif(s).

Development and variation of a motif

Let us assume that the motif is the simple action of side step and close. This action is taken using the feet for transference of weight, right foot starting. It is danced using a degree of time and force – is hesitant or continuous in flow, moves in a sideways right direction in relation to the body front, which is facing front in relation to the stage space. The rest of the body remains in the normal standing position.

Using action features

The motif could be repeated again exactly, using the left foot to begin. It could be repeated using a different part of the foot to take weight, for instance, on the balls of both feet, on the heels of both, on the ball of the right foot and heel of the left, on the inside edges of the feet, with the weight passing through the balls to the whole foot. There are many ways. It may be that the initiating foot could lead into the side step with the sole of the foot, or side, or ball, or heel, or edge, or top surface. Or, it may be that the closing foot could be used in such a manner, emphasising a leading part, or taking weight in a particular and different way. The action could emphasise the property of stretch, or bend, or twist in the legs or accompanying body parts. Arm gestures could be added with one or both arms. Leg gestures could be emphasised into the side step, or on the closure, or both. The side and close could be repeated a number of times into a direction of travel, and it could be taken with a turn or change of body front. It could have elevation added to it, into the side step, or the close, or both. It could be taken with a transference of weight onto the knees. Possibly just the side step could be emphasised leaving out the close, or vice versa. The close step, for instance, could be taken by the right foot in contact with the left leg into standing, or crossing over in front of, or behind, the left leg, thereby concentrating on one aspect of the action, extracting it from the rest. The action could be taken with symmetric use of the body, both feet sliding sideways and closing simultaneously with the body evenly placed around its centre. One side of the body could be considerably more emphasised than the other on the side step and perhaps answered by the other side being emphasised on the closing step, giving the whole an asymmetric flavour. Further variation could be achieved by altering the body flow – body parts moving in succession or simultaneously.

Using qualitative features

The qualities or dynamic content of the motif could be developed and varied at the same time as, or apart from, the above actions. The motif could be repeated faster or slower, with acceleration and deceleration; one part of it could be sudden and the other sustained. Thus the rhythm of the motif could be varied. The energy stress could be increased or decreased – from strong to gentle qualities. The side step may be taken as a stamp and the close with very little tension or vice versa.

Different rhythm and weight combinations could be used to give rhythmic patterning. The flow in the motif could be interrupted and held back to give a hesitant quality, or it could be continuous – particularly if a series of side and close steps were taken driving into one direction.

Using spatial features

The composer's use of space could be presented as another means of development. The side and close step could be small or large, thus defining how much space it takes. It could be taken at different levels – low, medium, or high – and in different directions. This last would be effected by maintaining the sideways direction of the side step in relation to the body front but changing the direction of the body front in relation to the space environment. Whilst this is done, the action of turning must be used and a floor pattern will emerge. The shape or pathway that the movement creates in the air may be emphasised as a development feature – for example, the right leg could gesture into the sideways step with an arc-like action, accompanied by the arms taking a large outward circling movement, and the closing action could be accompanied by an inward circling of the legs and arms, using less space by bending the knees and elbows. The pathways that emerge could be repeated in different directions, thus making a spatial pattern.

Using the relationship features

The relationship of the parts of the motif to each other could be altered: the closing step done first, then the side step, thus reversing the order. This is more easily illustrated by taking a longer motif like – travel – jump – turn – still. It could be done in reverse order or in different orders. Parts of it could be extracted, used and put back into the original juxtaposition.

Repetition as a constructional element

The word repetition means exactly the same thing again. In the art sense, and in my opinion, the word has wider connotations which could be illustrated as shown on the next page.

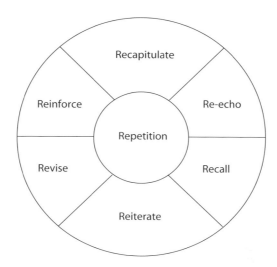

Therefore, the notion of repetition as a constructional element implies that the material is manipulated to:

- restate or say again exactly – the mover might do identically the same which could be performed with the other side of the body
- reinforce – making part or the whole of the movement motif more emphasised; this could be done by making the movements larger or by adding more tension or defining the movements by moments of stillness
- re-echo – something of the material which has passed returns into the new content
- recapitulate – the statements occur again shortening or telescoping the content
- revise – to go over again in some detail, making some parts even clearer
- recall – bring back into the memory; in the new material the onlooker is reminded of something that has gone before; the content can be dissimilar, but there is an apparent association
- reiterate – stresses the fact of repetition; there may be several continuous repetitions which perhaps die away

While the composer is using repetition in the expanded sense, a range of developments and variations of the motifs (Table 2) will inevitably emerge. This should ensure that the content is interesting and yet recognisable as *repeated* material.

Table 2

How to achieve repitition of movement content through development and variation of motifs in solo compostion

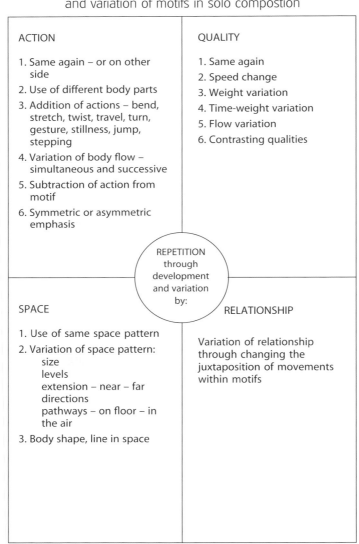

ACTION

1. Same again – or on other side
2. Use of different body parts
3. Addition of actions – bend, stretch, twist, travel, turn, gesture, stillness, jump, stepping
4. Variation of body flow – simultaneous and successive
5. Subtraction of action from motif
6. Symmetric or asymmetric emphasis

QUALITY

1. Same again
2. Speed change
3. Weight variation
4. Time-weight variation
5. Flow variation
6. Contrasting qualities

REPETITION
through
development
and variation
by:

SPACE

1. Use of same space pattern
2. Variation of space pattern:
   size
   levels
   extension – near – far
   directions
   pathways – on floor – in the air
3. Body shape, line in space

RELATIONSHIP

Variation of relationship through changing the juxtaposition of movements within motifs

Types of motif

It is impossible to enumerate the types of motifs that every dance composer is likely to use. Each dance has its own motifs, and each motif has its own characteristics shared by no other. It is possible, however, to generalise to a certain extent in description of motifs in terms of length and content emphasis.

Length of motifs

Some dances use 'positional' motifs. These positions are moved 'into' and 'out of', and act as the landmarks or foundations around which the rest of the dance movement is formed. The motifs, in this instance, are in existence for a short time as momentary positions.

On the other hand, a motif may last for a length of time and could consist of seven or eight movements which create one, two, or even three, movement phrases. It may be that this length of statement is necessary to say one or several things in the dance. It could be presented as a whole, which often happens when the dance is an interpretation of a song or poem. Words in songs or poems are mostly arranged into verse lengths, and the movement can echo this. It is easy for the audience to remember the content because the words in the song or poem become signals for certain parts of the motifs. Very long motifs presented in their entirety without such helpful accompaniment, tend to make it difficult for the onlooker to follow.

Long motifs could be built up piece by piece such as:

```
        movement  1
            "         1  then 2
            "         1   "   2   then 3
            "         1   "   2   "   3    then 4 etc
    or movement  1  then development of 1
            "         2   "           "        "  2
            "   1 and 2 development and variation of both
            "   3 development of 3
            "   1, 2 and 3 development and variation into 4
```

In the final outcome it is only the composer and the dancers who know exactly the length and structure of the motifs which have been used as constructional elements, foundational to the rest of the dance. They need not necessarily be

apparent to the onlooker. Unless there is definite association with the stimulus in defining the duration of each motif, their length should be indistinguishable.

Content emphasis

The nature of the motif may be descriptive in terms of the emphasis it has in content. It is possible to note action, quality or space stresses and to follow these aspects as the motivational forces behind the outcome of the dance.

A dance may be space stressed. For instance, the curved shapes and pathways the dancer makes in the space may be the motifs which the audience would view, rather than the action/quality content. In this case the dancer emphasises the shaping of space through projection into the environment and, if this is successful, the audience will follow these patterns. As a basis for the rest of the dance, the patterns in space then become developed, varied and contrasted into a completed dance form.

The quality content of movement may become the distinguishing feature of the motif. The composer may choose to retain a slow, light and flowing movement quality to establish a quiet feeling and while doing this will use a number of actions. On repeating the quality or developing it, the composer must also concentrate on retaining an identity within the action content. There can be no quality without action. The two cannot really be dissociated, but the slowness, lightness and flowing qualities could be more emphasised than the steps, travels, turns and gestures through which the qualities emerge. The dancer's intention has a great influence on how the audience views the dance. If the dancer concentrates on communication of the quality within the motif, the action content should almost become secondary to it.

An action-based motif is perhaps the easiest to handle. Action motifs can be broken down and put together again, since each piece is identifiable as a separate entity, eg, turn, travel, fall, roll, rise, jump. Actions themselves have inherent meanings and emphasis on the action content can make the quality and space aspects less apparent. Nevertheless, the manner in which each action is performed in terms of quality and its spatial usage is all part of its identity.

Movement is an interrelation of action, quality and space, and no one aspect can exist without the others in the motifs, but one or two can be more emphasised. The dance composer could aim for equal emphasis on all three aspects of the movement content in a motif, and make the movement relate to

an object or person. The first motif establishes the movement emphasis for that part of the dance. It might be rich in content and become clarified and simplified as the dance progresses or conversely, very simple to start with and become richer and more elaborate during the composition.

For most dances the total range of movement content is available to the composer.

The dance design in time

The length of time a movement takes
The composer must be aware that the dance, which exists through time, uses time in a constructive and interesting way. Movement takes time and it is easy to understand that this time can vary in length or duration. The successful composer, therefore, considers the quick, moderate and slow aspects of movement and tries to use them in forming interesting time patterns which are relevant to the idea.

The length of the dance
The time aspect is part of the total rhythm of the dance. This is discussed in more detail in *Methods of construction 4*. It is enough to mention here that the dance composer should be aware that the total length of the dance is vital to the communication of the idea. Dances that are too long lose their impact, and dances that are too short either leave the onlooker surprised and wishing for more, or puzzled at not having had enough to understand the meaning.

The composer should also be aware of the total time picture in relation to the beginning, middle and end of the dance. The beginning may be long, unfolding its content with care, or it may have a vital impact which 'simmers down'. The end may die away gradually into finality or reach a climax after a fairly long middle section. The middle of the dance is too long when the onlooker loses sight of the beginning and does not recognise the end. How the beginning, middle and end share the total duration of the dance is the composer's decision. There are no set criteria for success in this respect. Each dance demands a different length of time.

The dance design in space

The composer must be aware that the dance, which exists in space, uses space in a constructive and interesting way.

First, it should be decided how much space to use, relative to the idea and the space available. Second, a decision should be made about where the front is, if it is not a stage space, or from which angles the dance will be seen to the best advantage. Then there are three further considerations:

1. the dancer's shape in space
2. the pathways created on the floor
3. the pathways created in the air

The dancer's shape in space

The dancer's shape in space creates a visual enhancement of the idea behind the movement. The dancer's *feeling* of shape through the kinesthetic sensation of the movement is a very important aspect of presentation of the dance to an audience.

'Feeling' a static shape can cause a sensation of movement and, unless the composer wishes to use absolute stillness for its own sake, every momentary pause or hesitation which retains body shape should create an illusion of movement. This is done by the dancer's feel of stretch, contraction or rotation continuing on into the space or into, or around the body, and by the dancer's focus. The movement in a body shape either lives or dies and the composer should be aware of each body shape as part of the material content which communicates the idea.

The dancer also makes shapes with the body as it moves and the onlookers see these shape images transmitted as part of the total expression. Therefore, these shapes need to be clearly defined in movement. Extension and control of the dancer's movement in space are technical necessities for success in this respect.

The aesthetic quality of shape in space

The audience might also enjoy the aesthetic qualities the shapes may embody. If this is to be the case the composer must pay attention to the alignment of the dancer in relation to the front. The bodies which face front with the arms and legs

on a forward and backward plane lose their shape and line for the audience. It is vital that the perspective and directional implications of placement in relation to the view are considered. (Photos, 5, 6 below)

5 Wrong alignment

6 Right alignment

The pathways created on the floor and in the air

The pathways the dance creates on the floor and in the air are living parts of the dance. Curved air and floor pathways create different feelings to those which straight air and floor pathways provoke. Most dances have both straight and curved pathways and these can be presented in interesting ways.

The more formal symmetric patterns on the floor may be matched with similar patterns in the air, or vice versa, or, more asymmetric pathways on the floor may be amalgamated with symmetric air pathways or vice versa. To make a symmetric

floor or air pattern the composer would repeat lines or curves on the other side of the body or stage space so that the pattern is evenly distributed. To make an asymmetric floor pattern the composer would not repeat particular lines or curves.

Symmetric floor pathways   Asymmetric floor pathways

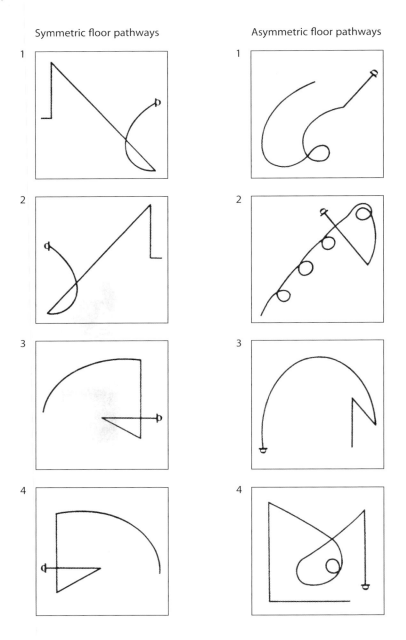

Some composers may actually map out a floor pathway for the dance before composing the movement. This might ensure that the dance makes the fullest use of the space and with interesting patterns. On the other hand, to guide the emergence of floor and air patterns, some composers prefer to create the movement by using their natural space patterning inclinations and the spatial characteristics inherent in movement content. Whichever way it is done, the composer should aim to make the spatial design of the dance visually stimulating.

The use of space is further defined by the spatial characteristics of the movements themselves, their level, size, direction and extension.

Motif in composition

When composing for a soloist, the dance composer makes sure that:

- the idea is established through the movement content which is organised into motifs, developments and variations
- there is enough repetition to confirm the movement images but that repetition is effected in different ways to maintain the onlooker's interest
- the time and space aspects are interesting and varied and enhance the meaning

The initial and succeeding motifs, which emerge through the composer's creative response to the stimulus, act as catalysts for the rest of the dance work. If the motifs are 'right' in content and form, the dance stands a good chance of being successful.

Methods of construction 3
Motif into composition for a group

The group as an expressive element

A group dance can be likened to an orchestra playing of music. Each of the dancers in the group has a vital part to play in the harmonious, living whole.

Numerical considerations

The composer should give careful consideration to the number of dancers needed because everyone must contribute to the interpretation of the idea. There are certain expressive connotations which can be related to numbers. For instance, three people always suggest relationship of 2−1. An uneven number of dancers in the group can suggest the isolation of one to induce some kind of conflict, whereas an even number of dancers can unite harmoniously or suggest symmetry and uniformity. Whatever the intention, the composer should be aware of these inherent connotations, though there can be exceptions. A trio, for example, may well be in harmonious relationship throughout the dance.

Placement and shape of the group

The spatial placing and shape of the group has an effect upon the meaning of the movement. A circle facing inwards suggests unity of purpose excluding all focus from the outside world, whereas the same circle facing outwards, without contact, would imply outer interest and non-unity, or, if contact is made, a combination of inner and outer interest. A line, side by side and square on to the front can mean solidarity and unity, whereas a file has sequential connotations.

Consider, also, the expressive nature of a close mass of dancers as opposed to scattered individuals; a large square group opposed to scattered individuals; a large square group opposed to a small circular group; a circle with one dancer in the centre; a wedge or arrowhead shaped group; a group with a single

individual apart; a group linked by physical contact; two groups of the same size facing each other. There are endless numerical and placement possibilities in group composition but the meaning of the dance is portrayed by its movement content which either supports or negates these natural numerical, placement and shape expressive implications.

Motif, development and variation

Once the composer has established how many dancers to use and how to group and place them, they then have to decide how to orchestrate the movement content for the group. A motif may be established by the whole group in unison which then needs repetition and development so that its meaning becomes clear.

The same possibilities of repetition through development and variation of the motifs exist for the group dance and for the solo (see Table 3 overleaf). Also, an important feature of duo or group composition is the possibility of presenting developments and variations of the movement content at the *same moment in time*. This can be achieved in action, for example, by one person or a small group using the other side of the body, or a different body part, or by some members adding other actions to the motif, such as turn and travel. Developments and variations in action, quality, and use of space by the group can be presented as an interesting orchestration of movement content in time and space in the following ways.

The time aspect

UNISON	CANON
A. same movements	same movements
B. complementary movements	complementary movements
C. contrasting movements	contrasting movements
D. background and foreground movements	background and foreground movements

Table 3

How to achieve repetition of movement content through development and variation of motifs in duo or group composition

ACTION	QUALITY
1. Action by doing the same again in unison or canon	1. Time-speed contrast within the group
2. Action through use of the other side of the body or different body parts	2. Timing-canon-overlapping-sequence
3. Action through addition in action (turn, weight transference, travel, gesture, jump, stillness)	3. Quality variation in time, or weight, or flow, or combination of these factors within the group
4. Action through extraction of action (part of the movement motif against the whole)	
5. Action by changing the body flow (one group successive another simultaneous)	

REPETITION through development and variation of:

SPACE	RELATIONSHIP
1. Design by exact copy or complementing to achieve line repetition, or pathway repetition or shape repetition, or a combination of these	1. Relationship; numerical, placement and group shape variations
2. Space patterning within the group through variation of:	2. Juxtapositioning of movement content with the motif or motifs
size	
level	
direction	
extension	
pathway	

Unison

In unison means that the dance movement takes place at the same time in the group. There are four possibilities of presenting unison (listed on p. 56).

A. Unison: all performing the same movements at the same time. The motif statement is reinforced by sheer multiplicity of number. If there are about twelve dancers, the communication is more forceful than if there are only two or three. This kind of unison is useful at the start of a dance because the audience has only one movement motif to watch and can identify it quickly and, subsequently, follow the intricacies of its development within the group. Also, it may be that the composer uses all the dancers to create the climax. Unison can be made visually interesting by half the group emphasising one side of the body whilst the other half emphasises the other side (unison in opposition).

B. Unison with complementary movements: this implies that movement in the group is occurring at the same time but that parts of the group are not using identical movement. To complement means to *fill out or make more of,* and this, in the context of a group dance, may mean that while one part of the group takes the original basic motif, the other part complements it, and therefore develops it. This can be done by emphasising a different body part or performing on a different level, in a different direction, with a different amount of extension in space, or by slightly changing all the elements of the motif. By this means, the spectator should be able to appreciate simultaneous repetition of the motif which makes visual re-emphasis of the communication.

C. Unison with contrasting movements: this suggests that all movement takes place at the same time yet the smaller groups within the total group are performing contrasted movement patterns. A few dancers may be making slow gentle arm gestures while others are doing fast accented foot patterns. This moment in the composition may introduce a new motif in contrast to the original, while the first is still in view. For dramatic purposes, the differences in the movement of the groups may be highlighted. This last example is quite forceful in presenting opposing material content but it cannot be sustained for long, as it takes a great deal of concentration on the part of the viewer to absorb two simultaneous happenings.

D. Unison with background and foreground: this implies that one part of the group takes on the principal role while the rest of the group moves as a background, subordinate to and supporting the main part. The dancers in the background might constantly repeat an extract of the motif while those in the foreground present the whole motif, or the background might move very slowly to give the effect of a moving backcloth enhancing the main motif.

Canon

In canon means that one part is followed by another in time. The actual amount of time that one part of the group is ahead of the other can be varied. For instance, one group could start a movement phrase and the other group be one moment or several moments behind with the same phrase, or maybe, the phrase is only repeated by the second group after it is completed by the first group. The consecutive groups can come in at any time during, or after the initial phrase.

The following diagram illustrates this point:

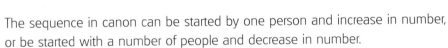

The sequence in canon can be started by one person and increase in number, or be started with a number of people and decrease in number.

Continuous canon gives a sequential effect which may well be a feature of part of a group dance when the dancers take it in turns to do a movement or movement phrase. Single movement canon followed by a phrase canon can add interest to the time aspect of a group dance. Use of canon can be varied as follows (listed on p. 56).

A. Canon with the same movements: the composer may wish to restate the motif by using a small part of the group immediately after the whole group, or they may wish to have a short motif repeated in the round-like fashion by several small groups taking turns. Individual dancers within the group could take turns or overlap while performing the same movement content.

B. Canon with complementary movements: this is known as question and answer, where one part of the group makes a statement and this is followed by

another part of the group making a complementary movement response. The response could overlap or follow the initial statement.

C. Canon with contrasting movements: here the groups take it in turns or overlap with contrasting movement. The composer may wish to establish two groups in turn and use contrasting movement patterns to emphasis their difference.

D. Canon with background and foreground movements: the composer could perhaps establish the background (like a bass introduction to a piece of music) and then bring in the foreground (or melody) during the background movement or immediately after it. The background movement could be used intermittently to punctuate the foreground.

The Time Aspect

The composer should attempt to use as many of these time aspect variations as are relevant to the idea. By such means, they can introduce and repeat the movement content, through development and variation, in unison or canon, in

an interesting way within the group. The composer must consider the design of the total length of the dance and the allocation of time for the beginning, middle and end. *Methods of construction 2* dealt with this aspect. Further discussion on the time design of the overall dance form will continue in *Methods of construction 4*.

The space aspect

Orchestration of group movement in space

The composer must consider the space aspects to achieve a relatedness of the group throughout the dance. Dance is a visual art: if the movement were stopped the relationship of the dancers should be as apparent as a visual picture. The composer is producing pictures which range from being fleeting in nature to moments of stillness. There are numerous momentary pictures in a dance and even though the movement may not be stopped, these could be appreciated for their visual design.

8. Copying in opposition

7. Copying

9, 10 Complementary

11, 12, Contrasting

The visual design of bodies

The visual design satisfies the onlooker if relationship can be seen. Through perception of the designs of individual members of the group, and groups within the group, the viewer sees this relationship through *exact copy, complementary* or *contrasting* designs. Exact copy or complementary relationship is made apparent through repetition of line or shape. Contrast can be achieved by some members of the group taking different lines and shapes. In viewing a group dance, therefore, repetition and/or contrast can be seen to exist in space during each moment of time.

Visual design as meaning

The lines and shape each dancer creates with their body in space and through space can be related to those of other dancers, either copying, complementing or contrasting, and this visual picture creates a momentary image which holds meaning for the audience (photos 7–12). A group of dancers emphasising curved body shapes and creating curved pathways in the air and on the floor gives a feeling of rounded, harmonious melodic relationship. This could be contrasted with another group creating straight, angular body shapes, moving in straight lines, which might give the feeling of an inter-personal, disciplined and regimented relationship. It is repetition or contrast of the lines and shapes, as well as actions, of the dancers which makes a statement clear. Definition of the group shape in space through such means adds to the statement.

Design of the space

The composer not only has to consider the bodily design of the dancers and groups in space but also the design or shaping of the space itself.

Shaping the space is done by: (a) creating distance or space between members of the group, and (b) by virtue of movement through space.

Distance or space between

The whole of the stage space is available to the dance composer. They decide how much of it to use and how to use it in relation to the idea.

As soon as two dancers, or two groups, separate, space is created between them and it becomes a living element of the dance. If the distance between the two groups is too great the composer has destroyed the relevance of the space

between, as the audience cannot see both moving parts. The nature of the space between is made apparent by the movement content and the dancers' focus – whether it is bonding the two groups, creating a void, or has equal pull from both sides.

As discussed at the beginning of this section, the placing of the dancers or groups in relation to each other suggests meaning. This placing also exposes patterns in space, which, within the context of the idea, should be varied as much as possible so that the dance becomes an exciting visual experience for the viewer.

The pathways created by movement

The designs the dance reveals are not only defined by the distance between the dancers and the groups, but movement itself creates spatial pathways. The design which can be visualised by the audience in retrospect is defined by the movement over the floor and in the air. This is temporal spatial design. The composer should endeavour to make it as interesting as possible and keep it a living and inherently expressive part of the total expression.

To conclude

The dance composer who is working with a group, or within a group, should ensure that:

- the idea is established through the movement content which is organised into motifs, developments and variations
- there is enough repetition both in the present and as part of the dance constructed through time; repetition in the present is seen in the design of each dancer or group in relation to the others and in the simultaneous developments and variation of motifs within the group; repetition through time is seen as repetition of design or group shape and/or development and variation of motifs in canon or occurring at a later time in the dance
- the orchestration of the group in time and space is interesting and varied and enhances the meaning behind the dance and makes it a rich visual experience for the onlooker.

1
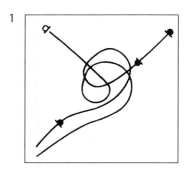

4
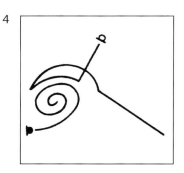

2
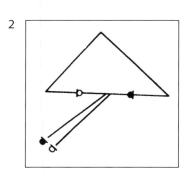

5
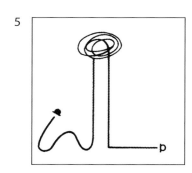

3
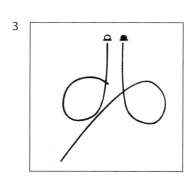

6
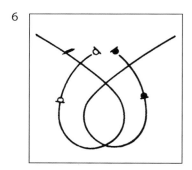

q Dancer A
◀ Dancer B

A sequence of spatial patterns created by movement of two dancers over the floor

Methods of construction 4
The dance form

Design in time

The composer seeking form for the dance should bear in mind that he/she is creating a design in time. This could be called a time picture. Like any picture it is built up of parts. Once the overall meaning is apparent, the parts fit into a shape or *form* which supports them. An analogy to architectural design illustrates this point. Each part of a building must blend into the whole. Even though each can be viewed for itself, it is its relationship with the other parts that gives it meaning. The gables, archways and turrets, for instance, fit into the overall structure defining its shape and style.

Architectural design is static – we can see it all at once. On viewing a dance, however, we can only perceive one piece at a time and we have to put the pieces together in our minds to form a picture of the whole. Since the experience lasts through time, it demands that the dance composer makes the dance pieces by dividing time.

The motif is used as a structural basis for the form. There will nearly always be more than one motif, and different outcomes from each motif must somehow merge into the whole mass with clarity and significance. The motifs themselves create time pictures by the movement which lasts an amount of time, has changing intensities and accents, pauses and stops.

Movements and movement phrases

At the start, the motif has in it a 'word', or a few words, giving a clue to the meaning of the whole. The motif may last in time just as a single 'word' or as a long 'sentence'. If it is the latter it is considered a movement phrase, which has a shape and logical time picture.

The phrase may start with a dynamic, shouting, climactic movement and tail off to a calmer ending, or vice versa, or, build up to an explosive middle part and a calm ending. So the phrase is structured into a rhythmic pattern. The next phrase could take on a different rhythm using the same movement again, but developed, in a different order. Each consecutive phrase makes clearer the idea by re-emphasising the same point, exposing a different view of the same thing, unfolding more content to support the point or even contrasting it by an opposite to give emphasis to the meaning.

Sections

Phrases are usually bound together into sections. A section in a dance may be described as a collection of phrases which are connected – possibly derived from the first phrase which forms the motif, or made up from the inter-relationship of two phrase motifs. A new section would appear with the introduction of new material.

Rhythm and form

Movements, phrases and sections making patterns in time are some aspects of the rhythm of the dance. From this, it follows that every movement has rhythm. The energy which starts the movement, keeps it going and stops it, is given rhythmic shape by application and release of force within its duration of time. The force, or accents, punctuate and divide the time. Going back to the previous examples, a strong quick accent may begin the movement and then it may become slower and less strong to finish in a dying-away manner,

or the build-up could come in the middle of the movement or phrase,

or the end of the movement or phrase may become the most forceful giving a climax to the whole.

Interrelation of the time and weight factors provide the dance composer with a vast range of rhythmic possibilities.

The time picture created in the dance may be symmetrical with the force or accent appearing at regular intervals. This is known as a metric arrangement where the time between the accents is measured out evenly. It can be matched with musical measurements in time, eg, $\frac{4}{4}$. Each metre of time lasts for the same duration, but rhythmic variation can occur within each (see diagrams opposite).

An asymmetric measurement of time is sometimes called breath rhythm. Here the measurements between accents are not even. The movement phrase has its own rhythm, the commas and full stops coming arbitrarily with the natural feeling of the phrase.

Some divisions of time in $\frac{4}{4}$

1 whole note Semibreve	= 4 beats
$^1/_2$ notes Minims	= 2 beats each
$^1/_4$ notes Crotchets	= 1 beat each
$^1/_8$ notes Quavers	= $^1/_2$ beat each
$^1/_{12}$ notes Triple quavers	= $^1/_3$ beats each
$^3/_{16}$ and $^1/_{16}$ notes Dotted quaver-semi-quaver	= $^3/_4$ and $^1/_4$ beat each
$^1/_{16}$ notes Semi-quavers	= $^1/_4$ beat each
$^1/_{32}$ notes Demi-semi-quavers	= $^1/_8$ beat each

Various rhythmic arrangements within the time duration of 4 beats

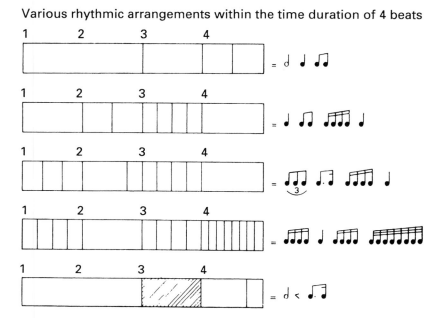

Organisation of the form

The organisation of time and force in relation to each movement (whether it is quick, slow, accelerates, decelerates; has strong or light accents at the beginning, in the middle, or at the end of it; or increases or diminishes in force throughout its duration) and the organisation of these movements into phrases and sections determines the nature of the dance form. The style and quality of each movement motif will perhaps determine contrasting sections or sections which grow one from the other. The composer then has to consider the *ordering of the sections into a form or design in time.*

There are many ways of organising the form, and each dance should have its own unique structure but, because music is often used as accompaniment and dictates the overall form, musical forms have long been recognised frameworks into which dances are classified whether with musical accompaniment or not. These include binary, ternary, rondo, theme and variations, and fugue arrangements.

Binary form

Binary form is commonly used in dance composition. The first section A is contrasted by a new section B, but the two have a common thread which binds one to the other. Each section may have contrasting elements, but there must be something similar in nature too. Perhaps the movement in section A is predominantly slow and gentle and that in section B, fast and strong, but the action patterns or spatial shape may be the same or similar. On the other hand, perhaps it is only the dance idea that binds them together, each section taking a different aspect of the idea, but in this case too, there must be something else that relates them – perhaps the style of movement.

Ternary form

Ternary form A.B.A is a conventional and satisfying form because going back to the beginning rounds it off. Somehow this produces a comfortable and pleasant 'I knew what was going to happen' feeling in the onlooker. The return to section A can be achieved by exact repetition of the initial section, or by reversing, highlighting parts, changing a few elements and changing the order of elements. They must, however, be very similar to the B section forming the contrast.

Rondo form

Rondo form A.B.A.C.A.D.A and so on, provides the composer with a verse and chorus framework which gives room for variation in the verses and development in the choruses. Variation can produce something new each time, but it must still have enough of the original to be considered a related part to the whole. Development can recall the original in many ways without changing the essence. Again, this is a conventional and satisfying form to watch providing it is interesting enough. The onlooker can quickly identify the chorus movement and enjoy its repetition. (It is like enjoying a song chorus.) Through feeling a kinesthetic sympathy with the dancer, the onlooker can join in.

Theme and variations

Theme and variations is a freer, more asymmetric and exciting form. The theme provides the basis for the variations. This is often called a sequential form in that the initial statement is followed by a number of developments or

variations. The initial statement is not made again, and each variation becomes a basis for the next variation. Therefore the dance can finish with movement which is very different from that of the beginning. It is like watching a film when you do not know how it is to end. The composer has a freedom but must pay attention to connectedness throughout. Even if the initial movement phrase is not repeated, something of its nature should linger in the mind of the onlooker so that, on reflection, they appreciate the range of variations which have emerged.

Canon or fugue

Canon or fugue is a composition in which one or two themes, or motifs, are repeated or initiated by successive dancers. These would then be developed in continuous interweaving of parts into a well-defined single structure. Dance studies in groups can usefully employ this form.

Narrative form

Narrative form is not derived from musical form. The word narrative suggests that there is to be a gradual unfolding of a story or idea. The movement content is sequentially arranged into sections, A.B.C.D.E.F.G, etc, and each section is a further exposure of the idea or story.

If the dance conveys a series of images on one idea, the composer has the problem of linking sections so that each naturally flows into the next in a logical sequence. If the dance tells a story (dance-drama) the composer should make the parts adhere very closely. The sections in it should not always be apparent to the onlooker, although the composer may well find it useful to consider it section by section to ensure that there is richness, contrast, and variation in each part of the whole.

To conclude

The above forms appear cut and dried and easy to distinguish from each other. However, many dances are not true to the conventional forms and may be an amalgamation. For example, a dance may start with an A.B.A form shape, and then go on with C.D and back again to A; or may follow the rondo form, but each new section could follow narrative lines whilst the A section remains a chorus.

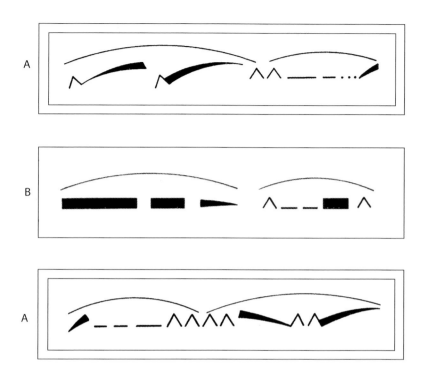

There are numerous possibilities open to the composer in the arrangement of the overall form. The essential thing to remember is that each part of the dance must have relevance to the whole.

It might be useful to think of a dance as having outer and inner rhythmic forms. The inner rhythmic form consists of the time/force shape that each movement, movement phrase and section create, while the outer rhythmic form consists of the shape brought about by the juxtaposition of each section in the dance.

The illustration above shows that each movement has a rhythm, each of the phrases has a different rhythmic structure, and that the overall shape has an A.B.A rhythm – the B section forming a contrast to both As.

Methods of construction 5
Elements of construction

Several elements of construction have already emerged in the discussion on the construction of a dance. It may be useful to convey these in a list so that the reader can select each element and evaluate its constructional purpose in any given dance:

1. the motif(s) (foundation(s) of construction)
2. repetition
3. variation and contrasts
4. climax or highlights
5. proportion and balance
6. transition
7. logical development
8. unity

Each of these elements could be discussed in relation to many forms of art. Each element is related to, and complements, the others. All serve unity which is the overall aim in any art. To achieve unity the other seven elements must be employed.

Motifs

In *Methods of construction 2* and *3*, we have discussed the function of the motifs in composition in some depth. It remains to say that these dominant elements of the composition only emerge as dominant in the light of all the other constructional devices used.

- Without repetition, the motifs would be forgotten.
- Without variation and contrast, repetition of the motifs would be dull if presented ad lib in their original form.

- A dance lacking climax or highlights would seem to have motifs which have no content worth highlighting.
- Without careful proportioning and balancing of the whole work each of the motifs could become almost eliminated or even too dominant.
- Without transitions the motifs would be isolated movement statements. Transitions between movements within the motif and between the motifs are important in defining the phrase and section shaping of the dance.
- Without logical development from motif to motif the theme of the dance would be blurred.

The motifs contain the main ingredients which provide the unifying threads for the whole work. These include the style, qualitative colour, light and shade, line and shape in space, and types of action which motivate the rest of the work.

Repetition

As we have seen, repetition must be recognised as a main device in dance composition. It should be clear that repetition in a dance exists in the form of development and variation of the movement material which is established within each motif. Also that, in the context of dance as an art form, the word repetition has wider interpretations than its normal usage.

Variation and contrasts

These elements of construction differ but complement each other. Variation demands that the content, which has already been established in the dance, is used again in a different way. Contrast demands the introduction of new material either within the original motif during a repetition, or as a variation of the motif. The new material can be another motif of course.

A successful dance should feature both these elements. Variation gives an interesting logical development to the whole providing the necessary means for repetitions of the theme, so that the audience can view it in different ways with growing understanding. Contrasts provide the exciting changes which colour the dance and stand out as points of reference in relation to the total material

content. Contrasts can be effected in many ways, and often – though not always – provide the climaxes or highlights in a dance.

To make a contrast, the composer should consider a change in content but this should not be done for the sake of contrast alone. It must also be relevant to the idea behind the dance. In terms of quality, for example, the slow section could be followed by a fast section, or the predominantly slow section could have a fast movement to break the continuity of slowness. In spatial content predominantly small low level movements could be contrasted by a large high level movement. In action a phrase containing stepping, gesturing and travelling could be contrasted by jumping; a phrase using one side of the body could be contrasted by one movement of the other side; predominantly symmetrical body action could be followed by a sudden change to asymmetric use of the body.

Contrast is not only achieved through sudden changes in content. It is possible to build gradually towards a contrast. Movement might accelerate from slow to quick, show little tension and increase in strength to show a great deal of tension, start low and gradually grow to high level and so on. Contrast emerges if the predominant material of the dance is interrupted or punctuated by fresh or opposing movements. It would seem that the opposite, or near opposite, in content is a requisite feature of contrast.

Climax or highlights

Many people think that a dance should have only one climax, the rest of the content supporting it. In fact, a dance can have many highlights which may or may not be real climaxes too. In retrospect, the moments which are remembered are highlights of the dance and remain of special significance to each particular viewer. In a work of art, no two people view in the same way, and no two people would necessarily agree on the highlight in a dance. If, however, these moments come to fruition in one big climax and this is the intention of the composer, then everyone should see and agree that this is the climax. It depends upon the nature of the dance and the idea whether there is one climax or several climaxes or whether these are merely highlights without the especially noticeable features of a 'super' climax. These latter features may emerge with a sudden attack, or build up slowly to an explosive moment. For example, if the dance has been earthbound and gestural, a sudden series of leaps accompanied by the trunk twisting, bending and

stretching will make a contrast which is also a climax. On the other hand, a climax could be seen as the ultimate development of a motif. In all events, if it is a real climax it should stand out very prominently. Highlights appear like little sparks of interest, and exist through the composer's exposition of artistic, skilled and beautifully conceived movement ideas which stand out as such to the onlooker.

Some of the means by which climaxes or highlights can be achieved in movement are illustrated in Table 4.

Table 4
Some ideas on how climax or highlight might be achieved

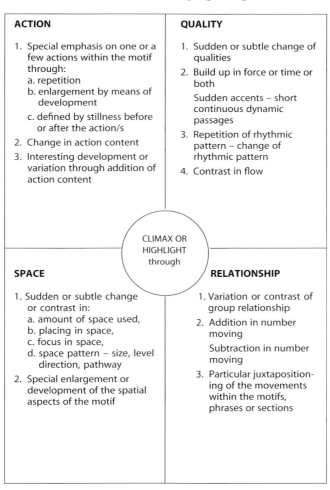

ACTION	QUALITY
1. Special emphasis on one or a few actions within the motif through: a. repetition b. enlargement by means of development c. defined by stillness before or after the action/s 2. Change in action content 3. Interesting development or variation through addition of action content	1. Sudden or subtle change of qualities 2. Build up in force or time or both Sudden accents – short continuous dynamic passages 3. Repetition of rhythmic pattern – change of rhythmic pattern 4. Contrast in flow

CLIMAX OR HIGHLIGHT through

SPACE	RELATIONSHIP
1. Sudden or subtle change or contrast in: a. amount of space used, b. placing in space, c. focus in space, d. space pattern – size, level direction, pathway 2. Special enlargement or development of the spatial aspects of the motif	1. Variation or contrast of group relationship 2. Addition in number moving Subtraction in number moving 3. Particular juxtaposition-ing of the movements within the motifs, phrases or sections

Proportion and balance

These are complementary elements of construction. Proportion refers to the size and magnitude of each part in relation to the whole, and balance refers to the equilibrium of content within each of these proportionate parts and the whole.

The proportion of one part of a dance in relation to its other parts has to be right. Equal proportioning of parts may become too boring. It is all too easy to go on developing for too long with one motif or statement or conversely, make too little of a section of movement content thereby losing its significance through lack of repetition. Each part of a dance should be only as long as is necessary. There is no easy answer for a perfect proportion of parts in any dance. It is an intuitive feeling for 'rightness' that guides the use of this element of construction.

Similar comments can be made in reference to balance. Here the composer must be aware of the balance which exists in the *choice* of movement content within one part of the dance in relation to the choice in another. Within the range of material that the composer deems suitable for the total dance, it is important to consider the proportionate use so that the whole is balanced. A beginning 'packed with delights' and then trailing away to an uninteresting end is unbalanced, whereas a dance which has its contrasts, climaxes or highlights, repetitions and variations in movement content spread out throughout its duration may well be judged as a balanced form and should succeed in sustaining interest. The composer's aim is to achieve equilibrium of parts so that a unity becomes apparent. For example, the gentle flowing parts of the dance should not be made insignificant in relation to the strong dominant parts. The section of the dance performed by a soloist should stand as significant in comparison to the section in which a large group performs. All parts must enhance the idea and be inseparable from the whole.

In a more specific sense, the proportion element of construction could refer to how many dancers are performing and the proportionate divisions within the number. The balance element could refer to where they are in relation to each other and the space. (Some detail on this is included in *Methods of construction 3*.) It is important that proportion of numbers is relevant and enhances the dance idea, and that these must change to keep it an interesting feature. Similarly, the balance and placing of the groups in relation to each other have expressive significance. The arrangement and placing of dancers and props in the stage space are governed by a need for symmetric or asymmetric balancing which is

determined by the composer's treatment of the theme. The composer should also consider the proportionate use of the stage space to give a balanced effect within the environment.

Transition

The composer must use this element of construction to link all the parts and effectively create a whole. Transitions are very important and perhaps the most difficult aspects of the composition.

There are no set ways of making transitions from one part of a dance to another. The composer usually works on these in an intuitive way. Finding an answer to a problem of movement can only be achieved by moving through all the possibilities until it feels and looks right.

Transitions can be very short or quite long. Indeed, a transition from one part to another may be effected by merely *holding still* before moving into the new part. This has the effect of holding on to something for a second or two whilst an impression is formed by the audience before changing the subject. Or, the transition may be made as a *hesitation* between movements or phrases or as anticipation of movement to follow – for example, a lean of the body into a direction before actually travelling on that pathway. Transitions hold parts together by bridging and, therefore, help to create the overall rhythmical framework. The longer transition, lasting perhaps as long as a *phrase*, usually acts as a link between sections.

The subtle transitions from one position to another, and the more obvious transitions from one section of the dance to another, all play an important uniting role. Movement tied to movement should be logical, clear and, above all, appear to be easily performed. Movements of a transition between sections should, perhaps, have a lingering flavour of the preceding section and act as an introductory passage to the succeeding section.

Logical development

Logical development becomes apparent by virtue of repetition, climax, transition, contrast and variety in the dance. When we speak of logical development, we refer to the natural growth of the dance from its beginning to its end. If something

is logical it also has meaning and raison d'être throughout its existence. The beginning of the dance starts a line of thought for the onlooker and from this, ideas shoot off in many directions, while all retain a common thread. The common thread is the basis upon which logical development depends, and is more than just the idea, story or motivational stimulus of the dance. The common thread is initiated through the beginning motif which is a *movement interpretation* of the motivation or idea behind the dance. This movement interpretation has an identity in terms of action, qualities, space and perhaps relationships. The rest of the dance, or a part of the dance, discloses more of this identity through repetition, variation and contrast. The pursuit of form created from the identity of the foundational motifs determines logical development. In this way all the movements appear relevant and part of the growth of the dance. The climaxes are in the right places and have the right kind of initiation to fulfil their purpose. The whole leads perfectly to its end which seems right as an outcome. Not inevitable, but right. In fact the end of a dance is probably the most important part. If the end fails – the dance fails.

To summarise: logical development of the dance ensures unification whereby each part is linked to the common thread through the composer's interpretation of the idea. If the constructional elements of motifs, developments, variations, contrasts, climaxes or highlights, and above all transitions, are successfully employed, then the dance appears to have a logical development which in turn produces unity.

Unity

This is the overall constructional element. The final shape that emerges when the dance is over is realised through unity. To make an analogy: if all the parts fit into the jigsaw puzzle it finally produces a whole picture within its round or square frame. The movement content with its inherent meaning and the way in which the constructional elements have been employed form the pieces of the jigsaw and its overall shape or dance form (eg, ternary form) forms the frame. The pieces knitted together become unified within the frame and also form the frame which produces unity. If even one piece is missing or does not fit then the whole never becomes a whole and unity is lost.

The dance composer must aim for unity. To understand how it is reached in

a dance requires a good deal of experience and artistic awareness, but it can be recognised by laymen and even by children. Somehow a good dance is appreciated as an entity which has meaning and significance beyond the scope of its pieces. A dance which has the quality of unity is likely to be successful.

Methods of construction 6
Style

Understanding the term 'style'

In dance, the terms style and technique can mean the same thing because the word technique often means the content of the idiom, not merely how it is manipulated/presented. Thus we have ballet, jazz, contemporary techniques which produce these particular styles. For some, use of the word genre to describe the idiom or type of dance – ballet, jazz, contemporary – provides a solution since each can be articulated in many stylistic flavours. For example, a contemporary dance might be labelled jazzy in style, balletic or neo-classical, ethnic or as having a particular social dance flavour.

The word technique is also used in most dance contexts when discussing physical skill and, to a dancer, technique means acquiring skill through attending class, exercising the body and practising movements to achieve perfection. The class invariably is taken in a specific technique, ie, to become skilled in ballet one goes to ballet classes. So at class level, the words technique and style often do mean the same thing. Genre is a word which is not in common usage in dance.

It is interesting to study how new techniques, or changes of emphasis in traditional techniques, form particular styles. All choreographers try to invent new styles and even if a traditional style is used, rather than merely rearranging the prescribed content, the choreographer will probably take elements from the traditional style and embrace them within a style more relevant to the choreographer's own time.

Balanchine, as an example of a master classicist, abstracted the pure classical syntax of movement from ballet and developed it into modern-formalism. This term describes a style which has been created through a process of abstraction. From the traditional theatrical spectacle of ballet, Balanchine abstracted the 'bare-bones' austerity of ballet essence. In exploring the essence of ballet, Balanchine

concentrated on the movement itself and particularly concerned himself with the phenomenon of grace. Technique was the means by which his dancers achieved the essential grace which, for Balanchine, was the essence of ballet. His particular ways of moving into and out of ballet positions and his linking of movements created his style. His manipulation of the standardised technical elements of ballet was the outcome of a mixture of experiences – those early in his life in St Petersburg and with the Diaghilev company, those connected with twentieth-century modern expressionist dance styles and those connected with modern art in general and music in particular. Furthermore, the general style of American dancers with its broad, expansive and energetic characteristics similarly influenced his movement repertoire. All these influences, and doubtless others, became absorbed into a coherent Balanchine style.

Balanchine's ballets are prime examples of the changes in emphasis in ballet technique in that legs are extended very high, there is an accent on line and fluency, the torso is used to tip the body into and out of balances and the aspect of body design or shape is an apparent focus throughout his work to generate the quality of grace for its own sake. The style, therefore expresses grace, the technique or content with its emphasis on line, shape, balance, etc., and the choreographic form with an emphasis on order, harmony and a pleasingly unified appearance, create the style of modern-formalism. Modern, because it is a twentieth-century development of a traditional style, and formalism, because it focuses on form and movement for their own sake.

Factors affecting the style of a dance

From the above brief discussion of Balanchine's style, it would appear relevant, in summary, to say that style is culturally and historically defined but, in dance as in other arts, it also has much to do with the technique employed. Martha Graham's work is a clear example of how technique forms the basis of style and expression in dance and how this is formulated out of a need to find ways of expressing in a manner relevant to the time and place in which the art form finds itself.

Martha Graham's technique evolved first as a means of:

> *expressing personal feelings and national identity through*
> *recognisable prototypes of character and movement and the*

abstraction of those feelings to a more cosmic level through the
use of symbol, myth and psychoanalytic exploration.

(Seigel, 1979, pp. 175–6)

This stylised naturalism was typical of the 1930s when Graham first started to choreograph. In a Graham dance people make statements. Most often these are dramatic and powerful. To effect this Graham's theatre dance style is distinguished by its unnaturalness. As Seigel says, 'Graham has always tried to formalise natural impulses, to abstract human feelings into a set expressive language'. This procedure was common in the 1930s when Freudian theory encouraged artists to explore new ways of expressing human feelings. As Jowitt states:

Graham likened herself, at a primitive stage in her development, to
the dancer in a primitive culture . . . She would start from scratch,
concentrating on the pulse of the body, on the rhythmic action of
the foot against the ground, and articulate the head, arms and
hands as her work evolved . . . breath was crucial – not so much
everyday even-rhythmed breathing, but the gasp, the sob, the
slow sigh of relief, and the ways in which these – heightened and
abstracted – could affect the dancer's muscles and skeleton. Her
theory of 'contraction and release' was built on the act of inhaling
and exhaling. The dancer, whether sitting, standing, kneeling or
lying down, caves in as if suddenly hit with a blow to the center
of her body. But 'caves in' is the wrong term if that implies any
relaxation of tension . . . As Graham developed her technique, a
contraction might hit the dancer sideways, make her twist, spiral,
or be spun to the floor. It might attack percussively then deepen
slowly, resonating throughout her body. But always, no matter
how drastic the fall, there is release, a rise, an advance, an
inhalation. The dancer waits – poised, charged – for the next
crisis.   (1988, pp. 164, 166)

Ideas like these created very individual styles of dance movement. Certainly, the Graham technique is idiosyncratic and as demanding and unnatural as classical ballet. However, the style and kind of expression most characteristic of Graham's work seem no longer relevant to today's choreographers so the contemporary techniques used in dance works, though frequently derived from Graham's technique, have changed. It is interesting to note the similarity between ballet and contemporary dance here, in that it is common practice to take Graham classes, learning the Graham specified expressive language and perfecting a whole range of unnatural movement content and yet, in the performance of choreographers' works, never to use these movements in their original form. Hence, we see a definite division between the style of what is taught in technique class and what is required on stage. (It is acknowledged that the body is superbly tuned and prepared for any dance co-ordination by virtue of the practice of Graham technique, but if the term technique refers to content for dance, the actual movement content is no longer relevantly expressive for today's choreographers.) Yet, the style of Graham's work remains, in essence, the hallmark of most of the contemporary theatre dance available to us. The styles of Graham, Cunningham and a few other early modern dance artists have become integrated and generalised to serve the needs of present-day choreographers.

This generalised contemporary dance style includes movements emphasising the use of the torso, feet in parallel, concentration on body design and spatial design, movements of isolated parts of the body as well as the whole, emphasis on the pelvic region and the centre initiating and causing momentum, tension between up and down, floor-work and extensive variations of qualities and phrasing. The dance composer, through study of contemporary dance works on video or preferably in live theatre settings, will absorb the flavour of this generalised contemporary dance style and employ it as a basic stylistic source for their own dances.

Another important feature of the generalised style in mainstream dance choreography is the use of symbolic action embedded in a unified whole. This can be illustrated by reference to Jiri Kylian's work. In his dances based upon ideas the symbols are not literal and referential. The image is abstract and subtle in meaning. But his style of symbolising a theme is also very much integrated with his style of forming a dance and it is this aspect of his choreography which is masterful. One becomes delighted by the build-up, integration and development

of motifs; the inventive way in which they are repeated within intricate patternings; the excitement of choreographic devices, such as canon, perfectly placed to make important moments stay in the mind long after the dance is over; the intricacy, fluency and grace of the couples weaving around, over, through, towards and away from each other creating particularly pleasing spatial and rhythmic nuances. These are some of the ways in which Kylian's personal style becomes evident and some of the reasons why his works also, like Balanchine's, can be labelled as modern-formalism.

There is a recognisable look to Kylian's work as there is to Balanchine's and Graham's. Kylian, like other choreographers, attempts to move away from any such trademark. He said, 'I prefer to think I didn't have a style. I like to change my ways from ballet to ballet, but of course, you cannot avoid your own handwriting' (reported by Anna Kisselgoff writing in the *New York Times,* 1979).

So far then, in the contemporary dance context we have the current generalised dance technique style, the ways in which ideas are presented symbolically with a concentration on stripping away the dramatic literal gesture content to create subtle hints of the idea, and an emphasis on the form aspects of composition, all contributing to the overall style of dances. Added to this list, the following factors also affect style.

Each theme has stylistic properties intrinsic to it. For example, in Bruce's *Berlin Requiem,* 1982, we see the styles of the 1930s' dance forms, characteristic poses and behaviours of the bar-frequenting social group, amalgamated with some movement characteristics of the films of the period. To embody the expression, these stylistic aspects of the theme are inextricably interwoven with a contemporary dance style and approaches to choreography as listed above. But, since Bruce has done the amalgamating and weaving of the parts into a unified whole, the result carries a powerful Bruce signature.

Hence, it appears that the style and expression of a dance work are likely to emerge as a compound of several elements, each of which has boundaries. The technique and kind (genre) of dance set one boundary. Added to these we have the personal style of the choreographer pervading the work. This comes over as a personal interpretation and way of using the technique, together with a personal interpretation of the idea and the conventions and meanings associated with it. So, we have the possibility of style within style, within style.

Yet another stylistic boundary derives from the current views on dance as a

theatre art and the choreographer's attitude towards these. Clearly, both Bruce and Kylian are what might be labelled 'mainstream' choreographers – they use highly skilled dancers, they generally have themes to dance about, they create symbols abstracting the essence of the idea. Kylian concentrates on sheer dance quality, the theme being instrumental to this, while Bruce gives greater emphasis to the emotional impact of the theme. But both aim for unity of form. They present the dance works so that the audiences can enjoy the intrinsic qualities of good dancing, line, shape, pattern, dynamic contrasts, etc. Kylian emphasises formalism and the physical side of it, Bruce emphasises expressionism, but clearly both adhere to the mainstream view of dance.

Contrary to this, we have the post-modern or 'new dance' exponents who have formulated different views of dance as art. Here, the outcome is dependent upon how they see dance: as unconnected or fragmented movements in time and space; as mathematically organised movement in time and space; as natural everyday action for its own sake; as a spontaneous response to commands or improvised movement of others; as informed happenings; as exposure of social behaviours through realistic physical contact and body language which might otherwise be confined to private relationships (eg, the DV8 Physical Theatre). However, these are not the only characteristics which result in these choreographers being collectively called post-moderns. In addition, they share characteristics such as the manner of working choreographically – by experimentation with little concern for rules or conventions – and the movement content – mostly natural, relaxed and showing little concern for shape, placement or focus in space and technically complex patterns of movement. These are some of the distinguishing features of the post-modern style/genre. Further in-depth discussion of post-modern/new dance can be found in *Methods of construction 8.*

How to stylise a dance

It is obvious, then, that the complexity of the concept of style demands that a composer understands what is involved in stylising a dance and that it cannot be left to chance if the dance is going to make an impact and to stand the test of time. While these might appear grandiose ideals for a student composer, it is always necessary to aim for originality if the created dance is to be valued.

Copying the style of a known choreographer can be a useful learning process but ultimately, even if a dance is composed 'in the style of . . . ', it should bear the distinctive signature of the composer. No two people have exactly the same backgrounds, even if trained at the same time and in the same place they will perceive things differently because of their own different experiences. Moreover, interpretation of themes, use of techniques in movement and compositional form will vary from person to person. This is what is so special about art – each person's work is distinctive. Style is one of the features which makes for this distinction but it is also influenced by the cultural and artistic practices of particular times and places. It is the understanding of these practices that the student composer needs to develop so that the dances composed achieve both artistic relevance and originality.

The range and complexity of expression in dance today demand a complex mixing of tried and tested techniques and styles, and a constant search for new ones. For example, a theme may require a social/contemporary dance style such as Twyla Tharp's *Sinatra Suite* (1977), a neo-classical style such as Jiri Kylian's *Sinfonietta* (1979), a physical theatre/contact improvisation style such as DV8's *Dead Dreams of Monochrome Men* (1988), an ethnically influenced style such as Christopher Bruce's *Ghost Dances* (1981). Whatever the theme the composer needs to research all aspects of its time/place, ie, the cultural characteristics, and search for the most appropriate technique/content and choreographic approach to express it. To do this it might be helpful to study ways in which the theme has been expressed before, if it has, so that the composer's choice of style is informed.

An ability to make such decisions implies a vast knowledge of techniques and styles and, of course, student composers do not often have more than one technique in their repertoire with its intrinsic style, be it ballet, contemporary or jazz, for example. In education, there is insufficient time to train young dancers to achieve mastery of skill in even one technique and it would be wrong to do this anyway because it immediately limits the style and kinds of expression to those which that particular technique can articulate. All techniques have such limitations.

It would seem that, in an ideal world, pupils in school and college should come to understand the significant differences in expression in a number of tried and tested techniques and styles so that they may selectively employ the right combinations of these in their own creative endeavours. Resource-based

teaching/learning, the subject of the Sections 4 and 5 in this book, is in my view the best way forward. A study of current and past repertoire of dance art works in the composer's own culture and outside it, too, has to be the means towards the end of developing an understanding of style and how to stylise a dance. This is how musicians learn about style – through listening to, studying and playing renowned pieces. Dance composers also need to work in this way – watch, study and perform snippets from dance works choreographed by professionals.

Methods of construction 7
Improvisation in the process of composition

Meaning of terms – improvisation and exploration

First, it is important to discuss the meaning of the term improvisation and its relationship with the term exploration which is used frequently in this book. The latter is defined as a systematic investigation, examination, study, search with a view to making specific discoveries and learning about something. Improvisation, however, is defined here as invention without preparation, to execute spontaneously in an impromptu or unforeseen way.

It would seem, however, that the dance community uses the term improvisation to cover the range of activity encapsulated in both these definitions. Mackrell (1992) in describing Butcher's *Landings* (1976), for example, states that:

> *A lot of the movement was improvised in performance, though the structure of the piece was very carefully set.*   (p. 71)

Within the confines of the above definition, it might not be appropriate to describe this as true improvisation because the performer cannot respond entirely spontaneously; freedom is limited within a tightly structured piece.

Improvisation true to the definition above has been ascribed to the work of the X6 Collective by Jordan (1992):

> *A strand of quiet, 'spiritual' work was made for a single showing . . . perhaps . . . as an opposition to the accreditable, repeatable*

products associated with establishment dance. Improvisation
could be seen as directly oppositional in this sense. Here, in some
cases, pleasure for the audience lay primarily in following the
process of a performer's spontaneous response to the situation.

(p. 74)

Although, in comparison with the former, the latter example fits the definition of improvisation well, the term improvisation is used, in practice, in both and perhaps quite rightly so. After all, jazz musicians improvise when they create numerous variations on the original musical theme in their breaks and the original constitutes tight structure.

The term exploration is clearly not appropriate here or in Mackrell's discussion of Butcher's work because the improvised actions are occurring in performance, in real time, when it is not appropriate to undertake a systematic search. Rather the dancer/musician lets imagination and spontaneity of response to the given structure take off in impromptu, unforeseen ways. The immediacy of performance makes a difference here. Conversely, one does not say that a visual artist is improvising with representation. The term exploration is fully appropriate in this case as it may be in the other non-temporal arts where there is time to consider and to explore different ideas before selection. But we are discussing the process here, not the product.

In this process, of course, the choreographer, playwright or music composer explores and selects in this way to arrive at a final product. In the context of dance composition, Section 1 of this book focused on *exploration* as systematic searching for movement material with consideration of the possible implicit meanings. It is difficult to say exactly when the process of exploration becomes improvisation because exploration of an idea or range of movements is often effected *through* improvisation to examine the potential, to try out and feel practically, what is right.

However, the Mackrell and Jordan quotations above were not focused on the process of composing but on the products or dance compositions themselves. Clearly, improvisation occurs both in the process and in some products, and it varies from being an open, free, spontaneous response in movement to a more limited, framed and yet individual interpretation within a given structure. Hence, a broader definition of the term improvisation is needed in a dance context.

In Section 2, *Methods of construction 1*, such a broader definition was introduced in that the concept is described as 'varying between free and limited improvisation'. Here improvisation was discussed as a starting strategy in composition and ideas were offered on how movement might be selected from improvisation to structure the initial motif(s) for the dance. It was also proposed that this selection might be guided by feeling (intuition), or by a process of objective evaluation through application of knowledge of the craft of composition. This consideration of improvisation led to the beginnings of composition (see page 37). However, improvisation is an ongoing process throughout the act of composing a dance.

This chapter therefore develops the concepts introduced earlier and then discusses possible roles for improvisation in the process of composition.

Free and limited improvisation

The concepts of abandonment, of loss of directed thought, of free-flight imaginative indulgence are conjured up when one thinks of free and sponta-neous improvisation. It seems to emerge from the sub-conscious levels, from a kind of trance-like immersion in feeling. Movement seems unstructured, open and uninhibited. Such improvisations produce new/fresh movements or treatments of themes. Yet like flights of fancy when half awake, it is not easy to recapture or remember the outcomes of free improvisations for composition purposes.

As soon as directed conscious thought comes into play, the improvisation becomes less free. Maybe this occurs most of the time in that compositions usually emerge from researched ideas for dances with perhaps some of the parameters clarified such as the accompanying music, the style, the storyline. Whatever is already in place, the structure has begun to take shape and improvisation is undertaken with some ideas, even if vague, as to what is appropriate for the dance.

So perhaps there is not so much an either/or about improvisation for dance composition – either free or limited – but that ninety-five per cent falls into the category of limited improvisation and that the degrees of limitation vary from very little to a great deal.

On the other hand, all composers should experience improvisation towards

the free end of the continuum and the accompanying sense of immersion in some way. Even if guided only by music (which of course puts limitation on it), the enriching effect of such liberation and lack of restraint will, in my view, have beneficial effects upon subsequent compositions, perhaps after a fair amount of time. Such experiences, often full of feeling, somehow feed intuition and provide movement answers to problems in what might be described as insightful moments. This might be a flawed argument philosophically, but my experience has shown that some very original ideas come to the surface in free improvisation and they are not always lost in the memory's sub-conscious. A sensation or association of feeling with a certain movement idea can create clues as to the original improvised actions and, after work has been done on them, they might become realised and set into the composition. This might be described as moving from feeling to knowing – from spontaneity to discriminating selection. Hence, students should attempt to engage in free improvisation from time to time if only as a means of permitting imagination to fly and the unexpected movement to emerge. Some ways of experiencing this might be as follows.

a. Concentration on imagined feelings, emotions or situations as the starting points for improvisation might be achieved if the students start by lying on the floor relaxed with eyes closed, and the teacher tells a story, full of potential movement responses. Students should allow the images to form and flow freely in their minds while the teacher takes them deeply into the feelings. In empathy with the feelings, the images will be movement based because the story has been especially selected to evoke movement responses. The latter, however, should be achieved only by concentration on the feelings. There can be no suggestions about the movement outcomes since these should emerge without constraints on the students.

Students might listen to a passage of text about a political prisoner's ordeals and feelings during imprisonment (eg, John McCarthy's). They should be invited to move when they feel inclined to or hold a still position in relation to their feelings about the story. The students will be led to concentrate fully on McCarthy's feeling of weight on his body with the ceilings and walls closing down and in on him, of fearful claustrophobia and sheer helplessness when gagged in a sack in the boot of a car – like a small baby, totally dependent on others to serve his needs. The story might continue with McCarthy's feeling of false joy

when released from the confined car boot and the taped gagging, only to be thrown into a bare concrete cell. Throughout the story students should be focusing inwards and, when they move, the truth in their feelings should be apparent. If this is not the case, free improvisation has not occurred.

The next step might be to recall and develop some of the movement responses effected during the free improvisation and build ideas from these. This then shifts from free into limited improvisation.

b. It could be argued that the above is not really free improvisation since the story limits the outcome. Perhaps the only way of getting into truly free improvisation is just to move in silence. This is not easy in a class since the students are bound to affect and infect each other as they move. However, a more experienced dance composer can beneficially work alone in this way. At first, no doubt, the same old movements will emerge but given time, patience and some taking of risks, new variations or combinations of these will develop too. It might be likened to a purging of oneself of old and clichéd vocabulary until something fresh and different becomes evident. From these movements, which could be described as distantly related to the composer's vocabulary, there might be a few totally new movement ideas. Given a creative composer, these ideas may spark off yet more new movements.

The teacher can play an important role in the process of using such improvisations as a basis for composition. An observed 'lovely moment there – try to remember it, Michael' and similar encouraging comments addressing different members of the group might help students to note the imaginative, fleeting moments.

The next step might be to recall, then link these movements to emotions or ideas to find expressive potential. This association will probably drive the improvisation forward in a more structured way by virtue of limitations imposed by the idea. Even if there is no associated feeling or idea, the abstract movement content emerging from the free improvisation will put boundaries on subsequent movement ideas. The range of associations needs somehow to be explored before the movement idea is abandoned.

Rather than sacrificing this free improvisation for a more limited form which is bound to occur in any one on-going session, it might be wise to leave gaps of time between free improvisations so that a freshness of approach in producing

new movements is achieved each time. Whatever the process here, new movement content should be the outcome and this points to the real value of free improvisation for all dance composers.

Limited improvisation, as stated above, is the more usual approach in dance composition. Here, in my view, creativity can be greater than in a free improvisation situation because, with boundaries defined, there seems to be more depth to penetrate. This brings to mind the old maxim that total freedom is no freedom at all, but it also suggests that such a view is contradictory in the light of the above discussion on the value of free improvisation. Perhaps it is a matter of experience. Beginner dancers and composers may feel very inhibited by a total freedom and will often not be able to move at all, whereas more experienced dancers at least have learned vocabularies of dance movement from which to start. On the other hand, a clean slate or lack of preconceived ideas can permit more freedom. It is difficult to be certain as to the benefits of extreme freedom for beginner dance composers since some can let go without inhibition and produce very fresh, interesting movements untied to any techniques, whilst others cannot get through a self-conscious barrier. Perhaps the teacher in this case should open up opportunities for free improvisation but be ready to put limitations in place should the students seem lost as to what to do.

Beginner composers can learn how to improvise and therefore gain confidence if they are set strict limitations. An example of this might be as follows, but it is interesting to note that the act of improvising is described as exploring.

Exploration of individual actions – sway, sweep, swing, pull, toss, swirl, rock, knock, fall and roll, and qualities such as accelerate, decelerate, accent, freely go, suddenly stop – could lead to the making of phrases using 'commas' and 'full stops' to depict images of gusts of wind at various strengths. Each exploration requires improvisation so new and various ways of throwing, for example, are experienced.

The improvisation at first is restricted only by interpretation of each movement concept. In my experience, it is wise to keep students unaware of the dance outcome (the gusts of wind) or they may limit their responses to their preconceptions of how, in this case, the wind might be depicted. Improvisation becomes restricted as soon as this idea is presented but the already identified action and qualitative content in the above example should be free of clichéd associations and will be much broader and perhaps more original than it would have been if the wind image were to be imparted from the outset.

A development of this improvisation task could lead to the exploration of the use of the above concepts in partner relationships and then further partner movements could be explored and improvised by one of the pair manipulating the other in movements such as pulling, pushing, wrapping, leaning over/on. A duo expressing movement of the wind could result from such structured improvisations.

An extension of this work could result in adaptations made to the wind duo so that selected movements from it are developed and varied for a different but related expressive purpose. In this context, students could be given alternative themes to choose from, such as an argument, parent/child relationship or war. With a number of choices in accompaniment such as poetry, music and sound effects, students will need to improvise various extensions and adaptations of their ready-made motifs to find appropriate and original content for their compositions.

This method of guiding improvisation towards a rich and interesting outcome might well serve as an approach in the choreographic process of individual choreographers. In this case, as with the teacher cited above, the composer could lead dancers into improvisations having brainstormed ways in which the theme of conflict might be explored. The method of identifying analogous situations such as the wind or stormy weather will often work well to produce imaginative improvised movement responses which can then be manipulated by the composer.

The above example begins as a tightly limited improvisation in that each movement concept sets a very restricted boundary. It then opens up to allow the students greater imaginative freedom in responding to the ideas of wind and relationship conflicts respectively. Clearly, the role of improvisation in the exploratory processes of composition is important from start to finish.

Improvisation in framework compositions

This methodology in dance composition is presented as a teaching device in *The Art of Dance in Education* (1994, 2002) but it is also a very appropriate method for composers who wish to employ their dancers as creative contributors to dance works. Indeed some professional choreographers use this method exclusively. The central concept here is reiterated as follows:

> *a dance framework is a composed structure for a dance denoting what kind of movement [will be featured] in each section, the order of the sections and how these relate to make a whole dance. The [dancers] fill in the detail of the movement content in their own way. . . . A well-made . . . dance framework has a clear beginning, middle and end, contains variety and contrast, develops logically and achieves coherence of form.*
>
> (Smith-Autard, 2002, pp. 72–3)

Here the composer has interpreted the theme and has an imagined dance in mind. The dance movements will derive from *framework tasks* given to the dancers and these will provoke improvisation limited to the composer's interpretation of the theme. For example, a duo about changing relationships over time might be structured as follows:

Section 1	meeting and participating in youthful innocent, playfulness
Section 2	becoming dependent on each other and developing a close loving relationship
Section 3	in separation by distance growing away from each other in lifestyle, thoughts and feelings
Section 4	together again but in conflict
Section 5	resolution – parting or not?

Each of the above sections would be imagined and worked on by the composer so that an *outline* of dance content could be used as framework tasks. This might be achieved on paper or through the composer physically improvising and trying out ideas to discern the movement concepts to be presented to the dancers. For the beginning of Section 1 for example, the dancers could be led into exploration of travelling actions to meet, hold momentarily and let go in a variety of ways depicting a playful mood. The dancers would improvise within the limitations set and in this way provide the composer with live and moving explorations of the movements to depict the idea. From these explorations the composer would select and subsequently set the content for this part of the dance.

The dance framework, therefore, becomes the outer structure within which there are many inner structures (framework tasks). The dancers could be contributors to all or parts of the structures making up the dance. Indeed, they may contribute to the devising process of the overall dance framework as well as to the parts as described above. Here at the outset, when brainstorming and discussing an idea for a dance, improvisation of content can occur in an imagined form. In whatever way the dancers are engaged in the process of composing the dance, improvisation and exploration, either physically or mentally, are the means to the end.

As indicated above, creating a dance framework means setting a range of exploratory improvisation tasks. A teacher of beginner composers could use this method to help the students learn how to improvise within limitations as exemplified above. However, in my view, it is most helpful to all composers to learn the methodology itself. Understanding what a framework composition is can be likened to understanding how to plan an essay or storyboard a film. To identify a structure for the dance overall and the elements within it helps to clarify how students could structure their own improvisation tasks. This activity could be undertaken in collaboration with other student dancers or alone.

A dance framework, then, defines the boundaries for improvisation. How to use the improvisation that results from the response to a framework task is considered below.

Guiding improvisation visually

This method of structuring improvisation for composition either from 'inside' or 'outside' the piece, is often employed in group choreography.

In the first instance, the dancers might work collectively. This could possibly be categorised as free, spontaneous and unlimited improvisation in that each individual does not know what the others are going to do and therefore has to react instantaneously. Like a conversation in movement, limitations are apparent of course, because responses depend upon what is 'said' first and a logical picking up of ideas between dancers will occur. However, as in conversations, there can always be a complete change of topic or idea. Dancers engaged in group improvisation often find new, inspiring departures from their own movement responses when they are forced to do so by the way in which others

move. This will not occur, however, if the group is always working together. Hence the wisdom of seeking and adding new people for group improvisation experiences.

Improvisation in a group is generally guided visually by how dancers respond to what they perceive in others' movements. But just which aspects are picked up on is entirely the responding dancer's decision. It may be the type of action and speed or rhythm of the movement, its pathway and direction or the force and dynamic qualities. One or more of these elements could be replicated, extended and developed in the response or used as a basis for contrast to present an opposing point of view.

Sometimes, however, and especially in contact improvisation contexts, the improvisation is guided not so much visually but by touch or bodily contact between dancers. Here, letting the movement come in the giving and taking of weight, in being manipulated and manipulating others in relaxed but controlled situations in which the lead shifts from one person to another without verbal communication, can lead to some very interesting duo and group movement ideas.

Such improvisations may also be guided and inspired by a composer standing 'outside' the group. Many professional choreographers work this way. Here, the composer has a visual moving canvas on which different directions for the choreography can be traced, even if it has been predesigned into a framework composition. Here the composer will have set the task and so the constraints or limitations on the dancers will be defined. The composer viewing the ongoing improvisation can either mentally register what is going on or verbally comment on it. The latter might be in the form of requests to the dancers to repeat or extend the movement ideas or suggestions of alternative ideas to push the improvisation forwards in different ways.

Whether composing from the 'inside' or 'outside' of the dance, the next step, of course, is to recall, select and establish movement ideas for the composition from the improvisation. The dancers may be required to recall some of the most significant moments for them, or the composer will indicate which aspects they should work on. Another way of working is to use video to capture the creative moments.

A great advantage in working from the outside is the fact that *relationships* between the dancers can be seen and moments of, for example, complementary,

contrasting or overlapping canon in movement, could be identified and refined for the composition.

Guiding improvisation visually, even for a soloist by use of mirrors or a video, can be a very exciting and dynamic event. However, it is very unlikely that composition will emerge unless some ideas have been structured or discussed beforehand. Group improvisation might well be beneficial for its own sake, but when it is used as a means to a composed dance, there should be guidelines to determine the ways in which the outcomes will be used or adapted for the composition or discarded. Framework compositions, discussed earlier, may well prove to be most useful guidelines in this regard.

Improvisation as process in composition

Most of the above text has been concerned with improvisation in the context of the preliminary exploratory work or search for starting points which might initiate composition. The diagram at the end of *Methods of construction 1*, however, indicates that improvisation is likely to have a role throughout the composing of a dance. Perhaps it is in this context that it is more appropriate to use the term exploration to describe the process of manipulating and adapting the already selected movements to create further material by making developments, variations and/or contrasting passages. The definition of exploration offered at the beginning of this chapter suggests that this is a wholly intellectual process. In my view, this is not the case.

Exploring a range of possible outcomes from a given set of movements requires imaginative, intuitive 'letting go' in improvisation to achieve a richness and originality of outcome. Somehow the composer has to 'get inside' and absorb fully the part of the dance already made and then allow subsequent movements to relate to the original through an intuitive sense of developing form. This is why composers often repeat the first section or the part of the dance already composed to produce some new ideas for the next part. A feel for logical progression and relatedness of the new to the old will often emerge through this process.

Exploration through improvisation probably occurs throughout the process of composing. It is the means of driving the composition into new directions and the composer may find moments of insight to produce original progressions in the developing dance.

The role of evaluation in improvisation

From the above it is clear that improvisation can be about taking risks, abandoning rules and guidelines to arrive at free and unrestricted responses. Nonetheless, however unrestrained it is, if it is to be used in any way for composition purposes, there is always an element of evaluation taking place. This will lead to decisions to select particular movements from the improvisations which seem appropriate to the idea for the dance and a discarding of those that do not. The selection and adaptation of movements is reached through evaluation of the appropriateness and originality they are judged to have in the context of the composition and original motivations for the dance. In this way, evaluation acts as a moderating, guiding influence on the improvisation, providing a means of achieving an overall holding form.

It is difficult for young and inexperienced composers to find a balance between 'letting go' and 'holding on' to the rules or guidelines of the discipline of dance composition. The process of evaluation at first requires objective application of knowledge of principles of form, for example, so that understanding of the concepts is developed. Hence, much of the evaluation of improvisation is likely to take place as a class activity where discussion of the relevance of improvised outcomes can lead to knowledge and understanding of the criteria governing emerging forms. To learn how to view and evaluate the improvisation of others is extremely valuable. Here, the teacher can help by reminding students of the task and the idea for the dance on the one hand and compositional principles previously studied on the other. Guiding the viewer's perceptions through questions on worksheets which require written responses might be a way of developing reflective evaluations. But it would probably be necessary to video the improvisation for this activity since beginner students will remember very little from one improvisation. To repeat it physically is self-defeating, of course.

Sometimes, however, the evaluative responses should be verbal and immediate both from the performers and viewers. Little moments of imaginative improvisation may otherwise be lost in the process of too much thinking (especially if they have not been captured on video). Immediate responses are likely to be derived more from feeling the sensations of moving or from viewing the movements of others or oneself with the aid of a mirror; they can often lead to observation and evaluation of fresh and inspired moments.

More experienced composers will probably evaluate the improvisations

through informed intuitive responses – sensing or feeling what is right. Whether experienced or not, however, they should not underestimate the importance of evaluating improvisation for the purpose of composition. Hence, the more improvisation experienced and the more professional dance seen, the greater the knowledge gained to inform evaluation. A gradual shift from objectively applied knowledge to a more intuitive guiding of evaluation will take place as experience grows.

To conclude

This chapter has discussed in detail some approaches to improvisation because of its importance in a comprehensive course in dance composition. It is placed here at the end of Section 2 as a corollary because, as made clear above, improvisation as a process towards composition requires evaluation and this is informed through the practice of composition and learning about its underpinning principles and conventions.

Although improvisation can be experienced as a process in its own right, this chapter has, for obvious reasons, placed emphasis on its role in composition. Improvisation, however, became more significant in late twentieth-century new or experimental dance contexts and continues to be a modus operandi in the new millennium. Some of these contexts and ways in which improvisation features, are discussed in the following chapter.

Methods of construction 8
Alternative and experimental approaches in dance composition

The purpose of this chapter is not to expose the theories or histories behind the various forms of new or post-modern dance. Rather, it concentrates on three defining and distinctive characteristics distilled from the study of a range of professional examples and demonstrates how student dance composers can employ some of the variations within them to extend and vary their own composition techniques.

Meaning of terms

Attempts to define the meaning of the terms used to label alternative and experimental approaches to dance composition are fraught with difficulty. In the professional world of dance, these approaches allegedly began in the 1960s at the Judson Memorial Church in New York (Jordan, 1992). The label post-modern was used at this time by the dance practitioners themselves, and it has been confirmed by writers such as Sally Banes in *Terpsichore in Sneakers*, first published in 1980 with a second edition in 1987. In Britain, the term new dance has been coined for the experimental practice extending from the early 1960s to the present day. So both labels seem to be appropriate in describing alternative and experimental work which takes different directions in relation to mainstream modern or contemporary dance. There is no single approach and no one set of ideas. Rather, as Mackrell (1992) states in the context of British new dance:

> It is a revolution which has been partly about choreographic
> experiment and partly about altering the way people think about
> dance . . . It is a movement which has been fuelled by political

and artistic ideas, all of which have helped to shape the dance
scene as we know it today. (p. 1)

Clearly, experimentation is one factor common to the various approaches. However, reflection on reading in this area, numerous viewings and practical engagement in such diversity, lead to a classification and characterisation of such practices under three headings:

1. alternative movement contents and eclectic trends
2. different themes and readings of the themes
3. alternative and experimental approaches to dance composition

The means towards these ends are generally experimental in that exponents consciously break 'rules' of past practices and develop new 'vocabularies', 'rules' or 'methods' which characterise their work. Since these dance makers usually work as individuals, there are as many variations of practice as practitioners. Hence the difficulty of marshalling such idiosyncratic approaches under one label.

Alternative movement contents and eclectic trends

Alternative to what? might be the first question the reader asks. Throughout this book there has been an underlying assumption that dance composition students should not be restricted in the choice of content to one or even two pre-formulated dance techniques such as ballet, Graham or Cunningham. Indeed, Section 1 of this book advised that students should become knowledgeable about an open framework within which they might explore and discover movement content for themselves. The framework proposed was synthesised by Laban having studied natural movement in different contexts. Although the creative approach allied to Laban's principles has been superseded by the 'art of dance' approach (see Smith-Autard, 1994, 2002), thirty four years on from the first publication of this book, it is maintained that the principles outlined by Laban and summarised on page 19 in this book, are still valid frames of reference for students in creative invention of their own dance contents.

Conversely, learning how to stylise movement content through an

understanding of particular techniques such as those of Graham, Hawkins and Humphrey, or ballet, jazz and social dance forms, also constitutes an important part of the discipline of dance composition. Hence the discussion in *Methods of construction 6*.

Clearly then, both the creative open framework and technique-based approach, should be experienced in building up a vocabulary of movement for dance content. (This is proposed and discussed further in Smith-Autard, 1994, 2002, pp. 18–23).

In both that and this book, however, there is an emphasis on learning from professional art works and it is through the study of new or post-modern dance exponents of the last fifty or so years, that we see the emergence of a whole range of new dance contents which are gradually replacing or merging with the older, established and conventional techniques. It is this new range of contents emerging from experimental approaches to movement for dance composition that is the focus here.

One of these new vocabularies, becoming increasingly dominant in contemporary dance today, even in more mainstream choreography, is Contact Improvisation. This is supported by Matheson (1992) who claims that:

> *Paxton – a former Cunningham dancer . . . was instrumental in the creation of Contact Improvisation in 1972. This duet form, with its roots in a variety of disciplines including wrestling and martial arts has a worldwide network of participants . . . Many young choreographers have incorporated the principles, vocabulary and partnering techniques of Contact Improvisation into their dances.*
>
> (pp. 217–8)

Contact Improvisation, as the name implies, is improvisation, mostly in duo form (though larger numbers can engage in it when experienced) to create close contact movement 'conversations'. Movements such as leaning on, rolling over, lifting, pushing, pulling, balancing on, wrapping round, tipping or throwing off and catching are employed in a variety of relationship contexts. The partners initiate or follow each other's movements; this produces a fluid, ongoing movement improvisation.

The movements can be violent and aggressive or gentle and caring. Whatever

the expression, there has to be a relaxed giving into and taking of each other's weight so the focus is inward rather than directed at an audience and the movement is natural rather than extended. Moreover, in moving around, under, through, over, in close, away from each other and fluently going with the momentum, there is likely to be much change of direction and bodily shaping of the pair and very little concern for line or sense of front. Hence the 'rules' governing conventional presentation are not important any more and new principles emerge to guide evaluation of such improvisations.

The originating motivation for this technique – free and spontaneous improvisation of bodily contact movements – has sometimes been superseded by choreographers' use of it in conventional theatre settings in set dance works often accompanied by music or words. This puts new movement content into a more conventional context and removes the element of risk involved in improvisation. It also, perhaps, puts restrictions on performance of the duos in that the dancers, to some extent, will re-orientate their movements in alignment to an audience. Nonetheless, in order that the vocabulary is not changed or undermined, the inward focus of the duo has to remain intact. The performers cannot project focus out to the audience whilst engaged in various lifting, rolling, leaning movements – their concentration has to be on and with each other.

Dance composition students have found this technique to be an accessible and almost indispensable vocabulary of movement in expressing some of today's issues – but more on this later. The essential effect of Contact Improvisation has been a freeing up and extending of the ways in which two people can relate in terms of movement. We now see a much greater variety of lifts, women lifting women or men and vice versa, of falls and rolls. An eclectic mix of natural movement, martial arts, wrestling and tumbling actions – which inspired Paxton's Contact Improvisation – and an increasing range of content emanating from its use and development by various choreographers have created an extensive new dance vocabulary for dance composition. Frequently combined with release techniques, the weighted, relaxed feel and look of the movement content provides students with a new domain in which they can experiment to find their own particular ways of using it. The previous chapter presented an example context for such experimentation where students were set the task of adapting some of the throwing, pulling, pushing, lifting, etc., movements experienced in improvisation based on images of wind to express human conflict.

Experimentation with various Contact Improvisation movements would extend the partner relationship possibilities and add richness to the range of movements used in contact.

An alternative shift away from rigid and conventional dance techniques has frequently led choreographers to revert to basic and everyday movement as content for composition. David Gordon was one of the leading exponents in this. His dancers of the 1960s had ordinary bodies of all shapes and sizes and moved in very natural ways – walking, running, rolling, lying, sitting, gesturing and stillness. His dance pieces became more theatrical towards the end of the twentieth century, but they are still recognisable for their pedestrian movement with its 'laid-back sense of casualness where nothing is ever strained' (Robertson and Hutera, 1988). In Gordon's pieces everyday and abstract natural body movements are always highly organised in space, time and group patterning, but they look and feel totally natural, unhampered by technical demands.

Some choreographers have gone to extremes in the use of everyday functional movements such as cooking beefburgers in front of audiences, but in most cases they have applied choreographic constraints or rules to make what a lay person would claim as 'even I can do that' into a disciplined and complex outcome beyond the capability of totally untrained dancers. Some of the choreographic devices invented to arrive at such outcomes will be discussed below.

Everyday actions can be used in conjunction with Contact Improvisation and indeed seem to be a logical means of making transitions or moving individually between contact duos, since the same style of weighted, free, relaxed movement without conventional technical demands such as stretched feet, line and uplifted bodies, is apparent in both vocabularies. Students will find such movement easier to manage, but even everyday movement needs to be selected, given particular rhythmic and spatial shape and linked carefully into phrases. The choreographic processes will impose such discipline.

Everyday actions, especially 'minimalistic' gestures, are the basis of vocabulary for several choreographers, most notably, in Britain, Lea Anderson. The Cholmondeleys, her all female company, often perform small movements of the head and hands, or make imperceptible changes in posture in sitting, lying or standing positions, all of which appear totally natural and easy to do – until they are attempted. Co-ordinating and sequencing movements of various unconnected

small body parts into rhythmic and precise sharp movement patterns take time to achieve, especially in unison with other dancers – one of Anderson's characteristic features.

Another characteristic evident in some of Anderson's works is the use of a mix of dance genres. As Mackrell (1992) says, Anderson:

> *often raids other dance forms for movements and gestures –*
> *incorporating ballet, flamenco, ballroom and Scottish folk dance.*
> *Sometimes she parodies them . . . but often the movements are*
> *integrated into her own style . . .*   (Mackrell, 1992, p. 58)

Anderson's work *Dancing on your Grave* (2008) for the Cholmondeleys and Featherstonehaughs continues in this approach by merging reminiscences of music hall dancing and singing performances with her own style – 'the precise sense of gesture, the quirkiness, the downright way of creating a theatrical world' (Zoë Anderson, *Independent Review*, 18 February 2009) to present the theme of deceased and downtrodden artistes in continuous performance in purgatory.

Such eclectic treatment of movement leads to further alternatives in dance movement content. Here, there is frequently a base technique which becomes altered through the incorporation of various elements from another technique. Shobana Jeyasingh, for example, has developed a new vocabulary by injecting some Western contemporary dance elements into what was an essentially purist Bharatha Natyam style. Changing the rhythmic content to fit Western style music, or dancing the original rhythms against melodic continuous sound, makes for subtle differences in nuances of expression in, for example, *Configurations* (1992). Further transformations in movement content are beginning to emerge in her choreography because she is taking more risks in bringing together Bharatha Natyam and contemporary dance techniques. The result of this in *So Many Islands* (1996) is fascinating. The dancers use the floor, extend legs and stretch out arms, glide through level changes into and out of group shapes, yet the Bharatha Natyam style is never sacrificed. Such subtlety of interaction between two seemingly disparate styles produces an exciting new and eclectic vocabulary of dance movement. As Mackrell states:

> In her company's latest work, *Just Add Water?* (2009) she
> examines both forms of integration [cooking and choreography] in
> a single work. As all six dancers . . . from different parts of the
> world . . . draw closer together they exchange recipes and moves.
> But as Jeyasingh orchestrates links between their languages (a
> pirouette dovetails into a south Asian turn) she shifts the work
> towards a choreographic Esperanto where all combine.
>
> (Guardian Culture, 6 May 2009)

If students were to experience such movement marriages in practical workshops, they too could learn about different styles and develop their own mixes of them. The influence of South Asian dance (as above), African dance, street dance or rock 'n' roll styles, for example, changes and extends contemporary dance vocabulary in many varied directions.

Students should explore all the above alternatives in dance movement vocabulary so that they can draw from a range for their own compositions. As indicated above, artists' workshops are a good way of informing them of such vocabularies.

Themes and reading of themes

Cunningham, put at the spearhead of post-modernism by Copeland (1983), influenced the removal of expression, representation or the symbolic from much of the experimental choreography of the 1960s and 70s. As Jowitt (1988) states:

> His dancers play no roles, assume no emotions on demand, or
> pretend to a goal beyond the accomplishment of the dancing.
>
> (p. 278)

There is no story, no intended meaning, in Cunningham's choreography. If meanings are perceived they are individually created by members of the audience. His dance works feature pure movement and stillness. For example, *Summerspace* (1958) contains simple hops, jumps and turns, rapid travelling runs and long pauses. This puts emphasis on natural bodily actions of the body: just dancing for its own sake. Although his later works became more and more

technical (for example, *Points in Space*, 1986), the stripping away of expression or symbolic meanings in the movement content remained a characteristic of his choreography and this has been very influential in the work of many other dance makers.

Cunningham based his movement vocabulary on nature and the natural. He observed the movement of his dancers, people in the street, animals, objects, to discover and experiment with the unexpected in terms of gesture, stance and rhythmic movement. His unequivocal interest in chaos influenced his treatment of movement as subject in that there is a random interplay in the juxtaposition of phrases. This signals that movement as theme (for the works) lays particular emphasis on the manner of composing which will be discussed later.

Many dance practitioners took this movement for its own sake route in their alternative experimental dance journeys. Trisha Brown, Yvonne Rainer, David Gordon, Lucinda Childs, to name but a few working in the USA, made movement the theme. Rainer, for example, in *Trio A* (1966) constructed movement on the lines of 'minimalist sculpture' (Foster 1986). She goes on to say:

> Throughout its single sustained phrase, made from an eclectic blend of twists, swings, walks, bends, rolls, kicks, lunges, balances, crouches, and smaller gestural movements of the head and arms, no moves were repeated. . . . Instead of shapes and poses or organically developing phrases, *Trio A* offered only transitions, a continuous sequence of actions without pauses or dynamic changes of any kind. . . . Rainer's *Trio A* gave bodily action a sense of accustomed economy.   (p. 174)

Here then, as in others' works, the sheer concentration on movement requires an intellectual response from its audiences: for example, recognising mathematical patterning in multiple combinations and spatial perspectives in Child's work, and phrases broken up and regrouped in differing spatial and relationship configurations in Brown's pieces. Some British practitioners also fall into this category: notably in her early period, Butcher, who studied and was influenced by the post-modernists in New York.

Moving away from movement as theme to the other extreme of dramatic action, Pina Bausch is claimed as a 'trailblazer' and a 'revolutionary providing the

first genuine alternative to the American post-modernists' (Robertson and Hutera, 1988). The highly emotional expressionist pieces (sometimes four hours long) force the audience to identify with the innermost psychological perspectives of individuals and their relationships, especially man–woman relationships. As stated by Robertson and Hutera:

> *Her international company of twenty-six performers seem to use the innermost secrets of their lives as the springboard into these performances. They spew out their guts both physically and emotionally with an honesty that has become the byword for all of the Bausch imitators.* (p. 228)

This emphasis on personal realities has produced the label theatre of experience to describe Bausch works. Her motivations may well be confrontational in that she 'reduces the distance and brings "reality of the wishes" into uncomfortable proximity' (Servos and Weigelt, 1984). Bausch intentionally makes the audience cringe in fear, feel desolate and anxious about victimisation – especially of women at the hands of men – and feel disgust in the face of discrimination. By dealing with such psychological, political and social themes, Bausch is concerned to cause a reaction to such realities. She is less concerned with aesthetic appeal and audiences liking her work.

DV8 Physical Theatre has been linked to the work of Pina Bausch. Here too there are no punches pulled. Lloyd Newson's choreography probes issues, for example, gender and sexuality issues and deals with them taking 'daring physical risks which parallel the emotional risks' (Robertson and Hutera, 1988).

Dance students in higher education might also address such themes and emulate the dramatic but non-narrative ways in which they are treated by artists like Bausch and Newson. Following a good deal of experience in viewing and study of the abstract and fragmentary methods used to present these themes, students can be given tasks that collect evidence on a particular issue (racism, for example) and then they can set about making a storyboard out of the seemingly unconnected pieces. This montage effect in the treatment of a theme allows for many different ideas and even personal experiences to enter the dance piece as the group works on it.

A cross-referencing method of treating themes is also occurring in today's

practice in post-modern or new dance contexts. This might occur by means of referencing new dance works with old ones, for example, Matthew Bourne's *Nutcracker* and *Swan Lake*, Mats Ek's *Giselle*, or cross-referencing with other art forms such as Ian Spink's *De Gas* (1981), which derived from Degas' Impressionist paintings, and his *Further and Further into the Night* (1984) which is based upon incidents in Alfred Hitchcock's thriller, *Notorious*. Informed viewings and reading, together with discussion of these choreographers' works, can lead to students attempting to research ways in which they can make cross-references in their work as exemplified with great skill by Spink. Jordan (1992) underlines Spink's treatment of themes in describing how his works:

> *mix imagery from a variety of sources and, by revitalising ideas in new contexts, demonstrate the fluid relationship between a sign and its meaning, between signifier and signified. In this respect, they are certainly post-modern . . . pieces draw unashamedly from history or the real world of the present, rather than making supposedly 'original' stories: they borrow from politics, personal history, high and vernacular art.* (p. 200)

Clearly, the artists mentioned above usually take from the original and alter it so that the cross-reference is presented in such a way as to make the audience think about the original – its political innuendoes, or clichéd meanings. For example, Burnside (1994), in discussing Bourne's *Nutcracker*, suggests that:

> *Bourne's great skill is to take the visual clichés such as oppressed waifs and deftly exploit their comic potential by twisting them slightly askew. He takes elements of a movement style and sets them to work producing tableaux worthy of a nineteenth-century genre painter and then dissolves them into something else undermining their pathos.* (p. 39)

Hence, the message is often a reinterpretation of the old idea from a modern cultural perspective. The reinterpretation therefore conveys much about contemporary society.

From the above, a mere tip of the iceberg has been revealed in discussion of

post-modernists' themes and their treatments of them. Attention has been given to two extremes – composers who deal with movement as theme and composers who take up political and social issues or attempt to deal with psychological behaviours in some way. The tremendous variety between, and at, these extremes cannot be given attention here, but the study of dance composition, specially at university level, should include investigation of these themes and choreographic treatment of them so that the students' own practice is informed and extended.

Alternative and experimental approaches to dance composition

If there is such a person – the grandparent of experimental alternative approaches in dance making – it has to be Cunningham. He had been Graham's leading male dancer, so that in inventing alternative approaches he was directly opposing well-known and established procedures in modern dance choreography. He became leader of the movement away from:

- drama and symbolic dance movements to express plots/feelings
- using music as an inextricable part of the expressive and rhythmic form
- hierarchies of role within dance works in which the lead is always in the centre
- conventional settings and use of performance space
- conventional structural devices of form (*Methods of construction 5*)
- expecting emotional responses from audience

As indicated in the first part of this chapter, some of his movement vocabulary was inspired by observing natural phenomena and so it became simple and pedestrian. However, his dancers were always technically able and today it is increasingly the case that the Cunningham technique is as demanding and stylised as Graham's technique. So, although never celebrated for its own sake, the technique alone is no longer an antithesis to mainstream modern dance; but every other aspect of Cunningham's work certainly fulfils this brief.

Cunningham's concentration on intrinsic features or qualities in movements and/or space and time provide audiences with abstract, kaleidoscopic comings

and goings of dancers in the varied performance spaces. There is no intentional expression of meaning to be derived from the pieces nor is the viewer's eye directed at any time. Rather, the placing of dancers all over the space, moving simultaneously in differing ways requires that a viewer makes a choice about where to look and the order in which the images are perused.

A summary of some of the compositional features in post-modern/new dance works, many of which derive from Cunningham, are listed below:

a. alternative use of time which gives it an autonomy in that it is dissociated from the sound and often dancers employ their own patterns in time and speed unrelated to others

b. alternative use of space by shifting movement incidences to different locations on the stage or performance environment; moving in and facing unconventional directions such as from front to back while facing the back

c. alternative chance of interrelationships between the number of dancers as solos, duos, trios and so on

d. alternative ways of juxtaposing and ordering sequences of movement through the use of chance and/or other organisational strategies which result in alternative concepts of form for the dance as an entity

e. alternative sound co-existing independently with the dance and often changes in the sound used for a piece and alternative co-existence of structures or design elements in the dance space which constitute static or moving parts of the piece but usually having only an arbitrary relationship with the movement content

For the purposes of discerning ways in which alternative and experimental approaches in dance composition can be tried out by student composers, each of the above listed approaches will be discussed with some reference made to practising choreographers' works. As stated above, it is possible here to refer to only a few of the many choreographers working with alternative approaches. However, constant reference to professional exemplars is a necessary strategy in this sort of work. The importance of resource-based teaching/learning in this context cannot be stressed enough. A range of alternative and experimental work

should always be available to students so that they learn that there are as many different ways of employing each of the above approaches as there are choreographers exemplifying them.

A. Use of time

Cunningham 'let each movement or set of movements "find" its own time' (Jowitt, 1988). This can be a rewarding and interesting way of playing with the time orchestration of dancers in space. For example, if five dancers perform the same movement sequence each could decide when to perform or hold still, when to move slowly or fast with or without stops, to accelerate, decelerate, move in slow motion, or double time and so on. The result will probably be different in each performance if time and speed are improvised. The outcome will result in chance unison, canon through overlap, movement against stillness and high energy focus against quiet background, without or independent of, a sound accompaniment.

Another variation in the use of time is discussed in Banes (1980):

> *Uninflected phrasing, which Rainer made paradigmatic in Trio A,*
> *had the effect of flattening the time structure so that dynamics no*
> *longer participated in the design of the dance over time.* (p. 16)

Students find this challenging in that emphasis removed from dynamics places more importance on the action, space and perhaps relationship aspects of movement. Several exponents in post-modern or new dance employ this use of time in group unison.

B. Use of space

Again, Cunningham was instrumental in making changes in the use of space in contemporary choreography. In terms of location in the dance space, the centre is no longer emphasised in importance. Sometimes the only extended movement happening is at the back of the space which can only be seen in glimpses through the dancers either standing or moving in front of this. Even Kylian, a mainstream choreographer, employs this use of space (eg, the final duo's section in *Symphonies of Psalms,* 1978). Cunningham and others after him have challenged the conventions in use of locations for particular expressive purposes

(see Section 1 of this book and Humphrey (1959), *The Art of Making Dances*). Students can experiment with alternative approaches by placing dancers in unusual locations such as at one side of the space, at the back or even in the audience. A very interesting approach derived from drama is to present the piece 'in promenade' in a large space or in a series of rooms so that the audience has to move to see the dance.

Emphasis on the use of different directions is not particularly experimental since all choreographers aim for variety in this respect. However, like David Gordon, some choreographers present numerous repetitions at different angles so that there are multiple views. This is achieved by the bodies changing direction in the space. However, an alternative method of moving in different directions, as seen in some of Lucinda Child's early work, is to keep the body facing in one direction but to move in many different directions across and around the floor producing intricate geometric patterns. The sheer repetition of movement to create slight variations in the pattern produces a mesmeric shifting kaleidoscopic effect. The focus on spatial pattern created only by simple and dynamically undifferentiated actions produces what has been labelled minimalist composition. It is a discipline in itself to attempt this process so students might benefit from such an exercise, if only to recognize the difficulty of producing minimalist dance pieces.

C. Interrelationships

The time and space aspects discussed above can be employed by dancers working as soloists, in duos or larger groups. This often produces a kind of dissonance in that two, three or four seemingly separate dances can be presented simultaneously or, perhaps by chance, in canon. Lea Anderson uses this alternative device, for example, in the video version of *Flesh and Blood* (1989) when two unrelated groups present percussive unison gestural sequences creating a kind of dissonance – two different but not dissimilar tunes going on at the same time. Much experimenting with inter-relationships of distinctive and separate solo or group segments can produce rich, varied and complex dance pieces. Here, students are not attempting to find complementary relationships which coherently make a unified whole. Rather, they are dealing with juxtapositions of fragments and retaining and presenting their differences in simultaneous or successive motion.

D. Form

This has led to dance pieces composed:

- of content in fragments
- parts or sections not logically connected
- with much use of repetition without development
- without concern for unity and with no sense of clear beginning, middle and end with no reference to conventional 'rules' such as the importance of climax, transitions, proportion and balance of the parts in relationship

Hence these alternative approaches make clear departures from the mainstream approaches to form discussed in *Methods of construction 3–5*. Such experiments with form are probably the most practised alternative approaches in dance composition.

There are many ways in which juxtaposition of movements within a sequence or of sequences themselves can occur. Plotting of entrances, exits and journeys between dancers as the 'blueprint', or only constraint for the dance allows for experimentation of movement content and time aspects in pre-determined orders. Conversely, tossing a coin or using a dice will produce random means of ordering content. A set of six movements organised according to the order of six throws of a dice might well produce a repetition of some moves and an absence of others. For example, one dancer may come up with 5, 5, 3, 1, 6, 5, and another dancer with 2, 4, 1, 2, 6, 1. Given four dancers with different combinations of the same movements and performed in various time and space combinations, the outcome can be very interesting. Hence, planning of the dance elements and the instruction to 'use chance ordering methods' can lead to a pre-learned sequence for each dancer put into unplanned group sequences by combining different numerical orders.

Another system is to mix pre-learned sequences in 'real time'. In Trisha Brown's early work, *Line Up* (1976), for example, instructions are given to named dancers by one dancer sitting in the audience. Spontaneous instructions to reverse, to change sequence, to speed up, etc. lead to improvised form out of set content. Indeed, Brown is renowned for experimenting with different systems to determine order. Her different versions of the piece she called *Accumulations* explore, for

instance, around thirty movements accumulated as 1; 1,2; 1,2,3; 1,2,3,4; etc. And deconstruct in similar progressive ways. She has also added to the repetition of such patterns a constant splicing between two different monologues about personal experiences totally unrelated to the movement content.

Another practice frequently found in American post-modernists' work is to bring parts of dances previously constructed into new juxtapositions. Brown's *Line Up* (1976 and 1977), for example, has drawn from six other pieces interspersed with the instruction to line up. 'The continuous forming and reforming of lines causes the dance to hover between order and disorder' (programme note in Banes, 1980).

In the more dramatic context of Second Stride's *Lives of the Great Poisoners* (1991), a collaging of fragmentary references to three stories about murderers of differing times and places – Medea, Madame de Brinvilliers and Crippen – are interspersed with references to the work of the inventor of leaded petrol and CFC gases, a contemporary murderer of a different kind (Rubidge, 1991). Such interweaving of thematic fragments is also enriched with an integration of dance, design, music, song and spoken text. Spink has done much to bring together such diversity but his theatre cannot be aligned with others using similar choreographic procedures because the content is so different – biased perhaps towards theatre rather than dance.

The mixing of thematic fragments and different art forms with a much more physical range of dance content is perhaps characteristic of most physical theatre choreographers. Bausch, DV8 and Vandekeybus and more recently, in the USA, Larry Keigwin take these routes but they also often employ physical environments and objects as part of the choreographic process. For example, Keigwin's *Natural Selection* (2004) shows extreme athleticism in that dancers travel horizontally across the back wall, on each other, diving, throwing and back flipping. Nonetheless, the principle of montage seems applicable to this range of choreographers. Images are constantly changed and built into a complex web of multi-layered sets of inferences. There are no clear links or logical inter-relationships of the parts. Rather the dance works are made up of different aspects of the theme(s) sewn together in a patchwork manner.

After study of some of these choreographers' works, students might well create separate sequences of dance movement to employ within the montage of events to be contained in their interpretations of theme. Some of the above-mentioned

random ways of deciding on the order, such as numbering them and using dice, might be used to determine a non-linear dance form. The insertion of verbal or sung text and varieties of sound-scapes adds to the interchanging dance as opposed to everyday movement content to make a mixture of surrealist and realist fragments for the dance composition. In Bauschian style, for example, students may choose to speak of their own experiences or feelings in some sections and to create abstract dance sequences, perhaps using contact improvisation, in other sections of the piece – each section dealing with a different aspect of the theme. Interspersing realistic spoken sections with symbolic dance sequences is a challenging compositional problem. Experimenting with such alternative approaches when juxtapositioning the fragments can lead university students to produce adventurous and original post-modern dance pieces.

Further restrictions in terms of having no climaxes in the piece, for example, and/or making some parts disproportionately longer than others, and/or exposing transitions as important elements or not having any at all, will help students to break the rules that hitherto may have been stringently applied. Such practices, of course, make further rules for the composers if they are to find success in post-modern choreography.

E. Sound and design elements

To some extent this has been discussed above. Suffice it to say that much experimentation with different music or sound accompanying any one dance piece should be encouraged. Similarly, montages of music, noise, silence, text and song can be created to accompany the constant changing of image.

Design of structures to invade the dancer's space and/or movable objects such as chairs, stones or water in containers can also provide bases for much experimental work within the piece. Inclusion of such elements often causes changes to the movement content and if they are movable, their intrinsic qualities add to the overall visual images.

To conclude

The alternative approaches discussed in this chapter are but a few within the lexicon. Students should certainly experience such alternatives, but perhaps not until the traditional/conventional practices have been absorbed. As Fraleigh (1987) says:

> *New examples do not replace old ones. We recognise the new in reference to the old according to kind and through some level of community agreement . . . In modern dance new has often been mistaken for better. But if new were necessarily better, art would be too easy, not worth our attention, and of no lasting value.*
>
> (p. 129)

Certainly, there are some alternative approaches within the above text that can be explored by younger or relatively inexperienced learners. However, unless the rules or traditional principles of dance composition are learned first (*Methods of construction 1–6*), it is not possible to experiment with ways in which they can be broken. A study of some of the exponents of post-modern or new dance will alert dance students to the diversity of alternative approaches.

Throughout this chapter, perhaps more than in other chapters, there has been reference made to professional dance works. It is the interplay of learning from such exemplar resources and of experimenting with them that creates the composers' knowledge of alternative approaches in dance composition. Focus on resource-based teaching in sections 4 and 5 is therefore logical and necessary to promote this integrated methodology.

Section 3

The creative process in dance composition

It may appear to be rather back to front to be considering the creative process at this point in the book, yet arguably, there is a case for defining the material content, and the methods in which such content might be constructed to create a dance composition before attempting to analyse the complex concepts related to creativity and the processes involved. In discussing the processes, this Section makes reference to the practice of a student at third-year level in a degree course. At this stage it is assumed that the knowledge and skills detailed in Sections 1 and 2 of this book have been studied and absorbed. It is therefore appropriate to present a detailed look at how such knowledge and skills might be embedded into the creative process at this later point.

The creative process

There are many writings on the creative process in artistic practice, yet few relate specifically to dance composition. It is acknowledged and assumed that the dance composer is a creative artist and that the same principles relating to the processes of other artists – music composers, playwrights, visual artists and so on – apply to the choreographer. Making reference to visual artists, as an example, this may be true in terms of generalities relating to the process but it should be recognised also that there are significant differences between the processes of a visual artist and a choreographer.

These obviously include differences in the medium. Choreographers, of course, work on live dancers and therefore perhaps have less control of their medium in that dancers' bodies are all different and they think, feel and respond to choreographic ideas in different ways. Very often in contemporary dance practice, dancers contribute movement material and therefore can influence

the creative process and outcome composition.[1] Hence the dance composer, unless working on a solo for him or herself, has to negotiate with other artists during the creative process. This is not usually the case for a visual artist.

A further important difference is that of the transience and ephemeral character of movement in time and space as opposed to paint on a canvas, for example. The latter can be seen, studied, left and returned to and will not change unless the artist puts brush and paint to canvas again. The former disappears the moment after it has been created and therefore has to reside in the memory of both the composer and the dancer if it is to be reflected upon before to making changes or establishing its appropriateness for the piece. The dancers may also perform the movement ideas a little differently each time they are repeated during the choreographic process. This is usually a huge problem for student composers because they have limited time with their dancers and time may pass before they can meet again to continue the process. So capture and recording of the movement ideas for the composer to work on between rehearsals seems to be crucial if the composition is to steadily grow and flower. Before the age of technology, choreographers would probably write copious notes and make drawings or use a system of notation to ensure that their ideas were not lost. Today, of course, we have video cameras – an important and almost essential tool for dance composers whose time with dancers can be very brief indeed.

Another difference is the fact that dance composition frequently involves use of other art forms, particularly music. In the case of student composers, choice of musical accompaniment – before, during or even after the dance has been composed – limits their creative freedom to some degree in that the already-composed music lays down certain parameters for the dance – perhaps its style, form and range of content. Such constraints would appear to dampen the creativity of the composer yet, as will become evident below they may also inspire in ways that may not have occurred without such influences. A really well made piece of music, for example, is likely to help the composer structure the dance. (See *Vocalise* on the accompanying DVD). Similarly, an interesting piece of

---

[1] Jo Butterworth provides a really good model which places the process of choreography on a continuum from the didactic to democratic in her chapter titled Too Many Cooks? A framework for dance making and devising in the book edited by herself and Liesbeth Wildschut – *Contemporary Choreography: A Critical Reader,* Routledge, 2009.

sculpture may act as a stimulus to evoke new, previously unexplored spatial ideas for a dance composition. Hence, use of other arts accompanying or acting as stimuli, rather than limiting it, can extend and deepen the dance composer's creative process. Nonetheless, as distinct from the visual artist, there is a requirement that the dance composer applies understanding of at least one other art form (most commonly, music), its techniques, content and form in order to successfully incorporate it into the dance composition.

Having explored some of the differences in the creative process for dance, it is perhaps helpful to consider characteristics of the process that are common to all artists. Theorists have examined the creative process by studying creative individuals, particularly artists – their products and the processes that they undergo in creating their art. Such studies look at philosophical, psychological, historical, environmental, economic, cultural and even political factors affecting the creative processes and outcomes. There are many sources that discuss concepts relating to creativity so it is considered unnecessary to explore various theories pertaining to the creative process here. Rather than leaving theory to one side and concentrating only on the practical process, however, and although there are probably as many opinions about the nature of creativity as there are writers who theorise on the subject, it is considered important that a particular conceptual basis is selected as the theory that best underpins the discussion of the creative processes discussed in this Section.

Writers such as Abbs (1989: 200) refer to the importance of play and spontaneity in the initial stages of the process, whereas Eisner (1972: 80) suggests that this preliminary stage requires the use of skills to manage and manipulate the material in order to create some starting point. The tension here then is between intuitive spontaneity on the one hand, and skills and knowledge on the other. The interaction between these seemingly opposing aspects is considered. Such a discussion may help dance composers to reflect on and make changes in their practice by emphasising different phases, or injecting new approaches to enrich both the process and its resultant product.

Taking account of the tensions mentioned above, the following table may help to represent the composer's means towards undertaking a creative process in dance.

The creative process in dance composition

Objective knowledge and skills

Knowledge of dance – vocabulary, styles, techniques to express ideas

Choreographic devices and methods of construction

Acquaintance with practices in the field through study of other choreographers' works

Knowledge about the theme for the dance derived from research

Knowledge of other art forms

Subjective creative inputs

Personal movement style/ signature

Inspiration and imagination

Feeling responses/intuition

Originality and spontaneity

Flexibility and divergent thinking – seeking difference and allowing for accidents

Personal interpretation of the theme and own life-experiences entering the dance

PROCESSES

Selecting from known ideas and material

Using known devices to manipulate material

Taking ideas that have been used before and re-working them

Applying research or knowledge to guide the process and inform the outcome

Playing to find new ideas and material

Exploring new ways of using material

Going with feelings to find new ideas and approaches

Taking risks, experimenting with the unknown towards an unimagined outcome

Phases in creativity

Most theorists agree that there are phases in the creative process and that although it is possible to describe and recognise each phase, they rarely can be applied in a linear or formulaic way. Abbs (1989), for example, proposes that there are five phases in what he calls a creative cycle:

Phase 1 – the impulse to create
Phase 2 – working with the medium
Phase 3 – realising the final form
Phase 4 – presentation and performance
Phase 5 – response and evaluation

Abbs (1989: 204)

The dance composer may well start with an idea or a response to a stimulus such as a piece of music or a poem, for example, which could be considered to be the phase 1 impulse to create. On the other hand, working with the medium (phase 2) by just spontaneously playing with movement could result in an impulse to create a dance based on the movements explored. Also some choreographers may well start with an idea (phase 1) and then design a form (phase 3) – a framework for the piece – before they begin to manipulate and work with the details of movement (phase 2). The orders of phases 4 and 5 are perhaps not easily changed around except that once a first version of a dance is created it could of course be radically altered as a result of the performance and evaluation. Students often find that having put the pieces together, the whole does not work as they imagined it would and they need to revisit phases 2 and 3 to make changes, or even, start all over again with a new idea – but this is very daunting and such re-starts cannot usually happen due to constraints of time and availability of dancers.

All the above phases have been discussed as aspects of dance composition within this book. The starting points or stimuli, the creating of stylised and expressive motifs then developing and varying them and organising the material in time and space have been identified as the material content (Section 1) and methods of construction (Section 2) – practices that need to be known and applied in dance composition. However, such knowledge and practical skill derived from work in the dance studio, viewing and learning from 'master'

choreographers[2] and from theoretical study of dance and allied subjects, is unlikely to be sufficient alone in the creative process of dance-making. This list constitutes the left side of the above table and takes no account of the right side – the less tangible personal inputs of the creative process. This Section therefore pays more attention to the latter elements and at the same time attempts to suggest ways in which both sides might interrelate. Osmosis between these sides (perhaps related to the corresponding sides of the brain) through the processes listed in the lower box of the table should result in a product that is imaginative, original and inspiring whilst displaying depth of knowledge in terms of use of content and form to communicate the idea in an artistic and significant way.

The creative process in dance composition – an example

To attempt to identify how such an osmosis might occur between the objective knowledge/skills and subjective, intuitive/feeling aspects in the creative process, an example of a student's dance composition experience is presented below. Carly Annable was a student studying for her BA Honours degree in Dance at the University of Leeds Bretton Hall Campus, UK. As a selected subject for a research project[3] her work for the final Year 3 Choreography assessment was captured on digital video over the whole six-week process, in rehearsal and in final performance. To attempt to identify and analyse her creative process, the writer of this book – who was also the director of the research project – conducted interviews with the choreographer at the beginning, in the middle and at the end of the process. This data was added to many hours' worth of digital video recording; audio-tapes created by the choreographer after each rehearsal to record her views on the processes that had taken place, how the dance was progressing – what worked and what did not work, etc.; her written log book that summarised

---

[2] Analysis of professional artists' dance works and use of them to develop students' skills and understanding in dance composition is discussed in Section 4 of this book.
[3] A project (2002–3) to test the feasibility of producing and distributing CD-ROM resource packs featuring different choreographic processes undertaken by Year 3 degree students as resources for future students. The project produced a pilot CD-ROM, created, by Jim Schofield, Michael Schofield and Jacqueline Smith-Autard – the creative team of Bedford Interactive – featuring the work of the student discussed in this Section. This CD-ROM received positive feedback from 15 universities but lack of funding resulted in it being put on hold. Unfortunately, it is unlikely now that the resource will be produced.

the processes and evaluated the outcomes including the finished product; and of course the 15-minute dance piece itself – *Spaceometry*.

Phase 1 – the impulse to create

Annable's phase 1 began about a year before the composing process began. She has an interest in sculpture and since the Bretton Hall Campus of the University of Leeds is sited in the famous Yorkshire Sculpture Park, she had ample opportunity to spend time with a range of sculpture including pieces by Henry Moore and Barbara Hepworth. She also had some excellent secondary resources in the form of library books, photographs, slide shows, etc. from which she collected images of sculpture and architecture. Annable was mostly interested in the sculptures as spatial stimuli for dance focusing on 'line and shape, positive and negative space, repetition, angles of lines and layering' (Annable, 2002: 4). She studied writings about the work of Anthony Caro, Richard Serra and Naum Gabo alongside texts that describe dance spatial concepts. The former discussed the:

> *geometry of space articulated in terms of 'complex configurations',*
> *'oppositions', 'balance', 'intersecting planes' and 'form' to name*
> *but a few concepts.*   Annable (2002: 4)

The latter included study of Laban's orientations in space which consist in twenty-six directional rays in the kinesphere that surrounds the body, many of which, she noted, are unused when moving – particularly those behind the body. In this context, Annable conducted research into 'space in the body and the body in space, positive and negative space and spatial orientation' (Annable, 2002: 1) and was particularly intrigued with a statement made by Ullmann – 'Space is a hidden feature of movement and movement is a visible aspect of space' (Ullmann, 1966: 4).

In addition, Annable studied the work of three choreographers who, for her, in different ways put emphasis on spatial content in their choreographies. William Forsythe's[4] work fascinated her 'in terms of the complexity and speed of the

---

[4] The main source for this work was the CD-ROM, William Forsythe *Improvisation Technologies: A Tool for the Analytic Dance Eye* (1999).

dancers' limbs moving around their bodies . . . executing actions that slice through the space' and she also became intrigued with Forsythe's methods of 'composing movement which departs from the geometry of space by constructing and working with virtual lines in space positioned in any space around the body' (Annable, 2002: 11).

The second choreographer studied was Trisha Brown who is known to have expanded ways in which the body is choreographed in space.

Annable selected two pieces: *If You Couldn't See Me* (1994), a solo; and *You Can See Us* (1995), a duet. Her interest in these pieces lay in the fact that Brown had choreographed the first piece without ever showing the audience the front of the soloist, and that the second piece presented the two dancers in opposition performing the same movement – one facing and the other backing on to the audience. Annable wrote that:

> *This idea of seeing the back perspective of movement in counterpoint with a frontal view was an area that I wanted to experiment with within the choreography to draw attention to different perspectives of movement.*   Annable (2002:10)

In her reading about Rosemary Butcher, her third selected choreographer, Annable came across this quotation:

> *. . . spatial emphasis can encourage the spectator to shift from viewing the dancers as individuals to seeing them as a distribution in space or as outlines or shapes that correspond with other spatial forms.*   Jordan (1986:15)

On viewing Butcher's piece, *Body as Site* (1995) Annable noted the multi-directional 'organisation of dancers in multiple configurations and orientations that form, then disassemble to later reassemble' (Annable, 2002: 12). She reflected on these ideas and planned to experiment with simultaneous movement of the whole group of dancers using these concepts.

All this preparatory research resulted in a collection of notes from books, many pictures of sculptures and architecture, several videos of choreographers' dance works and the CD-ROM featuring Forsythe's approaches, all of which she intended

to share with her dancers during the process of composing the dance that she later called *Spaceometry*. This material, together with Annable's personal interest in and prior knowledge of spatial aspects of choreography, can be seen to constitute the objective knowledge[5] that fed into phase 1 – the impulse to create in the model proposed by Abbs (1989). However, there were also Annable's own imaginative responses to all these sources and the feelings that she had in viewing them that inspired images in her mind's eye for her own dance piece. As the time for the start of her work came closer, Annable revised and reviewed the range of sources described above and the time spent engaged with them provided her with images of movements and spatial configurations that *might* emerge when working with her five dancers.

From the outset, however, she decided that she did not want to direct the whole dance composition movement by movement. Rather, she determined to experiment and explore her visualised images by setting the dancers tasks – some fairly closed and others more open – to generate movement ideas from five dancer-creators whilst she selected, amended and refined their outcomes to fit into her own imagined motifs and phrases for the composition. Hence, phase 1 included the inspirational work with the above-mentioned sources which defined the theme of the dance and its possible style (after Forsythe), a decision on the number and type of dancers to engage, consideration of the methods that she wished to employ and, importantly, the many images and visions that she had in her head, notes and drawings. Clearly, however, there would be a constant revisiting of phase 1 as will become evident below.

Phase 2 – working with the medium

This phase was initiated first by the composer spending time alone in the dance studio improvising to explore her own spontaneous responses to the stimuli and methods of exploring space using Forsythe's approaches. This kinaesthetic play provided ideas that would underpin subsequent creative work undertaken by the choreographer by leading five dancers in improvisation and exploration of the

---

[5] See the left-hand side of the above chart entitled *The creative process in dance composition*, on page 126.

range of concepts described above. Early free improvisations saw the dancers writing initials in space then creating phrases in solos, duos and trios, and developing these phrases by adding travel in slow motion and real time or incorporating changes of speed and level and adding pauses. Annable also experimented with Forsythe's ideas. For example, she asked dancers to imagine a line in space outside the body but within the kinesphere and to move with different parts of the body going along it, around it, over or under it. Each exploration and improvisation resulted in small clusters of material being stored in the memory by individual dancers. Every workshop was recorded to avoid the problem of loss of movement memory, and audio records made by the choreographer registered movement clusters that she wanted to retain, play with further or discard. The dancers were also asked for views on their experiences of the concepts explored and ways in which the approaches used had or had not taken them into new or different uses of space as compared to their usual preferences. The choreographer noted that gradually the dancers 'began to use all the space around their bodies, and really manipulate body parts into interesting shapes that immediately realised the sculptural quality in the body I had envisaged' (Annable, 2002: 17).

Having explored Forsythe's methods of generating original movement by imagining lines in space, Annable showed the dancers the CD-ROM so that they could identify characteristics of his style because she judged that Forsythe's style is largely derivative from his uses of space. Whilst viewing video footage the dancers were asked to identify characteristics of Forsythe's style. The following list of words was recorded: contorted – intricate – linear – twisting – angular – flowing and rippling – wrapping – sudden and sharp. The dancers experimented in colouring their movements with these qualities whilst using the short phrases that they had already produced using Forsythe's approaches to improvisation by responding to spatial tasks.

During all these workshops Annable observed the dancers and determined that she wished also to incorporate each dancer's own stylistic approach to space. She noted that:

> dancer 1 is elongated, smooth and extended
> dancer 2 is fluid and sustained
> dancer 3 tends to be fast, sharp and precise in her movements

dancer 4 is sharp and cutting
dancer 5 has a slow and suspended quality.
Annable (2002: 18)

The next task was more open in that each dancer was given a picture of a piece of sculpture by either Naum Gabo or Anthony Caro. Having spent time looking at the details, they were asked to experiment with constructing parts or the whole sculpture in space and this permitted them to use their own stylistic qualities.

For example, dancer number three worked very effectively with Anthony Caro's *Table Piece CCCCI.*[6] She had identified the continuous movement from circle to angle to dropping lines and sharp edges with scooped extensions and reflected this in her movement which had already demonstrated complementary qualities. Those that materialised from dancer three responding to this sculpture contrasted the movement phrases that emerged from the dancer working with *Linear Construction in Space Number 2*[7] – a sculpture by Naum Gabo. Annable commented that 'at this stage fragments of movement material that exhibited sculptural properties were beginning to evolve'.

A process of material selection was undertaken at this stage. This involved the choreographer and dancers conducting a review of all the fragments that had been generated by viewing the video recordings and then selecting and editing from the various experiments to formulate motifs (quite long phrases). The choreographer commented on each, made suggestions and adapted them to embody her ideas. This led into the next phase.

Phase 3 – realising the final form

Although far from the final form, processes of structuring occurred from this point. The dancers were asked to break up their long phrase motifs into six segments, then each dancer was given a score that led to an accumulative solo phrase. The

---

[6] For reasons of copyright it is not possible to insert a copy of a picture of this specific sculpture here. Readers might wish to visit the website www.anthonycaro.org then click on 'enter site', click on 'collections' and scroll down to the Scottish National Gallery of Modern Art to view Table Piece CCCLXXXVIII, the nearest that can be found. It is printable.
[7] Enter Naum Gabo *Linear Contstruction* in your browser to see *Number 2.*

following illustrates two example scores indicating the order in which the segments should be performed:

Score 1	Score 2
1, 1, 2	1
1, 2, 3	1, 2
2, 4	2, 1, 3
1, 2, 3	3, 2, 4,
5, 6	4, 3
	3, 4, 5
	5, 6

This resulted in chance juxtaposition of movements (as suggested on page 116) and opportunities to play with the structure of phrases and change orientations or directions of repeated actions and have them performed on opposite sides of the body. Having viewed the results of this forming process, Annable observed that though the phrases were complex in spatial orientation within the dancers' kinespheres, they were too static. Hence, a brief return to phase 2 was necessary to explore ways of adding travel to the motifs.

As evidenced in her audio commentaries, Annable had had an idea about the overall structure of the piece immediately after the second workshop with her dancers in which they had explored the use of Forsythe's methods and Brown's ideas of facing and backing orientations. She spoke about an ascending form starting with one dancer and then introducing the other four in canon, using all five in the middle section of the dance and then descending back to the original soloist to end the piece. This idea for the form of the piece became reinforced when she found a piece of music for accompaniment that echoed such a structure. She actually stuck to this idea so it would appear that the progression through Abbs' phases in the creative progress so far was more like this:

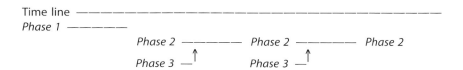

At this stage the solo for the beginning of the dance had been set so the next move was to bring in dancer number two. From the outset Annable was concerned with the placing and orientation of her dancers in the space and the use of the spaces between dancers. Her starting place[8] with the duo was to use the 'foreground background' idea derived from a Richard Serra sculpture. She played with cutting and pasting of the generated material and differing spatial relationships with the two dancers and noted several happy accidents that produced the layered images she sought. She also discovered that two differing phrases occurring simultaneously for some time needed to be more connected, so she adopted the strategy of the dancers picking up each others' movements and implemented the front and back facing idea to show spatial variation in unison movement.

At the end of the duo the dancers were oriented in opposition. The next step was to bring in dancer number three. The inspiration[9] recalled now was another Richard Serra sculpture featuring four panels and intersecting lines in the space. Annable asked dancer three to travel across the space with her motif cutting across dancers one and two and this appeared to work well in presenting dancer three's motifs. But:

> . . . *what were dancers one and two to do? I did not want to distract from dancer three's travel, so I asked the two static dancers to 'quote' movement from dancer three but in slow motion. This device reiterates dancer three's solo phrase and highlights the shape and line from different perspectives.*
> Annable (2002: 31)

The structuring to achieve accumulation of all five dancers continued through references made to various other sculptures, and to pieces choreographed by Trisha Brown and Rosemary Butcher. Once the dancers were together in an ensemble, Annable determined that, in turn, she would have them break out from the space and return re-echoing the accumulation that had occurred in the first section of the dance. This created an inner form within the outer form of the whole piece.

---

[8] Requiring a return to phase 1.
[9] Requiring a return to phase 1, again.

Such form-making decisions derived from Annable's study of principles of form *per se* and from her analysis and interpretation of the sculptural and architectural forms that she used to inspire her. Although clear images and ideas that had been formulated into creative tasks for the dancers were presented by the choreographer at the start of forming new parts of the dance, she gained much by injecting intuitive and spontaneous thoughts that might occur to her at the time. Hence, both left and right sides of the chart on page 126 were involved – the forming process was objectively planned but subjectively altered and enriched during the process.

Phase 4 – presentation and performance and Phase 5 – response and evaluation

These two stages have been put together because it is of course imperative that the dance is performed so that it can be evaluated. If you cannot view it you cannot respond to and evaluate it. Also the way it is presented and performed can effectively determine how the composition is 'read'. For example, if the dancers incorrectly time phrases in relation to each other or face the wrong directions, or put emphases on movements that do not require them or dynamically 'underplay' the qualities defined by the choreographer, the dance is not yet performed to satisfy the composer's intentions.

To attend to such aspects in choreography, presentation and performance occur many times over in the creative process before the work is finally ready for an audience. The composer will spend many hours viewing the dance in live rehearsals or on video recordings and will make judgements concerning parts that do not seem to work well, or on the performance of the dancers, or on the way that the music relates to the dance, etc. In addition, tutors and peers may provide feedback or commentary. Here, many similar ideas and questions offered in the Section 6 of this book (Standing back from the process – evaluations) played a part.

The most important evaluation during the process and certainly in the last stages of rehearsal is that of the composer. Here, in standing back from the process and viewing the product as a realisation of her initial intentions, visualisations and imagined outcome, the composer employs both objective and subjective criteria in making evaluations. It is often the case that some of the

initial fresh and inspirational movement ideas that emerged from the spontaneous play stages in phase 2 disappear or become ironed out and less interesting as the dance is refined, formed and replayed many times in rehearsals. For example, Annable commented in her audio log on an early rehearsal of the full piece that the dance 'lacked dynamic variation' and that 'dancer number one had lost the fragmentary nature of her beginning phrase when made using the score structure'. In the latter case she solved this by injecting stillness into the motif. She also wanted more speed and an increase in the size of the movements in the ensemble section and worked individually with each dancer to get this. In addition, the dancers worked on cleaning up their sculpture motifs to ensure that bodily extension, clarity of line, shape and the sought-after qualities were apparent. In all this work she attempted to 'get the initial excitement' that they had experienced in deriving the movement back into the performance of the finished dance. This is not easy but can be helped through revisiting phase 1 of the process – particularly, in this case, the visual stimuli of sculpture and architecture to inspire the dancers to present and perform a dance that moves through space to create sculptural and architectural forms that will be perceived and enjoyed aesthetically by the audience.

Summary and conclusion

The above example has attempted to demonstrate that the dance composer is likely to employ a cyclical process such as that defined by Abbs, 1989; and that though there is a general progression through each of the five phases, it is highly unlikely that this will occur in a linear fashion. Rather, there will be much revisiting of phases as the work progresses towards final performance.

The example has also shown that both right and left sides of the chart representing the creative process in dance composition actively interrelate in all phases of the process. However, since the example student set out to compose a piece to satisfy university assessment criteria, she probably attended more to demonstration of *objective knowledge and skills* rather than to exposure of her *subjective (personal) creativity*. Having said this though, the only two inputs from the right-hand side of the chart on page 126 perhaps not evident in her process are 'taking risks, experimenting with the unknown towards an unimagined outcome' and use of 'life experiences'. The latter is not really

pertinent to an abstract piece since the composer's life experiences feed more into compositions that symbolise and express life issues, meanings and feelings. The former is difficult to assess since what appears to be a well-used practice for one person is highly experimental and risky for another. Also, the nature of the dance theme perhaps does not lend itself to such journeys in imagination since sculptural and architectural design in space is more cerebral and requires a more formalist rather than emotional/expressive approach. Perhaps this is one reason for Annable's early decision on the overall form of the piece.

Although differing projects will place differing emphases on the right and left sides of the chart, both should be actively engaged so that the composition successfully integrates the acquired objective knowledge and skills of the composer and their originality, imagination, inspiration and feelings – the sub-jective passion that gives the dance its life and spirit.

To summarise then, some important aspects of the dance composer's creative process that emerge from analysis of the above example and other such projects are listed below:

- initial research of the idea through reading, studying pictures, etc. is essential to ensure that the composer has sufficient knowledge of the theme to be expressed
- brainstorming and playing with ideas is necessary to ensure that the composer's own feeling responses, inspirations and imaginative thoughts become embedded into the dance.
- acquaintance of professional choreographers' works, derived through study such as that described in Section 4 of this book, can inform and enrich the process
- knowledge and understanding of fundamentals in the other participatory arts such as music (rhythm, phrasing, style, etc.) and design (line, shape, colour, etc.) provides the composer with a range of pre-defined parameters that, if used sensitively, can also enrich the dance outcome
- the process of evaluation of both the composition and its performance plays an important role throughout the process – from the initial improvisations to the final performance for an audience

This Section does not pretend to fully explain the creative process of the dance composer. No amount of words could adequately do this.[10] Similarly, the example presented in this Section is not meant as a prescription for all dance composers. Every composer will develop his/her way of engaging in creative processes and each process, even for an individual choreographer, will vary and produce a unique dance. Rather, the above text offers readers some thoughts that may help them to reflect upon their own creative processes in dance composition.

The next Section which examines a resource-based teaching/learning approach, delves deeper into ways in which choreographers' works can inform the student's own composition. Cleary, Annable found inspiration through such study. Following this, Section 5 provides performers with a method of deconstructing and reconstructing a dance piece to improve their own performance of it. Such a methodology employed by the dancers in compliance with the choreographer may have helped Annable to realise more fully her originating intentions through the rehearsal process. Finally, Section 6 offers procedures of evaluation of the dance once it is made. Here also there is attention given to imaginative, intuitive and feeling responses – the right-hand side of the chart titled *The creative process in dance composition* (see page 126). These subjective evaluations are defined, discussed and considered alongside the range of objective knowledge that can be gained from this book to support practical dance composition classes. Hence the recommendation is that balance between right and left is maintained.

---

[10] Carol Press, in her book *The Dancing Self: creativity, modern dance, psychology and transformative education*, 2002, provides a good attempt yet its emphasis on the creative process as a means of coming to know oneself through dance shifts away from the artistic and aesthetic concerns of the dance outcome towards benefits of personal and transformative education. Hence the balance proposed above could not really be achieved.

Section 4

Resource-based teaching/learning – dance composition

Practical assignments in improving dance composition through the use of new technologies with reference to the accompanying DVD

Resource-based teaching/learning

This section aims to demonstrate how important it is to use professional dance works as examples in teaching dance composition. In all other arts, students enhance their learning by study of the practice and products of past and present artists. Over the past forty years, there has been a welcome increase in dance artists' work in education. There is certainly much to be gained by students from this live experience, as well as theatre visits. Furthermore, university students are often lucky enough to work with lecturers who have themselves had professional experience as choreographers or dancers, or both. In this sector, perhaps more than any other, the teaching/learning of dance composition focuses strongly on the work of artists in the field.

There is also an extensive use of linear video and DVD to bring students into contact with professionally choreographed works. Indeed, study of selected works on such technology is an essential element of most dance examinations in schools and colleges.

This is a consequence of the shift in dance education summarised in the

introduction to this book, and analysed in depth in my book, *The Art of Dance in Education* (A&C Black, 1994, 2002). The emerging pedagogy from this shift, with its focus on the dance works of professionals, has been termed by myself and others as resource-based teaching/learning in dance. However, as is often the case in practical activities, practice has become established before theories underpinning it have been considered, rehearsed and reported in writing. Slowly, in addition to the book mentioned above and other articles from the same source, there is a small range of literature emerging to guide producers and/or users of dance resource packs (see References).

An implicit teaching of a method of analysis by application to Siobhan Davies' *White Man Sleeps*, can be discerned in Sarah Whatley's writing (1999).[1] However, there is no clear attempt in this resource to provide conceptual bases for teaching and learning of dance composition through analysis of the Davies work. Insights into the creation and analytic overviews of the choreography with suggestions for practical and theoretical tasks for use in teaching composition and appreciation are provided by Lorna Sanders in her books *Akram Khan's Rush Creative Insights* and *Henri Oguike's Front Line Creative Insights* – both published in 2004. These books, linked with DVD recordings of the works, improve the situation for teachers of examination syllabuses in the UK, but, in other countries and contexts and in comparison with music, drama and art for example, there are not nearly enough resources to support students' learning of dance composition from analysis and appreciation of professional choreographers' works. This is possibly the case because the practice is not yet common in dance education. In the context of higher education in the USA, for example, Morgenroth (2006) confirms that:

> *Traditional composition classes teach the tools of choreographic craft, yet leave students in an odd limbo in which they create a special breed of 'college dance' that has little to do with the current dance world.* (p. 19)

Morgenroth goes on to suggest that 'by trying out methods used by contemporary

---

[1] Roy, Sanjoy (ed) *White Man Sleeps: Creative Insights*, Dance Books Ltd, Aton, Haunts, 1999.

choreographers, students will discover and develop their own creative processes'. This signals the use of a resource-based teaching/learning methodology and the need for further resources that expose such methods.

In answer to the question, what is resource-based teaching/learning? it might help first to consider definitions.

The word resource is defined as:
- a source or possibility of help
- an available supply that can be drawn upon when needed
- a means of support

The word source – a main part of resource – is defined as:

- the thing from which something originates – the starting point
- something that supplies information that can be used to develop something else

The first usage demands that a resource act as a bank of information that can be used as an advanced teaching/learning aid, or as a means of reference to support work not directly connected with the resource itself. The second usage demands that the resource provide source material for dance work in a variety of contexts. The text below will show that resources in dance can and should be employed in both these ways.

The resource-based teaching methodology,[2] from the students' point of view, requires that resources be available for individual or group-directed study purposes. This implies that, for example, given a task to identify, list and comment on the dance content and methods of abstraction employed in a snippet of choreography, the students have access to the snippet plus the methods of working. In a good resource, the aim of such a task would be twofold:

1. to produce information that answers the task in respect of the specific dance being studied

---

[2] The concept of resource-based teaching/learning is presented in Smith-Autard, *The Art of Dance in Education* (2002) pp. 39–41).

2. to teach the students concepts and principles that lie behind the practice of the artist so that they can apply them appropriately in the analysis of any dance work

New technologies

An interactive CD or DVD-ROM provides an ideal medium for this kind of work. This format offers touch-button, fast access to any part of the dance and control buttons which slow, freeze, move frame-by-frame and so on, together with many additional elements that can be superimposed onto full-screen underlying video: for example, animated drawings, overlaid text/pictures/drawings, interactive menus and charts to aid analysis or breakdown of dance form/content/skills, etc. Appropriate and innovative application of such multimedia facilities exposes the intricacies of dance composition. In addition, comprehensive, multilayered multimedia resources provide flexible ranges of material for several contexts – school, university, initial and in-service teacher training – and can be used for both class teaching and student-based distance learning.

The 5th edition of this book (2004) demonstrated the type of resource described above by making detailed reference to Bedford Interactive's *Wild Child – an interactive CD-ROM resource pack for dance education* (2001)[3] (formerly published in 1999 in CD-i format) which, at the time, was unique in its identification of conceptual bases for the proposed uses of the professional work in dance education. In other words, the pack proposes a rationale and methodology for in-depth teaching/learning of dance composition, performance and appreciation through use of a professional dance work as a resource. The visual dance exemplification presented on CD-ROM as digital video is accompanied by text, both on disc and in the resource pack, to explain the theory behind the tasks set for students and the methods that could be applied in the use of the resource to inform and extend practice.

The *Wild Child* pack is still popular especially in secondary education and remains highly relevant today. Surprisingly, there are still no other such interactive technology resources that feature professional works choreographed for the

---

[3] Bedford Interactive Productions (1999), *Wild Child – an interactive CD-i resource pack for dance education*, now in CD-ROM (2001), created in collaboration with Ludus Dance. See the resource list at the back of the book for further information.

theatre. There is huge potential here but at present dance companies and choreographers are not seeking to go further than making the much cheaper DVD recordings of their works. Although there is a growing number of DVDs from these sources they are merely digital video recordings which replace video but provide easy access to the parts. There is no pedagogy in these resources so there is much catching up to do if dance education is to become resourced to make it in any way comparable with music, drama, literature and the visual arts in providing access to professional examples of creative work along with deconstruction and analysis for teaching/learning purposes. Technology now offers such opportunities to dance education.

Differences in the use of DVD and CD/DVD-ROM technologies

The shift from analogue VHS video tape towards digital video tape and disc (DVD) has occurred in dance education as it has in any other field that demands movie images to capture and play back its creative products. Obviously there are big advances in the quality of the image, yet there are disadvantages too in that every digital image frame is essentially a still so in the capture of very fast action not all of the movement can be seen.

DVD is an extremely good technology for storage of lengthy video and the picture quality is excellent. More and more dance companies are producing DVDs[4] and this is of great benefit to teachers and students in dance education. Generally, they are cheap to buy, take up very little storage and can be played via ever cheaper DVD players through a TV. Controlling a DVD is simple and, for dance, there are advantages in stepping back, forward, fast forward and back, etc. Also, most DVDs are organised into chapters so that you can quickly access the dance piece or scene from a menu and can return to the menu at any time. (This is certainly an improvement on searching for a dance piece by fast forwarding the old video tape format.)

---

[4] At the time of writing around 350 ballet and modern dance DVDs are listed in Dance Books Ltd catalogue, www.dancebooks.co.uk

However, use of DVD in the dance space has its limitations. It is somewhat difficult, for example, to show a motif or phrase of movement towards the beginning of a piece and then immediately after, show a development of the motif or phrase that occurs later in the dance. DVD is linear just as video tape was which means that you have to find the episodes whilst the students keep in their heads what they have just seen so they can compare the clips. It is possible, of course, to bookmark parts of a video and, on a computer, double click on the thumbnails to play the parts marked. Whilst this facility is very helpful, it is necessary for the teacher to have spent a great deal of time indentifying the time defined parts that are to be viewed and compared by the students and there is a limit on the number of bookmarks that can be made.

Most DVD resources for dance are straight video recordings of dance works or demonstrations of technique with voice-overs and although the above mentioned facilities make for ease of movement from part to part, there is generally no additional media to aid learning other than the video. In addition there are few DVDs that have been specifically created for use in dance education – especially those that feature professional choreography. Hence, the small inserts or booklets that accompany the discs are usually descriptions of the pieces, the music and designs with perhaps a little insight given on the choreographer's inspiration or intention and information on the dancers.[5] Currently, in the UK anyway, apart from just a few (for example, as mentioned above, Sanders' book on Akram Khan's *Rush*) there are no teaching materials which accompany the DVDs on the market but hopefully this will be remedied in time.

A CD-ROM resource: *Choreographic Outcomes – improving dance composition*

Moving on to discuss the more advanced technology – CD/DVD-ROM – a full description of the technology features of the disc created for both PC and Mac computers and which constitutes the core of the resource pack titled *Choreographic Outcomes – improving dance composition*,[6] should provide the

[5] For example, Jiri Kylian's DVD titled *Black and White ballets*, Netherlands Dance Theatre, Arthaus Musik.
[6] This title was authored to provide teachers and students with visual exemplification of content of this book relating to principles of form. It is currently packaged including a copy of the 5th edition. See the back of this book for details on how to purchase the pack.

reader with knowledge of the advantages offered through use of this interactive technology. The text below and the use of this book's accompanying DVD will provide a demonstration of a small range of the features in the full pack. However, it should be noted that use of a authored DVD cannot give you the same interactive experience of CD/DVD-ROM technology.

View the DVD

Access the main menu after the introduction on the DVD and select the *Choreographic Outcomes* demo. View this before, during and after reading the following text.

The CD-ROM created for *Choreographic Outcomes – improving dance composition* (2005) is packed with videos, menus and access screens that include thumbnail movies, charts, animated drawings, animated text, pop-up screens to describe content or give information, and on-screen instructions to help the user move through the sections and layers. All the video is fully controllable by the user through on-screen see-through buttons allowing play, pause, slow-motion forwards and backwards, single frame advance forwards or retreat backwards, return to the start of whatever is in play and exit.

On opening the disc there are two choices: Section 1 – analysis of the source solo *Motifs for a Solo Dancer* or Section 2 – analysis of new excerpts inspired by the solo – *Choreographic Outcomes*. There are seven of these choreographic outcomes composed by three different choreographers.

A click of the mouse on the source solo (Section 1 of the disc) produces the main menu with the following choices:

- view the whole dance
- a Universal Access Screen (UAS) allows access to the whole dance – the phrases, the key motifs, each bar and beat of the dance – thereby moving between macro and micro analysis
- a library of key motifs
- time analysis – macro and micro form charts and representations of the dynamic phrase structures to demonstrate orchestration in time
- space analysis – animated floor pathways for the whole dance and super-imposed animated air pathways to demonstrate orchestration in space
  - solo motifs as sources for many possible composition outcomes

Universal Access Screen

The Universal Access Screen, pictured below and on the accompanying DVD, is a multi-purpose screen for accessing video. This was invented by Bedford Interactive to supply a range of levels of access to the dance piece – *Motifs for a Solo Dancer*. Rather than several quite different screens, a more general screen offers immediately accessible options between various levels each having different purposes. Access to a full range of levels allows an integrated and rich teaching process that cannot be achieved through single purpose screens.

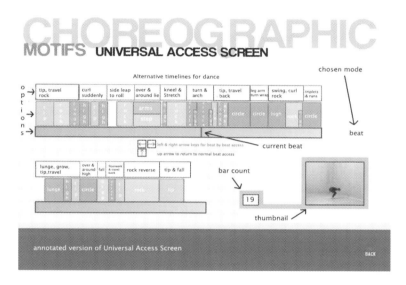

Access to the phrases and all other parts of the dance is made simple through the Universal Access Screen above. Viewing the whole dance is an option offered here. The options on the left of the diagram show the other levels available.

| a. Phrases | b. Key motifs | c. Bars and beats |
| White top boxes | Middle boxes with named motifs | Bottom solid bar |

A. Phrases

You can select any one of the top 15 white boxes that represent the phrases in *Motifs for a Solo Dancer*. On the disc each phrase is described in terms of its form devices, so when studying the phrases as structural elements of the whole dance it is important to note the motifs, repetitions, developments, variations and contrasts.

Clicking on a phrase box will take you immediately to a full-screen video at the point of entry to the phrase. Once in this mode there is the opportunity to play the phrase at normal speed, slow-motion forwards and backwards, loop back to the start, and so on. There are very useful on-screen indicators of where the phrase is in the dance with a gauge in the left top corner and the bar and beat counts in the bottom left corner. (See the DVD demo accompanying this book.) The freedom to move from phrase to phrase very quickly offers the opportunity for comparative analysis. Moreover, the relationship between the phrases and the key motifs below them is a really powerful dance analysis tool.

B. Key motifs

The UAS provides access to the video of 33 incidences of seven key motifs. Here again placing the cursor over a key motif box will produce a cue in the form of a representative still of the type of motif. It also provides a description of the key motif. Clicking on the key motif box will take you into the full-screen video with all the facilities as described above for phrases. Here also, there is absolute freedom to move from motif to motif and to shift between phrases and motifs to discern the relationships between them.

C. Bars and beats

The horizontal bar at the base of the key motifs extends for the duration of the dance. This bar is full of information: dragging the cursor along it will produce the bar count and at the same time show the dancer performing the piece in the thumbnail simulated movie. It is even possible to locate an exact point on this bar and, by pressing the down key on the keyboard, gain beat-by-beat access within the selected bar. This accuracy of selection is extremely useful when searching for a particular movement within a bar or phrase. Being able to see a clear picture of the dancer to check and define the point in the dance to be viewed and then being able to shift forwards or back to adjust this point is highly advantageous in detailed analysis work. Having selected the point of entry, the full-screen is regained by tapping the space bar.

Library of key motifs

A click on the library of key motifs in the main menu will take you to the library screen. Here there are seven sets of key motifs. Placing the cursor on each picture

will indicate how many versions of the motif are available to view within each set. A click on one of the sets will produce another menu of the range of the selected motif within the set. For example, a click on rocks produces a screen with five versions of the rocking motif. Each version is represented with a still and information as to which numbered rock it is and in which bar(s) it takes place. Placing the cursor onto one of these pictures activates a thumbnail simulated movie of the rock; a click on this produces the full-screen video of the motif accompanied by a text description.

This facility to isolate and undertake detailed analysis of each key motif is unparalleled in any other format. The motifs in each set have been extracted from diverse places in the dance and placed alongside each other so that the students can easily see the similarities and differences. The motifs are also presented on full-screen with authored starts and stops, and facilities to re-play, move forwards or backwards in slow-motion. Again the options to view any number within the sets, or to study full sets is available in the context of various modes of study. For example, studying the form concepts of development or variation, the library of key motifs provides access to view specific repetitions of a key motif to determine whether they can be considered developments or variations and to form an opinion as to why they are or are not such cases.

Time analysis
The main menu provides a gateway to the analysis of form as the orchestration of time in *Motifs for a Solo Dancer*. This is presented under two headings: form charts and phrase structures.

1. Form charts
There are two coloured form charts. One represents the macro structure of the piece by identifying the occurrence of its motifs, their repetitions, developments, variations and contrasts. The second shows the microstructure by determining which particular movements are repeated, developed, varied or introduced as new or contrasting motifs. These form charts are presented both on screen and in the resource pack's guidebook.

2. Phrase structures
Phrases in movement, as in speech, are patterned through use of punctuation,

emphasis and rhythm. This resource demonstrates the dynamic structure of each phrase through graphic representation of the various elements that contribute to the patterns. It also represents the rhythmic pattern in the three phrases that emphasise rhythm.

Space analysis
This part of the disc is also presented under two headings:

1. Air pathways
The aim here is to remind the dance composer that spatial patterning in the air also contributes to the form of a dance piece. Examples of three circular pathways are much enhanced on the disc in that there are superimposed curve drawings with indications of past, present and future paths in space synchronised with the dancer's movements. Such study aims to deepen students' concept of form and the part that the spatial canvas has to play in creating the form.

2. Floor pathways
It is probably more obvious that dance creates floor patterns and most composers take this into account when structuring a dance. However, access to the whole collection of floor 'maps' that constitutes a dance is not easily achieved in visual forms beyond paper. Access to floor pathways synchronised with the dancer as she moves is certainly advantageous in the study of this aspect of form. The CD-ROM provides such facilities so that the user can fully appreciate the variations of pattern in relation to the dance content and, more importantly, the interrelationship of each floor pattern to the rhythm and form of the whole.

Solo motifs as potential sources for further Choreographic Outcomes
This last option in part 1 of the disc gives students opportunities to sample the various ways in which given motifs extracted from *Motifs for a Solo Dancer* can be used as sources of content for other compositions – further solos, duos or group dances.

To access study of the solo motifs as potentials for further compositions, a click on the appropriate title in the library of key motifs will produce a split still screen menu with the original motif selected on one side and four examples of development and variation from the seven excerpts on the other side. A click on

the original motif will play it to remind the student of its content and a click on each of the four active boxes will play the developments or variations of the motifs extracted from the solo, duo or group choreographed outcomes. This allows study of how each original key motif has been developed or varied by each of the three choreographers. Moving to and fro between windows is therefore easily achieved so that comparisons can be made.

Section 2 of the CD-ROM, *Choreographic Outcomes* – study of duo, group excerpts and an alternative solo dance

On the disc there are seven choreographic outcomes created by three different choreographers who were given the task to compose short excerpts, or, in the case of the solo, a short dance study, using *Motifs for a Solo Dancer* as a source.

There are two levels of study available by viewing of these outcomes. These are as follows:

1. study of each duo, group excerpt and the solo as compositions in their own right to discern and learn about the composition devices the choreographers have employed to achieve form
2. study of the ways in which the choreographer of each outcome has developed, varied and orchestrated the original source content from *Motifs for a Solo Dancer* into new composition excerpts

The study of the first is presented on the disc through viewing each outcome as a whole and phrase-by-phrase. Access to each outcome via a click on a thumbnail takes you to a choice of viewing the whole outcome, its phrases or in comparison with the source solo. Selection of the phrase option produces another screen with thumbnails indicating the number of phrases. If the cursor is held on a phrase the movement it contains is presented and repeated in a loop. Simultaneously, it is also possible to read a description of the choreographic devices used in the phrase in a pop-up box or in summary beside the movie thumbnail. A click on the selected phrase thumbnail takes the user to a full-screen performance of the phrase which takes place with overlaid descriptions of the devices used as they occur in the dance. This affords an in-depth analysis of the form elements as the dance proceeds.

The study of the second level – how *Motifs for a Solo Dancer* has been used as source material for each of the seven outcomes – is presented as a third option on the initial menu for each choreographic outcome. The option is titled: Compare with *Motifs for a Solo Dancer*; a click on this option offers two modes of comparison.

Because there are 144 derivations out of the 33 source motifs used in the seven outcomes and a comprehensive and detailed demonstration of all of these would be an inordinate task, there is a directed mode of comparison that demonstrates a small number of simultaneous comparisons between the outcome and the source material from *Motifs for a Solo Dancer* employed by the outcome choreographer. The remaining comparisons can be made by users themselves through use of the search mode. In both modes, two video windows are provided side-by-side on the screen. The left one is for the outcome video, while the right is for the source piece. Only one of these windows can be active at a time; transfers from one to the other can be achieved by clicking anywhere on the active window.

The above description of sections 1 and 2 of the CD-ROM should explain some of the distinct advantages of this advanced technology over ordinary DVD technology. However, unlike DVDs on the market, the pack does not only contain a disc. There is a 130-page *Creative Practice Guidebook* as well as this textbook. The integral nature of all three of these components of the resource pack requires that, for best results, they should be used together.

The *Creative Practice Guidebook* explains how to use the CD-ROM, with in practical composition work in the dance studio. Obviously, the former two resources are studied sitting down watching, thinking, writing and talking about the contents on screen and/or in the text. The *Guidebook*, on the other hand, recommends that students spend only small amounts of time undertaking these sedentary study activities and large amounts of time practically engaged in dance composition tasks derived from use of the CD-ROM in particular. This is important, since the educational premise underlying the whole pack is that it is a vast toolbox that aims to deepen and broaden knowledge and understanding of the concepts and principles relating to form in dance. The pack also exposes skilful practice in dance composition through deconstructing examples of choreography and, through worksheets in the *Guidebook*, allows students to develop such skills for themselves. Moreover, through the tasks on the worksheets and/or the

teacher's or students' own inspirational use of the pack resources, there is also the possibility for them to creatively extend beyond the practice analysed on the CD-ROM.

The additional charts and analysis tools together with the appreciation and practical tasks on worksheets in the *Guidebook*, therefore play essential roles in interpreting the theory related to creating form in dance composition into meaningful and creative practice.

All the worksheets in the *Guidebook*, whether to be used practically or theoretically, are written for students. The practical worksheets generally progress from specific tasks directly related to the CD-ROM towards tasks that inspire students to use the concepts learned from the resource in their own creative work. In the former cases, students develop skills in:

- observing, identifying, classifying and discussing the features of form presented on the disc
- using these same aspects of form in their own dance composition work

In the latter case, students might respond with more freedom in applying and adapting the principles of form in their own creative work.

To these ends, the worksheets deliver two kinds of activity – appreciation and composition. Sometimes, teachers will decide to use the resource in dance theory contexts, but the recommendation is that at least 80% of its use should be in a practical working space. If there are many appreciation tasks on any given worksheet, the teacher may need to select just a few to engage the students in practical work within the time available.

There is no doubt that a specifically created DVD/CD-ROM resource, which is essentially a software program, contains many more technology features and layers of usage compared to a DVD video. The above description has attempted to explain such differences. However, no amount of text can provide the reader with anything like the real experience of using the disc which is why it was decided to include it with this edition so that some of the parameters of computer-based technology could be demonstrated.

The accompanying DVD

The DVD was created especially to provide demonstration of:

1. the CD-ROM resource pack, *Choreographic Outcomes – improving dance composition* (2005)
2. a DVD-ROM resource pack, *Vocalise – improving dance performance* (2008)
3. a resource-based teaching and learning methodology

Both the packs in 1. and 2. above were authored by Bedford Interactive's creative team comprising two multimedia experts, Jim Schofield and Michael Schofield, and the author of this book as the dance pedagogy expert. *Choreographic Outcomes – improving dance composition* obviously has direct relevance to teaching and learning dance composition. Indeed, as indicated above, the pack was created to specifically illustrate all the principles discussed in *Methods of construction 2–5* earlier. Hence reference will be made to this pack in the text below. The DVD extracts some of the video footage from the full resource pack to demonstrate how the interactive CD-ROM pack inspires and enhances learning within practical dance composition lessons, and how it effectively employs a resource-based teaching/learning methodology.

Vocalise – improving dance performance, Bedford Interactive's latest DVD-ROM interactive resource, is also demonstrated on the DVD because it directly relates to Section 5, new to this edition, where attention is given to rehearsing and improving performance of students' dance compositions before presentation to audiences. Reference is made to it here in Section 4 to exemplify a resource-based teaching/learning methodology. In this context, *Vocalise*, the solo dance, is used as an example of a choreographed work which can be analysed and appreciated so students learn from its composition to inform their own dance composing.

Resource-based teaching/learning – practical assignments using the DVD[7]

The following tasks in appreciation and composition, with use of the DVD, follow a similar pattern to the full CD-ROM resource pack, *Choreographic Outcomes –*

---

[7] If you play the DVD on a computer it is possible that you can bookmark sections or phrases in the video as it progresses. For example, WinDVD4 allows you to create a number of bookmarked parts so that you can re-play them when needed. This is a useful facility for purposes of comparing motifs and their developments, for example.

improving dance composition, in that they focus on viewing, analysing and then using in practical dance composition the concepts and principles relating to form which are examined in *Methods of construction 2–5.* However, in order that teachers and students employ a resource-based teaching/learning methodology by using choreographed dances, part 3 of the DVD contains performance of the solo dance titled *Vocalise*[8] choreographed by Jacqueline Smith-Autard, taking the title of the music, *Vocalise* op. 34 no. 14 composed by Rachmaninoff, and danced by Lauren Potter, and a duo choreographed by Lisa Spackman and danced by herself with Christine Francis for *Choreographic Outcomes.* The tasks relating to the latter can be found in the CD-ROM resource pack whereas the tasks relating to the former are totally original in the context of this book.

Activity 1: Motif and development (See *Methods of construction 2*, pp. 42–47)

Analysis and appreciation

Undertake the following tasks to develop an understanding of the concept of 'motif'.

From the main menu on the DVD select practical assignments and view *Vocalise,* the solo, as many times as required

- List movements that happen more than once.
- In pairs, identify at least three of these movements that could be labelled key motifs. If possible bookmark them on the DVD so that you can quickly access the times they occur.
- Describe these key movements and comment on why you think they are key.
- Identify some of the changes that occur in the repetitions and label them as developments or variations.

---

[8] As stated earlier, this solo is featured in Bedford Interactive's DVD-ROM resource pack, *Vocalise – improving dance performance* (2008) which is demonstrated on the accompanying DVD and is discussed in Section 5 of this edition.

Teaching points

In *Vocalise*, there are movements that are repeated several times, for example, the contraction occurs twelve times, the balance in 4th ten times, the leg circle three times. Some of the repeats are the same, perhaps on the other side, but most are developments or variations. Recogition of key moves and their repetitions within a dance helps the student to appreciate the basic element of composition – 'motif'.

Composition

a. Working individually, explore through improvisation and then select four of the following words and create single movement motifs (bytes) to depict the wind.[9] Practice each motif separately.

hover	dip
twist	fall
swirl	circle
skim	tip
lift	sway

b. Create linking movements between the single movements ensuring that they are merely linking or transitions from and to each single motif and do not detract from them. Try to define the single motifs as important in your performance perhaps using accents or pauses to establish their presence in the movement 'sentence'. (Music could be used here. However, it should not be heavily punctuated.)

c. Now slightly alter these single movement motifs (eg, perhaps adding a change of level or direction) and present them in another 'sentence' (perhaps in a different order) but use the same or very similar linking/transition movements to combine them.

---

[9] See pp. 94–95 in *Methods of Construction 7 – Improvisation in the process of composition* where the idea of exploring the movement concepts related to wind is introduced.

d. Show your two 'sentences' to a partner who should identify which four movements have been selected and what has been done to alter them slightly the second time they appear. Your partner should comment on the clarity of your response to the task by answering the following question. Do the single movement motifs stand out as key motifs? Whatever the answer, perhaps you both could suggest why and, if necessary, identify how the performance could improve the identification of the key motifs.

Teaching points

The action words have rhythmic characteristics and therefore have implied quality content. Students should concentrate on these qualities to bring out the distinctive feature of each of the four movement motifs. The transitions should be very simple, eg, a step, very short travel, a moment of pause, a change of focus. Simple developments could be used the second time, eg, adding arms to the dipping action, changing the direction of the tip. If students have created four separate motifs and practised each as a separate entity before linking them, their performance should clearly define them with rhythmic and dynamic clarity.

Activity 2: Identifying and creating phrases (see *Methods of construction 2*, p. 50 *and Methods of Construction 4*, pp. 66–69)

Analysis and appreciation

- Work with a partner. View *Vocalise* for up to 19 seconds and identify two phrases. Discuss the content of each phrase – beginning, middle and end – and say why this section of movement can be seen as two phrases.
- Analyse the content of phrases 1 and 2 separately and discuss whether the movements are key motifs or linking movements. Name and label each movement.
- Now analyse the rhythmic and dynamic content of each phrase, thinking about the choreographer's use of continuity, pauses and accents.
- Identify one other distinct phrase in the solo, determining how it begins

and ends. Bookmark it to show others and analyse its rhythmic and dynamic content as above.

- Consider the above three phrases as *motifs* and view the dance to identify repetitions, developments and variations of the phrase motifs.
- Pay attention to the rhythmic and dynamic features in the phrases, ie, continuity, pauses and accents, also changes of speed – all of which provide colour to the movements.

Teaching points

The first phrase could be seen to end in the 4th position, arms high and the second phrase in the side lunge. The movements in the first phrase could be seen as preparation (triplet), key move (leg circle), linking steps into key move (contraction), linking steps into key move (balance in 4th). The rhythmic and dynamic content can be judged to be continuous with pauses in the contraction and the balance in 4th with perhaps a slight accent into the latter before holding still to create a comma between phrases 1 and 2. This first phrase can be seen again with development after the leg circle and hop turning, and again repeated exactly on the other side half way through the solo. The second phrase can also be seen at this point but it has clear developments which the students could note.

Composition

a. Work individually, select one description from the two listed below and create a phrase motif including at least two 'commas' or 'semi-colons' within the phrase.

   - travel, twist, turn, drop down and stretch up, step into a leg whipping action, fall and rise up

   - rise, swoop with travel, stretch high into fall, slide into rise up, swing, turn

b. Perform the phrase motif to the same partner as for the Activity 1 composition tasks. The observer should look for the 'punctuation' and

comment on the sense of continuity within the phrase. It should appear as a phrase rather than a series of shorter motifs even if, for analysis purposes, it could be broken down into separate motifs.

Note: Ultimately, it is up to the composer to decide where the motifs begin and end. Viewers need not know exactly, except that they should be able to discern key or foundational motifs so that they can appreciate the repetitions, developments, contrasts and so on as aspects of the form of the whole.

c. Now, keeping the theme of wind in mind, add the phrase motif to the motifs created for your previous work in Activity 1. Video your performance and present it with a graphic representation of the motifs to demonstrate your understanding of the possibilities for variable lengths – single movement motifs and phrases of movement motifs.

Teaching points

Students should be able to describe the single move motifs and the phrase motif in terms of varied lengths of motifs indentified in *Methods of construction 2* and design in time referred to in *Methods of construction 4*. Although the motifs are merely organising devices for the choreographer, the audience should be able to 'read' them by noting the punctuation. Students should identify continuity, pauses, accents, accelerations/decelerations, changes of force and rhythmic features – perhaps creating graphics on paper such as on p. 72. The time design of the sequence in the dance so far should be evaluated in review of the students' own video performance.

Further practical activities using the DVD

The teacher may decide to change the focus at this point onto the spatial features of the students' above composition. (See *Methods of construction 2*, pp. 51–54)

Tasks to view a small section of *Vocalise* using the control buttons to find particular still body positions would be useful to study alignment in relation to a stage front. This appreciation work could preface consideration of each student's own motifs to define moments where alignment could be enhanced by slight

changes of direction of facing and by placement and feeling of line and shape in their own body. Taking digital photos, placing them on the computer then drawing lines through or across the body can be a useful learning device here.

Similarly, tasks to discern and analyse floor pathways and perhaps one air pathway in *Vocalise* (for example, immediately after the first development of phrase 1, the turn from arms high in 4th taking the right arm in a pathway from high through a medium level side position to diagonally back and high ending position creates a distinct air pathway) could precede work on the students' own sequences focusing on these elements of spatial design. Again reference to pages 51–54 would help clarify their study.

Activity 3: using a resource to extract movement ideas for a duo

Analysis and appreciation

From the main menu on the DVD select practical assignments and view Lisa's Duo 1 as many times as required to determine your ideas on how the excerpt can be divided into phrases for the purpose of analysis and extraction of movement ideas for composition.

Now, in the phrases menu, view each phrase on the DVD in turn to see how the author has divided the excerpt into phrases. Read the content of each phrase as you view:

Phrase 1 (Introduction 4 bars)
Start dancer A and B side by side A lifted by B.
B wraps A across body. A turns away from B then performs high leg cirlce outwards with R leg into up and over motif. L leg up to end behind B.
B turns to L half turn then another half, lifts and lowers R arm.
A pushes B to her R. B gallops to side.

Phrase 2 (4 bars)
A steps sideways into both arms lift and lower then steps into B using up and over arm action with L to hold onto B. In lift takes 4th position of legs curving around B.
B performs circular leg/arm action with turn into up and over arms R.L on jump, then lifts A and turns to R.

Phrase 3 (8 bars)

A lowers into sideways tucked roll ending in leg stretch to side L. B performs full turn with L leg bent behind arms in diagonal.

Both turn back on themselves A reversing roll to get up. B turning into up over motif with leg lift.

Both travel into step pattern with hop turn leg bent behind arms in diagonal then take R to side lunge developed with turn. Repeat with gallop in towards each other.

Phrase 4 (8 bars)

A throws B to R side into gallop side step as repeat of move in phrase 1 then a jump turns R with two arms circling inwards elbows bent.

A then tips sideways L is caught by B who pushes her away. B extends the push into an up and over motif both arms high. A repeats up and over motif with a turn.

A rolls into B's arms and B lifts A who performs a circle of leg but outward this time.

Both repeat outward leg circle whilst continuing to turn and circle out from each other.

Phrase 5 (8 bars)

Both do step hop turn development towards each other in opposition land and lower into sitting roll stand and wrap in opposition. Unwrap into curving travel.

A performs a R arm and leg circle in bending the knee at end. B follows with the same but L.

A side gallop towards B with high extended arms. B ditto.

A side gallop into step hop repeat of up over motif as in phrase 1 – step to side.

B side gallop (miss out up/over motif) side step to catch up into unison.

Phrase 6 (16 bars plus the ending)

Both take side step with drop into half turn pull back and stand, extend head. Travel in circle outer arm circling back and over the top. Continue to circle towards each other with scissor kick in front

in close to both perform leg change jump in bent position behind, land and continue turn into side leap facing each other into hop turn with left leg circling round outwards. Both continue travel then stop, turn and look back at each other over L shoulder.

Travel backwards spiraling in one continuous turn. A turns back on herself into a drop forwards on R whilst B performs high leg circle inwards as in phrase 1 to get to same position as A.

A takes outward circle action with R leg whilst B turns to match A's step into walks to RFC with circle of L then R arms elbows bent to walk and exit.

Teaching points

In the first appreciation task it is not easy for students to analyse the video on a DVD but use of the slow-motion and bookmark facilities should help to isolate the phrases. Obviously this task is completed in the following activity but it would be helpful to compare and discuss the differences. The purpose of undertaking such analysis is to ensure that students observe detail in the resources they use so that they can learn from them and use them as sources for their own composition work. Once they have observed and noted the actions, qualities, use of space and relationships in a dance they should be able to extract ideas to use as a basis for their own explorations. The above descriptions are merely outlines as they do not give detail of all the content. However, they should help the students to identify and follow the content of each phrase so that they can undertake the following composition tasks.

Composition

a. Select a piece of music or a sound track and create a duo using some of the movement ideas in Lisa's Duo 1 in part 3 of the DVD, especially the separate phrases. The duo could be based on a theme such as 'Play', 'An Argument' or even the same as for the above activities, a 'Windy Day' which could ultimately lead to a longer dance combining both the solo and duo work. Obviously the dynamic and relationship content will vary according to the idea but motifs should emerge from the following explorations.

b. Work in twos to explore the following contact relationships taken from Lisa's Duo 1:
  - the lifting starting position in phrase 1 – if this is difficult find an alternative position in which one partner takes the weight of the other off the floor
  - throw off from this hold – into different directions
  - pushing movements – shifting your partner – sideways, forwards or backwards (see examples in phrase 1, and 4 where there are two)
  - lift and turn. There are all sorts of movements that can be done here. Try the lift and turn in phrase 2 and phrase 4 of Lisa's Duo 1 but others too
  - the roll into the arms in phrase 4
  - the turning jump in contact in phrase 6 and others you can invent

c. From the above exploration compose two phrases of your own movements using the following contact motifs:

lift	lift and turn
throw	roll into
push	turning-jump

d. Now create some turning movements together. Take some ideas from Lisa's Duo 1 as follows:
  - turn inwards initiated by a leg circling in action (Dancer B phrase 2)
  - turn inwards (pirouette) keeping the other leg held in position (phrase 3 end)
  - turn by rolling on the floor sideways (Dancer A phrase 3)
  - turning outwards on one foot the other leg behind (Dancer B x 2 phrase 3)
  - watch phrase 4 and extract turns resulting from contact movements. Try adding turns resulting from your Push, Throw and Roll into. Make the movement flow and appear logical

e. Compose four turning actions then develop or change them by adding hops, legs and arm positions or directions. This will result in you having the four initial turning movements and their respective developments to add to the vocabulary of your duo.

f. To explore travel in curving pathways view phrase 5 and using running only, copy the travel forwards on opposite sides of a circular pathway in unison in opposition to meet then turn into unison leading and following but going backwards to end away from each other on a diagonal. Carry on into phrase 6 and copy the pathways travelling forwards into a movement turning close then travel out to the diagonal again and then backwards into the spiral to end side by side facing the RDC. You should learn these pathways and changes of directions in order to utilise them in your duo.

g. Video the composition outcomes of c., e., and f., above and write a description of each of these composition snippets identifying how they express the theme. Retain these snippets for use in Activity 4.

Activity 4: Development and variation of motifs and orchestration of the duo in time and space (see *Methods of construction 3*)

Analysis and appreciation

Identify and note the following developments and variations of motifs and time orchestration devices in Lisa's Duo 1.

Phrase 1: key motifs – wrap across, leg circle, up and over leg bent at the back, push and gallop sideways
repetition and development of wrap

Phrase 2: repetition and development of B's one arm lift and lower in phrase 1
repetition of circular leg action and up and over action
development of circular pathway

Phrase 3: B extracts and varies the leg position from the turning lift in phrase 2
adding arms in diagonal
complementary action
repetition of some previous movements
unison and development of the turn with legs in 4th

Phrase 4: repetition and development of the previous actions – wrap, up and over action
canon
development of the wrap turning in rather than out

> development of leg circle action with wrap
> echo of the move at the start in opposition

Phrase 5: unison in opposition
> development of previous actions
> development of actions from previous phrases
> canon into unison

Phrase 6: unison in opposition
> development of curving pathway and step pattern into big circle
> development and variation of the turn lift
> unison in opposition continued
> canon development of wrap unison and repetition of arms

Now select three of the above phrases and identify spatial features under the following headings:

> – direction of facing
> – direction of moving
> – change of levels
> – spatial relationship – facing, one behind other etc

Compostion

a. Recall and revise the composition snippets c., e., and f. in Activity 3 above.
b. Now use all this vocabulary in any order to create the beginnings of a duo expressing your chosen theme:

> – Two phrases of contact movements.
> – Four different turning actions and their developments.
> – The travel in curving pathways set motifs in phrases 5 and 6 of Lisa's Duo 1.

It would probably be wise to decide on a starting motif – perhaps one of the contact moves – and then to feel what should come next – perhaps one of the turns into another contact move.

Continue the composition by:

c. Repeating and developing all the movements.

d. Use the curving pathways motif as a contrast at least twice – developing and varying it the second time.

e. Employ the turning actions as both motifs and transitions.

f. Use unison and canon doing the same movement and in opposition, also include complementary actions.

g. Incorporate the spatial variations studied above.

h. Once the duo has been created, polished and practiced, video it ready to undertake the evaluation task in Activity 5 below.

Activity 5: discerning the form of the solo dance *Vocalise* (see *Methods of construction 5)*

Analysis and appreciation

The following tasks are difficult using a DVD but with practice and use of slow-motion students should be able to undertake them and thereby gain a better understanding of the concepts and principles discussed in *Methods of construction 5.*

View *Vocalise*, the solo in the practical assignments section of the DVD.

- Consider the first motif as the triplet into turn with leg circle and contraction. Watch it several times.
- Track this set of moves through the dance to see it occur another three times and create a chart to show the developments and variations of it. Note changes of order or mere extraction of one move too.
- Now track and create a chart for the step into 4th position out of the contraction in phrase 1 of the dance as a single key move that is repeated, developed and varied another seven times. Note that you are looking at the step into the 4th position only.
- Select two other key moves (for example, the side lunge, arabesque, arm gesture backwards) and create a chart to describe the developments, changes in spatial orientation and any other features you think relevant.
- Study the two times that the dancer moves on the floor. Are these straight repetitions? If not how is the second time developed and varied. Do you agree that these two phrases constitute contrasts in the

dance? If so say why. Is there any other phrase that you would classify as a contrast? If so state why and whether or not you would consider any of these contrasts as highlights/climaxes too.

- Compare and contrast the ending of the dance with the beginning. Discuss with a partner how some of the moves are used again, interspersed with others, and the order of them.
- Comment on the role of all the above elements – repetitions, developments, variations, contrasts, highlights/climaxes in creating a unified form for the dance. Also, without watching the dance, listen to the music to discern the same elements and then discuss how the dance composition and music relate.

Teaching points

Students should discover the differences in each repetition of movements and chart them accordingly. For example, the leg circle in phrase 1 when seen again is developed with turns and a hop with a high leg circling and arms added. The 4th position is first developed with an extra step and arm extension and on other occasions with no arms up. Their charts should show detail of these differences and could usefully indicate not only action changes but spatial variations too. The discussion of contrasts and highlights/climaxes should be undertaken with visual reference to the DVD so that students themselves use the technical features available to make their point to others in the class. Comparing and contrasting the ending with the beginning of the dance should generate ideas such as retrograde and re-echo of former moments to create a coda and how this is similar to the music. The discussion of the overall form in relation to the music might identify phrasing, dynamic and rhythmic patterning of the parts that make up the unified whole. Clearly the use of form elements, motifs, developments etc. create this unity. Hopefully, this appreciation work will inform the students' future practice in composing dances.

Composition

a. Analyse the video of your duo composition and formulate questions on a feedback sheet to give to another pair. The questions should require that the

respondents evaluate the duo as a formed whole making reference to the devices examined in the above analysis and appreciation of *Vocalise*. The following checklist and reference to *Methods of construction 5* will help.

- key moves as motifs
- phrase motifs
- repetitions, developments and variations
- contrasts
- highlights/climaxes
- logical development of the parts into the whole

b. Examine the responses to your evaluation questions and work with your partner to consider these and your own ideas in order to write an evaluation of the form of your duo.

Resource-based teaching/learning using new technologies[10]

Through the above resource-based teaching/learning methodology by the end of the above activities which are intended to simulate a few of the activities students experience using the CD-ROM resource pack, students will have learned and applied composition skills that help to achieve form. Starting from visual dance examples and undertaking analysis and appreciation tasks to describe, analyse and ultimately show understanding of the concepts and principles embedded in them, students are subsequently encouraged to use these concepts and principles of form in the their own ways in composition tasks. Hence, rather than being taught, students learn for themselves. The value of reference to a CD/DVD-ROM resource in this learning cannot be over stated. The teacher's role here is one of guide and facilitator so that students' responses to the appreciation and composition tasks are appropriate, comprehensive, individually creative, and show depth of understanding. There are no answers given in the pack. Although most of the above appreciation answers can be judged right or wrong by the teacher, when it comes to the

---

[10] Some of the ensuing text was first published in 'Creativity in dance education through use of interactive technology resources' in *Contemporary Choreography: a critical reader*, edited by Jo Butterworth and Liesbeth Wilschut: Routledge, 2009.

students' own creative composition responses, the teacher and the students themselves should formulate criteria to evaluate them. Clearly, the criteria in terms of understanding concepts of form will be derived from the content of the composition examples on the CD-ROM, but what constitutes a creative use of this understanding emerges through the teacher's and students' own views and values.

Guided through the use of the CD-ROM and the accompanying books in the resource pack, students should develop objective knowledge and skills that include understanding that motifs can be as short as a single movement or can be much longer such as a phrase. They will learn how to link and dynamically phrase their movements, develop motifs and also how to orchestrate their motifs for two dancers in time and in space. In the duo, they may also learn that complementary action is achieved through simultaneous presentation of the original motif and its development.

Taking account of the nature of the creative process as discussed in Section 3 it is important to note that along with the above objective learning and acquisition of skills there is also the opportunity for subjective creative input. Given a theme, students explore their chosen single actions and ways in which they can be linked with dynamic and spatial variation. They can then explore different ways in which these moves can be developed, perhaps taking and adapting some ideas from the DVD but also finding their own ways. In orchestrating their motifs in twos they can creatively use the given list of devices in time and space in an organic way so that all duos in one class demonstrate different solutions to the same creative problem.

In Activities 3 and 4 there is constant interaction with the example duo composition on the DVD to note complex use of development and variation through extraction of parts, addition, inversion and so on. There is also analysis of the variety of ways a single move – the turn – is performed in the video duo, followed by practical exploration of each of the different turns and adaptation of these with the students' own lifts, throws and rolls into movements. This demonstrates a depth in exploration which should inform students of the potential for exploration in other movement contexts. Composition task f. in Activity 3 requires students to extract and learn a phrase of movement from the duo. The inclusion of part of the repertoire, in this instance, creates a contrast of material to be incorporated in the students' own duo. It is anticipated that they would appreciate this subtle input and learn the need for contrast in a duo which consists mostly

of very close relationship movements. All of this and the appreciation and evaluation work in Activity 5 constitutes the objective learning and development of skills that is designed to take place through use of the resource pack.

As indicated in Section 3, keeping a balance between the objective and subjective in teaching/learning dance composition is difficult but is also exciting and rewarding. The aim of the *Choreographic Outcomes* CD-ROM resource pack is to develop students' knowledge about and skills in creating form in their dances through the use of technology, it is also hoped that the use of the pack will feed the intuitive/feeling side of the process through the viewing and study of well-made dance composition examples on the CD-ROM. Demonstration of principles and concepts relating to form in dance composition, previously presented by a teacher and in book form only, certainly promotes learning that can be applied into the students' own work. It is important to point out that 'this and the other Bedford Interactive resource packs constitute invaluable toolboxes that underpin paradigms for dance education' (Cook, 2005, p. 139) – in this case relating to traditional practices in achieving form in dance composition. To this end, students are covertly presented with tools for analysis of the visual content on the DVD and are then set tasks so that they can apply the concepts and principles gained in such analysis work to their own dance making and performing. The resource pack, therefore, is not instructional and:

> . . . is no "plug in and play" program. It is a sophisticated, deeply intelligent, effortful endeavour . . . [I]t embeds many important educational insights and practices into the very fabric of the program.   (Warburton, 2005, p. 93)

This reviewer clearly appreciates the intention to provide flexible, intuitive material that feeds both knowledge and imagination. Teachers' use of such technology with classes in practical dance studios – through distance-based learning modules – through self-directed responses to the tasks set on accompanying worksheets or in text on screen, will determine its value in dance education in the twenty-first century. As Risner and Anderson (2008) affirm:

> In dance technology education, there is a unique set of opportunities to present innovation in the context of tradition that

might increasingly reaffirm creativity, discipline, and the centrality of the body in motion . . . Dance is particularly well suited, given its visual and kinaesthetic grounding, for leading these kinds of innovative technological approaches.

(Risner and Anderson, 2008, pp. 119, 123)

Specifically written to aid teaching and learning in dance composition and to demonstrate how 'the integration of dance pedagogy and technology (in) content-rich teaching resources' (Cook, 2005, p. 140) can enhance the students' learning, *Choreographic Outcomes – improving dance composition* (2005) constitutes a flagship.

However important the content of the pack might be in delivering multiple visual exemplifications of the theory relating to creating form, the fact that it uses a technology beyond linear video – even DVD, also appropriately extends the resource-based teaching methodology into the future.

This implies that the rationale for discussion of the multimedia resource featured in this section is two-fold. First, it has offered readers a chance to imagine and see through the demonstration on the DVD of how technology can advance practice in the teaching of dance composition referenced by professional dance works. Second, it demonstrates how comprehensive and inventive applications of multimedia can expose the intricacies of choreography for study purposes. Through an embedded, resource-based teaching/learning methodology, students are guided to discover these intricacies and learn from them to extend their own dance composition.

Dance education obviously needs many such resources. It is essential that professional companies and artists focus on new technologies to develop multimedia resources for future teaching. Certainly, the teaching of dance composition should become transformed in the next decade or so if this happens.

Section 5

Resource-based teaching/learning – dance performance

Practical assignments in improving performance through the use of new technologies with reference to the accompanying DVD

Performance to deepen understanding of composition

Performing dances created by the composer, by others in the group or those choreographed by professional choreographers is an important means of deepening learning in dance composition. Increasingly, as with music and drama, students are engaged and examined in performing dances as part of dance education syllabuses for schools, colleges and universities. These performances are assessed by criteria of physical skill and performance qualities of the students as performing dance artists. This is understandable in that performance constitutes a strong component in most syllabuses which also include composition and appreciation.[1] However, if dance education is to be truly integrated, there should be opportunities for students to learn more about composition through both the appreciation (which often includes study of professionally choreographed works[2]) and performance components. The latter, as discussed in Section 4, will occur

---

[1] See the *Introduction* to this book.

[2] The UK based AQA GCSE 2009 syllabus lists ten dance works from which each centre has to choose two to study in detail. In addition to a written paper, candidates are required to create a short solo based on three motifs extracted from one of the works and to perform in a group dance showing a strong relationship to another of the set works and choreographed by the teacher or a dance artist.

through the use of a resource-based teaching/learning methodology in which professional choreography presented on DVD or CD/DVD-ROM, is deconstructed and employed to teach students aspects of dance composition, sometimes, though not often enough, through practical experience of performing snippets of repertoire. This approach is becoming increasingly used in dance education today. Yet there is little evidence of teaching and learning of composition through analysis of the dances that students are required to perform for examinations or assessments or that they perform in concerts.

It is contended here that even if the only motivation is to improve performance of a dance with a singular focus on scoring well in terms of performance criteria, attention needs to be given to the composition of the piece so that students can interpret it appropriately. Hence, as in the case of a drama student taking part in a play, knowledge of the role of the character in the context of the whole, the plot and sub-plots and overall style including the historical/cultural context and the structure of the piece is important knowledge to acquire so that performance is enhanced. Even though, from their point of view, performance is generally considered the most important element of students' study, there is lack of focus on such knowledge underpinning performance. In dance also, beyond those that teach technique, there are few resources that will help students to improve performance of dances *per se*.[3]

Aims of this section

This new section[4] aims to provide teachers and students with methods of teaching and learning choreographed dances so that students achieve excellence in performance of them and learn more about composition through this process. The methods include those related to analysis, deconstruction, reconstruction, rehearsal and improvement of performance of dances. In the context of using the DVD-ROM resource pack, *Vocalise – improving dance performance,* the video of the solo dance performance much enhanced with technology aids can be used

---

[3] *Vocalise – improving dance performance* DVD-ROM resource pack 2008 is the first of its kind. This is discussed in depth in this section and is demonstrated on the accompanying DVD.

[4] The Section uses some of the text and the methodologies presented in *Vocalise – improving dance performance resource book* (Smith-Autard, 2008) which was published by Bedford Interactive Productions as part of the DVD ROM resource pack of the same title.

to achieve this aim, but the main intention of the resource pack is for teachers and students to become sufficiently conversant with the methods so that they can apply them to the teaching and learning of any dance piece.

Description of *Vocalise*, choreographed by Jacqueline Smith-Autard (1996)

Vocalise – the solo dance featured on the DVD-ROM in the resource pack – takes the same title as the music. Rachmaninoff's *Vocalise* op.34 no. 14 was selected by the choreographer because of its lyrical, flowing quality and its varied use of time divisions. Changes in time signature, differing emphasis on beats within the bars, many tied notes and extensions through ornaments produce a sense of continuity and fluid shifts in phrasing of the dance. These features inspired choreography of a dance that encapsulates a classic-modern style. The word classic here refers to a style which comes from influence of some of the founders of modern dance – Graham and Cunningham in particular, perhaps. It might also refer to some characteristics of classical ballet merging into the style. Obviously then, both the music and the solo dance are intended to meld into a traditional classical mode of performance and this requires the dancer to demonstrate control, sustained balance, fluid smooth travel and mostly a slow continuous quality. The dancer of the solo, Lauren Potter, is an exemplary demonstrator of such qualities.

The solo was choreographed for students who have already mastered basic modern dance skills. It can be described as an intermediate level dance suitable for those who are in their final two years of dance education at secondary school or in further education college, or, in their first or second year of university dance education. It might also suit intermediate modern dance students in dance schools or conservatoires.

The range of dance skills, with their implicit expressive and aesthetic performance qualities, that will be developed in students who learn and improve performance of *Vocalise,* are identified gradually as they progress through the processes on the worksheets in the resource book. Learning and improving performance of the dance is constantly made by reference to and appreciation of the supreme dancing presented on video on the DVD-ROM.

Methods of improving dance performance

Defining methods of teaching and learning to improve dance performance and writing criteria of assessment for the performance of set dances for examinations or modules of study, has proved an interesting challenge since development and examination of practical dance skills, by tradition, has been in the form of students performing technique class exercises and set sequences of movement such as adage and allegro enchâinments in ballet. Clearly, performing a dance requires skills related more to a performance rather than a classroom: not only physical and technical skills should be assessed but also interpretive skills too.

The current specification for the high school Advanced Level examination[5] in England and Wales, for example, demonstrates this concern by assessing:

> The ability to perform and interpret dance ideas, through solo performance, demonstrating an understanding of appropriate technical and expressive skills and of safe practice.

And states that this will be evident in the:

- articulate and efficient use of bodily skill
- eloquent control of space
- eloquent use of dynamics to embody the specific dance idea
- clear use of focus to communicate the dance idea
- informed and appropriate projection of the dance idea

In the new specification for the GCSE Level examination in England and Wales for 2010[6] onwards – in Unit 3 – *Performance in a duo/group dance* – it is stated that:

> . . . Candidates will perform in a group dance that relates to a professional work from the prescribed list. Three clear links with the chosen professional work must be demonstrated.

---

[5] http://store.aqa.org.uk/qual/gce/pdf/AQA-2230-W-SP-10.PDF AQA AS and A Level Specification 2009/10 accessed 11/10/2009
[6] http://store.aqa.org.uk/qual/newgcse/pdf/AQA-4230-W-SP-10.PDF AQA GCSE Specification 2010, pages 10 and 13 accessed 11/10/2009

This list of example links include: choreographic style, dance style, recognisable action content or motifs. The syllabus goes on to say that:

> The performance should be choreographed by a teacher/dance artist in collaboration with the candidates.

Obviously the teacher/dance artist would need to undertake choreographic analysis of the selected work so that the piece created for students to perform relates to the professional work. (Use of approaches in Section 4 of this book would certainly be beneficial here). However, students' work to prepare for this assessment of performance also signals a new approach in that alongside learning to perform the dance it will be necessary to investigate the selected practitioner's work to demonstrate understanding of the relationship between the dance to be performed and the original choreography on which it is based. To undertake such a task demands that students develop skills of analysis to distill the essence of the movement content, including recognisable techniques used, and any other aspects employed from the original professional work and, moreover, that they discern ways in which they can demonstrate their under-standing of such characteristics through their own performance.

This approach has long been in practice in the tertiary education sector since, for the most part, in the UK at least, students are not generally assessed in technique class work alone. Rather, they learn and perform set pieces from repertoire or choreographed by the lecturer or by a dance artist. Assessment criteria are normally similar to those for the A level above but, in the case of repertoire, there would be the need for students to demonstrate knowledge of the piece in the context of the choreographed whole with a focus on understanding expression, style and genre. Of course at this level the skills required of the dancer are much more demanding. However, the attention given to the choreographer's movement content – use of dynamics, rhythm, phrasing, spatial features, use of music, use of choreographic devices and the form – and to the ways in which the idea for the dance can be expressed, should lead towards an individual interpretation of the piece. As part of the assessment in higher education, students are often required to write or speak about and justify their approaches to interpreting the dance.

Clearly, assessment of dance performance in secondary and tertiary education

has changed in the last thirty years. Yet, in my view, approaches to teaching and learning have not changed sufficiently since there is still an emphasis on the traditional approaches which means that students are being 'short changed' in developing full understanding of the pieces they perform.

Traditional approaches

It is common knowledge that the traditional method of teaching a set dance is to have the students copy a teacher or dance artist who performs it first. Once the students have learned a phrase or section of the dance following the teacher (usually behind him or her), the teacher usually stands back, watches and comments on the students' performance and determines ways in which to correct it, often through breaking down and practising parts and then building to the whole. This method can be very successful but it relies almost totally on the teacher's performance and interpretation as exemplification of the end product – excellence in performance. Even if students are encouraged to work with each other to improve, the images and understanding of the dance that they have are based upon the teacher's performance – perhaps supplemented with a demonstration on video/DVD.[7] The latter can be of great value if the featured performer presents the piece in line with the original choreographic intention and features a highly competent dancer. However, the video/DVD performance is normally a linear presentation which is difficult to analyse and there are no value added features that can be compared to the DVD-ROM resource pack, *Vocalise – improving dance performance* described below and demonstrated on the DVD.

New approaches enhanced by use of technology

It is proposed here that the quality of the learning of a dance and the degree to which the student becomes cognitively, artistically and aesthetically engaged in the physical process determines the ultimate quality of the performance. For too long now, the dance teaching profession has relied upon traditional practices associated with dance technique classes in which students are denied a voice and are expected to obey instructions provided

---

[7] For example, AQA – the exam board for GCSE and A Level Dance in England – provides a DVD video performance from the front and back of the dance.

by the teacher who is master of the art form. Such pedagogy needs to change so that students learn how to direct their own learning and rehearsing of dances so they might truly 'get inside' each performance through making it their own.

As defined in school examination syllabuses and university assessments in many parts of the world, performance in the performing arts – music, drama and dance – requires interpretation of the score or script. It is this interpretation that exposes individuality of artistry. However, to reach the level of performance that integrates both accuracy of rendition in terms of the choreographed dance and an individual artistic interpretation, students need to develop their performance skills far beyond mere acquisition of the technique and the ability to reproduce the given steps in the dance.

Performers do not become excellent in a vacuum, however. They need models, examples of good practice to aspire towards – not to copy but to come to appreciate and learn from so that they may apply similar techniques or principles to their own performances. The performance of *Vocalise* provides such a model – an exemplary performance of a modern solo dance. However, it is not only access to a superb video performance of a piece that is required. Teachers and their students also need tools of analysis to enable them to analyse and deconstruct the dances to be learned. They also need to develop strategies and techniques that will ensure successful reconstruction of each dance to be performed so that individual students demonstrate excellence in dance skill, clarity of understanding of the piece and individual artistry in interpretation. The resource pack offers such techniques and strategies, some of which are used in the practical assignments below.

A DVD-ROM resource: *Vocalise – improving dance performance*

The resource book which accompanies the DVD-ROM described below offers teachers and students a comprehensive methodology towards learning dances and improving performance of them. The aims of the book, used with the DVD-ROM, are as follows:

1. To develop students' abilities to:
   - analyse and appreciate the dances that they learn
   - deconstruct the content, form, use of music, style and expression contained in the dances to discern appropriate methods of reconstructing them
   - determine the skills required to learn and improve performance of the dances and to develop effective strategies to master them
   - undertake the above through student-directed tasks and monitor and evaluate their own learning and performance

2. To assist teachers to:
   - provide analysis, physical practice and evaluation tasks to guide students' own practice in learning and improving performance of dances
   - guide and extend students' skills and give students feedback and support in the above processes
   - develop strategies that will promote students' abilities to apply the above methodologies to learning and improving performance of any given dances

To achieve these ends, the book is structured into worksheets that address each aspect of learning and improving performance of the dance on the DVD-ROM, *Vocalise*. Students who use this process should achieve a good performance of the dance. They will be able to demonstrate an in-depth understanding of the piece in their performance, by talking or writing about it. All this learning is transferable to the learning of other pieces.

Because the aim of the pack is to provide teachers and students with an approach of deconstruction and reconstruction that can be applied to the teaching and learning of *any* dance piece, all of the worksheets culminate in a template. Each template is intended to build up students' abilities to perform any other solo dance piece. Whilst the worksheets address each aspect of developing the student's ability to perform *Vocalise* well, the templates define methods and questions for each of these aspects that can be applied to any other dance. In other words, the techniques of analysis, deconstruction and reconstruction have been distilled from one exemplar to serve other instances of teaching and learning dances.

As in all other Bedford Interactive packs, the worksheets have been written to

support student-based learning but the teacher is central to this whole process. Since most of the work will take place in a dance studio with a sizable group of students, the teacher clearly needs to organise and guide the learning. It is also important that the teacher encourages depth and breadth of learning through extending and enriching students' answers to the tasks set on the worksheets. The teacher's observation of progress or difficulties is crucial if the resource pack is to contribute to effectively improving students' performance.

The difference in teaching through use of technology alongside worksheets and templates is that the teacher works simultaneously as teacher and learner bringing a wealth of knowledge and experience, perhaps sharing this with the students. It can be a rewarding 'learning together' experience but throughout the process the teacher should be careful not to take control out of the students' hands completely. The aim here is to develop each student's own ability to analyse, deconstruct, reconstruct, practise and perfect his or her own performance. Certainly the teacher's guidance is of importance throughout the process. Teaching points are given in the worksheets – especially in instances of evaluation – but there may be occasions when a backward step is required while students gain from finding their own solutions.

The methods of teaching and learning dance performance promoted in the resource pack comply with the midway model approach defined in my book, *The Art of Dance in Education*, 2002. Each worksheet contains viewing and appreciating tasks that lead towards informed practice, performance and evaluation tasks. Obviously, the former tasks require detailed viewing and analysis of the dancer's performance on the DVD-ROM.

View part 2 of the DVD before, during and after reading the following text.

The DVD-ROM, *Vocalise – improving dance performance*, provides instant and interactive access to:

- a *viewing* or the front view of the dancer – performance mode
- a *learning* or back view of the dancer
- *optional* views of the dancer from angles or in close-up by a double screen simultaneous presentation with various options to loop, go on or repeat the phrase

- accompanying simultaneous *dance notation* of the movements
- accompanying *music notation* in synchrony with the dance
- on screen animated *floor pathways* matching the movement on a floor grid
- on screen beat, bar counts and animated horizontal time bar
- a *dance phrase* menu bar allowing immediate access to any phrase and a text description of its content

All these options can be variously controlled with the mouse via buttons described below.

On opening *Vocalise* on the DVD-ROM, the *front* view performance is presented with an option to access control buttons offering play, pause, slow-motion forward and back, advanced or stopped, by depressing and releasing the button, single frame moves forward and backwards and loop back to the start. There are additional buttons that jump forwards or backwards a few moments from the current move in the dance, which are useful in finding parts within the whole dance. In this full screen front view there is also access to an animated 'map' which reveals the floor pathways created by the dancer as she moves within a grid on the floor.

A click on the *learn* mode button takes the user to the back view of the dancer so that students can follow the dancer projected on screen at the front of the studio. Here the access and control buttons are the same as for the front view except that there are additional option views to choose from. These options flash up as the dance progresses so that if, for example, it would help to see a close-up of the feet in a particular phrase of movement, selection of this view is possible. There are nine optional views generated from camera positions: front view – centre, right front corner, left front corner, lower body, close-up on the body, top of the body; back view – top and lower body. There is also an overhead option view for floor work sections of the dance.

Once an option has been selected the user is taken to a double screen with the option selected on the left and the *back* reference view on the right. During the double screen presentation the user can click on the full screen caption so that the option is presented in a larger window. Here, the reference view can be dragged anywhere on the screen or out of the way. A click on back to split screen

will do exactly this. If a front option is selected the viewer will see the phrase from both back and front views simultaneously. Since these were obviously shot on separate occasions, there are moments of time synchrony that differ. The dancer demonstrates individual interpretations of the use of the music at these moments both of which are acceptable in performances of excellence. The option screen provides a text description of the phrase – details of its time frame both on the horizontal bar and in minutes and seconds within the dance as a whole – and the symbol indicating which option has been selected. There are also facilities to repeat the option in a loop as many times as required, or to return and move onto the phrase under review or the next phrase.

The on screen *horizontal time bar* has a moving indicator showing the user where in the time frame of the dance the current movement takes place. It also allows the user to choose *phrases* (phrase menu) in the dance by selecting a phrase in the bottom open row. A drag of the mouse from left to right highlights the phrase number and its description in the text underneath. The user can freely and immediately move from phrase to phrase by clicking on this animated indicator. In addition, time indications – the minutes and seconds provides an on-screen chronology of the dance which lasts for three minutes and fifteen seconds. The bars and beats appear in the bottom left hand corner of the screen.

The dance notation button takes you directly to a screen in the current part of the dance which displays the Labanotation score synchronised to the back view of the dancer. Each bar of the notation is highlighted as the dancer progresses and this obviously matches the numerical bar counts. Again the user can use the horizontal time bar to access any of the phrases in any order and see the phrase description on screen. Of course, the slow-motion control allows detailed analysis of the dancer's movements in relation to the notated score.

The music notation button takes you directly to a screen in the current part of the dance which displays the cello score synchronised with the back view of the dancer. Again, each bar is highlighted as the dancer progresses with a clear pointer to show the bar number at the beginning of the displayed part of the score.

Obviously all the above features provide flexible access to all parts of the dance in any order to help students resolve learning problems such as accuracy of the sequencing of movements and body co-ordinations, timing, rhythm, phrasing and dynamic content in relation to the music and spatial positioning and

movement. The worksheets in the resource book provide tasks in all these areas and take the student further in analysis and deconstruction of the form, expression and style to help develop a personal interpretation of the whole.

The method of working with the resource is similar to that of *Choreographic Outcomes – improving dance composition* described in Section 4 in that brief initial appreciation tasks precede practical learning, rehearsing and refining activities in which students apply what they have observed and learned into their own practice of the dance. It is recommended that this process of application should allow students to incorporate each concept or principle studied in the performance on the DVD-ROM within their own interpretation, thus embedding personal characteristics into performance of the piece as choreographed. In addition, the practice to improve performance will constantly be informed through analysis and evaluation of their own performances with reference to, rather than a copying of, the dancer's performance on the DVD-ROM. Indeed, throughout the processes of learning and improving the performance of *Vocalise*, it is advised that recording and playback of students' own dancing should take place for evaluation and assessment purposes. It is also suggested that each student might like to create a video diary of his or her progress in developing a skilful, accurate, artistic and expressive performance of the dance piece.

Resource-based teaching/learning – practical assignments using the DVD

The following example tasks in appreciation and performance are based on similar approaches in the *Vocalise – improving dance performance* DVD-ROM resource pack. However, because the reader has no access to the technology aids provided on the DVD-ROM which allow detailed viewing of, for example, individual phrases with optional views or the music score synchronised with the video, the study of performance through use of the solo, *Vocalise*, is limited to the demonstration of appreciation and analysis tasks only. In other words, students will not be able to learn and perform *Vocalise*. Rather, teachers should select another solo[8] for students to learn and work on to improve performance so that the methods of deconstruction, reconstruction, rehearsal and refinement are immediately applied.

---

[8] Possibly a set solo for an examination or assessment.

Before learning any dance, tasks should be set to develop initial appreciation. The students should have information on the name of the choreographer, the date the piece was created, the composer and title of the music and date it was composed. After or during several viewings of the dance students should be led to:[9]

- consider the genre, historical context, traditions evident, style of dance in relation to the choreographer's background (if available)
- if it is available for study, consider the choreographer's intention
- discern and discuss the theme providing evidence for the interpretation by making reference to movement ideas presented in the dance
- comment on the overall quality of the dance (eg, athletic, dramatic, fast and intricate, lyrical, rhythmic)
- discuss the genre, historical context, traditions evident, style of the music/sound (if any) and its overall quality
- comment on the relationship between the accompaniment and the dance piece
- define criteria to assess the performer and then apply them to make comments on the quality of the dancer's performance

Having appreciated overall features of the dance, students could begin to learn the dance in the following way.

Activity 1: identifying, extracting and practising key movement skills

Analysis and appreciation

View *Vocalise*, the solo in the practical assignments section of the DVD, as many times as required.

- While viewing, work individually or with a partner to identify and list movements performed more than once.
- Categorise and name the key movements listed.

---

[9] The tasks that follow are the same as in Template 1 in the *Vocalise – improving dance performance* Resource Book, p. 14.

Teaching points

Students should be encouraged to use basic language such as jump, fall etc and technical terms such as contraction, side lunge and arabesque where appropriate.

- Identify movements that derive from known techniques.

Teaching points

Students might recognise Graham-based, Cunningham-based and ballet-based skills and should name the movements that may derive from such techniques.

Key movements in *Vocalise* include the contraction, balances in 4th and on one foot, leg circles, side lunges and spring into various moves. Obviously, to be able to perform this dance well, students need to develop these skills separately and as they are performed in the dance. Hence, technical exercises that break down then build up the skills effectively need to be created.

- Select one of the key skills that students would need to practise if they were to learn and perform *Vocalise* and discuss ways of breaking it down so that progressive exercises build from simple beginnings to the level of complexity required. For example, for the first leg circle in phrase 1, perform circular actions outwards into steps back on alternate feet aiming to keep hips still and the working foot in contact with the floor. Then repeat but allow the working foot to leave the floor from the side to the back adding an element of swing into the leg prior to the step back. Finally, repeat adding a half turn on the supporting foot into three steps back. This would be sufficient practice for the first time this leg action is used in *Vocalise*. However, later the action will need further development which would require at least another three progressive technical practices to accomplish the skill of high leg circle with opening of arms taken into a hop and turn. (Find and bookmark this moment in *Vocalise* – Part 3 of the accompanying DVD.)

Improving peformance

So that students learn your *own* selected solo, undertake the following:[10]

After or during several viewings of the dance:

1. Identify the key movements and create a table to note the incidences of each key movement.
2. Note the key movements that can be applied to a known technique. If resources are available, have them ready to make reference to visual presentations of exercises or movements to help students see what is to be aimed at in a good performance of the defined skills.
3. Design suitable exercises resulting from a breakdown of the essential techniques in all the key movements. Then design further exercises to build from the basics towards ways in which each key movement appears in the set dance.
4. Design methods to enable students to practise the key movements either alone or in pairs. For example, worksheet questions relating to teaching/coaching points could be presented to each student so that they have aspects of each movement to work on.
5. Design criteria to evaluate each student's performance of the key movements as they appear in the set dance to be learned.

Teaching points

It is not recommended to undertake all the technical practices required for the dance at one time. Rather, teachers might select those that are needed for the first four phrases, let us say, so that the students can begin to learn the dance even in Session 1. The other key skills practices could take place in subsequent lessons as they are needed for learning the dance.

---

[10] The tasks that follow are the same as in Template 2 in the *Vocalise – improving dance performance* Resource Book, p. 16.

Activity 2: linking key movement skills into phrases and sections

Analysis and appreciation

View *Vocalise*, the solo in the practical assignments section of the DVD as many times as required.

- View phrase 1 (up to the balance in 4th and pause), several times. Identify all the movements in phrase 1 and comment on whether they are key or transition movements and whether they are linked creating continuity or emphasised through pause.
- Now do the same for phrase 2 (up to the side lunge).
- In the absence of a phrase menu bar attempt to discern a further three separate phrases in *Vocalise* (for example, phrase 5 described below, the following floor work phrase, the phrase that ends the dance phrase 15 also described below) to undertake the task in the first bullet above.

Phrase 5

Turn, reach, run into skip, run into spring into contraction, step hop turn, step hop turn, run into balance 4th position.

Phrase 15

Balance on one foot into contraction, run into turn, step through balance in 4th position, step through balance in 4th position, step slide into turn x 2, step into contraction, close and reach, step and close, twist, reach, lower and stand.

Improving performance

Now, so that students learn your *own* selected solo, undertake the following:[11]

Unless the teacher wishes to pre-define these components, each activity could start with students working individually or in pairs but it should conclude with an agreed analysis of the phrases and sections in the dance and the accompanying music.

---

[11] The tasks that follow are the same as in Template 3 in the *Vocalise – improving dance performance Resource Book*, p. 25

- Analysis of the dance to identify the action content in the phrases and sections in relation to the music:
  1. Bearing in mind that a phrase in dance can be likened to a sentence in literature including punctuation within it, view the dance several times to agree on the number of phrases identifying the start and finish of each phrase.
  2. Consider how these phrases relate to perceived phrases in the music and create a phrase chart including reference to bars (measures) and beats.
  3. Consider a section to be more like a paragraph in literature – groups of linked sentences (phrases) and divide the dance into sections.
  4. Write a section chart.

Students should have access to all the above materials either in their own workbooks or in large presentation on a wall or both.

Learning the dance phrases, sections and the whole dance.

  5. Define ways of learning the phrases. This learning may include identification of key movements and their role within each phrase.
  6. Create tasks to help students link the phrases into sections and ultimately the whole dance. The tasks could include reference to emphases on some movements, moments of stillness (describing the type – held or living and ongoing), smoothness and continuity or separation between movements. At this point in learning the dance, students should think about these elements as punctuation.
  7. Define criteria that can be used to determine good performance of phrases and sections.
  8. Design methods to enable students to practise the phrases and sections either alone or in pairs. For example, worksheet questions relating to teaching points could be presented to each student so that they have aspects of each section to work on.
  9. Create tasks to evaluate and improve each student's performance of the phrases and sections in the set dance to be learned. Wherever possible this should include video capture of each student's performance to allow for self-assessment and means of determining how performance can be improved.

Teaching points

Again, this work should occur as learning the dance progresses rather than all at once. It is important that students develop a feel for phrasing in the dance in relation to the music (if any). The preliminary deconstruction and appreciation of the dance develops their understanding of the contained expression so that their performance can ultimately show qualities that differentiate parts within the whole by means of punctuation – continuity, pauses and emphases. This work should produce a very different performance compared with that which gives the same value to all the 'steps'.

Activity 3: focusing on time, dynamics and changes of speed and force in relation to the music

Analysis and appreciation

View *Vocalise*, the solo in the practical assignments section of the DVD, and undertake the following tasks.

- Study the beat and bar structure of phrases 1 and 2 (ending in the high 4th position and side lunge respectively) with reference to the representation below. (*Vocalise* is difficult to deconstruct in this way since the music is very asymmetric. However, most dances and accompanying music can be deconstructed fairly easily, especially if the music score is available.)

Phrase 1: *6 beat phrase*

Bar 1 4/4   Bar 2 2/4   Bar 3 4/4

	2	3	4	1	2	1

Phrase 2: *9 beat phrase*

Bar 3 cont.   Bar 4 4/4   Bar 5 4/4

2	3	4	1	2	3	4	1	2

- Now study these phrases again, with reference to the key below, to discern pauses, commas and accents.

Time qualities key (Qualities of continuity, pause, comma, light and strong accents)

_____	continuous line = continuous smooth movement
_____ _____	gap in line = pause
Λ	upside down V = strong accent
V	right side up V = light accent
/	slash = comma or semi-colon (mid and/or end of phrase)

Phrase 1: *6 beat phrase*

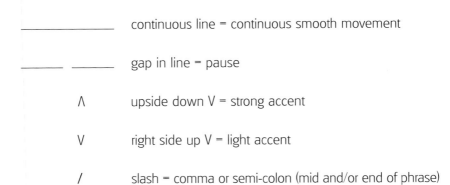

Phrase 2: *9 beat phrase*

Speed

- Consider the dance as a whole and identify changes of speed. Apply terms such as quick or fast, slow, sustained, accelerate, decelerate.
- Notice the relationship of these speed changes in movement to the incidences of changes in the music (*ritenuto* and back to *a tempo*).

Force

- Working in pairs, sit facing each other. Play the whole dance and whilst listening to the cello in the music, one partner should open the arms on *crescendo* or *forte* (stronger) moments and close them on *diminuendo* or *piano* (softer) moments. The other partner should do the same thing whilst listening to the piano.
- The pair should do this again with a third person noting at least two movement snippets in the dance that reflect the *stronger* moments from the 'cello and a fourth person doing the same in relation to the piano.
- Repeat the above but this time the third and fourth person should note at least two softer or quieter snippets in the dance that reflect the 'cello or piano.
- Discuss these changes in force in relation to the expression in the dance and music.

Teaching points and evaluation criteria
Speed

- Students should note that there are instances of all the terms listed in the first bullet point referring to speed and note the subtle nuances that demonstrate the differences between them. The fast moves are not very fast at all but are merely relative to the slow, for example, and the acceleration and deceleration occur with short ranges of changes from slow to quick or vice versa.
- Students could use conventional music vocabulary (*adagio* for slow; *andante* – flowing walking pace; *allegro* – fast; *presto* – very fast; with the addition of Italian words to qualify the terms such as *molto* – much or more; *poco* – a little or less) or make up words to define changes of speed.
- Understanding of the word *ritenuto* should be developed. Some suggest it is merely playing more slowly, others that it is holding back. Students might discuss the difference here and comment on which translation is the most appropriate in this instance.

Force

- Students may show a small range of out and in moves of the arms to denote the short *crescendo* and *diminuendo* moments played by each instrument. After these exercises students should appreciate the relevance of signs on a music score such as *p* for *piano* or soft; *f* for *forte* or loud/strong and the practice of using two or three of these letters together to denote degrees of softness or loudness – eg, *fff.*

Improving performance

For students to focus on phrasing whilst learning your *own* selected solo, undertake the following:[12]

- Analysis of bars, beats, phrases and sections – extending and deepening the work done in Activity 2:

  1. Assuming that the dance to be performed is accompanied by music, the first task to be undertaken by the teacher and/or the students is to ascertain the time signature of the music, the number of bars (or meters) and beats in each bar. If the music score and/or a notation score are available this task is much simpler.
  2. The next task is to match the dance movements with the bars and beats of the music. It is suggested that bars are represented in boxes as presented above.
  3. Following this, dance phrases and sections should be defined. (This may have already been done in work undertaken for Activity 2.)

- Analysis of the time and force dynamics/qualities in the dance and music.

---

[12] The tasks that follow are similar to those in Template 5 in the *Vocalise – improving dance performance* Resource Book, p. 34.

4. At the outset the teacher/students should agree on the dominant overall qualities in the dance and music. Clearly, *Vocalise* is lyrical, mostly continuous and slow. Once these overall qualities are agreed upon, a set of symbols to denote them should be created and then applied to the drawings of bars and beats. The headings to use here could include continuity – including punctuation such as pauses or stillness; commas, and accents; speed – including all variations; and force – including all degrees.

- Improving performance of the dance focusing on time and force qualities.

5. Create tasks that help students to focus on each of the above qualities in practice of phrases, sections and dynamics/qualities of time and force. Once each aspect is performed with clarity and differentiation in the qualities, students should, of course, aim at combining the focuses so that sensitivity to all the qualities in relation to the music is demonstrated in performance.

6. Using as much technology as is available (for example, digital video cameras and playback systems) tasks should be created to encourage students to evaluate their own and others' performances and to develop strategies for improving them.

Throughout the above, students should have access to all the materials created, for example, charts/drawings, music and/or notation score, the music recording and video of both the demonstration dancer(s) and themselves for analysis/practice purposes.

Activity 4: analysis of the dance phrases in relation to the use of space – floor pathways, directions, alignment, focus and shape of the body in space

Analysis and appreciation

View *Vocalise*, the solo in the practical assignments section of the DVD and undertake the following tasks.

The aim of this analysis is to develop students' knowledge and understanding of orientations in space both in the room and around the dancer – floor pathways,[13] directions of facing and moving in the performance. The analysis will also identify the alignment, focus and shape of the body of the dancer especially in the moments of arrival or pause. Such awareness of the moving body in *space* should improve performance.

Floor pathways

View *Vocalise* on the DVD and on previously prepared eight squared grids on paper (as taped on the floor) draw the dancer's floor pathways.

Directions of facing and moving

Watch the first three phrases in *Vocalise* (finishing on the balance on the left foot into contraction in the right front corner) and follow the analysis presented below.

Phrase	Direction(s) of facing	Direction/s of moving
Phrase ending in 4th high	Left back corner	Backward Turn right Backward
	Right corner	Forward Up
Phrase 2 ending in side lunge	Left front corner	Sideways to right Turn right Sideways to left
Phrase 3 ending in balance RFC	Left back corner	Forward Turn right
	Right back corner	Foreward

---

[13] Air pathways are not dominant in this dance so there is no special focus on them.

Alignment, focus and body shape

- Consider and discuss definitions. Alignment is defined here as the positioning and relationship of the parts of the body as it moves through space. During movement imaginary lines, curves or body shapes are created which are appreciated by an audience like many still pictures that create images in space; line and shape created in the body and even beyond it, provide aesthetic pleasure for those viewing the dance. In dance, line is frequently enhanced by use of focus which complements or extends beyond the line or shape created.
- View the following examples of these performance qualities in *Vocalise*:
  - Phrase 1 – achieving a good curved body shape on the contraction – head in line with arms.
  - Phrase 2 (the first stretch high after the glissade) – demonstrating a continuous line from the top arm through the shoulders while bending to the left and head following the line while looking down.
  - Phrase 2 (the ending side lunge) – flat sideways orientation of the body facing LFC with the shoulders linking the curved high (right arm) and curved low (left arm) lines of the arms complemented by the curve sideways of the body showing a curve from left knee to left shoulder.
  - Phrase 3 – extension in the arabesque – leg high and straight, back upright and open, shoulders down and head focusing forwards.
- View the whole dance and select other instances of movements or stillness that require attention given to alignment, focus and/or body shape.

Improving performance

To develop students' abilities to analyse the use of space – floor pathways, air pathways, directions, alignment, focus and shape of the body – and to improve these aspects in performance in your *own* selected solo, undertake the following tasks:[14]

1. Tape a grid to the floor (the size and number of squares should be determined by the floor coverage of the dance). Set students the task of

---

[14] The tasks that follow are similar to those in Template 6 in the *Vocalise – improving dance performance* Resource Book, p. 37.

producing *floor pathways* on paper to represent the lines of travel for each phrase of the dance.

2. Determine *air pathways* in movements that emphasise this feature and devise tasks to guide their practice of both floor and air pathways.

3. Complete a 3 column chart to determine *directions* of *facing* and *directions* of *moving* in each *phrase* of the dance and design tasks to help students achieve accuracy in these aspects of their performance.

4. Clarify the meanings of the terms *alignment, focus* and *body shape* and set tasks to help students study and improve performance of these elements in the dance.

5. Using as much technology as is available (for example, digital video cameras and playback systems) tasks should be created to encourage students to evaluate their own and others' use of *space* and to develop strategies for improving the above aspects.

Activity 5: Analysis of the form of the dance – motifs, repetitions, developments, variations, contrasts, climaxes and unity of parts and the whole

Analysis and appreciation

The aim of this analysis and deconstruction is to develop students' knowledge and understanding of the form of the dance, ie, the relationship of its parts to the whole. It is considered important that students reconstruct and perform dances demonstrating this knowledge and understanding so that the continuity, development and resolutions of its parts relate to the expressive whole. Even if there is no dramatic underlying idea, every dance, as in the case for music, has a story-line, a progressive unfolding of themes and sub-themes. In the case of *Vocalise*, in line with the accompanying music, the movement content itself constitutes the themes and sub-themes, and it is the progression and interplay of the movements or motifs in terms of how they are repeated, developed and varied and how they are *contrasted* with new motifs, repetitions and develop-ments that contribute to climaxes/resolutions and the unified whole. It is contended here that such awareness of form in performance will present an audience with the story-line so that they too will appreciate and understand the relationship of all its parts to the whole.

View *Vocalise* on the DVD and undertake the following tasks.

- Analysis of form through identification of the above elements in selected sections of the dance.
  - Study section 1 of the dance in the table below picking out the motifs, repetitions and developments.

Section I Phrases 1–3 Motifs, repetitions, developments

1	Stand, triplet, leg circle, turn, steps into contraction, steps into balance in 4th position
2	Lower into side stretch, spring, step across, side stretch, slide, turn, balance in 4th position, into side lunge
3	Turn, run, step, balance on one foot, turn, step, balance on one foot, tip, run, step, balance on one foot

- Discuss with a partner:
a. How you might define motifs? Are they single moves or a sequence of moves?
b. The moments that you perceive repetition – again, are they in single moves or in the sequences?
c. Where development occurs.

Teaching points:
- If they have already studied the key movements in Activity 1, students will probably determine motifs as single moves. However, in phrase 1, for example, they may well consider that the triplet into contraction constitutes one motif and the step into balance in 4th another motif.
- Students should recognise repetitions of single moves which are quite obvious – 4th positions, contractions and balances on one foot but are

these all just repetitions or does development feature within a repetition?
- At the end of this exercise students may come to the conclusion that even if you define motifs as short sequences rather than single moves, the latter can be repeated and/or developed when they occur within the sequences. Hence they appear as key movements – motifs within motifs.

- View *Vocalise* and pick out repetitions and developments of movements that occur in phrase 1.
- View *Vocalise* and pick out repetitions and developments of movements that occur in phrase 2.
- View *Vocalise* and note the contrasting motif on the floor the first time then compare this to the same moves the second time to discern repetitions and developments.
- Discuss the ways in which the form of the dance and the music complement each other in terms of the repetitions, developments, contrasts, climaxes/resolutions and the overall unity.

Teaching points and evaluation criteria
- Students should focus attention on the form elements and discuss the ways in which this improves the performance of the dance and how the audience receives it, ie, the 'journeys' made by the motifs to create unity.
- Students should re-consider the qualities in each phrase as studied in Activity 3 so that the accents, pauses, commas and continuities characterise the repetitions, developments, contrasts etc. to produce a dynamic 'storyline'.

Improving performance
Identification of the elements of form in your own selected solo and demonstration of an understanding of them in performance.[15]
    1. Use the phrase and sections analysis undertaken in Activity 2 and create

---

[15] The tasks that follow are similar to those in Template 7 in the *Vocalise – improving dance performance* Resource Book, p. 41.

tasks to help students identify motifs, repetitions, developments, contrasts, and climaxes as the dance progresses.

2. Create tasks for pairs or small groups so that students practise and evaluate their performances of the sections of the dance concentrating on these elements of form.

3. Define ways in which the form of the music and the form of the dance can be studied to determine the relationships between them.

4. Design methods to enable students in performance and evaluation of performance to focus on both the qualitative features of the movement content and the aspects of form in 1. above.

Activity 6: analysis of the style and expression in the dance and development of practices to improve these aspects in individual interpretation of the dance

Analysis and appreciation

The aim of this final activity is to focus on the style and expression in a dance so the students' performances distinguish dances as entities that communicate stylistic and expressive characteristics that are different compared with other dances in the same genre. Ultimately, focus on its distinctive style and expression along with all the previous study should lead to performances that go beyond technical mastery towards artistry and aesthetic engagement of both performer and audience.

A good performance, however, depends on how far the dancer has made the dance his or her own. Individual interpretation of the piece is an important aim and work towards integration of the style and expression intrinsic to the choreography with the style and expression of the performer, makes for an individually coloured performance. Understanding and knowledge shown through performance is frequently termed as 'getting inside' the piece but the performance must also reflect the distinctive ways in which the performing artist interprets the dance. Clearly, a balance is needed between accuracy of presentation of the choreography, as 'written', and the individual interpretation of the dancer. The activities below

aim to assist this process. Read pages 81–86 on definitions of style in *Methods of construction 6*.

View *Vocalise* on the DVD and undertake the following tasks.
- Taking account of the work undertaken before Activity 1, write down ways in which the style of *Vocalise* can be defined as:
    a. modern or contemporary dance
    b. traditional modern or contemporary dance
    c. in part – classical
    d. based on known techniques (Graham, Cunningham, etc.)
    e. similar in style to other choreographers' dance works

Teaching points
- Under a., students should be encouraged to list all or most of the following features that differentiate modern/contemporary dance from other styles:
    - Feet in parallel and all parts of the feet used sensitively in relation to the floor
    - Torso/centre of the body important in all movements
    - Weight shifts into and out of balances
    - Contractions with downwards/inwards focus and releases with upwards/ outwards focus
    - Tipping/falling into and out of balances to achieve an on-going feel
    - Hips initiating moves or extending beyond the centre line
    - Floor work – moves into, across and out of the floor
    - Natural opposition of arms and legs as in walking
    - Emphasis on rhythmic qualities of impulse, impact and swing
    - Variety in length of phrases and in rhythmic patterning
- Under b. students should be able to distinguish the style as traditional in the sense that it is clearly not related to more recent contemporary dance styles such as release technique, nor derived out of street/hip hop, martial arts influences etc. etc.
- Point c. could result in a list of movements that are ballet-based – arabesque, *rond de jambe*, for example.

> - Point d. clearly requires that students have some knowledge of the base techniques. There are movements that could be labelled both Graham and Cunningham based.
> - Point e. depends entirely on the students' knowledge of choreographers' works but their own opinions should be sought here providing justifications are given.

- Now consider the expression contained in *Vocalise* and list as many words as you can recall to describe the qualities in the dance (eg, soft, gentle, quiet, calm, smooth), and write a paragraph to indicate how these qualities contribute to the expression in the dance.
- Write another paragraph to suggest how the music contributes to this expression.
- Work with a partner to combine ideas and to refine the two paragraphs. Read them to the class and then vote to select the best two paragraphs.

Improving performance

Tasks to identify style and expression in your own selected solo and to develop practices to improve these aspects in individual interpretation of the dance.[16]

1. Identify the genre and style of the dance within a cultural and historical context of choreography in general and create tasks to help students to note the relationship of the style of the dance to previous or current practices and make acknowledgement of eclecticism if this is evident.
2. Create tasks to discern how the style is created through the choreographer's choice of key movements, the range of qualities in time and space, the phrasing, sectioning and the form of the dance (topics of the previous activities).
3. Develop strategies to improve students' performance of the dance so that the style of the piece is integrated with each student's own style.
4. Design tasks to develop appreciation and expose a full range of qualitative language that can be used to describe the expression embedded in the dance.

---

[16] The tasks that follow are similar to those in Template 8 in the *Vocalise – improving dance performance* Resource Book, p. 45..

5. Define ways in which students can practice to enhance their expression in performing the dance with its music accompaniment (if applicable).
6. Work with students to write criteria of evaluation of their videoed performances with reference to *style* and *expression* and each student's individual interpretation of the dance.

All of the above activities have focused on solo dance performance. Obviously, there are many more aspects that need to be considered in duo or group dance performances. Orchestration of the dancers in time and space (*Methods of construction 3*) constitutes a whole range of study. To inform their own duo rehearsals, students might benefit from analysis and appreciation of the dancers' performance of the Duo in Part 2 of the DVD. Here, they can see good examples of unison, canon, complementary action, positioning and spatial patterning in relation to each other as well as use of contact. Concentration on these specific aspects as well as to all the features above used in solo performance should enhance duo and group performance.

This section has considered ways in which study of performance can be undertaken by using technology to develop analysis and appreciation skills through deconstruction of filmed performances and, by means of this study and practical application, achieving excellence in performance of the students' own dances.

The processes involved point to changes in current practice where, for the most part, technique is taught first to provide students with physical skills to be able to dance any dance, towards increasing knowledge and understanding of the dance to be performed *whilst* developing the skills to perform them. Through analysis, deconstruction and appreciation of the dance to be learned juxtaposed with reconstruction and informed rehearsal of it focusing on the aspects incorporated in Activities 1–6 above, all attributes of a good performance will develop and the criteria specified, on page 180 will have been covered.

The essential point here is that to 'get inside' a performance and to interpret the dance in an individual way, students need to become fully aware of its composition. It is often said that a dance is only as good as its performance. Indeed, it is very difficult to discern a good dance from a poor performance. It is therefore very important that, whether the dance is to be judged on its composition or its performance, the performance is as qualitative and enriched

as possible so that the audience becomes fully engaged and aesthetically moved by the dance and the dancer(s). Clearly, technology can play an enormous role on the journey towards achieving this end.

Section 6

Standing back from the process – evaluations

The composer's freedom

The process of composing a dance varies with each person who attempts it, and no one can set out rules or methods of progression which can be followed to achieve guaranteed success.

When the composer is at work there is constant influence exerted from the inter-relationship of his/her:

1. imagination and intuition
2. knowledge of movement material
3. knowledge of methods of construction
4. acquaintance knowledge of form, style and meaning in the aesthetic realm which has been gained through experience of seeing other people's dances and art works in forms other than dance.

So far, this book has been concerned mainly with the areas 2 and 3 above and to some extent 4 has been discussed in Sections 3, 4 and 5. To consider the inter-relationship further it becomes necessary to attempt more detailed discussion of 1 and 4.

Imagination and intuition

The fact that the composer's imagination and intuition are active during the creation of a dance cannot be disputed. Section 3 attempted to deconstruct one student's creative process to illustrate how the input of intuition and imagination featured. However, these are elusive qualities and to discuss when they function, and even what they are, is very difficult indeed. The following ideas on some

possible roles that imagination and intuition might play in the composition of a dance, are based upon the experience of making dances and discussion with many students both during and after the process of composing.

Clearly the dance composer cannot function without using imagination. One of the definitions offered in Webster's Dictionary (1966) is:

> . . . the ability or gift of forming conscious ideas or mental images especially for the purpose of artistic or intellectual creation.

A composer has complete freedom of imagination until he/she has decided on the idea for a dance. Sometimes, this can be a difficult decision if the imagination is fired by many alternative ideas. In choosing a theme, the inexperienced composer is often unaware of the pitfalls when he/she tries − unsuccessfully − to translate great epics or very involved and intricate plots into dance form. He/she imagines these complex dances, and attempt to interpret them without any real knowledge or awareness of the technical problems which need to be resolved. A skilled dance composer has acquired this knowledge, and understands that it is an integral part of the craft. Through the experience of trial and error, a creative person endeavouring to compose dances gradually learns that knowledge of the limitations of the art form disciplines imagination to that which is possible.

Imagination in relation to the stimulus

Material content

On hearing a lively piece of music the composer, spontaneously or through meditation, consciously recalls movements which pertain to the quality of liveliness. This response may occur simultaneously with movement if the composer improvises immediately with the music, or it may occur solely in the mind of the composer while listening to the music.

The composer's initial reaction to the stimulus thus evokes certain conscious ideas or mental images but these do not come from out of the blue, for as Redfern (1973) states:

> To be imaginative in the aesthetic realm demands knowledge and
> understanding of the standards and techniques peculiar to the art
> form in question.   (p. 20)

The conscious recall of suitable movements for communication of liveliness occurs within the imagination of the composer. He/she imagines a dancer or dancers performing known movements (knowledge) and which are within the range of acceptable vocabulary to depict the mood (understanding of the standards).

The dance form

During or after this initial response to the music, and as a result of it, the composer may imagine a *dance outcome*. The outcome, whether an entire framework or only a small part, continues to guide the composer's movement response to the stimulus. The outcome might, for example, be seen to grow to a height in the middle when the lively dance would contain extravagant jumps, turns, rolls and leaps. It might also be imagined to have a final leap which exits from the stage. The composer, with this in mind, then begins to manipulate material to fit these conscious images, and thus starts composing.

Imagination during composition

Material content

The composer continues to search for movements from his/her repertoire which are deemed suitable, and tries to make them as original (imaginative) as possible. Perhaps this is achieved by altering the more commonly employed movement characteristics, such as, size, level, direction, part of body used, qualitative content and gesture. It is understandable that the composer should want to aim for originality. It is also understandable that he/she should wish to move away from conventional movement towards a form which is unique and his/her own. But the movements:

> . . . can hardly be counted as original or imaginative if they occur
> without reference to existing practices, and without the understanding
> and deliberate intent which make a 'differing form' possible.
>
>   Redfern (1973), p. 15

This reinforces the comment made previously, that, however original, to be successful the vocabulary must be recognisable. It can be open to many interpretations but these should be within a certain realm of ideas. We all look for imaginative or original movement material and evaluate dances with this as a criterion. The composer should set out with this aim. It may be that the dance demands to be stated simply, but the simplest movement content can be presented imaginatively by means of sensitive juxtaposition or original and inspired use of repetition.

The dance form

As soon as the first motif is composed, the imagined dance outcome becomes clearer in form. The composer begins to think of possible directions that it may take. For example, he/she may imagine:

- an immediate repetition of the motif developed and varied, followed by an introduction of a new and contrasting motif, or
- an introduction of another he/she, as contrast to the first, followed by an interplay of the two.

According to experience, the composer, consciously or intuitively, employs the elements of form – repetition, variation, contrast, climax, proportion, balance, transition, logical development and unity. He/she may imagine some of these elements within the dance form before actually manipulating the material. He/she may, for example, consciously imagine the climax movements and work up to these through logical sequencing of the material content and placing of the dancers within the stage space. This belies a mainstream approach, of course. Alternative approaches (see Section 2: *Methods of construction 8*) require just as much imaginative thought in the choreographic process.

It would seem, therefore, that the images construed within the composer's thought pose compositional problems (which may be shared with the dancers) and that these require further thought to solve them. This latter imaginative or original thought might produce even richer form than that imagined in the initial stages (especially if dancers also contribute explorations and discoveries of responses to the problems set). The saying goes, 'Let your imagination run away with you'. Often this occurs, and the composer may be surprised with the results

in composition. This element of surprise is as pertinent during the process of composition as it is in the viewing of it as a completed form:

> A work of art always surprises us: it has worked its effect before
> we have become conscious of its presence.
>
> Read (1931), p. 69

During composition, the composer's imagination is structured by the stimulus, by knowledge of movement material and, above all, by the technique peculiar to dance construction. But within this framework there is freedom and the range and quality of the imagination used has a great deal to do with the ultimate success of the dance.

Intuition

> In building up his composition, the artist may proceed intellectually
> or instinctively, or perhaps more often partly by one method and
> partly by the other. But most of the great artists of the Renaissance –
> Piero della Francesca, Leonardo, Raphael – had a definite bias
> towards an intellectual construction, often based, like Greek sculpture
> or architecture, on a definite mathematical ratio. But when we come
> to Baroque composition like El Greco's 'Conversion of St. Maurice' the
> scheme is so intricate, so amazing in its repeated relations, so
> masterly in the reinforcement which gives form to intention, that the
> form itself, as often the solution of some mathematical problem,
> must have been an intuition.   Read (1931), p. 62

Although Read suggests that some great artists proceed either intellectually or instinctively, it is accepted by many that, in dance, the composer must allow intuition to guide them. At the same time they always needs to intellectualise because, during the process of composition, it is important continually to evaluate, select and memorise the movement content. The question is whether intuition is the main method of procedure, and how it is supported by knowledge which,

for the dance composer, includes knowledge of movement and material and methods of constructing dance form. Section 3 introduced this idea of objective/ subjective interplay through discussion of one student's creative process. However, a further consideration is pertinent here.

Intuition without knowledge

The composer who relies mostly on intuition may produce something that is good and instinctively recognise it as such:

> *It is recognised that the inspiration and conception of a work of art may often derive from the unconscious levels of the artist's personality and may not lie wholly open to deliberate, conscious apprehension. Hence the created work may embody fuller wealth of import than the artist himself is aware of. Indeed it is sometimes maintained that the artist himself is not the best interpreter or exponent of his work.*   Osborne (1968), p.188

If the art work derives from the subconscious, without the support of knowledge, the form that emerges through intuition may only be successful once or even twice. Here the artist has hit upon something accidentally but, without knowledge of form, cannot begin to estimate why it is good and so never progresses beyond trial and error methods. In this situation, the composer experiences great frustration if he/she cannot be successful again and does not know why.

Knowledge overruling intuition

The composer who treats composition as an academic exercise often produces work which lacks feeling and warmth of human expression. The form may be sound theoretically but too predictable, and the content might lack the excitement that often derives from intuitive artistic flair.

Intuition with knowledge

The middle line, of course, is the best route. The composer's natural feeling or artistry needs to be disciplined by knowledge and techniques peculiar to the art form. For example, knowledge of principles of form guides the composer's intuitive inspiration whilst he/she is shaping the dance:

These structural motives are very important in the making of a picture or any other plastic work of art, though they are not necessarily a deliberate choice of the artist.   Read (1931), p.69

The more one works with principles the more they become a part of one's technique. The dance composer who has consciously manipulated the principles of form for long enough, will find that they become part of his/her subconscious. To some extent, the methods of constructing a dance will instinctively incorporate consideration of the elements of form. This is what Read may be implying when he says, 'they are not necessarily a deliberate choice of the artist'. The artist's intuition is disciplined by the sub-conscious knowledge of form. But the intuition should be let loose because the unique personal qualities which each work of art must possess can only emerge through the personal contribution of the artist and his/her intuitive feeling for art.

Intuition and acquaintance knowledge

The composer who engages in use of resources as discussed in Section 3 and exemplified in Section 4, will inevitably learn from them. If he/she has frequent opportunity to see dance in the theatre or study it as repertoire, he/she may gradually become perceptive of form, style and meaning and subconsciously absorb a feeling for these elements which can be transposed into his/her own works. This learning can be acquired gradually through experience, but it is accelerated greatly if the composer has knowledge of form, style and meaning, per se. The student-composer who is in the process of learning about composition will be able to appraise critically what is seen within a clear frame of reference. The student without such knowledge appraises through feeling alone.

Experience of watching varied dance works and encountering works of other art forms is perhaps a means of developing intuitive awareness and, even though it might not be a conscious awareness, the composer is bound to acquire an acquaintance knowledge of form which enhances his/her potential in dance composition.

Theoretical knowledge, supported by acquaintance knowledge of form, disciplines and guides the composer's intuition, but feeling must be allowed to penetrate and have an effect upon the work.

Knowing and feeling

At best, the composer is knowledgeable in terms of material for dance and methods of constructing a dance. He/she will also have seen many dances and have what is deemed to be a good imagination and a feeling for dance as art.

Knowledge of principles of composition and acquaintance knowledge of form, style and meaning in dance may be kept at a voluntary conscious level, or it might be so ingrained that it functions at the involuntary sub-conscious level. Imagination and intuition, inextricably interwoven with, and guided by, knowledge provide the bounds of the composer's freedom.

The inspirational moments always require intellectual evaluation and analysis so that they may properly fit into the form of the dance, but the rarity of the moments themselves is inexplicable. The composer is constantly moving from feeling to knowing or the other way round. Somehow feeling and knowing merge on an indefinable plane. Discussion on this aspect of the compositional process can only go so far. However much is said, it remains just the tip of the iceberg.

The important point here is that, whilst recognising the essential roles of imagination and intuition, it must also be clear that there exists a body of knowledge sufficient to guide and structure the movement outcomes of feeling and imagining into order and form.

The chart opposite may be taken to represent a summary of the discussion presented so far.

There is no distinct order of events during the process of composition. The curved arrow indicates a general direction, though there is bound to be a return to a particular stage at any time. For example, up until the last movement is selected the composer constantly needs to improvise and explore a range of possibilities.

Evaluations

Response to a work of art is always based on experience which may grow to become discerning and mature. A dance can only be measured as successful in a relative sense. Relative to the onlooker's experience and background and the composer's stage of development in composing.

There is no objective formula for evaluation of a dance. It cannot be entirely processed by factual analysis, yet it is not merely judged on inner feelings or personal taste. Inevitably the onlooker will reflect intellectually about what is seen and, in viewing art, this is always influenced by aesthetic judgments:

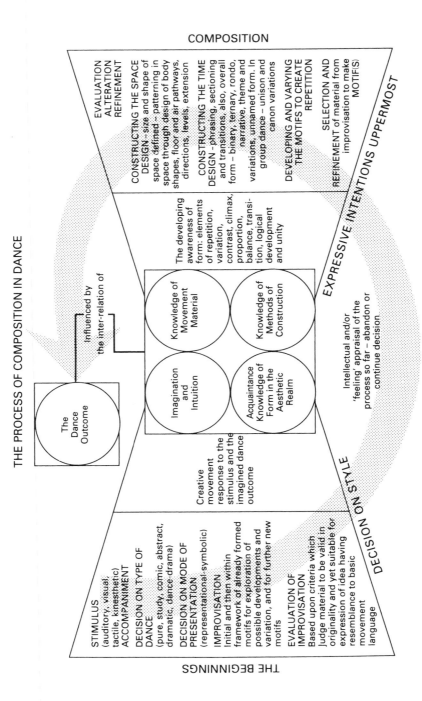

COMPOSITION

THE PROCESS OF COMPOSITION IN DANCE

THE BEGINNINGS

STIMULUS
(auditory, visual,
tactile, kinesthetic)
ACCOMPANIMENT

DECISION ON TYPE OF
DANCE
(pure, study, comic, abstract,
dramatic, dance-drama)

DECISION ON MODE OF
PRESENTATION
(representational-symbolic)

IMPROVISATION
Initial and then within
framework of already formed
motifs for exploration of
possible developments and
variation, and for further new
motifs

EVALUATION OF
IMPROVISATION
Based upon criteria which
judge material to be valid in
originality and yet suitable for
expression of idea having
resemblance to basic
movement
language

Creative
movement
response to the
stimulus and the
imagined dance
outcome

Imagination
and
Intuition

Acquaintance
Knowledge of
Form in the
Aesthetic
Realm

The
Dance
Outcome

Influenced by
the inter-relation of

Knowledge of
Movement
Material

Knowledge of
Methods of
Construction

The developing
awareness of
form: elements
of repetition,
variation,
contrast, climax,
proportion,
balance, transi-
tion, logical
development
and unity

Intellectual and/or
'feeling' appraisal of the
process so far – abandon or
continue decision

CONSTRUCTING THE SPACE
DESIGN – size and shape of
space defined – patterning in
space through design of body
shapes, floor and air pathways,
directions, levels, extension

CONSTRUCTING THE TIME
DESIGN – phrasing, sectioning
and transitions, also, overall
form – binary, ternary, rondo,
narrative, theme and
variations, unnamed form. In
group dance – unison and
canon variations

DEVELOPING AND VARYING
THE MOTIFS TO CREATE
REPETITION

SELECTION AND
REFINEMENT of material from
improvisation to make
MOTIF(S)

EVALUATION
ALTERATION
REFINEMENT

EXPRESSIVE INTENTIONS UPPERMOST

DECISION ON STYLE

The word aesthetic comes from the Greek word, 'aesthesis' which means 'to perceive or to look at objects of interest'.

Curl (1973), p. 23

Looking at something to appreciate and describe it aesthetically implies that we use:

> *. . . concepts of shape, pattern, form, design; these then are the concepts appropriate to the aesthetic form of awareness, they connote perceptual characteristics.*   Curl (1973), p. 23

Most of us can appreciate an art work aesthetically but probably lack the ability to describe it. That which is aesthetically pleasing will seem right, significant, complete, balanced and unified, and we may feel these qualities rather than know them. Of course, each onlooker will perceive something different, but aesthetic evaluation will have much to do with the form of the dance. Some viewers might see the intricate shaping and changes of the designs of the dancers in relation to each other as being the most aesthetically pleasing aspect of the dance. Others might appreciate the quality of the dancers' movements, and the patterns into which these have been designed. A few may be pleased by the overall shape of the dance, and see the beginning, middle and end in proportionate relationship, and each section as a well balanced entity yet carefully blended into a unified whole. Others may feel a sense of pleasure on recognition of the repetitions and contrasts and follow the design of the dance within these frames of reference.

It could be that the emotional intensity of the dance completely immersed the viewer so that, after the experience, he/she remembered little of its form, only that it felt right at the time. Here, the viewer has been aesthetically moved through expression rather than form. But one could say that the drama does not come across as significant unless embodied into a suitable shape, design or form.

It would appear, therefore, that aesthetic evaluation is to do with the onlooker's perception of the dance as a work of art having expressive meaning. This is always accompanied by an inner and immeasurable appreciation of form in art which has grown for the viewer by virtue of experience in the total world of art, through pictures, poems, plays, films, sculptures, music as well as dance.

Intellectual reflection requires factual analysis which can occur only if there is knowledge. The critic might judge more objectively from this standpoint though there are no set criteria by which one dance can be judged against another. Each dance uses material and is constructed in a different way from every other dance, and this makes comparison in judgement a very difficult task. Nevertheless, intellectual reflection upon the following lines might be possible.

Consider the whole dance as a work of art

1. Has the composer reached the objective? Did the dance seem significant and worth watching, or was it obscure and meaningless?
2. Did the dance have continuity? Did it sustain interest throughout or were there some weak parts?
3. Was every part of the dance essential to the whole?
4. Was the style of the dance clearly established and then maintained throughout?
5. Was there enough depth and variety in the material content or was it too simple, naive and predictable?
6. Was the construction of the dance seen to have unity through its rhythmic structure?
7. Was there an element of surprise or was it all too easy to follow?
8. Was the choice of music – or other stimulus for accompaniment – suitable for the theme of the dance?
9. Was the dance constructed with an understanding of the stimulus?

After consideration of the dance as a whole art work, the student of dance composition might persist further in intellectual reflection. There is more to a dance than its pieces but these can be extracted and assessed. The following questions may help in this process.

1. Consider the dance idea
   a. Was the basic idea behind the dance conveyed, only partly conveyed, or not conveyed at all?
   b. Were the movement images translatable?
   c. Did the form help understanding of the underlying theme?

d. Was the idea easily perceived or did the onlooker have to search intently to find meaning, and indeed, perhaps read into it that which was not meant to be?

e. Was the topic too deep and involved for translation into dance movement?

f. Simple ideas conveyed with artistry and originality often make the most successful dances. In pursuit of originality, however, has the composer chosen material which is too obscure in relation to the idea and, therefore, lost the simplicity by over-elaboration?

g. Is it worth dancing about? Does it merit artistic expression? Does it have significance in the modern world?

h. Does it cause emotional response and arouse the senses?

i. Is the communication based on an individual distillation of expression or a hackneyed set of clichés?

2. Consider the movement content

a. Did the composer choose appropriate movements in relation to the idea?

b. Was there a width of movement content which created variety and interest?

c. Was there balance of action, qualitative, space and relationship emphasis or too much concentration on any one?

d. Were the movements easily discernable as symbolic or representative of meaningful communication?

Action

e. Were the actions made interesting by varied co-ordinations and juxtaposition?

f. Was the range of actions enough for the dance? (A range limited to nearly all gesture and positioning into body shape is a common fault.)

Qualities

g. Was there enough qualitative or dynamic variation in the dance?

h. Did the qualities colour the actions with appropriate light and shade enhancing the meaning?

Space

i. Was the spatial aspect of the movement relevant to the idea?

j. Did the composer use the stage space to best advantage and with consideration of locality and its expressive connotations?

k. Was the dance an interesting visual experience creating lines and shapes in space in harmony with the idea?

l. Was the use of focus a noticeable feature and did it communicate the intention?

m. Were the movements extended in space enough for the audience to appreciate them?

Relationship

n. Were there enough dancers or too many for the idea?

o. Did the group relationship come over successfully?

p. Was the unison achieved?

q. Were the individuals placed advantageously in the group for the visual effect, or were some members masked by other dancers at any time?

r. Did the design of the group in terms of complementing body shapes, levels, and complementing movement patterns, emerge as successful and meaningful in the dance?

s. Did the solo stand out as important in the presence of the *ground bass*, or did it diminish by virtue of sheer strength of numbers in the preceding and following sections?

t. Was the number of dancers absolutely necessary at all times, or were there moments when the duos could have been solos and the trios could have been duos, etc?

3. Consider the construction elements of form

a. Motif: were the motifs apparent and foundational to the rest of the content of the dance?

b. Repetition: was there enough repetition to establish the meanings in the chosen movements or was repetition overstressed?

c. Variety and contrast: did the dance use variety and contrast in the best and most appropriate ways, or was contrast just put in for its own sake without due reference to the total meaning?

d. Climax or highlights: how did the climaxes or highlights emerge? Were they apparent or forceful enough?

e. Transition: did the transitions merge into and become part of the whole and were they effectively employed as links between parts?

f. Proportion and balance: was the dance balanced in terms of content or did one section appear irrelevant? Was one section too long and the other too short? Were they too much of the same length? Did the sections have interesting differences?

g. Logical development: was the whole dance easy to follow? Did the idea emerge in a logical way, or were there many sudden changes in content confusing the issue? Did the end really emerge as important with a clear enough build-up, or was it left suspended?

h. Unity: did the whole become formed and a unified manifestation of the idea? Did the dance appear well constructed, each part having its role to play in forming a relevant, meaningful and artistic whole shape (which may be categorised as binary, or ternary or rondo, etc.)?

4. Consider the style

a. Was the style selected suitable in expressing the theme?

b. Was the dance coherent in style?

c. Is the style relevant in today's dance context?

d. In the event of the task requiring specific replication of a style, eg, composed in Graham, or in hip-hop style, is there sufficient understanding of and adherence to the details of the specified style?

e. If the task did not require specific replication of a known style, was there sufficient originality in use of the style or was it a direct copy of a known style without the composer's own 'signature'?

f. Were the performers able to present the style with sufficient clarity?

5. Consider the performance

a. Did the dancer's(s') performance enrich or negate the dance composition?

b. Were the performers sincere and involved in the rendering?

c. Were the required technical skills mastered to the enhancement of the dance or did technical deficiency ruin the composition?

d. Did the performer make real the images and movement content according to the composer's wishes or did personal interpretation alter the intention to some degree?

e. Did the performers dance with a view to a communicative presentation to an audience or were they too involved within themselves, or the group?

f. Was the style of the dance adhered to throughout its performance?

6. Consider the stimulus as initiation of the dance
a. Was the stimulus suitable for a dance to emerge from it?
b. Was it apparent as an origin of the dance or did its relevance become lost?
c. Was it viewed in a rich artistically imaginative way to stimulate an interesting dance or was it translated too literally or too slightly?

7. Consider the stimulus as accompaniment for dance
a. If it (eg, pole, cloak, material) was manipulated by the dancer(s) was this done with ease and clarity or did it seem too difficult to manage?
b. Did the accompanying object cause a lack of movement from the dancer(s)?
c. Was the accompanying stimulus too large or too much in itself, rendering the dancer as minute and insignificant ? (A film moving on the wall behind the dancers, for instance.)
d. If music was used as accompaniment:
   i. Did it fit with the dance idea?
   ii. Was it cut and abused for the purpose of the dance and therefore not valid or appropriate?
   iii Did the composer use the phrasing in the music or ignore it?
   iv. Was the music too powerful or too slight for the dance? (A solo danced to an orchestral symphony, or a large dramatic group dance danced to a piano solo piece, for instance.)
   v. Was the structure of the music in time suitably employed by the composer? (If a beat or pop piece was used, for instance, it would be unwise to move to every beat, on the other hand, if a piece is in strict 4/4 time it would be inadvisable to swoop, swirl and move continuously through the beat.)
   vi. Was the music really necessary and an inseparable part of the dance?

8. Consider the other staging elements
a. Was the decor/lighting relevant to the idea?
b. Did the decor/lighting enhance the dance or overpower it?
c. Were the props placed correctly and did they have enough use to merit their presence?

d. Were the costumes relevant to the idea and the style of the dance?
e. Could the performers move easily without limitation in the costumes?
f. Was the make-up an enhancing feature?
g. Did any of the staging elements detract from the dance itself?

This list of questions, although extensive, is by no means exhaustive. Furthermore, it would be a cold and almost tortuous process to analyse and evaluate a dance by asking all of them. Neither should they be asked all at once. Rather, students might be given short lists of questions to improve their journal writing, audio taping, or, for example, as frames of reference for making judgements on video recordings of their dance composition work at various stages. The questions may help the evaluations throughout the process of composing dances.

Also, the teacher of dance composition would perhaps find the questions a useful toolbox for constructively criticising a student's attempt in composition, but mentioning only the most salient points. Clearly, students of composition could criticise their own, other students' work and professional choreography by such questioning. As Lavender (2009) suggests:

> Choreographers need specific tools to address every aspect of dance making from idea construction to 'finishing touch', editing and revising, and they need help in gaining the meta-cognitive skills known to give problem solvers maximum autonomy over their work.   p. 72

Inextricably bound with intellectual reflection on any level is the feeling of pleasure that an aesthetic work of art evokes in an onlooker. Each person experiences this pleasure in varying ways and to different degrees, but – in judging art – it is the fundamental criterion. Above all, therefore, the most important question to ask the viewer and the composer in relation to their own work, is whether or not it was pleasing. Did you like it? If the answer is yes, there is, perhaps, no need for further evaluation, except that it can become a useful learning process to understand why it was appreciated. If the answer is no, then probably, reasons for its 'failure' can be found by asking some of the questions.

Yet, in the professional context, it is known that some choreographers prefer to limit critical evaluation to the subjective feelings evoked by their works, and:

take pains to prevent 'the rational mind', especially 'evaluation' from 'controlling' the creative process. Clearly, hasty and/or too frequent evaluations (especially from third party 'experts') may block the imagination, but evaluation in and of itself is not the problem and is in fact central to creativity. Evaluations must be made to move forward in creative work, and artistic challenges never melt away merely because one wishes to avoid evaluation . . . The point is that no matter how a choreographer works, the need for evaluation (spontaneous, reflective, intuitive or some other kind) is pervasive, for it is through evaluative choices that a work gets built up, shaped and completed.

Lavender (2009), pp 79–80.

Referring to the chart on page 219 it is clear that evaluation takes place from the outset to the final presentation of a dance piece. For the composer, informed by imagination and intuition, knowledge of movement material and ways of constructing or forming a dance, together with acquaintance knowledge of the aesthetic realm, (the four circles) evaluation, therefore, is omnipresent through all the processes involved in composing a dance.

In respect of evaluation of the final outcome – the composition itself – evaluation can only be made in retrospect and, probably, only some time after the completion of the dance. Personal satisfaction or dissatisfaction is the initial feeling of a composer, who may find that it is necessary to stand back from the actual experience to become more objective.

A last evaluation

In the final analysis, a dance performance succeeds in generating enthusiasm when the audience is aesthetically stirred. It fails if an audience remains unmoved and unresponsive because feelings are left dormant. In discussing the nature of a 'critical audience' Redfern (2003) suggests that this term does not imply finding faults and defects in a work, rather she assumes such an audience would be constructive and engaged in 'an imaginative response' and, moreover, states that:

> *Aesthetic experience, which I take to be an important part of most, if not all, art appreciation has, as I understand it, a feeling dimension; and part of the educator's task, I believe, is to try to awaken and deepen the perceiver's imaginative and emotional powers as he helps him towards an increase in the number and fineness of his perceptual discriminations.* (p. 188)

An understanding of the rules discovered through analytical essay and mastery of the craft of composition and through developing critical awareness in the aesthetic realm, helps towards the production of successful dances. When this understanding is combined with the composer's creative inspiration, born of imagination, intuition, artistry and vision, the dance will probably possess the elusive 'something' which assures successful impact.

Conclusion

This book has taken a close look at objectives, content, methods and evaluation in dance composition, and strongly suggests that theories, though necessary, are meant to be working statements.

As Dewey (1946) expressed it:

> *They are not meant to be ideas frozen into absolute standards masquerading as eternal truth or programs rigidly adhered to; rather, theory is to serve as a guide in systematising knowledge . . .*

Theory is practical in that it provides a guide for action. It clarifies and structures the processes of thought. Practice in adherence to a set of guidelines or principles will structure the process of thought that goes with the practical action of making a dance, but it is important to acknowledge that, in art, the guidelines are never fixed. There is no particular set which will predetermine a specific dance, or guarantee a successful outcome. It is certain, however, that the gifted composer, who may claim to work through insight only, has already assimilated the theory behind the practice.

The acquisition of concepts and their application in a discipline such as the art of making dances demand much time and diligent study. Learning is helped if the subject matter is structured from the simple to the complex. This can lead to the development of an ability to compose, but this demands a grasp of the interwoven nature of theory and practice. It is impossible to learn to compose dances by reading alone. With today's technology, much can be added to the written word. Sections 4 and 5 of this book attempt to illustrate how teaching and learning dance will become revolutionised through an integration of visual moving dance resources combined with text – on paper, on screen, or accessed via the internet. In this way, knowledge gained from study or performance of professionally choreographed dance works will put flesh on the bones of theory learned from textbooks such as this and from the students' own practical composition classes.

This relationship between theory and practice can work in both directions, of course. The dance composer, constantly trying to relate theory and practice, faces a maze-like problem. Theory, in a book such as this, can provide clear signposts in a journey of discovery towards making dances that have form and clarity of expression. A consideration of the nature of these signposts and their regulating effect upon the work of the developing composer has been made in this book.

References

Abbs, P., 'The Pattern of Art-Making' in Abbs, P. (ed.), *The Symbolic Order*, Falmer Press, London, 1989.

Annable, C., *Spaceometry*, a choreographic process log book (unpublished assessment), University of Leeds Bretton Hall Campus, Wakefield, 2002.

Banes, S., *Terpsichore in Sneakers: Post Modern Dance*, Houghton Mifflin Co., Boston, 1980.

Banes S. op.cit, second edition, 1987.

Best, D., *Feeling and Reason in the Arts*, Allen and Unwin, London, 1987.

Burnside, F., 'Matthew Bourne and Kim Brandstrup' in *Dance Theatre Journal*, Vol. 11 No. 2, Spring/Summer 1994. London.

Cook, W., 'Choreographic Outcomes – improving dance composition' review in Journal of Dance Education, 5 (4): 138–40, 2005. Michael Ryan Publishing Inc., Andover, NJ.

Curl, G., Lecture on Aesthetic Judgements in Dance in *Collected Conference Papers in Dance*, A.T.C.D.E., 1973.

Dewey, J., *The Public and its Problems*, Gateway Books, London, 1946.

Eisner, E., *Educating Artistic Vision*, Macmillan, New York, 1972.

Forsythe, W., CD-ROM, *Improvisation Technologies*, ZKM (DVD), Frankfurt, 1999.

Foster, S.L., *Reading Dancing: Bodies and Subjects in Contemporary American Dance*, University of California Press, Los Angeles, 1986.

Fraleigh, S.H., *Dance and the Lived Body: A Descriptive Aesthetics*, University of Pittsburgh Press, Pittsburgh, 1987.

Hayes, E.R., *Dance Composition and Production for High Schools and Colleges*, The Ronald Press, New York, 1955.

H'Doubler, M.N., *Dance: A Creative Art Experience*, University of Wisconsin Press, Madison, 1957.

Jordan, S., *Striding Out: Aspects of Contemporary and New Dance in Britain*, Dance Books, London, 1992.

Jowitt, D., *Time and the Dancing Image*, University of California Press, Berkley and Los Angeles, 1988.

Kylian, J., *Black and White Ballets*, Netherlands Dans Theater, Arthaus Musik (DVD). Amsterdam.

Laban, R., *Modern Educational Dance*, Macdonald & Evans, London, 1948.

Laban, R., *The Mastery of Movement*, second edition revised by L. Ullmann, Macdonald & Evans, London, 1960.

Langer, S., *Feeling and Form,* Routledge & Kegan Paul, London, 1953.

Lavender, L., 'Facilitating the Choreographic Process' in Butterworth, J. and Wildschut, L. (eds.), *Contemporary Choreography: a critical reader,* Routledge, London, 1953.

Mackrell, J., *Out of Line: The Story of British New Dance,* Dance Books, London, 1992.

Martin, J., *The Modern Dance,* Dance Horizons Inc., New York, 1933.

Matheson, K., 'Breaking Boundaries' in *Dance as a Theatre Art,* Cohen, S.J., (ed), Princeton Book Co., Princeton, NJ, 1992.

Morgenroth, J., 'Contemporary Choreographers as Models for Teaching Composition' Journal of Dance Education, 6 (1): 19–24, 2006. Michael Ryan Publishing Inc., Andover, NJ.

Osborne, H., *Aesthetics and Art Theory: An Historical Introduction,* Longmans, Green, London and Harlow, 1968.

Press, C., *The dancing self-creativity, modern dance, psychology and transformative education,* Hampton Press, Cresskill, NJ., 2002.

Read, H., *The Meaning of Art,* Penguin, London, 1931.

Redfern, H.B., *Concepts in Modern Educational Dance,* Henry Kimpton, London, 1973.

Redfern, Betty, 'Developing Critical Audiences In Dance Education' iIn *Research In Dance Education* 4 (2), 185–197, 2003. Routledge, London.

Reid, L. A., 'Aesthetics and Education' in *Research in Dance Education* 9 (3) 295–304, 2008. Routledge, London.

Risner, D. and Anderson, J., 'Digital Dance Literacy: an integrated dance technology curriculum pilot project' *Research in Dance Education,* 9 (2) 113-28. Routledge, London.

Robinson, Ken, *The Element,* Viking, New York, 2009.

Robertson, A., and Hutera, D., *The Dance Handbook,* Longman Group UK, Harlow, 1988.

Rolfe, L., and Harlow, M., *Let's Look at Dance,* David Fulton Publishers, London, 1997.

Roy, Sanjoy (ed.), *White Man Sleeps: Creative Insights,* Dance Books, London, 1999.

Rubidge, S., 'Lives of the great poisoners' in *Dance Theatre Journal Vol. 8. No. 4,* Spring, 1991. London.

Sanders, L., *Akram Khan's Rush: Creative Insights,* Dance Books (with video), London, 2004.

Sanders, L., (2004) *Henri Oguike's Front Line: Creative Insights*, Dance Books (with video), 2004.

Seigel, M., *The Shapes of Change*, Avon Books, London, 1979.

Servos, N., *Pina Bausch-Wuppertal Dance Theatre*, trans. P. Stadie, Ballett Buhnen Verlag, Koln, 1984.

Siobhan Davies Dance Company, *White Man Sleeps*, Wyoming, London, Dance Videos, DV15, 1998.

Smith-Autard, J.M. and Schofield, J., Resource-based Teaching and Interactive Video in *Proceedings of Conference, 'Border Tensions'*, University of Surrey, Guildford, 1995.

Smith-Autard, J.M. and Schofield, J., Developments in Dance Pedagogy through Application of Multimedia in Interactive Video in *Proceedings of Dance '95 – Move into the Future*, Bretton Hall College, Wakefield, 1995.

Smith-Autard, J.M., *The Art of Dance in Education*, 2nd edition, A & C Black, London, 2002.

Smith-Autard, J.M., 'Creativity in Dance Education through use of Interactive Technology Resources' in Butterworth. J and Wildschut, L. (eds.), *Contemporary Choreography: A Critical Reader*, Routledge, London, 2009.

Warburton, E. C. 'Choreographic outcomes – improving dance composition' review in *Dance Research Journal*, 37 (2): 91–3, 2005. Routledge, London.

Technology resources

Bedford Interactive Productions Ltd. CD-ROM and DVD-ROM resource packs for dance education:

Wild Child CD Resource Pack in collaboration with Ludus Dance, 1999, 2001.
Graham Technique: Analysis of 10 Basic Exercises, 2003.
Motifs for a Solo Dance – improving dance performance 1, 2003.
Choreographic Outcomes – improving dance composition, 2005.
Step Dance – a mini Wild Child Resource Pack for age 7–13, 2007.
Vocalise – improving dance performance 2, 2008.

In progress, part funded by Yorkshire Forward, available in 2012: *FORMotion* is the name given to our innovative new software toolkit aimed at dance teachers and other movement analysts. These tools will allow them to archive their dance video, compare clips, compare different camera angles and precisely access and control the video playback – something which is impossible with the current technology available to dance teachers. The software will provide a comprehensive set of tools for the classroom or dance studio.
Interested in taking part in this research project? Please contact us via the website.

All the above and free demos are available via our website,
www.dance-interactive.com and from

Bedford Interactive Productions Ltd.
19 Edge Road
Thornhill
DEWSBURY
West Yorkshire
WF12 0QA
UK
Tel: +44 (0) 1924 464049
Email: **jacqueline@smith-autard.com**

Index

Universal Access Screen 150

visual design 63

visual stimuli 30

Vandekeybus, W. 117

variation 70–1, 74–5, 201–4

Whatley, Sarah 144

group composition 56

AG
11

This book is due for return on or before the last date shown below.

Check CD on Issue and Return

For enquiries or renewal at
Ardleigh Green LRC
Tel: 01708 455011 Ext.2040

248

Impression : CPI Bussière en janvier 2017
N° d'édition : 22116/01 – N° d'impression : 2025367
Dépôt légal : février 2017
Imprimé en France